U0564868

律师
实务提升

王祥修　主编

中国政法大学出版社

2021·北京

编委会

主　编　王祥修

副主编　王夏青　金雅珮

委　员　（以编写章节先后为序）

陈佳颖　陈佳远　朱　沙　陈凤娅　黄冬艳

胡倩倩　邹　杨　崔长国　王芸菁　张旻菲

范庭鼎　胡　霞　杜佳华　袁嘉诚

　　随着我国经济的快速发展，法律服务已经渗透到政治、经济、文化、社会、生态文明建设的方方面面。党的十九大召开后，依法治国的战略为律师行业深化改革确立了目标和方向。律师行业在其不断成长、发展过程中，通过解决现有纠纷、防范矛盾激化、预防法律和商业风险、服务企业运营等多种方式，也发挥着越来越重要的作用。律师行业具有极高的实践性，理论知识只是最基本的本领，更多地需要在实践中摸索、学习、思考与总结。在新时代下，律师需要掌握哪些基本技能？如何依靠这些基本技能将知识与经验应用于特定的客户服务之中？这些都是一个准律师或者新律师需要学习和考虑的重要命题。

　　上海政法学院国际法学院以教学科研为中心，注重理论与实践紧密结合，已经完成或正在承担的国家司法部、省市级科研课题 20 多项，出版专著和教材 20 多部。国际法学院遵循高等教育规律，倡导勤奋向上的学风，在强调通才教育、素质教育的同时，注重学生的学习潜能和创造潜能的培养，在法学专业本科生中开设了一门专业选修课程《律师实务》，由上海律宏律师事务所团队律师主办，并同时邀请北京炜衡（上海）律师事务所、上海市竞业律师事务所、上海申同律师事务所的多位资深律师为学生课堂教授该门课程。课程开设一年受到了学生的踊跃选修，在院领导的支持和组织下，我们编写了《初级律师基本技能》作为《律师实务》课程的指定教材。现就《初级律师基本技能》的基础上，进一步编写这本《律师实务提升》来对律师实务作进一步的补充和提升。

　　律师是一个集思想性、科学性、艺术性于一体的实践性职业，不仅需要扎实的法学理论基础，也需要严谨的法律逻辑思维。本书的编撰，是在党的思想路线及方针政策指引下，适应教学改革的要求，体现应用型人才培养特点，力求开拓创新。本书力求做到系统介绍基本知识，充分反映时代要求，理论与实践密切结合，富有启发性，彰显实践性教学特色。本书旨在使学生了解律师职业基本概念和规范准则，增强常规业务必备知识，掌握初级律师各项基本实务操作技能和思考能力，对学生成长为未来的准律师、新律师有所启发和帮助。

本书的编撰强调了革新性、实用性、科学性三者的有机统一。

革新性，即本书在内容安排上涉及了 2020 年新型冠状病毒疫情期间的相关特殊法律规定，具有一定的时代性。补充和提升了《初级律师基本技能》之内容的同时，细致讲述了疫情期间各个领域所涉及的特殊法律规定及律师实务操作要点。

实用性，即根据律师业务的实际情况安排内容，对每项具体律师业务的基本要求、处理思路、工作规范及具体操作技能等逐一进行介绍，将理论教学与案例教学相结合，寓理于例，用典型案例说明重要法学理论、法律制度及法律关系，并加入与学生交流互动环节，带领学生熟悉整套案件流程、各阶段文书的书写、案件的思考方式、辩论方案等实务内容，增强学生发现、提出、分析、解决问题的能力，力求从学生的角度出发，以适合学生能理解与掌握的方式培养及训练学生的律师业务基本技能。

科学性，即本书虽为基础实务教材，但注重结构的科学性、内容的新颖性，尽可能反映律师实务的最新立法和最新研究成果。社会飞速发展，新的情势不断出现，本书在法律持续更新的情况下，力求做到内容严谨、分类科学、体例系统，无论是引用法学理论或法律规范，还是阐述自己的观点或解释案例，均遵循客观中立的主旨。

本书共十二章，较为全面系统地补充了前一本《初级律师基本技能》未涉及的律师业务的操作规范、业务流程及方法技巧，各章列示有本章概要、学习目标、案例分析实训、思考问题等内容，其中包含有各类案件操作流程、各阶段诉讼文书的书写规范及模版练习。

本书由上海政法学院王祥修教授担任主编，律宏律师事务所王夏青主任律师、金雅珮副主任律师担任副主编，撰写人员及分工如下（以撰写章节先后为序）：

第一章　社会公共法律服务（金雅珮、陈佳颖）；

第二章　民事诉讼常见房产纠纷实务（陈佳远）；

第三章　民事诉讼常见侵权纠纷实务（朱沙）；

第四章　民事诉讼证据实务（陈凤娅）；

第五章　刑事诉讼辩护准备和辩护技巧（黄冬艳、胡倩倩）；

第六章　刑事辩护证据实务（邹杨）；

第七章　政府法律顾问、政府信访律师实务（金雅珮、崔长国）；

第八章　劳动仲裁案件实务（王芸菁）；

第九章　知识产权律师业务提升（张旻菲）；

第十章　法律文书技巧（范庭鼎、胡霞）；

第十一章　律师现代办公技能（杜佳华）；

第十二章　疫情期间律师实务（袁嘉诚）。

　　本书由上述上海律宏律师事务所的诸位律师共同参与编写，他们具有多年的律师执业经验，且在相关领域术业有专攻，经验丰富。为了保证本书的质量，编委会多次召开会议，在整体风格设计、结构统筹、语言编排等方面进行了多次修改和调整，诸位律师付出了大量时间和精力成就本书。

　　在此提请大家注意，本书所引用的法律法规截止于 2020 年 4 月 15 日。本书既贴近律师工作实际，又符合一般教育规律，适合将来有志进入律师行业的学生作为选修课程教材。由于我们是采取理论教师与实务律师共同编写的模式，故本书一定还会存在许多不足和疏漏。真诚欢迎读者多提宝贵意见和建议，帮助我们不断修订和改进，共同探索准律师健康成长和发展的道路。

王祥修

2020 年 6 月

目 录 /CONTENTS

社会公共法律服务

【**本章概要**】公共法律服务体系在我国是一个比较新的概念，该体系是根据我国的实际国情、为更好地解决与人民群众切身利益相关的问题而创设的一项特有的制度。至今，公共法律服务体系虽已基本成型，但仍然在探索和改进阶段。本章主要为大家介绍公共法律服务的概念、发展进程、服务内容以及律师在公共法律服务体系中的具体工作实务。

【**学习目标**】通过本章学习，让同学们能够清楚知晓公共法律服务体系的概念，掌握公共法律服务体系中律师的工作实务，基本了解公共法律服务体系的发展目标和设立意义等，从根本上让同学们萌生主动履行社会责任的意识。

第一节 公共法律服务概述

一、公共法律服务的概念

（一）公共法律服务的定义

公共法律服务，是指由司法行政机关统筹提供，旨在保障公民基本权利，维护人民群众合法权益，实现社会公平正义和保障人民安居乐业所必需的法律服务，是公共服务的重要组成部分。具体包括：为全民提供法律知识普及教育和法治文化活动；为经济困难和特殊案件当事人提供法律援助；开展公益性法律顾问、法律咨询、辩护、代理、公证、司法鉴定等法律服务；预防和化解民间纠纷的人民调解活动等。

（二）公共法律服务的意义及目标

公共法律服务是政府公共职能的一个重要组成部分，是为了保障和改善基本民生的一项重要举措，同时是一项全面依法治国的基础性、服务性和保障性的工作。全面推进公共法律服务体系建设，对于更好满足广大人民群众日益增长的美好生活需要，提高国家治理体系和治理能力现代化水平具有重要意义。

党的十八大以来，以习近平总书记为核心的党中央高度重视公共法律服务体系建设，习近平总书记明确指出，要深化公共法律服务体系建设，加快整合律师、公证、司法鉴定、仲裁、司法所、人民调解等法律服务资源，尽快建成覆盖全业务、全时空的法律服务网络。

中共中央办公厅、国务院办公厅印发的《关于加快推进公共法律服务体系建设的意见》中提出了公共法律服务体系建设的目标：

到2022年，基本形成覆盖城乡、便捷高效、均等普惠的现代公共法律服务体系。公共法律服务体制机制不断完善，服务平台功能有效发挥，服务网络设施全面覆盖、互联互通，公共法律服务标准化规范化体系基本形成，城乡基本公共法律服务均等化持续推进，人民群众享有的基本公共法律服务质量和水平日益提升。

到2035年，基本形成与法治国家、法治政府、法治社会基本建成目标相适应的公共法律服务体系。公共法律服务网络全面覆盖、服务机制更加健全、服务供给优质高效、服务保障坚实有力，基本公共法律服务均衡发展基本实现，法律服务的群众满意度和社会公信力显著提升，人民群众共享公共法律服务成果基本实现。

二、公共法律服务的发展进程

（一）立法现状

2014年1月20日颁布的《司法部关于推进公共法律服务体系建设的意见》（司发〔2014〕5号）中明确了推进公共法律服务体系建设的总体要求，其中包括指导思想、主要目标、基本原则三个方面。同时也明确了推进公共法律服务体系建设的主要任务：①进一步健全法律服务网络；②进一步整合法律服务资源；③进一步拓展法律服务领域；④进一步提升法律服务质量；

⑤大力加强法律服务信息化建设；⑥切实落实保障措施。

2017 年 8 月 21 日颁布的《司法部关于推进公共法律服务平台建设的意见》中，对公共法律服务平台的建设提出了具体的建议，建议公共法律服务实体平台建设以县（市、区）、乡镇（街道）为重点，通过整合资源，实现将各类别公共法律服务集中进驻，打造综合性、一站式的服务型窗口。对于"12348"公共法律服务热线平台以及公共法律服务网门户网站的架构做了具体的规划。

2019 年中共中央办公厅、国务院办公厅印发的《关于加快推进公共法律服务体系建设的意见》中明确了公共法律服务体系建设的具体两段目标，分别是到 2022 年以及到 2035 年公共法律服务体系建设的理想状态。同时提出了推进基本公共法律服务均衡发展、促进公共法律服务多元化专业化、创新公共法律服务管理体制和工作机制、加大保障力度、切实加强组织领导这几方面的建议。

（二）全国公共法律服务体系推进现状

近年来，为了加快公共法律服务体系建设的统筹推进，为了满足人民群众和社会多层次、多领域、多样化、高品质的法律服务需求，我国公共法律服务建设的投入稳步增长，司法部协调了包括律师、公证、司法鉴定、仲裁、司法所、人民调解等各项法律相关的服务资源。覆盖城乡的公共法律服务网络已经初步建立，公共法律服务供给能力和水平正在迅速提升，公共法律服务体系建设已经取得了积极成效。

根据统计，截至 2019 年 5 月底，各类法律服务人员达 420 万人，全国有 65 万个村（居）已配备了法律顾问，覆盖率高达 99.9%。

司法部和各地司法行政部门通过各种努力，采取了各种有效的措施，大力推进实体、热线、网络三大公共法律服务平台的建设，并且通过这些平台集合更多、更优质资源，为人民群众提供多种形式、高质量、更便捷的法律服务。

1. 实体法律服务平台

目前已建成各类法律服务机构 85.3 万个；县（市、区）公共法律服务中心近 3000 个、乡镇（街道）公共法律服务工作站近 4 万个，覆盖率分别达到 99.97% 和 98.29%。

每个县（市、区）都建成了公共法律服务中心，在每个乡镇（街道）都建立了公共法律服务工作站，在每个村（居）都有法律顾问，可以面对面地解决群众遇到的法律问题。群众还可以通过网络、电话，随时随地与法律服务机构、工作人员进行交流，获得及时的法律帮助。

2. 热线法律服务平台

"12348"热线亦是民众熟知的一个咨询热线。"12348"公共法律服务热线覆盖全国，24小时服务。如今，在每个省市，民众均可拨打"12348"公共法律服务热线，来免费获取基本的法律咨询服务。

3. 网络法律服务平台

2018年5月20日中国法律服务网正式上线运行，功能服务涵盖面大，目前已经成了民众寻求公共法律服务的最重要的途径之一。如果民众想要聘请律师、办理公证、寻求法律援助、请求帮助调解、要求鉴定、提起仲裁，都可以在这个平台上寻求帮助，实现"网上办""指尖办""马上办"。该平台自试运行以来，累计访问量已达到1065.7万人次，申请注册的社会公众达69.5万人，累计法律咨询总量为118.6万次，其中，智能法律咨询累计108万次，出具专业法律咨询意见书45万份，留言咨询累计21 508次，已全部回复完毕，平均回复时间为1.1小时。留言咨询解答累计点赞量为4466次，点赞率为91.4%；共有2721条留言咨询被用户评价，评价为满意的有2483条，满意度为91.3%。

（三）上海公共法律服务体系推进现状

上海推进公共法律服务体系的整体框架为"四纵三横"，在纵向上，上海建立以市公共法律服务中心为龙头，区公共法律服务中心为枢纽，街镇公共法律服务工作站以及居村公共法律服务工作室为延伸的四级平台。在横向上，相关部门着力搭建了资源高度融合，集合线下（实体窗口）、线中（热线电话）、线上（智能网络）为一体的公共法律服务网络体系；同时，对线下、线中、线上三个平台通过技术手段互联互通，实现"三位一体"的整体架构模式，即共用一个管理系统、一个数据库、一支公共法律服务志愿者队伍。

上海经过几年的努力，已搭建"四纵三横"普惠型公共法律服务网络，并基本实现司法行政公共法律服务事项的全面覆盖。上海总体形成了覆盖城乡、功能完备、便捷高效的公共法律服务网络体系，实现了公共法律服务的标准化、精细化、便捷化，努力为人民群众提供普惠性、公益性、可选择的公共法律服务。在努力打通为民服务的"最后一公里"上取得基本成效。

在公共法律服务实体平台方面，上海在 16 个区已经全部建立公共法律服务中心，在 222 个街镇建立了公共法律服务工作站，在 5891 个居村建立了公共法律服务工作室，2018 年 6 月，在全国首批实现了普及化目标。上海在全国率先实现市、区、街镇、居村四级全覆盖，各项法律服务全面进驻，日均服务近 6 万人次，年均为群众提供免费公益法律咨询 53 万人次，全年办理法律援助案件 4 万余件，居村法律顾问提供各类法律服务 15 万次，受益居村民超过 47 万人次，满意度评价接近 100%。

在公共法律服务网络平台方面，2017 年 11 月 29 日，"12348 上海法网"正式上线，通过网站、手机 APP、微信公众号等各种形式为群众提供公共法律服务，其知晓率、影响率不断提升。截至目前，实体窗口的服务人次达 249 115 人，12348 热线咨询服务人次达 1 947 812 人，实时咨询服务人次达 36 630 人次。12348 热线咨询目前已全面实现了"7×24×365"全时间服务，接通率近 100%，满意率超过 98%，工作人员对来电市民的咨询评价为"基本满意"或"不满意"的情况实现了 100%回访，努力跟踪法律服务的质量。

三、公共法律服务的范围

（一）公共法律服务的受众群体

公共法律服务的受众群体十分广泛，目前所有的民众都能享受公共法律服务体系提供的相应的法律服务，例如 12348 法律咨询热线即是每一位民众都能享受到的服务。但是，值得注意的是，在推进公共法律服务体系建设时，建议将特殊群体作为重点对象，重点推出保障特殊群体的基本公共法律服务权益的举措，将低收入群体、残疾人、农民工、老年人、青少年、单亲困难母亲等特殊群体和军人军属、退役军人及其他优抚对象作为公共法律服务的重点对象。

（二）公共法律服务的实施群体

提供公共法律服务是一项国家义务，因此国家是公共法律服务的责任主体，国家可以通过行使公共权力，提供公共配给来维护和促进公共利益。

政府是公共服务的主要提供者和主导者，提供公共服务是政府的职责之一，因此政府部门是提供公共服务的主体。司法行政机关是提供公共法律服务的具体职能部门，包括公证处、司法所、法律援助和司法鉴定所；最终负责提供公共法律服务的人员为政府司法行政机关人员，各省、市、县、镇、乡法律服务中心、调解纠纷中心和法律服务工作站工作人员等。

在社会上，民众一般可以通过聘请律师或者寻求基层法律服务工作者的帮助等各种方式来获得专业的法律服务。在公共法律服务提供形式上，政府一般通过向社会律师、律师协会等专业的法律团体以购买服务的形式，向大众提供公共法律服务。这部分的社会律师、律师协会成员、公共法律服务团体等是提供公共法律服务人员的重要组成部分。此外，法律服务志愿团这类社会公益团体在社会上一直是存在着的，他们长期致力于为社会上的弱势群体提供基本的公共法律服务，政府通过加强政策上的鼓励和组织协调工作，将这些社会公益团体引导到提供公共法律服务中去。

（三）公共法律服务涵盖的主要内容

在《司法部关于推进公共法律服务体系建设的意见》中，明确指出公共法律服务具体包括如下内容：①为全民提供法律知识普及教育和法治文化活动；②为经济困难和特殊案件当事人提供法律援助；③开展公益性法律顾问、法律咨询、辩护、公证、司法鉴定等法律服务；④预防和化解民间纠纷的人民调解活动等。

【案例分析实训】

【案例1.1】房屋租赁纠纷

【案情简介】

2018年，小吴通过中介居间介绍将自有房屋出租给了小夏，在近两年的房屋租赁期间无任何纠纷。2020年新型冠状病毒性肺炎疫情暴发，小夏在过年前返回老家，后因疫情原因无法返回上海。小吴要求小夏履行支付租金的义务，但小夏听说有减免租金的政策，于是拒绝付款，并且后续也拒绝接听小吴的电话。

【思考问题】

1. 小吴对小夏拒付租金的理由存在疑问，认为小夏拒付租金的行为是不合法的，由于疫情原因无法出门，小吴也无熟悉的律师可以咨询，那么他可以通过什么方式来解决自身疑惑？

2. 律师作为公共法律服务的提供者之一，在疫情期间，原实体法律服务暂时无法进行，那么可以通过什么方式来向大众提供公共法律服务？

第二节　公共法律服务的律师实务

一、公共法律服务体系中律师的角色

律师在公共法律服务体系中，参与着各项不同的工作，在具体的工作中，律师的角色不是一成不变的，反之，律师在不同工作中通过扮演不同的角色，为公共法律服务体系的受众群体提供服务。

（一）律师是专业的法律工作者

律师，在本职工作上，是以提供法律服务为职业的群体。在公共法律服务的工作中，首先一定是凭借着自身的专业优势来向民众、政府各部门提供法律服务。不管是为民众提供咨询服务，还是参与调解，或是为受援人提供诉讼援助服务，律师都是运用自身所掌握的专业法律知识为他们提供服务。接受服务的对象，本着律师是专业的法律工作者而选择接受服务，并对律师提供的服务有所信赖，因此，律师在公共法律服务体系中，首先是一名专业的、合格的法律工作者。

（二）律师是中立的第三方

律师在参与调解、参与信访矛盾化解的公共法律服务工作中，扮演的角色是中立的第三方。律师参与调解的最重要的特点是律师此时处于中立第三方的地位，在调解全过程中要严格保持中立的态度，不得有偏袒任何一方当事人的言行。此时的律师，不担任任何一方的代理人，而应当以第三方的身份来听取双方的意见、观点，综合双方的利益，作为中间人引导当事人在友好、平等协商基础上达成调解协议，以此来维护社会的公平正义。律师在参与信访矛盾化解中同样如此，听取信访人及政府部门对涉访事项的陈述、观点，客观中立地运用自身专业知识对涉访事项进行评估，不偏不倚，真正做到客观评价，坚持中立地位。

（三）律师是无私奉献的志愿者

在公共法律服务的工作中，参与工作的律师会成立志愿者团队，走入各个县市区开展公益的法律咨询、宣传普法、公益讲座等活动，同时还免费为符合条件的弱势群体维权并提供法律援助，他们是在履行作为律师的社会责任，同时也是在普及法律相关知识及帮助受援人的道路上奉献出自己的一份爱心，他们不求回报、辛苦付出，此时这群律师就是无私奉献的志愿者，力所能及地为这个社会贡献出自己的一分力量。

（四）律师是政府有力的助手

律师在公共法律服务体系中，还有一个工作即是政府法律顾问，他们为政府出谋划策，提供法律咨询，督促政府部门合法合理地行使公权力，为政府部门起草相关的规范性法律文件，作为政府部门的律师参与诉讼。这些公共法律服务工作都在帮助政府部门更好地管理整个社会，为政府部门行使权力的规范性、合法性提供了有力保障，从源头减少政府部门在管理社会上的出错概率，降低政府部门错误行使权力的风险，是政府部门法律工作方面的有力助手。

二、公共法律服务体系中律师的服务内容

（一）法律援助制度

法律援助制度，也称法律救助，是目前世界上较多国家所普遍采用的一种司法救济制度，其具体含义是：国家在司法制度运行的各个环节和各个层次上，对因经济困难及其他因素而难以通过通常意义上的法律救济手段保障自身基本社会权利的社会弱者，减免收费提供法律帮助的一项法律保障制度。它作为实现社会正义和司法公正、保障公民基本权利的国家行为，在一国的司法体系中占有十分重要的地位。

律师是法律援助中各方关系的调节器。随着法律援助制度不断地发展、完善，律师援助的发展趋势促使律师从简单、具体的个案上为当事人提供法

律帮助逐步转向为实现社会正义提供积极、主动的法律支持。律师在越来越多的法律援助案件中扮演着更加重要的角色，在平衡控辩双方的力量对比，或者帮助弱势群体诉讼时，律师提供的法律援助使得法律的天平不再完全倾向于一方，也使得弱势的一方不再因为法律上的无知而致使自己的合法权益无法得到保证。因此，律师在法律援助中的定位更像是天平上的调节器，起到平衡双方力量的作用。

在我国，律师能够提供的法律援助的形式有向受援人提供法律咨询、刑事辩护、民事代理、值班律师等。律师法律援助实务将在本章第三节中具体阐述。

（二）人民调解机制

人民调解是指在人民调解委员会的主持下，依照法律、政策及社会主义道德规范，对纠纷当事人进行说服规劝，使得其彼此互相理解、互相谅解，在自主自愿的情况下，达成协议，解决纠纷的活动。人民调解是我国法律所确认的一种诉讼外的调解形式。人民调解工作与千家万户的切身利益息息相关，直接影响社会的安定团结。认真开展人民调解工作，能够缓解社会矛盾，促进社会安定团结；能够促进社会主义精神文明建设；能够预防犯罪，减少犯罪；可以积极推动社会生产力的发展；人民群众可以直接参加管理国家和社会公共事务；同时，还能够起到党和政府以及审判机关的助手作用。

随着我国市场经济的发展，市场主体之间的经济纠纷日渐增多，由于调解具有高效便捷、高保密性、双方协商、方式灵活、更有利保持当事人合作关系等多种优势，越来越多的主体愿意选择通过调解方式解决纠纷，调解不再仅仅是解决个人之间的纠纷。但解决市场主体间的纠纷，仅依靠人民调解员的力量是不够的，尤其是在处理疑难复杂的矛盾纠纷时可谓重重困难。因此，不仅需要国家和政府的力量，更需要律师的专业力量。

律师作为专业的法律工作者参与调解，运用自身的法律专业能力，能够为当事人梳理清楚法律之间的关系，使得当事人更全面地了解法律规定，同时通过律师的工作经验和专业知识，也能尽快使各方达成和解协议，既节约了司法资源又减少了当事人的诉累，在创建和谐稳定的社会环境中起着重要作用。

除了律师作为第三方参与人民调解外，在 2017 年 9 月 30 日颁布的《最高人民法院、司法部关于开展律师调解试点工作的意见》中，提出了律师调解的多元化争议解决方式，并将几个地区作为试点来具体落实，律师调解工作模式有以下四种：

（1）在人民法院设立律师调解工作室。在试点地区的各级人民法院将律师调解与诉讼服务中心建设结合起来，在人民法院诉讼服务中心、诉调对接中心或具备条件的人民法庭设立律师调解工作室，配备必要的工作设施和工作场所。

（2）在公共法律服务中心（站）设立律师调解工作室。在试点地区的县级公共法律服务中心、乡镇公共法律服务站设立专门的律师调解工作室，由公共法律服务中心（站）指派律师调解员提供公益性调解服务。

（3）在律师协会设立律师调解中心。在试点地区的省级、设区的市级律师协会设立律师调解中心。律师调解中心在律师协会的指导下，组织律师作为调解员，接受当事人申请或人民法院移送，参与矛盾化解和纠纷调解。

（4）在律师事务所设立调解工作室。鼓励和支持有条件的律师事务所设立调解工作室，组成调解团队，可以将接受当事人申请调解作为一项律师业务开展，同时可以承接人民法院、行政机关移送的调解案件。

律师参与调解，首先是由于律师调解的专业性，是人民调解机制的有机补充。将调解制度逐步向以法治为中心慢慢转型，同时，在律师的参与下调解的程序更加规范化，运用专业化的调解使得双方当事人化解矛盾，是离不开律师的参与的。其次，如果律师调解在实践中得到广泛的认同与运用，对加强社会大众法律知识的普及和法治意识的增强都有更进一步的帮助作用。

律师队伍数量大、专业性强、经验丰富是律师参与调解的极大优势，以此可以有效促进多元化纠纷解决机制的更好发展。同时，这群有专业度的律师在经过调解技能的培训后，将成为一支非常重要的调解员队伍，并且能够促使当事人自愿选择调解作为纠纷解决的方式，而不是将诉讼作为他们的第一选择。

【案例分析实训】

【案例1.2】当事人选择以调解方式化解纠纷

【案情简介】

小张、小王、小李为某制造业企业的员工，是生产线上的操作工。2018

年底，该企业张老板突然告知他们三人，因企业经营不善，目前资金紧张，故无法支付他们的工资，并且拿出一份主动辞职的申请书，告知他们三人在该份申请书上签字，日后便不需要再来上班了，三人当时并未多想，即在申请书上签了字。

小张、小王、小李认为老板拖欠了他们的劳动报酬，侵害了他们的权益，联合了其他有相同情况的同事，每天在公司门口围堵老板讨说法。并且他们对老板提供的辞职申请书的这份文件具体代表什么意义也不清楚，但经过长期维权后，张老板依旧没有向他们支付工资，对要求他们离职的行为也未进行任何补偿。

【思考问题】

1. 张老板考虑到员工长期维权，对公司声誉不利，觉得诉讼程序过于复杂，想要通过第三方机构的介入，以调解的方式化解纠纷，张老板可以向什么部门寻求帮助？

2. 作为律师参与本案的调解，应当如何做好调解工作？

(三) 信访矛盾化解

地方各级政府和工作部门近几年来都在积极引入律师参与信访工作，并且取得了较好的社会效果。深入开展律师参与信访工作，阳光信访、责任信访、法治信访的建设才能稳步推进，信访工作的公信力才能得到提升；有利于充分发挥律师职业优势和第三方作用，引导信访群众通过法定程序表达诉求、依靠法律手段解决纠纷、运用法律武器维护自身合法权益；有利于提高相关部门运用法治思维和法治方式解决问题、化解矛盾的能力，增强依法办事的自觉性。各级司法行政机关和信访部门已经从全面依法治国和推进信访工作法治化的高度，充分认识到了律师参与信访工作的重要意义，并且已经积极为律师参与信访工作创造条件，稳步推进律师参与信访工作的开展。

律师参与信访工作的主要任务是：

（1）参与接待群众来访。律师在信访接待窗口为前来信访的群众，特别是反映涉法涉诉信访事项的群众解答相关法律问题，提供咨询意见，引导信访群众通过合法的程序表达合理的诉求、运用法律手段解决纠纷、依靠法律途径维护自身合法权益。对于群众提出的有法可依的信访事项，律师应认真向信访部门反馈；对依法应当通过其他途径解决的，律师应引导信访群众合法地向有关机关提出；对符合司法救助条件并且需要法律援助的，律师应向其说明申请的程序；对于法无据、于理不合的，律师应对信访人进行引导教育，协助相关部门做好息访解纷、化解矛盾工作。

（2）参与处理疑难复杂的信访事项。对于疑难复杂的信访事项，信访部门开展协调会，律师作为第三方参与协调会，对信访事项提出依法分类处理的建议，为信访事项办理、复查、复核或者审核认定办结工作提供法律意见。对于信访积案、重复信访事项，律师应参与化解，与信访人积极沟通并对其进行法治宣传教育。律师参与领导信访接待日的群众来访接待工作，为接访领导提供法律意见。

（3）服务信访工作决策。律师为涉及信访工作的改革创新举措提供法律意见；律师参与对涉及信访工作的法律法规规章草案、规范性文件送审稿的论证。

（4）参与信访督查。根据信访部门的工作要求，为督促检查信访事项的处理等提供法律意见和建议。

（四）优化营商环境

现阶段对于公众在投资营商过程中出现的矛盾纠纷，当事人一般会通过政府相关部门的受理并处理、双方私下和解、诉讼或仲裁等方式进行纠纷解决。目前，各地将律师作为化解矛盾的第三方纳入政府相关部门、政法系统优化投资营商环境机构工作当中，由政府主导成立律师调解工作机构，为投资者提供法律帮助，这对及时有效地调解并化解纠纷矛盾，营造良好的营商环境是非常有必要的。

世界银行发布的《2020年营商环境报告》显示，我国排名比去年上升15位，名列第31位。这是我国连续两年位列营商环境改善幅度全球排名前十。从一定意义上说，这是我们坚持运用法治思维和法治方式，持续优化营商环境所取得的重要成果。习近平同志深刻阐述了"法治是最好的营商环境"这一重要论断，社会主义市场经济本质上是法治经济，我们要进一步打造稳定公平透明可预期的营商环境，加快建设开放型经济新体制。推动我国经济持续健康发展，必须在营商环境建设中更好地发挥法治的引领和规范作用，为各类市场主体投资兴业提供坚强的制度保障。为了营造法治的营商环境，律师的作用不可小觑，引入律师参与优化营商环境的工作，才能更好地建设法治的营商环境。

建设法治的营商环境，必须促使政府部门的行政权力在法律的框架内有序运行。规范行政权力运行是法治的客观要求。营造良好的营商环境，要求我们坚持用法治来划定政府和市场的边界，尊重市场经济规律，注重通过市场手段调节各类主体的利益关系。只有把权力关进制度的笼子，让权力在法治轨道上运行，才能理顺政府和市场的关系，不断破除制约经济发展和社会活力的体制、机制障碍，充分发挥市场在资源配置中的决定性作用，更好发挥政府作用，有效激发市场内在动力和活力。当前一项非常重要的工作就是规范重大行政决策程序，做到坚持以人民为中心，坚持从实际出发，坚持尽力而为、量力而行，以规范的程序、科学的决策维护重大公共利益、维护人民合法权益，促进决策权、执行权、监督权既相互制约又相互协调。

在营造法治的营商环境中，律师的作用不可小觑，为更好地建设法治的营商环境，应引入律师参与优化营商环境工作。目前各地律师通过以下三种形式参与到优化营商环境的工作中：一是在政府的营商纠纷解决部门内设立投资营商调解工作室，聘用符合条件的律师组成专职的律师调解团队，对投资营商过程中产生的纠纷进行及时调解处理，化解矛盾。调解团队由政府设立，更具有权威性、可靠性，且律师作为调解员，更具有专业性、中立性、规范性。二是建立健全普法讲师团，组织律师主动与投资企业进行对接服务，听取企业在法律服务方面的需要，宣传涉及优化营商环境方面的法律法规，为企业提供优质法律服务，对项目在运行中遇到的法律问题和潜在法律风险进行调研分析，提出预防和控制法律风险的建议，有效防范法律风险。三是政府部门成立专门的投资营商领域投诉处理部门，健全投诉处理机制，由专业律师作为处理人员之一，按照成文的处理流程结合法律及政策的规定，对投诉及时处理，以化解矛盾、减轻诉累。

【案例分析实训】

【案例 1.3】律师参与优化营商环境工作

【案情简介】

广州作为千年古都，如今正酝酿着新时代的新商机。为满足优化营商环境的迫切需求，广州市制定了一系列的发展计划，如建设十大价值创新园区，培育发展 6 个千亿级产业集聚区，新增 10 家上市公司和 100 家新三板挂牌企业，大力推进 398 个重点项目建设，建设国家科技产业创新中心等。

根据广州市委政法委的工作部署，广州市律师行业协会作为成员单位也积极履行社会责任，参与到广州市法治化营商环境优化的系列工作中。

【思考问题】

参与优化营商环境的工作，律师可以从哪些方面为营商主体提供服务？

（五）政府法律顾问

政府法律顾问是指政府聘请的法律顾问。政府法律顾问从早期为政府担任代理人参加诉讼，到如今为政府重大决策提供法律意见、协助起草和修改重要法律文书，服务范围越来越广泛。具体服务内容可能涉及以下：

1. 协助政府依法行政，为政府行政工作提供法律咨询及专项法律论证

政府在日常行政过程中，难免遇到各种法律问题，政府工作人员虽然掌握必要的法律知识，但面对形形色色的社会现象，其仍需要及时咨询法律顾问。此外，对于政府的一些重要行政行为，一般会在事前进行讨论与部署。在讨论与部署过程中，法律顾问从法律的角度提出建议，对行政行为合法性、法律可操作性、法律后果及可能带来的法律纠纷等进行论证。在政府遇到行政诉讼后，协助政府对案件的法律关系、调处方案及诉讼方案进行分析，协助政府依法解决纠纷。

律师介入政府的行政管理，以其法律人的头脑全面为行政行为合法性把关，确保政府的行政行为都在法律法规的框架中进行。政府的行政行为是一项高度程序化的法律行为，如在政府实施行政处罚时，就行政处罚的程序、

处罚幅度以及处罚文书的法律用语，听取顾问律师的法律意见。在实施行政许可时由律师对行政许可程序、许可内容进行论证，对许可或者不予许可的法律风险进行评估，最大限度地防违法行政于未然，从而有效控制行政诉讼案件的发生率，保证行政诉讼案件的胜诉率，避免因具体行政行为不当带来的执行阻力和社会负面效应。

2. 受政府委托进行规范性文件的起草与论证

目前，政府规范性文件大多由政府职能部门起草与讨论。由于缺乏法律专家的参与，部分规范性文件在立法技巧及可行性方面存在欠缺。政府法律顾问可以接受委托起草规范性文件，从实务操作角度及立法技巧方面保障规范性文件的合法性、合理性。同时，还可以就政府相关部门起草的规范性文件进行论证，提出修改建议，使规范性文件更加规范与完善。

律师具备专业的法律知识、娴熟处理诉讼和非诉讼业务的工作能力、广泛的社会联系。政府聘用律师作为法律顾问，律师运用他们专业的法律知识参与地方政府政策法规的制定和修改、提供富有建设性和实践性的法律意见和建议等。律师已成为政府机关依法决策、民主决策、科学决策的高级参谋。

3. 为政府重大投资项目设计法律框架、起草相关法律文书、进行可行性论证

政府担负着基础设施建设的重大责任，这些政府项目投资大，投资周期长，涉及法律关系众多，且往往关系到百姓的基本利益。因此，政府项目中的法律问题尤为重要。法律顾问可以作为项目的专项顾问，对政府重大投资项目的法律可行性进行论证，设计法律框架。在项目进行过程中，协调相关各方的法律关系，起草相关法律文书，参与谈判及决策过程。保障项目的依法进行以及政府资金的安全。

4. 协助政府预防及处理各种纠纷

政府作为一个主体，难免同社会其他主体发生经济往来及其他民事法律关系。近年来，以政府为一方主体的经济民事案件大量增加，例如房屋租赁、房屋拆迁、建设用地、土地使用权等问题，以及政府采购后的支付等问题。而且，随着我国行政诉讼法的实施，政府成为行政诉讼被告的情况也时有发生。但是，政府作为这些案件的一方主体，其实在案件起诉前成功解决纠纷的可能性很大。由于政府长期以来缺乏这方面的专业人员，因此，诉前调解工作较为滞后。政府法律顾问的介入，可以大大减少政府成为诉讼主体的概

率，从而在解决问题的基础上，取得更好的社会效益。

（六）涉外律师人才

为了适应目前国际化市场经济的大环境，各部门应当积极为国家重大经贸活动和全方位对外开放提供法律服务，扩大对外公证合作领域，建立和完善涉外鉴定事项报告制度，提高涉外鉴定质量。整合仲裁优势资源，打造国际知名仲裁机构，促进和支持仲裁机构参与国际商事争端解决。充分发挥司法协助渠道作用，切实加强国际执法、司法合作。推动建立国际商事调解组织。建立健全法律查明机制，建立涵盖我国法律、行政法规、地方性法规和规章的统一数据库，通过建立国别法律信息数据库以及专家库等形式提供域外法律查明服务。加强与"一带一路"国家法律事务的交流与合作。完善涉外法律服务机构建设，推出国家和地方涉外法律服务机构示范单位（项目），培养一批在业务领域、服务能力方面具有较强国际竞争力的涉外法律服务机构。

要更好地向上述发展目标靠拢，加强涉外法治专业人才培养是必不可少的一步。当前，全球经济竞争日趋激烈，这在很大程度上表现为营商环境的竞争。我国目前已融入经济全球化进程，要在国际竞争中赢得优势、掌握主动，必须在营造国际一流营商环境上取得更大进展。其中一个重要方面，就是加强涉外法治专业人才培养，积极开展涉外法律服务，为高水平的对外开放提供保障和服务。涉外律师人才可以协助中国更好地与全球各国友好相处以及共同发展。目前，高校的政法院系已与涉外法律服务机构等实务部门建立联合培养涉外法律人才的协同工作机制，将优质涉外法律服务教学资源引进高校，强化实践教学，努力培养优质的涉外法律人才。扩大对外公证合作，加强国际执法、司法合作，推动建立国际商事调解组织，培养一批在业务领域、服务能力等方面具有较强国际竞争力的涉外法律服务机构。营造良好的发展环境，特别是营商环境，广泛吸引各方面人才来华创新创业。

三、公共法律服务体系中律师的社会责任

根据《司法部关于印发〈关于促进律师参与公益法律服务的意见〉的通知》中的精神，律师参与公益法律服务的积极性、主动性不断增强，公益法律服务覆盖面持续扩大，服务质量和水平逐步提升，体制机制更加健全，激

励保障措施更加完善，在满足人民群众法律服务需求、推进全面依法治国中的作用更加凸显，促进律师队伍亲民、爱民、为民的良好形象进一步树立，律师职业社会认可度、满意度、美誉度进一步提升。

律师事务所、律师应当承担社会责任，为公民、法人和其他组织提供法律服务。具体可以通过以下几点措施来履行其在公共法律服务体系中的社会责任：

第一，拓展服务领域。律师应当为残疾人、农民工、老年人、妇女、未成年人等特殊群体提供公益法律服务；担任村（居）法律顾问，为城乡群众和基层群众性自治组织提供服务；参与公益性法治宣传活动，担任普法志愿者、法治辅导员等；通过公共法律服务平台或者其他渠道提供免费法律咨询服务；参与法治扶贫活动，到边疆地区、欠发达地区和少数民族地区担任志愿律师；协助党政机关开展信访接待、涉法涉诉案件化解、重大突发事件处置、城市管理执法等工作；提供公益性律师调解服务，志愿参与人民调解、行政调解、司法调解和行业性、专业性调解；参与民营企业"法治体检"公益服务；从事公益法律服务政策研究、立法论证、学术交流、人才培养等工作；为公益法律服务活动提供赞助或者支持；从事其他形式的公益法律服务。

第二，增强服务实效。突出服务重点，围绕满足群众基本法律需求的目标，优先为城乡困难群众和特殊群体提供公益法律服务，强化劳动、就业、社保、教育、医疗等民生领域法律服务，主动为脱贫攻坚、污染防治等国家重大发展战略服务。准确把握服务对象需求，针对不同受众和不同主题，善于用群众喜闻乐见、通俗易懂、灵活有效的方式开展服务，增强服务针对性、吸引力。支持律师自主选择与其专业特长、实践经验、兴趣爱好等相适应的服务内容和方式，调动律师参与积极性。创新服务形式，探索"互联网+"公益法律服务模式，充分运用中国法律服务网、微信、微博、手机 APP 等服务载体，提供线上咨询、智能诊断、信息推送等形式的远程在线服务。加强与高校法律诊所、有关社会团体、爱心企业、爱心人士等社会力量的合作，共同开展公益法律服务活动。

第三，明确服务要求。律师应当积极参与党委、政府司法行政机关和律师协会组织的公益法律服务活动。倡导每名律师每年参与不少于 50 个小时的公益法律服务或者至少办理 2 件法律援助案件。各地可以结合本地经济社会发展水平和律师行业实际，制定律师公益法律服务工作量的具体指导标准，并可以根据律师执业地域、年龄、身体状况等分类提出要求。公益法律服务工作量的计算方法由各地司法行政机关、律师协会确定。律师从事公益法律服务应当依法依规，勤勉尽责，可以与服务对象签订服务协议，对服务内容、方式、工作条件等进行约定，规范服务流程，保障服务质量。

第四，提升服务能力。发展公益法律服务机构和公益律师队伍，加强法律服务志愿者队伍建设，提高公益法律服务专业化、职业化水平。各律师协会普遍设立公益法律服务专门委员会，鼓励设立未成年人保护等领域的公益法律服务专业委员会。律师协会开展申请律师执业人员集中培训、行业领军人才培训、青年律师培训等活动时，应当把公益法律服务培训作为重要内容。积极开展形式多样的公益法律服务业务技能培训和研讨交流活动，加强公益法律服务政策理论研究。做优做强中国法律服务网、"援藏律师服务团"、"1+1"中国法律援助志愿者行动、"同心·律师服务团"等公益法律服务品牌。

【案例分析实训】

【案例1.4】律师履行社会责任

【案情简介】

罗一静是一名律师，她从2014年7月开始参加"1+1"中国法律援助志愿者行动，被派往广西壮族自治区北海市银海区工作，期限为1年；志愿服务1年期满后，因当地政府认可她的工作，希望她继续参与当地的法治工作，对她进行了挽留，于是她的志愿服务工作又延续了1年。回到上海后，她仍旧站在法律援助的第一线，以自己专业的法律知识，为弱势群体服务，践行律师的社会责任。

【思考问题】

1. 作为律师，罗一静履行了什么样的社会责任？

2. 如果你是一名律师，在执业过程中，会通过什么形式来服务社会，履行社会责任？

第三节 法律援助案件的律师实务

一、法律援助案件概述

(一) 法律援助的定义

法律援助是由政府设立的,为家庭经济困难而无力聘请律师及根据法律规定必须有律师,而自己没有聘请律师的特殊群体的案件当事人免费提供法律帮助的制度。各直辖市、设区的市或者县级人民政府司法行政部门根据需要设立在本行政区域内的法律援助机构,即法律援助中心。

(二) 设立法律援助制度的意义

2018 年为中国改革开放 40 周年,这 40 年来,我国不论从经济发展、社会和谐,还是法治建设上都取得了惊人的成绩。但是在当前的中国,仍然还有一批由于自然、经济、社会和文化方面的低下状态而难以像正常人那样化解社会问题造成的压力,处于不利社会地位的人群或阶层,这也就是我们平常所说的弱势群体。中国法律援助制度的建立就是为了保障这些弱势群体能够获得必要的法律咨询、代理、刑事辩护等无偿法律服务,维护自己的合法权益。

中国对法律援助制度的探索从 1994 年开始,至今已近三十年。伴随着国家全面推进依法治国,法律制度得到了快速的发展,中国法律援助制度已经成为维护当事人合法权益、确保法律正确实施、维护社会公平正义的一项重要法律制度,是现阶段一项非常重要的民生工程。

2015 年 9 月 8 日至 9 日,第二届中欧法律援助研讨会在北京举行,研讨会以"刑事法律援助"为主题,就法律援助如何有效提供刑事辩护,如何深化中国和欧盟法律援助领域的交流与合作展开讨论。通过学习借鉴国外经验,不断健全和完善我国法律援助制度,贯彻"公民在法律面前一律平等"的宪法原则。

（三）申请法律援助的程序

1. 申请对象

法律援助的申请人必须符合合法权益受到损害且家庭经济困难的条件。公民经济困难的标准，由省、自治区、直辖市人民政府根据本行政区域经济发展状况和法律援助事业的需要规定，申请人住所地的经济困难标准与受理申请的法律援助机构所在地的经济困难标准不一致的，按照受理申请的法律援助机构所在地的经济困难标准执行。

根据《上海市低收入困难家庭申请专项救助经济状况认定标准（试行）》规定，如在上海申请法律援助，经济困难证明由申请人户籍所在地或者经常居住地街道办事处、乡镇人民政府出具。申请对象应符合以下条件：

（1）城乡居民家庭月人均可支配收入低于当年度本市发布的低收入困难家庭申请专项救助的收入标准。（目前是家庭人均月收入低于1940元）。

（2）人均货币财产低于5万元（2人及2人以下家庭上浮10%；18周岁及以下未成年人以及虽然年满18周岁但仍在全日制中等学校就读的人员、60周岁及以上老年人、残疾人上浮20%）。

（3）家庭成员名下无生活用机动车辆（残疾人用于功能性补偿代步的机动车辆除外）。

（4）家庭成员名下无非居住类房屋（如商铺、办公楼、厂房、酒店式公寓等）。

（5）城镇居民家庭人均住房建筑面积低于统计部门公布的上年度本市城镇居民人均住房建筑面积，仅有一套自住房屋的除外。这些住房包括产权住房、实行公有住房租金标准计租的承租住房、宅基地住房等。农村居民家庭除宅基地住房、统一规划的农民新村住房外，家庭成员名下无其他商品住房。

但是，若法律援助申请人具有下列情形的，可以免予审查家庭经济状况，但仍应递交相应的证明凭证：

（1）正在享受城乡低保、低收入困难家庭专项救助、支出型贫困生活救助等社会救助政策的。

（2）获得公安机关、人民检察院、人民法院司法救助的。

（3）残疾人且无固定生活来源的。

（4）在社会福利机构中由政府出资供养或者由慈善机构出资供养的。

（5）义务兵、供给制学员及军属，执行作战、重大非战争军事行动任务的军人及军属、烈士、因公牺牲军人、病故军人遗属，享受国家抚恤补助的老复员军人，伤残军人。

（6）农民工请求支付劳动报酬、工伤赔偿的。

（7）因见义勇为行为请求赔偿的。

除此之外，在刑事诉讼中，以下七种情况亦可申请法律援助：

（1）犯罪嫌疑人在被侦查机关第一次讯问后或者采取强制措施之日起，因经济困难没有聘请律师的。

（2）公诉案件中的被害人及其法定代理人或者近亲属，自案件移送审查起诉之日起，因经济困难没有委托诉讼代理人的。

（3）自诉案件的自诉人及其法定代理人，自案件被人民法院受理之日起，因经济困难没有委托诉讼代理人的。

（4）有证据证明犯罪嫌疑人、被告人属于一级或者二级智力残疾的。

（5）共同犯罪案件中，其他犯罪嫌疑人、被告人已委托辩护人的。

（6）人民检察院抗诉的。

（7）案件具有重大社会影响的。

除了自行申请法律援助外，若被告人符合以下五种情况的，人民法院为被告人指定辩护时，法律援助机构应当提供法律援助，无须对被告人进行经济状况的审查：

（1）被告人是盲、聋、哑人而没有委托辩护人。

（2）被告人是未成年人而没有委托辩护人。

（3）被告人是尚未完全丧失辨认或者控制自己行为能力的精神病人而没有委托辩护人。

（4）被告人可能被判处死刑而没有委托辩护人的。

（5）被告人被高级人民法院复核死刑（含死缓）案件的而没有委托辩护人。

2. 法律援助案件的受理范围

（1）依法请求国家赔偿的。

（2）请求给予社会保险待遇或者最低生活保障待遇的。

（3）请求发给抚恤金、救济金的。

（4）请求给付赡养费、抚养费、扶养费的。

（5）请求支付劳动报酬的。

（6）主张因见义勇为行为产生的民事权益的。[1]

除此之外，各省、自治区、直辖市人民政府可以对上述受理范围以外的法律援助事项作出补充规定。根据《上海市法律援助若干规定》第5条及《上海市人民政府关于调整法律援助对象经济困难标准和扩大法律援助事项范围的通知》第2条的规定，对于法援案件的受理范围进行了补充，除了以上六类案件以外，发生以下事宜亦可申请法律援助，具体如下：

（1）在签订、履行、变更、解除和终止劳动合同过程中受到损害，主张权利的。

（2）因工伤、交通事故、医疗事故受到人身损害，主张权利的。

（3）因遭受家庭暴力、虐待、遗弃，合法权益受到损害，主张权利的。

（4）因劳动用工纠纷，主张权利的。

（5）因医患纠纷，请求赔偿的。

（6）因食用有毒有害食品造成人身损害，请求赔偿的。

（7）军人军属因其合法权益受到侵害，主张权利的。

（8）未成年人因其合法权益受到侵害，主张权利的。

（9）因使用伪劣农药、化肥、种子及其他农资产品造成严重经济损失，请求赔偿的。

（10）当事人不服司法机关生效的判决、裁定，依法申请再审的。

3. 申请材料

（1）《法律援助申请表》：申请应当采用书面形式，若以书面形式提出申请确有困难的，可以口头申请，由法律援助机构工作人员或者代为转交申请的有关机构工作人员作书面记录。

（2）身份证或者其他有效的身份证明。

（3）若委托他人代理申请的，应当填写《法律援助申请委托书》，并提交代理人的身份证明。

（4）经济困难的证明，经济困难证明应当包括本人的劳动能力、就业状况以及家庭成员、家庭月（年）人均收入、家庭财产等内容。

---

[1]《法律援助条例》第10条。

（5）与所申请法律援助事项有关的案件材料。

4. 受理机关

表1 法律援助机构的管辖

序　号	案件类型	法律援助机构
1	国家赔偿	赔偿义务机关所在地
2	社会保险待遇、最低生活保障待遇或者抚恤金、救济金	提供社会保险待遇、最低生活保障待遇或者发给抚恤金、救济金的义务机关所在地
3	赡养费、抚养费、扶养费	给付赡养费、抚养费、扶养费的义务人住所地
4	劳动报酬	支付劳动报酬的义务人住所地
5	因见义勇为行为产生的民事权益	被请求人住所地

5. 审批流程

各法律援助机构在收到当事人提交的法律援助申请后，应当对其资格、委托材料、案件材料等进行审查，审查后及时给予当事人答复，大致分为以下四种情况：

（1）法律援助机构认为申请人提交的证件、案件材料等不齐全的，可以要求申请人在限期内作出必要的补充或者说明，申请人未在规定期限内或者未按要求作出补充或者说明的，视为撤销法律援助申请。

（2）法律援助机构认为申请人提交的证件、案件材料等需要查证真实性的，由法律援助机构向有关机关、单位进行查证后给予答复。

（3）法律援助机构审查后认为申请人提交的证件、案件材料等齐全的，符合法律援助申请条件的，应当及时决定提供法律援助。

（4）法律援助机构审查后认为申请人提交的证件、案件材料等不符合法律援助申请条件的，应当书面告知申请人不符合的理由。申请人对法律援助机构不予援助的决定有异议的，可以向确定该法律援助机构的司法行政部门提出。司法行政部门应当在收到异议之日起5个工作日内进行审查，经审查认为申请人符合法律援助条件的，应当以书面形式责令法律援助机构及时对该申请人提供法律援助，同时通知申请人。认为申请人不符合法律援助条件的，应当维持法律援助机构不予援助的决定，并将维持决定的理由书面告知申请人。

二、法律援助律师的工作内容

(一)法律援助律师队伍概述

法律援助律师队伍的组建一般由律师自行申请,法律援助机构通过审核律师资格材料,再结合自身需要采取笔试、面试等方法选拔而成,材料包括但不限于执业年限、职业道德、执业经历、违纪情况等。

法律援助机构每年会对法律援助律师进行若干次集中培训及案卷抽查,以保证法律援助律师的专业性和法律援助案件的办案质量。

(二)法律援助律师值班工作

1. 12348 法律咨询

12348 是面向广大民众的专用法律服务热线,其功能主要是解答群众的法律咨询,及时反映群众的法律需求信息,指导和接受法律援助申请,维护贫弱当事人的合法权益、司法公正、社会稳定。

2017 年 11 月,上海市司法局着力打造了集线下(实体窗口)、线中(热线电话12348)、线上(智能网络)"三位一体"的公共法律服务网络体系。自此,"12348 上海法网"成为上海市司法局大力推进公共法律服务发展创新的重要载体,平台有四大板块:法律咨询、法治地图、普法学法、法律服务。而作为法律援助律师,除了承办案件之外,还需要承担法律援助窗口值班及12348 电话热线值班两项工作,耐心专业地回答民众的法律咨询。

因 12348 电话热线的服务对象及其问题都是不特定的,涉及的法律问题包括劳动、婚姻家庭、人身损害、合同纠纷、股权纠纷、拆迁纠纷等各个领域,因此对于值班律师的法律素养要求亦是非常高的。每一名值班律师都应当具有一定的实务经验,并做好每次值班的登记工作,及时将记录交付法律援助中心的工作人员。

2. 认罪认罚制度

为了依法维护刑事案件犯罪嫌疑人、被告人的诉讼权利,加强人权司法保障,促进司法公正,充分发挥法律援助值班律师在以审判为中心的刑事诉讼制度改革和认罪认罚从宽制度改革试点中的作用,法律援助机构在人民法院、看守所派驻值班律师,为没有辩护人的犯罪嫌疑人、被告人提供法律帮助。有条件的地方可以为法律援助律师设立值班律师工作室,发放值班律师工作证，让法律援助律师持证上岗。

值班律师的主要职责包括：解答法律咨询；引导和帮助犯罪嫌疑人、刑事被告人及其近亲属申请法律援助，转交申请材料；为自愿认罪认罚的犯罪嫌疑人、刑事被告人提供法律咨询、程序选择、申请变更强制措施等法律帮助；对检察机关定罪量刑建议提出意见；犯罪嫌疑人签署认罪认罚具结书应当有值班律师在场；对刑讯逼供、非法取证情形代理申诉、控告；承办法律援助机构交办的其他任务。但法律援助值班律师不提供出庭辩护服务。符合法律援助条件的犯罪嫌疑人、刑事被告人，可以依申请或通知由法律援助机构为其指派律师提供辩护。

值班律师应当遵守相关法律规定、职业道德、执业纪律，不得误导当事人诉讼行为，严禁收受财物，严禁利用值班便利招揽案源、介绍律师有偿服务及其他违反值班律师工作纪律的行为。值班律师应当依法保守工作中知晓的国家秘密、商业秘密和当事人隐私，犯罪嫌疑人、刑事被告人或者其他人准备或者正在实施危害国家安全、公共安全以及严重危害他人人身安全的犯罪事实和信息除外。

值班后，法律援助律师应当第一时间向法律援助机构报送当天值班的统计信息，包括被告人姓名、罪名、程序、咨询意见等，由法律援助机构收集汇总。

（三）法律援助律师诉讼实务

1. 民事诉讼

（1）办理流程。法律援助律师在接到法律援助机构的案件指派通知后，应当于3个工作日内约谈受援人。约谈过程中，应当首先询问受援人是否愿意接受法律援助机构的指派律师为其代理案件；其次核对当事人的身份信息并了解案件情况，询问当事人的诉求及相关的证据材料；最后让当事人确认谈话内容并签署谈话笔录。

案件办理过程中，每一名法律援助律师应当将法律援助案件与其他收费案件一视同仁，不得存在形式过场、态度怠慢的情况。除了应当认真书写起诉状、答辩状、代理词等与案件相关的所有材料外，亦应当做好庭审笔录，以便进行案件回顾。有关案件的进程、与法院的联系、对方证据材料的质证情况等均应一一记录在法律援助案件承办情况报告中。

案件审结后，法律援助律师应在 30 日内将法律援助案件材料整理汇总，并将相关法律文书及法律援助案件结案报告交至法律援助机构，以备法律援助机构审查和发放办案补贴。

（2）结案材料。根据 2019 年民事法律援助案件质量评估要求来看，法律援助律师在案件结案后应当向法律援助机构递交以下案卷材料，包括但不限于：

- 法律援助指派通知书
- 委托协议及授权委托书
- 谈话笔录
- 劳动仲裁申请书、民事起诉状及上诉状、民事再审申请书、民事答辩状等
- 证据材料
- 代理词
- 庭审笔录
- 裁决书、判决书、调解书、和解协议等
- 法律援助案件承办情况通报/报告记录
- 结案报告表等

2. 刑事诉讼

除了上文已经提到的可以申请法律援助的刑事案件之外，如果被告人具有以下情形之一而没有委托辩护人的，人民法院应当通知法律援助机构指派律师为其提供辩护：适用普通程序审理的一审案件；适用简易程序、可能判处 3 年以上有期徒刑的一审案件；二审案件，但一审适用速裁程序、简易程序判处 3 年以下有期徒刑的案件除外；按照审判监督程序审理的案件。

而如果被告人包括不通晓本地通用的语言文字的少数民族及外籍人士，或者可能判处 1 年以上有期徒刑的，或者有必要指派律师提供辩护的其他情形的，人民法院可以通知法律援助机构指派律师为其提供辩护。

法律援助刑事律师一般需具有 3 年以上执业经历，值班律师一般需具有 1 年以上执业经历。而对于可能被判处无期徒刑、死刑的被告人，法律援助机构一般应当指派具有 10 年刑事辩护执业经历的律师担任辩护人。

（1）担任公诉案件犯罪嫌疑人、被告人的辩护律师。法律援助辩护律师在收到法律援助机构的指派后，应当及时将委托手续交至侦查机关或审判机关并安排会见。法律援助律师应当在首次会见犯罪嫌疑人、被告人时，应询

问是否同意本律师为其进行辩护及告知其相关权利义务，并制作会见笔录。若犯罪嫌疑人、被告人不同意的，承办律师应当书面告知公安机关、人民检察院、人民法院和法律援助机构。

会见笔录应当包括犯罪嫌疑人、被告人的以下内容：

- 基本信息，包括身份信息、住址、家庭情况、文化程度等。
- 前科劣迹情况。
- 核实罪名、犯罪经过、到案经过等。
- 退赔、退赃及是否取得受害人谅解等。
- 询问相关法律文书（如《起诉意见书》《起诉书》副本）是否收到。
- 是否自愿认罪；如不认罪，是否有证明自己无罪、罪轻、减轻罪行的证据或线索。
- 对相关鉴定报告的意见。
- 是否具有刑讯逼供的情况。
- 告知其该罪名的相关法律规定和量刑建议等。
- 询问其是否还有其他法律问题等。

除了会见犯罪嫌疑人、被告人之外，法律援助辩护律师亦应当积极与公安机关、人民检察院、人民法院取得联系，沟通案情。当刑事案件处于审查起诉阶段及审判阶段时，承办律师应当第一时间至人民检察院和人民法院进行阅卷，以便了解案件的详细情况。

开庭前，法律援助辩护律师应当做好充分的准备并准备好辩护词；庭审中，对于被告人有异议的地方，应当履行好辩护人的职责，向公诉机关及审判人员提出自己的法律意见，并做好庭审笔录。

案件办理完成后应当同民事法律援助案件一样在 30 日内将法律援助案件材料整理汇总，并将相关法律文书及法律援助案件结案报告交至法律援助机构，以备法律援助机构审查和发放办案补贴。

（2）担任公诉案件被害人的诉讼代理人。律师经法律援助机构的指派可以在审查起诉阶段或者审判阶段担任公诉案件被害人的诉讼代理人。承办律师接案后，应当及时到人民检察院或者人民法院查阅有关案件的所有卷宗材料，对案件进行实质性及程序性审查，并充分行使自己的调查取证权，提出自己的法律意见。

开庭前，应当充分了解案件概况，提交证据材料；开庭期间，应当配合法庭调查工作，独立发表观点；开庭后，应当向人民法院提交书面的代理词。

案件宣判后，若被害人及其近亲属不服一审法院判决，经法律援助机构审批同意后，可继续代理被害人向人民检察院提出抗诉。

（3）担任自诉案件当事人的诉讼代理人。律师经法律援助机构的指派可以在审判阶段担任刑事自诉案件自诉人的诉讼代理人或刑事自诉案件被告的辩护人。承办律师应当充分履行自己的调查取证权利，对于不能自行取得的证据，可以申请人民法院调取。

担任刑事自诉案件自诉人诉讼代理人的承办律师应当及时将权利义务、庭审规则告知自诉人，准备刑事自诉申请书、证据目录等材料；同时积极协助自诉人做好控诉职能，参与法庭辩论、调解、举证质证等活动。

担任刑事自诉案件被告辩护人的承办律师，基本职责与公诉案件被告人的辩护人基本相同。

（4）结案材料。根据 2019 年刑事法律援助案件质量评估要求来看，法律援助律师在案件结案后应当向法律援助机构递交以下案卷材料，包括但不限于：

- 法律援助指派通知书
- 委托协议及授权委托书
- 会见笔录
- 阅卷材料及阅卷笔录
- 起诉（意见）书
- 辩护（代理）词
- 庭审笔录
- 判决书、和解协议等
- 法律援助案件承办情况通报/报告记录
- 结案报告表等

3. 特殊群体

（1）军人军属。军人军属的法律援助工作是中国特色法律援助事业的重要组成部分。被提供法律援助服务的军人，是指现役军（警）官、文职干部、士兵以及具有军籍的学员。另，军队中的文职人员、非现役公勤人员、在编职工、由军队管理的离退休人员，以及执行军事任务的预备役人员和其他人员，按军人对待。军属，是指军人的配偶、父母、子女和其他具有法定扶养关系的近亲属。另，烈士、因公牺牲军人、病故军人的遗属按军属对待。

除本书前述已经罗列的可以申请法律援助的事项外，军人军属若因给予优抚待遇问题，军人婚姻家庭纠纷，医疗、交通、工伤事故以及其他人身伤害案件造成人身损害或财产损失请求赔偿的，涉及农资产品质量纠纷、土地承包纠纷、宅基地纠纷以及保险赔付的案件而经济困难没有委托代理律师的，可以向义务机关所在地、义务人住所地、军人军属法律援助工作站或者联络点申请法律援助。

军人军属申请法律援助时需要提交法律援助申请表、军人军属身份证明、法律援助申请人经济状况证明表以及与案件相关的所有材料。其中，义务兵，供给制学员及军属，执行作战、重大非战争军事行动任务的军人及军属以及烈士、因公牺牲军人、病故军人的遗属可以不提供经济状况证明表。

法律援助机构收到军人军属的申请材料后，应当优化办理程序，优先受理、优先审批、优先指派。对情况紧急的可以先行受理，事后补充材料、补办手续。对伤病残等特殊困难的军人军属，实行电话申请、邮寄申请、上门受理等便利服务。有条件的可以实行网上办理。

法律援助律师可以为军人军属提供的法律援助服务包括：法律咨询、代写法律文书、普法进军营、代理案件等；有条件的地方应当建立健全军人军属律师法律援助工作站和联系点。承办军人军属案件的律师应当具有一定的职业年限和丰富的实战经验，较为熟悉及了解与军人军属相关的特殊法律规定。接到法律援助机构的指派后，应当及时与军人军属取得联系，并认真研判案件情况，给出专业的法律意见。

（2）农民工。农民工即进城务工人员，主要是指到城市从事非农业工作的具有农业户口的工人，多为工程工地工人、工厂机械工等体力劳动者。农民工一般具有文化程度较低、法律意识较为淡薄、证据材料欠缺、维权人数众多等特点，因此农民工一直是法律援助机构每年服务的人数最多的群体之一。

法律援助律师接到农民工相关案件的时候，需要比别的案件多一分耐心。因为往往农民工群体有维权意识，但不清楚维权的法律规定和法定程序。首先，承办律师需要和他们解释所涉案件的法律条文及我方的诉求。其次，承办律师需要协助农民工群体收集和整理相关的证据材料，包括劳动合同、社保记录、工资发放证明、考勤卡、劳动手册等，若受援人无法提交上述证据，甚至无法提交实际在用工单位工作的证据，承办律师需要引导受援人通过如录音录像的方式去固定一些基本的证据以维护自身的合法权益。最后，承办律师亦需要向受援人解释相关程序和审限的法律规定，比如劳动仲裁一般规定 30 天内审结、案件复杂的可延长至 45 天，一审、二审一般需要 3~6 个月的时间等，以免过长的等待时间让受援人对承办律师产生不满或者不信任等焦虑情绪。如果遇到群体性的案件，承办律师需要让受援人推选出 1~2 名代表作为沟通的桥梁，以促使维权的流程能够更加流畅地进行。

承办律师收到裁决书或判决书后，应当第一时间将结果告知受援人并告知其下一步维权的途径，以免错过上诉期导致受援人维权不能。案件审结后，承办律师同样需要将案件材料和案件报告在限期内交至法律援助机构以便备案和审核。

2018 年，司法部、国务院农民工工作领导小组办公室决定在全国范围内开展"法援惠民生·助力农民工"法律援助品牌建设工作，切实保障农民工合法权益，不断增强农民工的获得感、幸福感、安全感。首先，切实做到"谁执法谁普法""谁服务谁普法"，提高农民工法律援助知晓率，在农民工聚集地开展法律援助宣传，推送法律援助机构地址、电话、12348 咨询热线等信息。其次，引导各用人单位规范用工，主动提示用人企业不签订劳动合同及违法用工的法律风险。最后，建立农民工法律援助维权绿色通道，法律援助机构对农民工法律援助案件优先受理、优先指派，推动在农民工案件集中的人民法院、劳动人事争议调解仲裁机构、劳动保障监察机构设立农民工法律援助案件受理窗口，对符合条件的农民工维权案件以简易程序快速处理。并对优秀、典型案例予以宣传推广，不断提高法律援助的社会影响力。

（3）残疾人。残疾人是指肢体上、语言上、听力上、精神上存在缺陷或者存在多重缺损的人，这些缺损直接或者间接地影响到他们参与到正常的社会活动，但是残疾人与普通人一样有权平等地享有权利，因此当残疾人的合法权益受到侵害时，他们同样享有申请法律援助的权利。

法律援助律师接到残疾人案件的时候，需要比别的案件多一分关心。承办律师除了要问清案件情况之外，在办案过程中还需要考虑到受援人的实际难处并给予适当的便利，如残疾人行动不便的，承办律师应当提供上门做笔录、快递拿材料、视频或者语音了解案情等服务，以保证残疾人的人身安全。

虽然残疾人在身心上有部分欠缺，但是他们像普通人一样享有法律赋予的权利，亦同样受到法律的强制约束。因此，当残疾人群体询问相关法律问题时，除了法律另有规定的之外，残疾人一般不因身心缺陷而享有其他特权，这也是承办律师需要向他们进行解释的。

2018年，司法部与中国残联决定在全国联合开展"法援惠民生·关爱残疾人"法律援助品牌建设工作。首先，建立残疾人法律援助对象的信息共享机制，依托中国残联信息中心残疾人人口基础数据库管理系统，对贫困残疾人动态信息及时更新，了解残疾人有关生活、医疗、抚养、就业等方面的问题，掌握残疾人的基本需求，从而建立残疾人法律援助档案。其次，开展送法上门活动，通过以案释法等多种形式提升残疾人知法、守法、用法的能力，增强依法维权意识，防范和化解法律纠纷，维护残疾人合法权益。最后，借助"互联网+"打造"全天候、普惠制"服务新模式，全面推进"12348中国法网"，为更多的残疾人提供网上咨询，为其申请法律援助提供便利，逐步实现融合电话、网站、短信、微博、微信等多种方式的法律援助服务，全力营造关爱残疾人的良好社会环境。

（4）老年人。《中华人民共和国老年人权益保障法》第2条规定："本法所称老年人是指六十周岁以上的公民。"法律亦明确规定，如果老年人自身的合法权益受到了侵害，可以依法向人民法院提起诉讼，若家庭困难导致诉讼费缴纳确有困难的，可以申请缓交、减交或者免交诉讼费；若需要聘请律师但又无力支付律师费用的，亦可以向法律援助机构申请法律援助。国家亦大力鼓励各律师事务所、公证处和其他法律服务机构为经济确实困难的老年人提供减免律师费的法律服务。

尊老爱幼一直是我们中华民族的优良传统，当法律援助律师接到老年人案件的时候，需要比别的案件多一份贴心。老年人法律援助咨询多为赡养类、诈骗类案件，此时，老年人不仅金钱上受到了严重损失，而且其心灵上也受到了重大打击，特别是请求子女支付赡养费的案件。老年人其实根本不想起诉自己的子女，然而很多案例中会出现其中一个子女拿着老人的退休金挥霍，其他子女因为没有拿到老人的退休金故而认为可以理所当然地不履行赡养义务，老人在百般无奈之下才会选择将子女告上法庭要求赡养。因此，对于此类案件，法律援助律师一方面应当为老年人争取最大化的利益保障，另一方面也应当对老年人予以适当的言语关怀，让老年人感受到温暖和安心。

国家司法部、民政部一直非常关心老年人的法律援助服务，并鼓励各法律援助机构、律师事务所、公证处及其他法律咨询服务机构建立老年人法律服务平台；各级司法行政部门和民政部门可以结合当地情况，编印相关法律的学习材料，在老年人聚集地点如老年社会福利院、敬老院等地方开办相关法律知识讲座，增强老年人的法制观念，从而营造一个敬老、尊老、爱老的社会环境。

（5）妇女。2016 年 3 月 1 日，《中华人民共和国反家庭暴力法》正式施行，这是对长期以来遭受家庭暴力的妇女在保障方面的一个重大突破。但是，我们从法律援助的受理范围可以看出，妇女并不是受到特殊保护的群体之一，故而各地一直呼吁是否可以考虑将法律援助的服务事项扩大，以更好地保障妇女的合法权益。

2016 年 11 月，重庆市司法局、重庆市妇女联合会发布《关于进一步加强妇女法律援助工作的通知》，通知载明要进一步扩大法律援助的覆盖面，将妇女请求保护劳动、婚姻家庭、生命健康、农村土地林地承包经营权和宅基地使用权权益等作为法律援助工作的重点领域，并普遍设立妇联法律援助工作站，充分整合司法行政和妇联资源，充分了解妇女的法律服务需求，如果遇到有需要申请法律援助的妇女，积极与当地法律援助中心联系，为其提供便捷的转介服务。

因此，各地承办律师接到的有关妇女的法律援助案件大多为妇联转介而来，案由涉及请求支付扶养费、离婚财产分割、家庭暴力等。承办律师遇到妇女类法律援助应当充分倾听受援人的陈述及意见，并据此提出专业的法律意见。尽心、耐心、细致地为受援人办好每一个案件。

（6）未成年人。未成年人案件一直是法律援助工作的重点，从解答咨询、代写文书、民事案件代理到刑事案件辩护或作为刑事案件被害人的诉讼代理人参与诉讼，法律援助规定了比较严格的指派制度和工作流程。

对于未成年人案件，法律援助机构应当指派熟悉未成年人身心特点且具有一定职业年限的律师担任诉讼代理人或辩护人。法律援助律师在处理未成年人案件时，应当充分考虑未成年人的身心承受能力，在用词和处理方式上应当以未成年人的心理承受能力为第一要素，特别是代理刑事案件被害人的诉讼代理人时，更应当注意保护未成年人的隐私，因此承办未成年人法律援助案件应当做到以下几点：①询问未成年人时通知其监护人到场。②注重保护未成年人的隐私权和名誉权。③充分行使律师的调查取证权。④充分尊重有表达意愿能力的未成年人的意见。⑤为保护未成年人权益，应当积极与对方当事人促成和解、调解。⑥作为未成年犯罪嫌疑人援助律师在侦查阶段介入案件的，应当对逮捕必要性提出辩护意见，若犯罪嫌疑人符合取保候审条件的，应当及时提供材料，为其申请取保候审；认为犯罪嫌疑人不构成犯罪、涉嫌罪名认定不当，或者有刑事诉讼法所规定的不追究刑事责任情况的，应当向办案机关出具法律意见书，提出纠正意见。⑦作为未成年犯罪嫌疑人辩护人在审查起诉阶段、审判阶段介入案件的，应当及时到人民检察院、人民法院查阅、摘抄、复制案件有关材料；人民检察院审查批准逮捕时，辩护律师应积极出具法律意见；发现未成年人存在异常精神和心理状态时，应当帮助或者建议家长向人民检察院、人民法院申请做精神鉴定、心理状况评估；应当为在押的、符合取保候审条件的犯罪嫌疑人、被告人申请取保候审并提供材料；发表辩护意见时，应当提出具体的量刑建议和理由。⑧律师作为未成年被害人诉讼代理人的，性侵害案件监护人未到场或应被害人要求的，应当有同性别律师在场；应当建议办案机关对被害人的心理伤害进行心理辅导或治疗；应当向被害人及其监护人释明刑事附带民事诉讼的受案范围，帮助被害人提起刑事附带民事诉讼。

案件办结后，承办律师应当及时撰写结案报告，对办案的过程进行完整的记录，结案报告应当真实、客观、分析透彻，对案件办理过程中的难点、亮点及经验与不足进行归纳，并及时交付法律援助机构。

【案例分析实训】

【案例1.5】承办刑事案件中未成年被害人法律援助案件的注意要点

【案情简介】

被告人马某某因与被害人小尹（案发时7岁）的父亲有纠纷，而当街持刀砍断了小尹的右手，并以断肢要挟小尹父亲向其支付50万元作为赎金。虽然断肢及时再植，但是小尹身心均遭受巨大创伤。

广东省广州市人民检察院在依法指控被告人马某某故意伤害、敲诈勒索犯罪的同时，由团市委牵头，社会各方力量迅速联动，共同为小尹制定了一套综合救助保护方案。一是法律援助，二是社工介入，三是心理救助，四是经济救助。

【思考问题】

1. 作为小尹的法律援助律师，你在询问小尹时应当注意哪些方面？

2. 作为小尹的法律援助律师，刑事案件开庭前你应当做哪些方面的准备？

3. 法援律师除了作为小尹的诉讼代理人参与马某某刑事案件审判之外，为了更大程度地保护小尹的合法权益，还应当为小尹提起什么诉讼？

4. 作为小尹的法律援助律师，还可以通过哪些其他方面可以帮助小尹？

民事诉讼常见房地产纠纷实务

【本章概要】我国房地产行业在快速发展的同时也暴露出不少问题，房地产纠纷持续增多，房地产诉讼案件及仲裁案件也一度在各级人民法院民事案件及仲裁机构的仲裁案件中占据了很大比例，甚至有些法院为此专门成立房地产纠纷案件的审理庭。房地产纠纷案件因为政策变化大、法律调整快、历史遗留等问题，在诉讼实务中往往较为疑难复杂且审理周期较长。本章在主要解读司法案例的基础上，对房地产纠纷进行分析研究，特别是对于实务上一些问题的探讨，希望读者能从中得到启发。

【学习目标】本章通过对房地产纠纷案件实务上遇到的问题的集中探讨，使读者了解"登记生效""房地一体"等房地产纠纷领域特有制度，并能运用法律的相关规定维护自身的合法权益。

第一节 概 述

一、房地产纠纷概念

"居者有其屋""耕者有其田"是我国传统的安居乐业的思想，也是维持稳定、构建小康之家的重要因素。房屋和土地历来是社会生产、生活的重要物质基础，房地产市场的发展促进了经济社会极大繁荣的同时，也无法避免地带来了社会问题和利益纠纷，需要相应的法律规范予以调整。房地产作为特定的不动产，在静止状态下归属于物权法调整，但是在其作为交易标的物进入流通市场呈现流动状态时又同时受制于债权法及相关行政法律、法规、政策、部门规章等制度。

房地产纠纷是指在房地产开发、经营和管理过程中，当事人之间因房地产权益而产生的争议。实际上也就是房产（房屋权益）纠纷和地产（土地权益）纠纷的总称。其当事人既可以是公民、法人和其他组织，也可以是房地产管理机关，其中的公民、法人和其他组织包括我国港澳台地区的公民、法人和其他组织以及涉外房地产关系中的外国公民、法人及其他组织。

二、房地产纠纷的分类

学术理论层面，房地产纠纷的分类繁多，在实务层面则更多基于诉讼的考虑。

（一）按其法律性质进行分类

房地产纠纷按其法律性质可分为民事性质的房地产纠纷和行政性质的房地产纠纷。民事性质的房地产纠纷是发生在平等主体之间的房地产利益纠纷，行政性质的房地产纠纷则是存在管理关系的纠纷。

民事性质的房地产纠纷包括：房地产开发合同纠纷（如商品房买卖）、建设工程合同纠纷（如土建、设备安装、装修）、房地产服务合同纠纷（如房地产咨询、评估、中介）、房地产租赁合同纠纷、物业管理纠纷、他项权利侵权纠纷（如相邻用水、排水、采光、通风），等等。

行政性质的房地产纠纷包括：土地所有权和使用权的争议纠纷，经有关人民政府处理后不服向人民法院起诉的。拆迁人与被拆迁人对拆迁补偿、安置等达不成协议由批准拆迁的房屋主管部门裁决后不服向人民法院起诉的。公民个人、法人或其他经济组织之间的林地、林木所有权争议经县级或乡级人民政府处理后不服向人民法院起诉的，等等。

（二）按照案件的争议权属进行分类

按照案件的争议权属，可以将房地产纠纷分为所有权纠纷、房地产租赁纠纷、房屋担保纠纷、房屋拆迁纠纷、房屋中介纠纷、房屋物业案纠纷、新型房地产纠纷等，这些纠纷主要是为了解决所有权、使用权、收益权、处分权等权利的归属问题。

三、房地产纠纷解决方式

房地产纠纷主要有三种解决方式：

第一，房地产纠纷的行政处理。行政处理的方式有两种：一是行政调处，二是行政处罚。前者用于解决当事人之间的纠纷，后者则是行政管理机关对违法相对人采取的处罚措施。两种形式可单独适用，亦可同时适用。

（1）行政调处是我国当前解决房地产纠纷的主要途径之一。其一，房地产行政管理机关拥有管理权，处理房地产纠纷是其职责之一；其二，房地产纠纷往往涉及权属问题，房地产行政管理机关可凭借登记资料及时有效地解决问题；其三，房地产纠纷涉及大量专业技术问题，房地产行政管理机关处理起来更专业。

（2）行政处罚是行政管理机关对违法相对人采取的处罚措施，是行政管理机关行使管理权的重要措施。

第二，房地产仲裁。房地产仲裁是指当公民之间、法人之间、公民与法人之间，在房地产所有权、使用权、买卖、租赁等方面发生纠纷，经过协商不能解决时，请求房地产仲裁机构依照法律、法规和房地产行业规则作出裁决，以解决纠纷的一种方式。它是一种准司法性的纠纷解决机制，具有部分司法行为的效力。我国房地产纠纷仲裁机构有两个系统：一是各地方设立的仲裁委员会，我国平等主体之间的房地产纠纷，有仲裁协议的，可以申请仲裁；二是中国国际商会设立的中国国际经济贸易仲裁委员会，受理涉外房地产民事纠纷及其他纠纷。

第三，房地产纠纷诉讼。房地产纠纷诉讼分为房地产民事纠纷和房地产行政纠纷。房地产纠纷诉讼是指人民法院在双方当事人及其他诉讼参与人的共同参加下，为审理和解决有关房地产纠纷所进行的司法活动，以及由这些司法活动所产生的法律关系的总和。房地产行政纠纷是指公民、法人或者其他组织对房地产行政管理部门就当事人的房地产所作出的具体行政行为不服而提出的行政诉讼。这些具体行政行为包括扣留、吊销或拒发房屋建设、施工和土地使用规划等许可证和执照，对房地产建设使用、交易中的违法行为进行罚款、没收、拆除、查封等。

此外，还有调解、协商和解两种解决方式。调解是指纠纷当事人不能通过协商方式解决纠纷，根据一方当事人的申请，在第三人的主持下，促使双方当事人根据有关房地产法律法规，互让互谅，达成和解协议。协商和解是指房地产纠纷的当事人在没有第三方参与的情况下，在平等互利的基础上，互相体谅，分清是非，达成协议，合理解决纠纷。上述两种纠纷解决机制，于公可以节省国家司法资源，于私可以节省金钱成本、时间成本，是其他纠纷解决方式无法比拟的，故当房地产纠纷不可避免地发生时，从效率和成本上考虑，应优先采用调解、协商和解两种方式解决纠纷。

四、房地产诉讼

当纠纷难以协调时，诉讼成为解决房地产纠纷的途径之一。涉及房地产争议的诉讼可以依据当事人属性分为房地产民事诉讼和房地产行政诉讼两类：

第一，房地产民事诉讼。房地产民事诉讼是指人民法院在双方当事人及其他诉讼参与人的共同参加下，为审理和解决有关房地产纠纷所进行的司法活动，以及由这些司法活动所产生的法律关系的总和。

按民事诉讼处理的房地产纠纷主要包括以下几类：房地产产权纠纷，房地产买卖纠纷，房地产租赁纠纷，房地产抵押、典当纠纷，房地产开发经营纠纷，房地产拆迁纠纷，房地产相邻关系纠纷。

下列房地产纠纷不属于民事诉讼受理的范围：

（1）因机关、团体、企事业单位内部分配、调整房屋或职工调动、死亡等原因引起的房屋纠纷，应由单位自行解决。

（2）军队与军队离休退休干部之间因腾退军产房发生的纠纷以及军地互转引起的单位与军队房屋纠纷，应该由军队和地方政府协商并通过行政手段解决。

（3）因政府行政管理方面的决定引起的房地产纠纷，或因党委发文调整引起的房地产纠纷以及因机构的领导体制变更或行政机构、企事业单位的分合调整所引起的房屋纠纷。

第二，房地产行政诉讼。房地产行政诉讼是指公民、法人或者其他组织对房地产行政管理机关就当事人的房地产所作出的具体行政行为不服而提起的行政诉讼。房地产行政管理机关主要指城市规划的行政主管机关，房屋、土地的行政主管机关和城市建设行政主管机关。这些具体行政行为包括扣留、吊销或拒发房屋建设、施工和土地使用、规划等许可证和执照，对房地产建设、使用、交易中的违法行为进行罚款、没收、拆除、查封等。

五、房地产民事诉讼案件的自身特点和审理特征

第一，房地产民事诉讼因标的为房产或者地产，标的额较大。房地产属于市场特定行业，行业规则较多，交易流程专业性较强。在房地产的交易过程中，一般涉及贷款、担保及婚姻财产等其他问题，联动性较强。另外，此类案件案外干预较多，带有很多其他因素。

第二，法院审理的特征。首先，人民法院在审理民事诉讼案件的过程中需要首先解决地产纠纷，并对其产生的原因进行判断，同时收集相关证据。法院对于诉讼的解决方式以审判权为依据，这与各相关的行政机关和仲裁委员会的纠纷解决方式存在着本质上的差异。行政机关和仲裁委员会仅拥有纠纷调解权，审判权在我国范围内只由人民法院单独行使，其他任何机关部门无权行使。其次，人民法院在审理民事诉讼案件时，对于房地产纠纷具有明确的终局性和强制执行性。不管是何种房地产纠纷，涉及的程序如何复杂，在行政处理过程中，行政机关对房地产纠纷的处理通常只有裁决权而没有最终的决定权。若经过行政调解，当事人中一方或双方对行政处理的决定不认同，可以继续向上级人民法院提出诉讼。房地产行政机关和各类仲裁机关将出具已产生效力的调解书和仲裁裁决书。如果当事人拒绝执行相关决议，房地产行政机关和仲裁机关都没有强制执行权，只能由当事人直接向人民法院提出强制执行的申请，经人民法院审理批复后，直接强制执行。

六、房地产案件中常见的法律问题

(一) 交易习惯的认识问题

在房地产买卖合同纠纷案的判决书中，交易习惯时常会成为法官判决的理由之一。但到底什么是交易习惯，不同的法官有不同的理解和做法，正因为如此，法官行使自由裁量权时具有较大的随意性，动辄按交易习惯作出判决。比如，在一期房的买卖纠纷中，当事人双方在订立预售合同时没有正式确定购房价格，遗漏了价格条款。而期房在几年后交付时房价已猛涨了许多，卖方主张按交房时的市场价格确定房款，买方则主张应依据《中华人民共和

国合同法》（以下简称《合同法》）第62条的相关规定，按订立合同时的市场价进行履行。为此，双方发生争议。法官审理时认为，房价应按《合同法》第61条有关的交易习惯来确定，交易习惯即期房的房价应在交付时确定。

对于现房交易来说，双方签订合同遗漏了交房时间和付款时间，因种种原因卖方没有即时履行交房义务，买方也没有交付房款。在具备履行条件后，买方要求履行合同时，卖方因房价大幅上涨而不肯再按原价履行合同，于是提出解除合同。在确认合同是否解除的效力问题上，法官审理时认为对于商品房现房买卖来说，有"先付款后交房"的交易习惯，在没有履行付款义务的情况下，卖方有权解除合同。

（二）善意第三人的认定问题

在商品房纠纷案中，经常会有善意第三人出现，原本只出现在动产交易中的善意第三人，现在随着不动产交易的增多，其也经常出现在房产纠纷中。但是在不同的法官眼里对于善意第三人身份的确认却有很大的差异。有的法官对"善意"的认定标准比较宽泛，不知者即为善意，只要这个第三人主观上不知道真正的权利人是谁，只要是签订了房屋买卖合同，即使没有过户，也应作为善意第三人来看待，使其真正享有物权。有的法官对"善意"的认定标准较高，注重从客观实际和履行手续上来确认，在房屋没有履行过户登记手续之前，不能认定为善意第三人，不享有对所买房屋的所有权，只能是普通的债权人而已。

（三）对房地产开发商开具的收据的性质认定问题

房地产开发商往往在未取得商品房预售许可证时，便开始预售商品房，要求认购人交付一部分订房款，在收到订房款后，将收据交付给购房人，收据上写明当事人的名称、交付的具体金额以及所购房屋的具体门牌号码。在双方当事人出现纠纷后，这份收据就会出现两个问题：一是这张收据是否具有协议的性质？二是购房人所交付的房款是什么性质（定金或预付金）？在其他一些类似商品房预售纠纷中对已交的价款，当事人亦有分歧，购房人认为是定金，预售人认为是预付款。法官在审理时对收据和已付价款的认识亦有分歧。这就告诉我们在交订房款时应签订合同，明确订房款的性质。

第二节　房屋买卖合同纠纷

处理房屋买卖合同纠纷的法律依据主要有《中华人民共和国城市房地产管理法》《中华人民共和国土地管理法》《中华人民共和国合同法》《中华人民共和国物权法》《城市房地产开发经营管理条例》以及《最高人民法院关于审理商品房买卖合同纠纷案件适用法律若干问题的解释》等相关规定。随着社会发展，房屋交易量逐年增多，对一般人而言房屋交易价值额较大，相关纠纷的处理具有自己的特色。2011 年《民事案件案由规定》的修改，将房屋买卖从原房地产开发经营合同单列出来作为一个独立的第三级案由，并且将其中涉及商品房买卖的合同纠纷都作为第四级案由。

一、政治商品房买卖合同纠纷

（一）无合同的借名购房权属纠纷

案情：郭某、关某诉称：我们是郭某某之父母。2005 年郭某从单位提前退休，一次性领取 56 个月的工资 225 274.68 元，我们商量准备买一套适合退休后居住的房子。2006 年 8 月，我们看上北京保利某楼盘，决定在此购买一套自己所有的房子，用于安度晚年。2006 年 8 月 5 日，关某与开发商签订《认购书》，认购 01 号房，交付定金 2 万元。之后，开发商在审批时发现我们均已退休，不能够按揭贷款。我们遂与郭某某协商并达成口头协议：借郭某某名义购买房屋，并办理抵押贷款，全部费用包括首付款、偿还贷款等由我们支付。房屋登记在郭某某名下，我们实际享有房屋所有权。待房屋贷款结清后，郭某某协助我们把所购房屋所有权转移登记至我们名下，郭某某同意并愿意配合。

同年 8 月 8 日，我们以郭某某的名义与开发商签订《北京市商品房预售合同》，房屋总价款为 1 171 826 元。开发商在《签约审批表》上标注"此客户郭某某为原认购人关某之子"，销售顾问庄亮、销售经理郭斌、开发公司现场负责人刘颖在确认栏签字。合同签订当日，我们通过银行卡支付首付款 57 万元（其中通过关某账户转账 24.5 万元，通过郭某账户转账 32.5 万元），加之关某之前已交付的定金 2 万元，保利公司出具首付款 59 万元的购房发票。

我们以郭某某的名义办理了剩余购房款 581 826 元的银行抵押贷款。

自 2007 年至 2009 年，关某通过自己的银行账号先后分 5 笔汇入郭某某银行账号 37 万元，用于偿还房屋贷款。2007 年 10 月，涉诉房屋交付使用，由我们接收，以郭某某的名义与保利公司结算，支付了房屋面积差价款 8784 元。2014 年，我们以郭某某名义申请提前还款，并通过我们账户转入郭某某账户 39.80 万元用于偿还房贷。2014 年 6 月 16 日，我们用上述款项以郭某某名义与浦发银行结清房贷本金及利息共计 397 885.32 元，浦发银行出具了《还款明细清单》《结清证明》《解除抵押权协议》，办理了解除涉诉房屋的抵押手续。2009 年 7 月 17 日，我们取得涉诉房屋的所有权证，该房屋登记在郭某某名下。

涉诉房屋自 2007 年交付之日起，一直由我们居住使用。关某以自己的名义办理有线电视等物业手续，并交纳相关费用。郭某某有自己的住房，从未在涉诉房屋中居住过。我们用自己的退休金及大半生的积蓄购买了安度晚年的养老房，因退休年纪大，无法办理购房贷款，遂与郭某某达成口头协议，约定借用郭某某名义购房。借名购房是双方真实意思表示，我们是涉诉房屋的实际购房人、出资人、接收人、居住人，实际享有该房屋的所有权。现涉诉房屋的贷款已经结清，依据双方约定我们要求郭某某协助将所购房屋产权转移登记在我们名下，郭某某未予配合，我们无奈诉至法院，请求依法判令：郭某某协助我们将北京市东城区××街 9 号院 01 号房地产所有权转移登记至我们名下。案件受理费由郭某某承担。

郭某某辩称：郭某、关某所述属实。当时以口头协议借我名义买房，房款都是郭某、关某所出。涉诉房屋实为郭某、关某所有，只是登记在我名下。但因为过户税费比较高，且我是郭某、关某唯一的儿子，即使房屋登记在我名下，也不影响他们使用，我认为没有必要过户至郭某、关某名下，故不同意其诉讼请求。

第三人宋某述称：郭某、关某与郭某某之间没有书面的借名购房合同，不存在借名购房的法律关系。郭某、关某的诉讼请求无事实依据，应当予以驳回。诉争房屋不是郭某、关某出资购买。郭某、关某支付诉争房屋的首付款 59 万元是二人对郭某某与我的赠与。郭某、关某汇入郭某某账户的 37 万元款项被提现，并未用于偿还诉争房屋贷款，所还贷款系郭某某与我的夫妻共同财产。郭某、关某提供的结清证明，还清贷款的时间是 2014 年 6 月 16

日，而郭某某与我离婚的时间是 2014 年 4 月 4 日，贷款是郭某某与我离婚后还清的，也不能证明是郭某、关某偿还了货款。

自购房后，至离婚之日，都是由我与郭某某以夫妻共同财产进行还贷。我与郭某某于 2006 年 3 月 1 日登记结婚，郭某某于 2006 年 8 月 8 日签订《北京市商品房预售合同》，诉争房屋是在郭某某与我婚姻关系存续期间购买的。郭某、关某规避事实和法律，进行恶意诉讼，侵害我的合法权益。综上，应当驳回郭某、关某的诉讼请求。

案件思路：本案争议焦点是关某、郭某与郭某某之间是否存在借名购房关系。从关某、郭某陈述的买房过程、房款的支付以及房屋交付后房屋的使用情况看，虽缺少书面合同证明借名购房存在，但考虑到家人之间常常因亲情以及信任关系而忽略签署书面合同的情况十分常见。故综合全部案件事实情况，对关某、郭某及郭某某陈述的借名购房的事实予以采信。

金钱是一般等价物，并非特定物，郭某、关某将购房款支付给郭某某，由郭某某按揭还款，并无不当。故宋某所称郭某某用其个人工资即夫妻共同财产按揭还贷的意见，应当不予采信。关于宋某认为 59 万元首付款是郭某、关某对郭某某和宋某赠与的意见，由于郭某、关某和郭某某均不认可，宋某亦无其他证据佐证，故对该意见应当不予采信。现仅有宋某在住房担保借款合同中共有权人处签字的证据，没有其他证据佐证的情况下，不能得出诉争房屋是郭某某和宋某的夫妻共同财产的结论。

相似案例总结分析：

借名购房案件中，借名人要取得房屋的所有权，除了实际出资外，借名人还要证明双方达成借名购房合意，两个条件缺一不可。即借名人和名义人约定：实际出资人借用名义人的名义，实际出资购买房屋，房屋归实际出资人所有。该合意既能将借名购房的事实固定下来，又能将借名人赠与名义人房屋、名义人借款买房等情形排除。因此，实际购房人应当固定好充分的证据，如借名协议、出资凭证、占有使用、房产登记状态等足以表明其与名义人之间的借名购房事实。

近年来，涉及的房屋合同类纠纷中，因"借名购房"引起的纠纷案件频发。"借名购房"一般发生在关系较为亲密的亲戚、朋友之间，购房人为了规避税收、限贷、限购等调控政策等，借他人之名购房，一旦借名人与登记权利人因各种原因产生矛盾，借名人往往会诉至法院要求确认其房屋所有权。

费用过高；③债权人在合理期限内未要求履行。

应对房屋买卖合同签订后当事人死亡的纠纷主要依照上述法条，同时也可以参考 2016 年《北京高院：审理房屋买卖合同纠纷案件 26 个疑难问题处理原则》中第 18 条提到，出卖人在签订房屋买卖合同后死亡，买受人有权要求出卖人的继承人在继承遗产范围内继续履行合同债务，交付房屋并办理房屋过户登记。法院应当依据买受人的诉讼请求判决：出卖人的继承人协助买受人办理房屋过户登记手续。

遇到这种情况，原产权人生前签订的房屋买卖合同，只要是其真实的意思表示，都应该受到尊重，全面履行合同义务。

二、涉及购房名额或资格转让的房地产纠纷

随着我国房地产业不断发展，出现了较多涉及购房指标/名额转让的纠纷形式。在购买时需要谨慎再谨慎，签署协议时需要详细明确约定：由买方直接和开发商签署《商品房购销合同》，具体的签署时间，如果不能按时签署或按时交房时双方的处理办法等，以有效地控制风险。

案情：田某和某房地产开发经营有限公司签订购房协议。协议约定：田某向某房地产开发经营有限公司认购房屋，房款总价为 1 725 490 元。购房协议签订后，田某向某房地产开发经营有限公司支付的购房预付款转为购房款，认购房屋具备签订《商品房购销合同》的条件后，田某应按某房地产开发经营有限公司通知要求，签订《商品房购销合同》并按合同约定缴清房屋尾款。2014 年 4 月 1 日，田某和杨某签订《房屋名额转让合同》。该合同约定：田某将自己位于 XX 城本单位的内部成本房的名额转让给杨某，房屋预付款 723 200 元；田某在签订正式购房合同前负责把房屋的户主变更成杨某；签订合同时，杨某按约定一次性支付给田某转让费 100 000 元；若任何一方违约，必须支付给对方 100 000 元违约金及缴纳的购房款；此房如在 2015 年 9 月不能按时交房，田某无条件把杨某所付款项退还给杨某；双方签订本合同时杨某支付 100 000 元转让费，其余 723 200 元杨某于 2014 年 8 月 15 日之前全部支付给田某，否则视为违约。合同签订当天，杨某依约支付了田某转让费 100 000元，但之后杨某未按约定向田某缴纳 723 200 元房款，所购房屋 2015 年 9 月份也未按时交房。在房屋具备签订《商品房购销合同》的条件时杨某

得知田某已经将房屋转让给他人。由此，杨某起诉要求：依法解除《房屋名额转让合同》、返还转让费人民币100 000元并由田某承担违约责任。

本案分析：本案的争议焦点为《房屋名额转让合同》是否应当解除、双方是否存在违约行为。本案双方当事人系转让合同民事法律关系。双方当事人在平等、自愿、合法的前提下所签订的合同为有效合同。本案中，因杨某一直未按约定将723 200元房屋预付款支付给田某，田某也未在签订商品房购销合同前将房屋的户主更名为杨某，故双方均在合同履行过程中存在违约行为，并且在签订《商品房购销合同》前田某已经将房屋转让给他人，致使双方所签订的转让合同的合同目的已经不能实现，依据《合同法》第94条关于"有下列情形之一的，当事人可以解除合同：……④当事人一方迟延履行债务或者有其他违约行为致使不能实现合同目的"的规定，双方合同依法解除。

根据《合同法》第97条关于"合同解除后，尚未履行的，终止履行；已经履行的，根据履行情况和合同性质，当事人可以要求恢复原状、采取其他补救措施，并有权要求赔偿损失"的规定，本案中，在双方的合同解除后，根据双方的合同约定此房如在2015年9月不能按时交房，田某应无条件把杨某所付款项退还给杨某。

相似案例总结分析：

购房指标是一种可期待物权，房屋指标转让是对其房屋可期待物权的转让。在房屋指标转让协议签订时，虽未取得物权，但出卖人出卖时未取得所有权或处分权只是导致出卖时标的物所有权不能转移，该转让协议本身的效力并不受影响。房屋内部定购指标转让纠纷，实质是出售人对其内部定购房屋资格的转让，是一种权利的转让。该转让行为系双方真实意思表示，没有《合同法》第52条规定的合同无效情形，故该合同合法有效，双方当事人均应按合同的约定履行义务。[依据长沙市中级人民法院（2016）湘01民终6449号。]

集资房并非具有保障性质的政策性经济适用房，我国现行法律框架下并未禁止单位集资房指标的转让。即便单位内部有禁止转让集资房的政策，但由于我国法律并未明确规定禁止购房指标、集资房的转让，所以，就民事行为而言，法无明文禁止即允许，单位内部规定既非法律、行政法规，也不是规范性文件，并不能作为认定合同无效的依据。在双方此项交易行为并不违背法律的强制性规定和社会公益的情况下，应当认定协议合法、有效。同时，

《经济适用住房管理办法》属于管理性强制性规定，当事人之间签订的房屋转让协议违反此类规定并不导致合同必然无效。因此，只要双方当事人的合同没有损害国家、集体或者第三人的利益，人民法院仍应确认房屋转让协议的合法、有效。[依据兰州市中级人民法院（2016）甘01民终1035号。]

签订的房屋指标买卖协议中无具体房屋指向，而出售人又拒不配合进一步协商确定交易房屋的具体楼栋、单元、房号的，人民法院应确认房屋指标买卖协议的有效性。若买方以合同目的无法实现为由，要求法院判令解除合同，并由出卖人承担违约责任的，人民法院应予支持。[依据武汉市江岸区人民法院（2016）鄂0102民初3182号。]

双方签订房屋指标买卖协议，约定将集资建房的指标转让给买方，同时约定指标转让之后所获得的集资房的相关权利都归买方所有，包括房屋产权及居住权等，并约定卖方应协助买方办理产权变更。由此等协议内容可知，该协议名义上是指标转让，实际上应属于房屋买卖合同。[依据柳州市中级人民法院（2015）柳市民一终字第44号。]

在涉及房屋指标买卖的案件中，往往出售人仅收取指标转让费，后期购房款、集资款等直接由买受人以出卖人名义缴纳，所以，房屋指标买卖协议中没有约定房屋价格的并不违背常理。该类协议的内容虽然与一般房屋买卖合同内容有所不同，但仍属于房屋实际购买人与产权人之间出现的纠纷，人民法院按照房屋买卖的法律关系进行审理并无不当。[依据吉林省高级人民法院（2014）吉民申字第698号。]

房屋出卖人以已出售房屋无法办理过户登记为由要求解除房屋买卖合同的，人民法院应根据实际情况判定是否确实存在无法过户的可能。若仅是当前法律法规对所涉房屋登记过户的时间有硬性规定（比如5年），抑或是目前法规政策对过户问题没有明确态度的，不宜仅依据当前无法过户便直接判令解除合同。因为在将来政策发生变化后，有可能办理产权登记过户手续，而且对这种房屋的转让亦不会影响破坏城市规划和房地产市场管理秩序，不会损害国家和社会公共利益，因此，法院应尊重双方交易事实。[依据江西省高级人民法院（2015）赣民提字第9号。]

目前我国土地性质分为国有土地和集体土地，若房屋买卖协议项下标的房屋指向的是集体土地上的房屋拆迁后的待建还迁房，而此类待建还迁房是农村集体经济组织对失去宅基地农户的集中安置，土地性质是农村集体土地，根据《中华人民共和国土地管理法》第63条规定，农民集体所有的土地的使用权不得出让、转让或者出租用于非农业建设。要实现房屋买卖协议的目的，就必须将房屋的所有权和土地使用权同时转让，但房屋的土地性质不得转让，则买卖房屋的行为违反了法律的强制性规定，房屋买卖协议应属无效。[依据武汉市东湖新技术开发区人民法院（2015）鄂武东开风民商初字第00044号。]

三、房屋买卖合同中房地产实际面积不符引发的纠纷问题

案情：A与B签订的《商品房买卖合同》及补充协议中约定：A向B购买位于XXX号由B开发的"XX花城"2幢2单元10-1号商品房一套，建筑面积131.92平方米，总价395 760元，B应于2010年6月30日交房，于交房后1年内办理房屋产权证，交房后2年办理土地使用权证，否则每逾期一日，按照房屋总价款的万分之一由B承担违约金。2010年6月27日，双方办理了交房手续，B向A收取了9142元"房屋代办证等费用"。之后，因B认为本房屋实际面积超过合同约定面积，要求A进行补款，遂起纠纷，B因此未按照期限为A办理产权证书。（B已经于2012年10月18日向房管局提交了全部办证资料。）

分析：A与B签订的《商品房买卖合同》是双方真实意思表示，其内容未违反法律法规禁止性规定，是合法有效的合同，应受到法律的保护。

第一，关于房屋权属证书和国有土地使用权证的办理问题。本案中双方签订合同后，A按约向B支付了房款，B向A交付了房屋，双方在合同中约定：B在接受A委托办理房屋权属证书后，应在A交清全部资料和税、费及房屋专项维修资金且办理完毕房屋交付手续后365日内办理房屋分户所有权登记，在房屋分户所有权登记办理完毕之后365日内办理国土分户使用权证，B应当在双方约定的期限内为A办理相关权属证书，因此对于A要求办理房屋权属证书的诉讼请求，应当予以支持。

第二，关于违约金问题。依据《最高人民法院关于审理商品房买卖合同纠纷案件适用法律若干问题的解释》中的规定，"由于出卖人的原因，买受人在下列期限届满未能取得房屋权属证书的，除当事人有特殊约定外，出卖人应当承担违约责任：①商品房买卖合同约定的办理房屋所有权登记的期限……"

B 在双方合同约定的期限内未为 A 办理房屋权属证书，因此 B 应当承担违约责任。双方在补充协议中约定了违约金的赔偿标准，标准为如因 B 导致 A 在约定的期限内不能办理权属登记的，每逾期一日，B 按照合同约定总房款的万分之一向 A 支付违约金；对于双方约定的该标准，B 认为违约金的标准过高，根据本案查明的事实，B 交付的房屋建筑面积与双方签订合同约定的面积有差额，根据双方签订补充协议中关于面积及面积误差的约定，如因房地产主管部门在进行面积确认实测时采用的计算方式和标准与初测时不一致而导致面积差异的，由双方据实多退少补；本案中仅有三户交纳了房屋面积补足款，且有部分业主的身份证等资料不齐亦导致了 B 办证程序受影响，另，B 已经于 2012 年 10 月 18 日向房管局提交了全部办证资料，即 A 会在一定期限内取得房屋权属证书，因此根据本案的实际情况，A 应对延迟办证承担一定的责任，B 亦在积极解决双方纠纷，据《最高人民法院关于适用〈中华人民共和国合同法〉若干问题的解释（二）》第 29 条的规定，当事人主张约定的违约金过高请求予以适当减少的，人民法院应当以实际损失为基础，兼顾合同的履行情况、当事人的过错程度以及预期利益等综合因素，根据公平原则和诚实信用原则予以衡量，并作出裁决。综合考虑 B 对合同履行采取的积极态度和其过错程度，依法对违约金数额予以调整。本案中因 A 未举证证明其因 B 迟延办证造成其损失的数额，在损失数额难以确定的情况下，结合同期同地段同类房屋租金标准，应当将违约金调整为自 2011 年 6 月 30 日起按同类房屋租金标准计算。

相似案例总结分析：

《最高人民法院关于审理商品房买卖合同纠纷案件适用法律若干问题的解释》第 14 条，出卖人交付使用的房屋套内建筑面积或者建筑面积与商品房买卖合同约定面积不符，合同有约定的，按照约定处理；合同没有约定或者约定不明确的，按照以下原则处理：①面积误差比绝对值在 3% 以内（含 3%），按照合同约定的价格据实结算，买受人请求解除合同的，不予支持；②面积误差比绝对值超出 3%，买受人请求解除合同、返还已付购房款及利息的，应予支持。买受人同意继续履行合同，房屋实际面积大于合同约定面积的，面积误差比在 3% 以内（含 3%）部分的房价款由买受人按照约定的价格补足，面积误差比超出 3% 部分的房价款由出卖人承担，所有权归买受人；房屋实际面积小于合同约定面积的，面积误差比在 3% 以内（含 3%）部分的房价款及利息由出卖人返还买受人，面积误差比超过3%部分的房价款由出卖人双倍返还买受人。

第三节　房屋租赁合同纠纷

房屋租赁纠纷既包括公有房屋租赁的纠纷，也包括私有房屋租赁的纠纷。长期以来，公共住房租赁纠纷的症结在于国有房地产公司本身的转变或没有改变。除了以上几种类型外，在我们的日常生活中，关于房屋租赁的纠纷还有很多，包括租金支付纠纷损害赔偿纠纷、租赁备案纠纷以及在房地产租赁期间出售的优先权纠纷、房屋使用纠纷和租赁合同纠纷等。

一、房屋租赁合同与承租人装修纠纷

案情：2016年2月28日，A经人介绍与B签订《房屋租赁合同》，约定将XXX单元楼整体出租给A用于开办教育培训学校，租期为6年，自2016年2月28日起至2022年2月28日止。2016年3月19日至2016年6月期间，A对该房屋进行了装饰装修，并支付装修费用278 000元。装修后，A在该房屋内设立并经营XX教育培训学校。2018年4月17日，B起诉A要求A支付租金，2018年7月5日，法院作出判决，认定原、被告双方签订的《房屋租赁合同》违反法律强制性规定，属无效合同。本案所涉租赁房屋XXX尚未取得建设工程规划许可证及建设工程施工许可证，亦未办理消防验收手续。

本案分析：A租赁B房屋并经B同意对该租赁房屋进行了装饰装修，双方签订的《房屋租赁合同》经法院认定属无效合同，该判决已生效，且B对已形成附合的装饰装修物不同意利用，故对该已形成附合装饰装修物的现存价值双方应按照导致合同无效的过错分担损失。从A的诉称来看，签订合同时B已向A说明该房屋无产权证且未办理消防验收手续，A应当租赁产权齐全、消防验收合格的房屋经营教育培训学校，但其明知B的房屋无产权证且未办理消防验收手续而仍租赁该房屋经过装饰装修后经营教育培训学校，A应当承担导致合同无效过错的主要责任。B将未取得产权证及未办理消防验收手续的房屋租赁给A，应当承担导致合同无效过错的次要责任。

相似案例总结分析：

第一，租赁合同无效。

（1）承租人经出租人同意装饰装修，未形成附合的装饰装修物：

A. 出租人同意利用的，可折价归出租人所有。

B. 不同意利用的，可由承租人拆除。因拆除造成房屋毁损的，承租人应当恢复原状。

（2）承租人经出租人同意装饰装修，已形成附合的装饰装修物：

A. 出租人同意利用的，可折价归出租人所有。

B. 不同意利用的，由双方各自按照导致合同无效的过错分担现值损失。

第二，租赁合同届满。

（1）承租人经出租人同意装饰装修，租赁期间届满时，未形成附合的装饰装修物，可由承租人拆除。因拆除造成房屋毁损的，承租人应当恢复原状。

承租人经出租人同意装饰装修，租赁期间届满时，承租人不得请求出租人补偿附合装饰装修费用。

（2）承租人经出租人同意装饰装修，租赁期间届满时，当事人另有约定的按照约定处理。

综上所述，经出租人同意装饰装修，租赁期间届满时，除另有约定或者可以拆除以外，承租人不得要求赔偿装饰装修费用。

第三，合同解除时，装饰装修如何处理？

（1）承租人经出租人同意装饰装修，合同解除时，未形成附合的装饰装修物，可由承租人拆除。因拆除造成房屋毁损的，承租人应当恢复原状。

（2）承租人经出租人同意装饰装修，合同解除时，双方对已形成附合的装饰装修物的处理没有约定的，按照下列情形分别处理：

A. 因出租人违约导致合同解除，承租人有权请求出租人赔偿剩余租赁期内装饰装修残值损失。

B. 因承租人违约导致合同解除，承租人不得请求出租人赔偿剩余租赁期内装饰装修残值损失。但出租人同意利用的，应在利用价值范围内予以适当补偿。

C. 因双方违约导致合同解除，剩余租赁期内的装饰装修残值损失，由双方根据各自的过错承担相应的责任。

D. 因不可归责于双方的事由导致合同解除的，剩余租赁期内的装饰装修残值损失，由双方按照公平原则分担。法律另有规定的，适用其规定。

（3）当事人另有约定的，按照约定处理。

二、群租纠纷

2013 年 8 月 19 日，张某与某房屋中介公司签订租赁合同，约定张某租赁该中介公司所有的一套房屋中的一间，租金标准为每月 1500 元，租期 1 年。合同签订当日，张某支付租金及押金后，入住该房屋。合同履行期间，中介公司又将该套房屋的其他房间打隔断后出租给多人。第二年 4 月，相关行政管理部门在租赁房屋所在小区张贴告知书，对打隔断群租、出租厨房、卫生间、阳台和地下储藏室等违法出租房屋行为进行整顿治理，要求上述房屋的承租人尽快搬离。5 月 19 日，相关部门联合执法清理群租房，张某主动搬离了其所租赁的房屋，距 1 年租赁期满还差 2 个月。后张某提起诉讼，诉讼请求为：①请求确认双方租赁合同无效；②中介公司返还已支付的房屋租金及押金。

法院审理后认为，张某与中介公司签订的租赁合同系双方当事人真实意思表示，内容不违反法律、行政法规的强制性规定，应为合法有效，双方均应自觉依约履行各自义务。因中介公司在合同履行过程中将房屋群租，违反了房屋出租的相关管理规定，在相关部门清理群租房过程中，张某于 2014 年 5 月 19 日搬离房屋，法院确认双方的合同于 2014 年 5 月 19 日解除，并判决返还已支付的剩余租金及押金。

相似案例总结分析：

2013 年《北京市高级人民法院关于审理房屋租赁合同纠纷案件若干疑难问题的解答》第 4 条，当事人一方以租赁房屋属于"群租"房屋为由，要求确认房屋租赁合同无效的，不予支持。裁判文书中应当写明法院对租赁合同效力的认定不影响行政主管机关对违反行政管理规定的违法行为予以处理。

房屋租赁协议的解除方式一般有三种：

第一，如果当事人协商一致解除租赁合同的，那么自达成共识起，房屋租赁合同解除。

第二，如果房屋租赁合同中约定了解除合同的条件的，那么自条件发生时起，合同自动解除。但是在这种情况下，如果当事人对合同是否解除存在争议的，应当起诉至法院。

第三，如果出现了法律规定的解除情形，那么合同自一方的解除通知到达另一方时解除。但通常当事人会对合同解除与否发生争议，最终也只能向法院起诉由法院审理。

三、提前解除租赁合同纠纷

2011 年，王某与张某签订房屋租赁合同，王某租赁张某名下一处房屋开办餐馆。2014 年，因经营不善，王某欠下原料款、工人工资等，在未通知张某的情况下突然停止营业，并撤离租赁房屋，遗留下大量的设备、桌椅未清理，也未继续交纳租金。因无法联系上王某商讨合同解除事宜，张某诉至法院，要求判决解除双方租赁合同，王某将房屋清理恢复原状后交还张某。王某未到庭应诉，书面向法院表示，除非张某对其物品和装修等予以赔偿，否则不同意解除合同。

法院经审理认为，王某自行搬离房屋且不再继续支付租金，系已经以行为方式表示其不再履行合同，属严重违约，张某要求解除合同，应当支持。租赁合同解除后，出租人有权要求承租人返还房屋。故法院判决解除双方的租赁合同，王某清理房屋并将房屋恢复原状返还张某。

相似案例总结分析：

房屋租赁合同是出租人、承租人双方之间的合约。一般情况下，房屋租赁合同中有租期规定的，承租人、出租人双方不得提前终止合同，否则即是违约行为，要承担因此产生的法律责任。在某种特殊情况下，出租人、承租人可以提前解除房屋租赁合同关系。承租人有以下行为之一的，出租人可提前解除房屋租赁合同：①承租人擅自将承租房屋转租、转让或转借的。②承租人利用承租的房屋进行非法活动，损害了公共利益的。③承租人不按合同规定的期限缴纳房租达一定时间的。④承租人违反合同擅自改变房屋用途的。⑤承租人严重损坏房屋或者辅助设备而拒不维修、拒不赔偿的。

承租人和出租人在合同中约定了租赁期限的，承租人提前解除租赁合同的，通常要承担违约责任。但是出现以下几种情形，承租人享有法定解除权，可以提前解除租赁合同，不承担违约责任：①承租人在没有过错的情形下，租赁的房屋毁损灭失的，这种情形通常是指自然灾害或者意外事故，如地震、火灾等。②租赁的房屋危及承租人的安全或者健康的，即使承租人订立合同时明知该租赁物质量不合格的。如租赁房屋是危房，随时可能倒塌的。③出租人就同一房屋订立数个有效的租赁合同，不能取得租赁房屋的承租人有权解除合同。④房屋租赁合同中，有如下三种情形的：一是租赁房屋被依法查封的；二是租赁房屋权属有争议的；三是租赁房屋具有违反法律、行政法规关于房屋使用条件强制性规定的，导致房屋无法使用的。

第四节　房屋拆迁安置房纠纷

拆迁安置房从交房到可以上市交易少则五年多则十几年，而很多拆迁安置房的买卖行为是发生在其可以上市交易之前，随着时间的推移，房屋的价格几经变化，故近些年在拆迁房可以上市交易时产生了大量纠纷，如出卖方拒不履行配合房屋过户义务、出卖方认为房屋买卖合同无效要求返还房屋等。现在市面上挂牌的拆迁安置房，往往是没有取得产权证，或者是刚刚取得产权证但按规定 5 年内限制转让的房子。安置房买卖的风险很大，甚至没有保障。尚未取得产权证的拆迁安置房，按《物权法》的规定，房屋属于不动产，不动产产权以房地产管理部门登记备案为准，没有登记备案的，除法律特殊规定的情形外，不具有物权法上的产权效力。也就是说此类安置房还没有取得完全产权，对外出售是不合法的。即使签订附生效条件的买卖合同，期间风险也甚大。如没有产权证的拆迁安置房，或者有产权证但 5 年内限制转让的拆迁安置房，从签订合同到将来办理产权转移的时间漫长，不确定因素多，可能会出现一些安置房买卖的潜在风险，也很容易产生诉讼纠纷。

一、买卖拆迁安置房屋纠纷

案情：2009 年 8 月，原告陆女士和被告庄先生签订了《房屋转让合同》，庄先生将其旧房被 XX 开发商拆迁分得的安置房其中两套以共计 40 万元的价格卖给原告陆女士，合同约定：卖给陆女士的两套房屋由陆女士自己挑选确认，并且享有永久使用、转让、继承的权利。合同签订后，陆女士一次性支付了全部购房款 40 万元，庄先生为其出具收条一张。2011 年 9 月，只有其中一套房屋已经经验收合格，另一套因为属于另外一栋楼，尚在修建当中，所以庄先生在接受房屋后，便将其中一套房屋交付给了陆女士使用，但是另外一套仍未交付。2012年10月，另外一套房屋经验收合格，庄先生收到房屋后，却没有向陆女士交付使用，后经陆女士多次催促，庄先生都没有反应，无奈之下，陆女士只能诉至法院。法院经审理后作出判决：本判决生效后10日内，被告庄先生向原告陆女士交付房屋，并支付陆女士违约金2万元。

分析：本案中原被告签订的《房屋转让合同》是安置房屋的买卖合同。该安置房屋是XX开发商对于被告庄先生的拆迁补偿，并不是庄先生在集体土地上修建的房屋，所以买卖这种拆迁安置房而签订的"房屋转让合同"，并不违反法律、行政法规的强制性规定，也没有《合同法》规定的无效情形，根据我国《物权法》第15条规定，当事人之间订立有关设立、变更、转让和消灭不动产物权的合同，除法律另有规定或者合同另有约定外，自合同成立时生效；未办理物权登记的，不影响合同效力。所以原被告签订的《房屋转让合同》合法有效，原被告应当认真履行各自的义务，如果任何一方不履行则属于违约，应当按照合同约定支付守约方总房款10%的违约金。拆迁人与拆迁户之间的拆迁安置协议实质上是一种特殊的"买卖"合同，是拆迁户的被拆迁房屋与拆迁人将来建好的商品房进行"互易"的协议，这种合同不是产权的互易。拆迁户失去了现存的居住房屋，换来的是拆迁人将来的尚未建好的房屋，是拆迁户在拆迁过程中取得的一种期待权，在拆迁安置协议中体现的是一种债权，即要求拆迁人给付房屋的权利。《合同法》第79条规定：债权人可以将合同的权利全部或者部分转让给第三人，但有下列情形之一的除外：①根据合同性质不得转让；②按照当事人约定不得转让；③依照法律规定不得转让。该种权利的转让不属于上述不得转让的情形，故拆迁户可以将该种权利进行转让。

拆迁安置房需要注意几个法律风险要点：第一，产权风险。现实中存在大量子女代替父母卖房等无权处分情况，合同签订时注意需要实际所有权人亲自签名。为了避免后期产生纠纷，还要配偶签字，甚至同户全部家庭成员签字，并留存户口簿复印件。如果达不到此目的，也可以变通处理，改由卖方对产权进行承诺。

第二，交房风险。现实中的拆迁安置房交易，部分是在房屋还未建成，甚至尚未开建就签了合同的，此类房屋由于合同履行期限过长，导致法律风险过大，且合同签订时无法获得任何现实的利益，笔者不建议购买。对于已建成拆迁安置房的交易，一般都采用全款支付的方式，这样是合理的，但同时也应该在付款时就交付房屋，买方必须事实上控制房屋，才能在以后的纠纷中占据有利地位。此外，谨防以租代售，防止日后产生纠纷。

第三，办证风险。鉴于房地产开发市场现状，无论是哪种房屋交易，均存在办证风险，拆迁安置房则更为突出。迫于经济压力，购房者购买拆迁安置房的首要目的是解决住房需求，也就是说房子价格不高，且房子能住就行，但如果能顺利办理房产证岂不更好？由于拆迁安置房的特殊性，房产证的办理具有极大的不确定性，这就要求买方在签订合同时对此问题进行特殊约定。

第四，违约责任。房产交易对大多数人来说属于重大经济活动，不要寄希望于君子协定，完美的合同才是双方履约的保障。笔者所接触的房屋买卖合同纠纷的产生原因几乎都是卖方以各种理由违约，拒不交房或者拒不过户，此时的买方既没得到房，也损失了钱，大多数都选择妥协，满足卖方的无理要求。出现这种问题的根源在于合同的违约责任约定过轻，极大地降低了违约成本，增加了履约风险。房价上涨，卖方当然想卖更高的价格。拆迁安置房不同于商品房，其交易难以受到房管部门的监管。所以，在签订拆迁安置房买卖合同时就更要对合同的履行约定严格的违约责任，以减少交易风险。

二、共有房屋拆迁安置纠纷

案情：原告何某、高 A 诉称，原被告五人共同居住的连理村 66 号院拆迁时，原被告五人被列为拆迁安置人口，共分得安置房 5 套及拆迁款 150 万元。涉案宅院拆迁后，二原告被三被告轰出家门，霸占二原告应得的安置房及拆迁款，导致二原告现在居无定所。故请求：①分割涉案宅院拆迁款。②诉讼费用由三被告承担。被告高 B、赵某、高 C 辩称，不同意原告的诉讼请求。原告所述并不属实。首先，原告何某与被告高 C 分居并离婚的原因在于原告何某使用恶劣的言语及行为冲撞赵某、高 B 二位老人，实在缺乏教养。被告高 C 在二人分居期间一直主动求和，何某仍坚持离婚。其次，原告何某作为被安置人享有的 10 万元周转费已经交付给她本人，故现在原告何某无权再行主张任何分家析产。被告高 B、赵某二人系夫妻关系，共育有被告高 C 一子，夫妻共同房地产位于连理村 66 号院。原告何某与被告高 C 二人原系夫妻关系，二人的婚姻关系存续期间与被告高 B、赵某二人共同居住生活在连理村 66 号院内，共育有原告高 A 一子。涉案宅院拆迁时，被告高 B、高 C 二人作为代表签订了拆迁安置协议，协议中明确列出被安置人包括被告高 B、被告赵某、被告高 C、原告何某、原告高 A 五人。拆迁利益包括 450 平方米的安置房及 150 万元的拆迁补助费用，其中拆迁补助费用包括两次搬家补助费、空调移机费、电话移机费、有线电视拆装费、一次性停产停业补助费、提前搬家奖、工程配合奖、提前腾地奖、空院奖励费、特殊奖励费、装修补助费、5 人自行周转补助费等。目前拆迁补助费用已由被告高 B 领取，安置房屋尚未交付使用。原告何某与被告高 C 于拆迁后分居，2015—2016 年间，曾两次诉讼离婚，于 2016 年第二次诉讼中经法院调解离婚。法院经审理后判决：被告高 B 向被告高 C、原告何某、原告高 A 三人共支付各项补偿、补助、奖励及周转补助费共计 20 万元。

分析：根据《中华人民共和国民法通则》第 78 条，财产可以由两个以上的公民、法人共有。共有分为按份共有和共同共有。按份共有人按照各自的份额，对共有财产分享权利，分担义务。共同共有人对共有财产享有权利，承担义务。按份共有财产的每个共有人有权要求将自己的份额分出或者转让。但在出售时，其他共有人在同等条件下，有优先购买的权利。本案中，根据原被告陈述及法院查明事实，可以确定涉案宅院及院内房屋确系被告高 B、赵某二人的夫妻共同财产，被告高 C 与原告何某在二人的婚姻关系存续期间并未在涉案宅院内出资新建房屋。但是，因其二人婚后与被告高 B、赵某二人共同生活居住在涉案宅院内，且在该宅院拆迁时被列为被拆迁安置人，其作为被安置对象，依照该村的拆迁政策，有权享有涉案宅院拆迁安置利益。根据原被告提交的拆迁安置协议，可以确定拆迁利益包括各项补偿、补助、奖励、周转补助费及安置房屋，由于目前安置房屋尚未交付使用，故不在本案中一并处理，原被告双方可在条件具备时另行解决。

因为被告高 B、赵某夫妻二人系涉案宅院的宅基地使用权人，系院内房屋所有权人，故其二人有权分得较多份额拆迁利益。被告高 C、原告何某、原告高 A 三人作为被安置人，可以适当少分拆迁利益。原被告双方当事人各自应当分得的份额可以由法院结合案件具体事实酌情确定。

相似案例总结分析：

共有房屋拆迁安置纠纷需要注意房屋属性为拆迁安置房，处置时有一定特殊性，可以参考前述"买卖拆迁安置房屋纠纷"的内容。同时，处置共有房屋拆迁安置纠纷时，谨记公民合法的民事权益应受法律保护，不动产所有权形式可以按份共有，按份共有人按照其份额，分享权利，分担义务。

第五节　房改房、经济适用房等其他纠纷

一、特殊房地产定义

经济适用住房：建设用地以行政划拨方式供应。经济适用住房只能自住，不得出租或出借以及从事居住以外的任何活动。购买经济适用住房不满 5 年的，不得上市交易；对于因各种原因确需转让经济适用住房的，可向购买人户口所在区县住房保障管理部门申请回购，回购价格按照原价格并考虑折旧和物价水平等因素确定。购买经济适用住房满 5 年的，出售时应当按照届时同地段普通商品住房和经济适用住房差价的一定比例交纳土地收益等价款，并由政府优先回购；购房人也可以在补缴政府应得收益后取得完全产权。已经购买了经济适用住房的家庭又购买其他住房的，原经济适用住房由政府回购。

农村私有房屋买卖纠纷合同：此类合同的效力以认定无效为原则，以认定有效为例外，如买卖双方都是同一集体经济组织的成员，经过了宅基地审批手续的，可以认定合同有效。

房改房：即为已购公有住房，房改房的土地使用权是无偿划拨得到的，没有像商品房那样交纳土地使用费。《建设部关于已购公有住房和经济适用住房上市出售管理暂行办法》对房改房的首次上市出售规定了许多限制条件。比如：已取得房地产证的房改房才允许买卖；个人拥有部分产权的住房（指标准价房），还应当提供原产权单位在同等条件下保留或者放弃优先购买权的书面意见；如果有共有权人时应当征得共有人的同意；在出卖时应当补交国有土地使用权出让金或土地收益，以及交纳其他税费等。

职工购买公有住房居住或经营一定期限后（5 年），允许其出售，但原出售单位有优先购买权，在补交土地使用权出让金或所含土地收益和按规定缴纳有关税费后，收入归个人所有。

军产房：购买这种军产房的是不能受到法律保护的，拆迁不能得到相应的补偿，子女不能合法继承。

二、实际纠纷案例

(一) 经济适用房借名购买纠纷

案情：陈某与张某某系中学同学，张某某无购买北京市经济适用住房资格。2006年，张某某以陈某的名义购买了涉案房屋，并由张某某实际支付了购房首付款。后张某某办理了涉案房屋的入住手续，涉案房屋交付后，张某某对该房屋进行了装修后一直居住于此。现涉案房屋登记于陈某名下，登记时间为2011年11月8日，登记的房屋性质为经济适用房。涉案房屋之按揭贷款一直由张某某偿还至2014年2月底，自2014年3月起，涉案房屋之贷款由陈某进行偿还。陈某依据《中华人民共和国民事诉讼法》之规定，请求法院判令：①确认张某某借用陈某购买经济适用住房资格的借名购房合同无效；②确认陈某系涉案房屋的所有权人。张某某认为涉案房屋系其全部出资购买，相应借名行为不违反法律规定，应为有效行为，陈某应当协助其办理产权登记。故此，反诉请求法院判令：①确认张某某借用陈某名义购买涉案房屋的借名购房合同有效；②陈某在过户条件成熟时协助张某某办理涉案房屋的产权登记，直至登记在张某某名下为止。

分析：本院认为，本案争议的焦点是陈某与张某某之间的借名购房合同关系的效力。生效判决已经认定陈某与张某某存在借名购房合同关系。本案的特殊性在于，涉案房屋为经济适用房，属于政策性保障住房，这就涉及上述借名购房行为的效力问题。政策性保障住房是指国家为保障中低收入城镇居民家庭住房困难提供的政策性住房，主要包括经济适用住房、限价商品房和自住型商品房。借名购买该类房屋损害了广大符合购买该类房屋资格家庭的合法权益，认定借名购买经济适用房的合同无效是处理该类纠纷的基本原则。

但是也有例外，作为政策性保障住房的经济适用房和国家的相关政策是密不可分的，实际情况还需要依据当地具体的政策适用时限，若协议在政策适用前成立，原则上合同有效。

(二) 经济适用房转让出售纠纷

案情：2008年6月23日，原告A作为买受人与出卖人北京天鸿嘉诚房地产开发有限公司签订《北京市商品房预售合同》，购买坐落于昌平区X房屋一套，房屋总价款为322 566元。A于2009年12月14日缴纳契税，并于2010

年1月16日取得房屋所有权证,登记的房屋坐落在北京市XX区,房屋性质为经济适用住房。

2012年6月18日,A(出卖人)与B(买受人)签订《北京市房屋买卖合同》,约定A将诉争房屋出售给B,约定的成交价格为183万元。B于2012年6月21日向A支付购房款53万元,于2012年8月26日支付购房款136万元。2012年6月19日,B的妻子C向A的女儿张某支付1万元,张某出具收据,内容为"今收到C壹万元整,如果房屋交易不成功,将一万元退还于C"。

为办理房屋过户手续,A与B签订《还款协议》,约定A欠B人民币130万元。后河南省新乡县人民法院出具(2012)新民初字第644号民事调解书,双方达成调解协议:A欠B本金及利息53万元,A用位于北京市昌平区X房地产抵给B,房地产所有权归B所有,A配合B办理房地产过户手续。

2012年6月21日,B补缴土地收益118 588.5元,支付营业税、城市维护建设税、教育费附加、地方教育附加共计29 150元,支付契税15 900元、个人所得税5300元、房屋登记费80元,并于当日办理房屋所有权转移登记手续,登记的房屋所有权人为B,房屋性质为商品房。A于2012年8月将诉争房屋交付给B,B对房屋进行装修后居住至今。

分析:经济适用住房指政府提供政策优惠,限定套型面积和销售价格,按照合理标准建设,面向城市低收入住房困难家庭供应,具有保障性质的政策性住房,购房人拥有有限产权,因此已购经济适用房的买卖应遵守法律法规。本案中,A转让的经济适用住房的原购房合同系2008年4月11日之后签订,A将上述经济适用住房房屋再次出售给B的行为违反相关法律法规,应系无效,故A要求确认原被告之间的房屋买卖行为无效的诉求,本院予以支持。

合同无效后,双方因该合同取得的财产,应当予以返还。因A与B之间的房屋买卖行为无效,故B应将诉争房屋返还给A。关于A因该无效合同收取的房屋价款及合同无效后损失承担问题,因B未在本案中提起反诉,对此B可另行解决。

相似案例总结分析:

经济适用房的转让出售和购买纠纷均可参照上述第二节"房屋买卖合同纠纷"中关于指标购房的相关总结分析。

（三）房改房纠纷

案情：1993年12月1日，A和B登记结婚，婚后A一直居住在由B承租的单位公房内，1997年6月1日，B单位根据二人工龄，以1万元的优惠价将诉争房屋出售给了B，并为B办理了产权登记。A认为，该房地产是夫妻二人婚后购买，属于夫妻共同财产，现在A和B起诉离婚，请求法院判令诉争房屋有一半归A所有。而B认为该房地产为B由婚前个人积蓄购买，属于个人财产。

分析：本案是一起房改房纠纷案例，审理本案的关键是要确定诉争房屋是否为夫妻共同财产。房改房是指享受国家房改优惠政策的住宅。房改房的出售价格中包含了夫妻双方的工龄折扣等福利待遇，该工龄在购买公有住房时体现为利益，这种利益的形态在购买公有住房时，表现为少支付一定量的货币。本案中的房改房中包含原被告的工资福利，应视为共同拥有房改房的产权，这样的房改房在分割、处分时要考虑到共有人的权益。尽管诉争房屋是B以个人积蓄购买的，但是最终还是折抵了A和B的共同工龄，本案中的诉争房屋要按成本价购买的话需要出资4万元，而折抵夫妻二人工龄后的优惠价是1万元，实际上在购买该房时，双方的工龄是以货币形式表现的，且诉争房屋是在原被告夫妻关系存续期间购买的，应认定为夫妻共同财产。

房改房纠纷要点总结：涉及房改政策的房屋买卖比较复杂。有的单位和职工签订《房屋买卖合同》后长期未办理产权过户，但是由于这些房屋本来就是职工承租的单位公房，因此没遇到拆迁时职工一般对有无产权并无所谓，但是一遇到拆迁问题就来了，例如，单位不同意拆迁补偿安置或者有的单位改制后新的负责人不同意履行当初的购房合同等。与一般房屋买卖合同不同的是，房改房买卖合同除了当事人自行约定的内容外，还受到房改政策的制约，不完全等同于以市场价格支付对价。由于房改房买卖涉及我国现行的房改政策，所以因房改引发的纠纷，法院是否受理，应当结合当事人的诉讼请求作出判断。

根据1992年出台的《最高人民法院关于房地产案件受理问题的通知》规定因单位内部建房、分房等而引起的占房、腾房等房地产纠纷，法院不予受理。但该规定主要是指属于单位内部管理性问题，或者纯粹是国家政策问题引起的纠纷，这种情况下法院不予受理。因此，如果当事人争议的核心和焦点是房改房的买卖问题，则属于平等主体之间的民事权益之争，处理时涉及房改政策的，如追索购房定金、购房款、办理过户手续及产权证等，法院应当受理；如果当事人争议的核心和焦点为是否适用房改政策以及如何适用房改政策，如职工是否应参加房改，如何计算优惠条件等，不属于民事纠纷，法院不宜作为民事案件受理。

在房改房交易中，优先要关注以下几点：①购买房改房首先要验证原产权人是否有产权证，房改房的产权证是否可靠，是否被用于抵押、典当等，这通过房管部门查验便一目了然。在查验产权证时，还要注意产权证上的名字，房主与卖房人是否为同一个人？若不是同一个人，则必须明确他们之间是什么关系？这种关系是否可靠？特别是，产权证的产权分配比例必须明确，如标准价购买的公房出让时存在按成本价补足费用或者与原单位按比例分成的问题，此外，有的房改房系夫妻共同财产或家庭共同财产，购买时必须了解清楚，以免引起不必要的纠纷。②按规定，房改房在同等价格条件下，原产权单位拥有优先购买权。因此，房改房上市交易必须经原产权单位的同意方可进行转卖。同时还要明确是否与原产权单位确认利益分配办法。如标准价购买的公房出让时存在按成本价补足费用或者与原单位按比例分成的问题。需要特别指出的是，军产、院产、校产的公房一般与本单位的办公场所在一个大院里，这些单位一般被列为特殊单位，有些可能不宜外人入住，这种公房在单位没有同意之前，不可能取得上市资格。购房者应对此进行必要的查询，明辨真假。③确认产权证的准确面积。应该了解的内容包括建筑面积、使用面积和户内的实际面积。产权证上一般标明的是有关部门勘验过的建筑面积。确认所购房屋是否有私建私搭部分，如柴火间部分，往往系房东私自搭建，属违章建筑，并不受到法律保护。

民事诉讼常见侵权纠纷实务

　　【本章概要】 侵权责任是民事纠纷当中非常重要的一部分，它包含的范围较广，涉及的法律类目众多，作为一名执业律师，侵权纠纷几乎是必经的案件，本章通过侵权责任的基本概念、几类常见民事侵权案件代理的流程、法律适用等方面对民事诉讼中常见的侵权纠纷进行实务分析。

　　【学习目标】 通过本章学习使得学生能基本掌握民事侵权案件的基本法律概念、特征等，掌握案件的主体，侵权责任的归责原则等，通过几类常见的侵权案件让学生了解如何为当事人提供相关法律服务，如何体现律师在侵权领域内的法律价值。

第一节　概　述

一、侵权责任法基本概述

　　《中华人民共和国侵权责任法》（以下简称《侵权责任法》）作为在民事案件中出现频率非常高的一部法律文件，作为律师应当要知晓它的立法宗旨，明确它的保护范围，才能在代理案件的时候，最大限度地维护当事人的合法权益。

　　（一）立法宗旨

　　《侵权责任法》开篇第 1 条规定，"为保护民事主体的合法权益，明确侵权责任，预防并制裁侵权行为，促进社会和谐稳定，制定本法。"可以将《侵权责任法》的立法目的归纳如下：

　　1. 保护民事主体合法权益

　　《侵权责任法》作为民法体系中的一部分，自然遵循了民法的基本性质，民法本身系权利法，其内容即为明确民事主体依法享有的民事权利，以及民事权利的行使规则。《侵权责任法》系民事主体合法权利受到侵害时的保护法，作用在于为民事主体的民事权利提供保障。

2. 救济受到侵害的民事权利

民事主体的合法权利受到侵害时，《侵权责任法》用来确认被侵权人取得侵权请求权，侵权人则承担侵权责任，通过救济途径，使被侵权人的民事权利恢复至没有损害时的状态，保护民事主体的合法权益不受侵害。

因此，保护民事主体合法权益，并在受到不法侵害时使得被侵权人能得到有效及时的救济系《侵权责任法》最重要的立法宗旨。

3. 明确侵权责任，确定请求权的构成要件

《侵权责任法》的本质是一部责任法，而非单纯的行为法，其全部内容都是规定了法律对侵权责任的要求。通过有效救济途径来保护被侵权人的合法权益，因此《侵权责任法》保护民事权利不受损害最基本的方法便是赋予被侵权人即被侵害的民事权利主体侵权请求权，让其可以通过请求侵害其民事权利的侵权人承担相应的民事损害赔偿等侵权责任。它通过明确侵权责任实现保护民事权利的民事基本法。它不仅规定侵权责任的一般及特殊构成要件和归责原则，还规定了侵权责任方式、具体类型以及免责事由等。因此，明确侵权责任，确定请求权的构成要件也是《侵权责任法》的基本立法宗旨。

4. 以财产性民事责任为主要惩罚措施，制裁侵权行为

我国的《侵权责任法》就侵权责任的承担上，较惩罚性来说，更强调补偿性，特别是财产补偿性。首先，强制侵权人承担财产性的民事责任，要求其补偿被侵权人的权利损害，致使侵权人不得不就其做出的侵权行为承担相应的财产惩罚，其中精神损害赔偿尤为明显。其次，《侵权责任法》对于造成他人严重人身损害的恶意侵权行为，规定了有限度的惩罚性赔偿责任，采取适当承认惩罚性赔偿责任的做法，更好的制裁侵权行为。

5. 通过预防侵权行为来维护社会和谐稳定

法律的重要目的之一是对违法行为的预防，对于这一点《侵权行为法》也不例外。通过对侵权行为的制约和对侵权人财产性的惩罚，发挥《侵权责任法》的调整功能，提醒公民遵纪守法，不侵害他人的合法权益，规范社会秩序，促进社会和谐稳定。

（二）保护范围

《侵权责任法》第2条规定："侵害民事权益，应当依照本法承担侵权责任。本法所称民事权益，包括生命权、健康权、姓名权、名誉权、荣誉权、肖像权、隐私权、婚姻自主权、监护权、所有权、用益物权、担保物权、著作权、专利权、商标专用权、发现权、股权、继承权等人身、财产权益。"可见《侵权责任法》的保护范围不仅包括民事权利，同时也包括民事利益，统称为民事权益。

1. 保护所有的实体民事权利

首先可以看出，上述法条仅仅列举了一部分，而未列举出来的民事权利均包含在一个"等"字里。可以将上述《侵权责任法》第2条所列明的权利分为：人格权、身份权、物权、债权、股权、知识产权、继承。例如其中物权不仅包括所有权、用益物权、担保权，还包括用益物权中的宅基地使用权、地役权、土地承包经营权和建设用地使用权以及担保权中的抵押权、留置权和质权。因此，但凡实体民事权利，均在《侵权责任法》的保护范围之内。

2. 保护合法的民事利益

在《侵权责任法》中并没有对保护的民事利益进行列举，但同样也没有进行限制。从法条上不难看出，民事权益即包含了民事权利和民事利益。在目前的司法实践中这块很难掌握，因此在实务操作中也值得我们进一步研究。目前可以将《侵权责任法》保护的具体民事利益分为死者人格利益、胎儿人格利益、其他人格利益、其他财产利益、其他身份利益。

（三）侵权特别法

侵权特别法是指国家立法机关指定的《侵权责任法》的法律中关于侵权行为的特别法律规定的总和，即侵权法之特别法的简称。

1. 特别法类型

就侵权特别法的类型而言，大致可以分为：单行法（例如《中华人民共和国国家赔偿法》）、主要内容系侵权特别法的相关立法（例如《中华人民共和国道路交通安全法》）以及其他法律中规定侵权行为的具体条款。

2. 特别法适用原则

侵权特别法的适用原则可以归纳为以下四条：①特别法优于普通法原则；

②区分总则和分则原则；③区分民法性规定和非民法性规定的原则；④实事求
是综合分析原则。

总的来说，如果属于《侵权责任法》第 4 章到第 11 章规定的侵权行为类
型便可以直接适用法律规定确定侵权责任。如果代理的侵权案件涉及法律另
有规定的特殊行为，就必须确定该特别的法律规定是否是侵权特别法，是否
适用于该具体案件。

二、侵权责任请求权

《侵权责任法》第 3 条规定："被侵权人有权请求侵权人承担侵权责任。"
在侵权法律关系中，被侵权人享有的赔偿权实际是侵权责任请求权。

（一）请求权概念

顾名思义，请求权即请求他人为一定行为或不为一定行为的权利。

首先，请求权是与形成权相对应的一种概念。区别在于，请求权的主体
享有的权利即请求，需要依靠义务主体履行相应义务实现其权利。而形成权
则是权利主体能凭借自己的行为即引起某种民事权利的产生、变更和消灭。

其次，请求权是民事权利的保护方法。侵权责任请求权是其中最为重要
的一种。当民事权利受到侵害之后，被侵权人即享有侵权责任请求权，有权
请求侵权人履行赔偿责任，弥补其受到的侵害。从某种意义上可以说侵权责
任请求权是一种方法性权利，起到保护实体权利的作用。

（二）侵权责任请求权的权利主体

一般情况下，被侵权人就是侵权责任请求权的主体，但需要区分关注下
面两种情况：

第一，被侵权自然人死亡或除自然人以外的主体分立、合并时的权利主
体。自然人作为被侵权人死亡时，其近亲属为侵权请求权的权利主体。非自
然人以外的主体分立、合并时，其权利继受主体有权请求侵权人承担侵权
责任。

第二，胎儿作为侵权责任请求权的权利主体。目前《侵权责任法》对胎
儿作为侵权责任请求权主体是持否认态度的。但在司法实践中并不能一概而
论。主要是以下两种情况值得大家思考探索：①直接受到侵害；②因父亲受

到侵权导致死亡或丧失劳动能力，致使胎儿丧失抚养来源。

（三）举证责任

在我国，举证责任的一般规则即"谁主张，谁举证"，侵权责任请求权在举证责任上表现为以下几个关系：

1. 享有该权利的一方负有举证责任

这一点很好地体现了一般举证原则。侵权责任请求权人在主张赔偿的时候，应当就对方对自己构成侵权行为提供证据，证明自己的请求权依法成立。反之，则应承担举证不利的相关法律后果。

2. 法院收集证据的职责

《中华人民共和国民事诉讼法》（以下简称《民事诉讼法》）第64条规定，当事人对自己提出的主张，有责任提供证据。当事人及其诉讼代理人因客观原因不能自行收集的证据，或者人民法院认为审理案件需要的证据，人民法院应当调查收集。人民法院应当按照法定程序，全面地、客观地审查核实证据。

当权利人处于上述法律规定的特殊情况下时，法院具有收集证据的职责。

3. 举证责任倒置

《侵权责任法》在一些特殊侵权责任中，有适用过错推定原则的情况，在这种情况下，须由侵权人来证明自己无过错。从而免除了被侵权人对于过错的举证责任，其只需证明侵权责任构成要件中的违法行为、损害事实及因果关系就能推定侵权人具有过错。这种情况被称为举证责任倒置，在侵权法律关系中还是比较常见的。

三、法规竞合及民事责任请求权竞合

实务操作中，法规竞合与民事责任请求权的竞合在侵权纠纷法律关系中非常常见，律师需要掌握好竞合请求权的竞合，做出诉讼利益最大化的选择。

（一）法规竞合一般原理

法规竞合即责任竞合，即一个违法行为同时触犯数个法律或者数个法律条文，在法律适用时，选择适用该行为触犯的某一个法律条文同时排除其他法律条文适用，或者同时适用不同的法律条文的法律适用规则。简言之，法规竞合就是指行为单数而法律复数的情形。[1]

法规竞合可以分为冲突性法规竞合和非冲突性法规竞合两类，本章节主要阐述冲突性法规竞合中的民事责任请求权竞合。

（二）冲突性法规竞合

1. 概念

冲突性法规竞合中的民事责任请求权竞合，是指某种法律事实的出现，导致产生两种或者两种以上的民事责任，而各项民事责任之间又互相冲突的现象。

2. 特征

冲突性法规竞合中的民事责任请求权竞合具有以下几个特征：①民事责任的竞合是由行为人违反民事义务而导致的结果。②多个民事责任的产生系同一个违反民事义务的行为所致。③由这个违反民事义务的行为产生的数个民事责任之间存在相互冲突。

3. 形态

一般来说侵权责任请求权竞合的形态可以分为两类：

（1）侵权责任与违约责任的竞合，即同一个侵权行为，既引发了侵权损害赔偿请求权，又同时引发了违约损害赔偿请求权，两个请求权的救济内容一致时，权利人仅能选择行使其中一个请求权。

（2）侵权责任与不当得利责任竞合，即同一个侵权行为，既产生了侵权损害赔偿请求权，又同时产生了返还不当得利的请求权，此时根据情况行使权利。例如，影楼侵害客户肖像权产生的收益就属于不当得利，客户可以要求影楼返还该部分收益，同时可以要求影楼停止侵害行为等。

4. 法律后果

冲突性法规竞合的民事责任请求权竞合归根结底系规范请求权的选择。构成侵权责任竞合，法律后果即由当事人自己选择请求权，最大程度保障被侵权人的合法权益。

律师在代理原告起诉的侵权责任案件时，必须为原告选择正确的侵权责任请求权，最大程度保护原告的合法权益，实现诉讼利益最大化。

─────────────

〔1〕　参见陈兴良：《刑法竞合论》，载《法商研究》2006 年第 2 期。

四、诉讼时效

根据我国民事立法的相关规定，我国对于诉讼时效制度采取的是胜诉权消灭主义，即诉讼时效完成，权利人仅仅是丧失胜诉权，但本身的起诉权不消灭，更不消灭实体权利[1]。侵权行为的诉讼时效亦采取上述诉讼时效制度。同样也适用《中华人民共和国民法总则》（以下简称《民法总则》）中关于诉讼时效期间中断、中止和延长的规定。

侵权行为的诉讼时效一般是从自知道或应当知道权利被侵害时起计算。根据《民法总则》的规定，我国最长诉讼时效为 20 年，如果被侵害人不能在权利被侵害之日起 20 年内提出诉讼请求，人民法院将不再予以保护。

【思考问题】

1. 简要陈述《侵权责任法》的立法宗旨。
2. 简要陈述民事责任请求权竞合的概念及特征。
3. 简要陈述侵权责任请求权的举证责任。

第二节 侵权责任的归责原则及承担责任的方式

一、侵权责任的归责原则

侵权责任的归责原则是整个侵权责任法的核心，在整个理论体系中占据举足轻重的位置。律师在代理侵权案件时必须熟练掌握侵权责任的归责原则，才能从根本上解决侵权纠纷的法律适用，维护好原、被告的合法权益。

（一）归责原则的意义

侵权责任归责原则系侵权责任法整个理论体系的核心。实务工作中正确处理侵权纠纷案件，首要就是掌握归责原则，从而确认各类侵权损害赔偿纠纷的性质，正确定性案件，正确适用法律。

---

[1]《中华人民共和国产品质量法》对于最长时效的规定是"因产品存在缺陷造成损害要求赔偿的请求权，在造成损害的缺陷产品交付最初消费者满 10 年丧失"，此处消灭的是请求权而不是胜诉权。

（二）归责原则的概念

归责原则，即确定侵权人侵权损害赔偿责任的一般准则。在已经发生损害事实的情况下，确定侵权人是否需要对自己的行为所造成的损害结果承担民事赔偿责任的原则。

（三）归责原则的体系

根据《侵权责任法》第 6 条规定："行为人因过错侵害他人民事权益，应当承担侵权责任。根据法律规定推定行为人有过错，行为人不能证明自己没有过错的，应当承担侵权责任。"第 7 条规定："行为人损害他人民事权益，不论行为人有无过错，法律规定应当承担侵权责任的，依照其规定。"可以看出，我国对于侵权责任的归责原则主要由过错责任原则、过错推定原则以及无过错责任原则构成。

1. 过错责任原则

过错责任原则即行为人因过错侵害他人民事权益，应当承担侵权责任。可以看出，首先，过错责任原则是一种主观归责原则。可以理解为，确认行为人是否承担侵权责任，需要以行为人主观上是否有过错为绝对标准，而不是依据行为的客观方面来确定。行为人若在主观上没有可非难性，就无须承担侵权赔偿责任。除此之外，过错责任原则不存在其他任何标准。

其次，过错责任原则强调过错作为构成侵权责任的必要条件。如果行为人主观上并无过错，从法律责任的构成上来说缺少法律所规定的一切要件，因此就无法构成侵权赔偿责任。

最后，过错责任原则以行为人主观过错作为构成侵权责任的最终要件。过错责任中将主管过错作为法律价值的判断标准，作为决定侵权责任是否构成的最终决定性要件。德国学者耶林曾指出："使人负损害赔偿的，不是因为有损害，而是因为有过失，其道理就如同化学上之原则，使蜡烛燃烧的，不是光，而是氧，一般的浅显明白。"[1]

2. 过错推定原则

过错推定原则即根据法律规定推定行为人有过错，行为人不能证明自己

---

〔1〕　参见王泽鉴：《民法学说与判例研究》（第 2 册），中国政法大学出版社 1998 年版，第 144~145 页。

没有过错的，应当承担侵权责任。适用过错推定原则，可以理解为从损害事实中推定行为人有过错，免除了受害人需要对行为人过错要件的举证责任。过错推定原则可以说是加重了加害人的责任，使部分举证责任倒置，更好地保护了受害人的合法权益，让受害人出于更有利的诉讼地位，更有效的制裁民事侵权违法行为，维护社会和谐稳定。

3. 无过错责任原则

无过错责任原则即行为人损害他人民事权益，不论行为人有无过错，法律规定应当承担侵权责任的，依照其规定。无过错责任原则的特殊性在于以损害结果作为判断是否构成侵权责任的标准，不问行为人主观上是否有过错，只需损害结果与行为人的行为有因果关系，构成损害结果便要承担侵权赔偿责任。

无过错责任原则在我国立法上的根本目的是为了更好地促使从事高危作业者、产品生产者、销售者以及动物饲养人等对自己的行为谨慎小心，提高警惕以更好地保护周围人员和环境的安全。一旦因此造成损害结果，也能够迅速及时地查清事实，赔偿受害人因此受到的人身损害、精神损害及财产损失，这有利于国家的稳定和谐。

（四）过错推定原则和无过错责任原则区别

过错推定原则和无过错责任原则，都不需要受害人对行为人主观是否有过错做出举证，该部分举证责任皆产生了倒置，不同的是行为人即加害人的举证内容不同。过错责任原则中加害人需要举证证明的是加害人本身无过错，而无过错责任原则中加害人需要证明的则是，受害人即被侵权人自己故意引起损害结果，才能免除承担侵权赔偿责任。在司法实践中，适用无过错责任原则，要证明被侵权人故意引起损害结果非常困难。但并非所有适用无过错责任原则的情况，加害人均无过错，仅仅是通过该原则将行为人置于非常严格的责任监督下，更好地保护受害人即被侵权人。

（五）三种侵权原则的适用

过错责任原则适用于一般的侵权行为。根据《侵权责任法》的规定，过错推定原则适用于部分特殊侵权行为，例如机动车交通事故、医疗损害、堆放物致人损害等责任事故。无过错责任原则同样仅在高度危险责任，环境污染责任，产品责任等特殊侵权行为中适用。

二、侵权责任的承担方式

作为律师，无论是代理原告还是被告，都需要对《侵权责任法》规定的八种侵权责任承担方式熟练掌握，在代理原告时能够提出被告应当承担何种侵权责任方式并举证主张成立。代理被告时则应当证明原告主张的侵权责任承担方式不合法或者不成立，让被告能免除不当侵权责任的承担损害。

（一）侵权责任承担方式的概念

侵权责任承担方式即指侵权人依据侵权行为法律规定就自己实施的侵权行为承担具体的民事责任的形式。根据《侵权责任法》第15条的规定："承担侵权责任的方式主要有：①停止侵害；②排除妨碍；③消除危险；④返还财产；⑤恢复原状；⑥赔偿损失；⑦赔礼道歉；⑧消除影响、恢复名誉。以上承担侵权责任的方式，可以单独适用，也可以合并适用。"可以将上述八种责任承担方式概括为财产、精神和综合型三种类型的侵权责任承担方式。

（二）侵权责任承担方式的特点

侵权责任承担方式具有以下几个特点：

第一，将侵权责任落实到具体形式。既然产生了侵权行为要承担相应的侵权责任，那么必须把概念变成实体，化抽象为具象才能起到法律的实际作用。侵权责任方式便是侵权责任的具体表现。

第二，既是责任，亦是义务。侵权责任作为民事责任既是一种责任的承担同时也是侵权人需要向被侵权人履行赔偿的一种义务。因此它既是责任，同时又是义务。

第三，赔偿损失是侵权责任承担的主要方式。作为八种侵权责任承担方式之一，是其中最主要的一种责任方式，无论是被侵权人遭受了财产损失、人身损害还是精神损害，法律规定均可以适用赔偿损失的责任方式进行补偿。

（三）侵权责任承担方式的适用原则

1. 可合并适用原则

在侵权责任承担方式中，每一种都有其特色，可以单独适用，也可以根据损害的实际情况，进行合并适用。若仅用一种承担方式不足以全部救济被侵权人，弥补损害结果时，应当同时适用其他责任承担方式。

2. 适当处分原则

侵权人对于自己的请求权享有处分的权利。在确定侵权人的侵权责任承担方式时，只要不违背公序良俗和法律规定，应当充分尊重被侵权人对于请求权的适当处分权利。

3. 救济损害需要原则

侵权责任的承担最重要的目的就是救济损害结果，根据各种侵权案件的损害结果情况，适用不同的责任承担方式，以求最大程度弥补被侵权人损害，实现救济目的。

4. 必要先予执行原则

根据《最高人民法院关于贯彻执行〈中华人民共和国民法通则〉若干问题的意见（试行）》第162条的规定，在诉讼中遇有需要停止侵害、排除妨碍、消除危险的情况时，人民法院可以根据当事人的申请或者依职权先行作出裁定。目的是为了及时止损，维护被侵权人的权利，防止损害结果产生不必要的扩大。

侵权行为承担方式除了可合并适用原则、适当处分原则、救济损害需要原则以及必要先予执行原则外，《侵权责任法》第21条规定："侵权行为危及他人人身、财产安全的，被侵权人可以请求侵权人承担停止侵害、排除妨碍、消除危险等侵权责任。"

三、共同侵权行为及连带责任概述

律师在代理涉及共同侵权责任案件时，应当明确共同侵权行为与个别侵权行为的界限，正确运用侵权责任的具体规则，最大限度地维护当事人的合法权益。

（一）共同侵权行为的概念

《侵权责任法》第8条规定："二人以上共同实施侵权行为，造成他人损害的，应当承担连带责任。"顾名思义，共同侵权行为系指两个以上的行为人基于主观或客观的关联共同，共同实施了侵害行为，并对被侵权人造成了民事权益的损害，产生损害结果，依法应当承担连带责任的侵权行为。

共同行为的关联性可以区分为主观关联及客观关联。主观关联即行为人对于违法行为有合谋或是达成了共同认识，客观关联则是行为人相互间并未有意思联络，但其违法行为致生于同一受害人。无论是主观还是客观的关联性，我们都可以认为是数名行为人对被害人实施了共同侵权行为。

（二）共同侵权行为的类型

本段主要介绍三种比较常见的共同侵权行为：主观共同侵权行为、客观共同侵权行为以及共同危险行为。

1. 主观共同侵权行为

主观共同侵权行为，即两个以上的行为人主观上有意思联络，共同实施侵权行为并对被侵权人造成了损害结果。其主观特征就是具有共同的主观故意，是由两个以上的行为人通过主观故意将数个侵权行为结合在一起，形成一个行为，造成被侵权人的损害结果。此种侵权行为的危害性较大，故而侵权行为人应当承担连带责任。

主观侵权行为中有一种较为复杂的情况，即《侵权责任法》第9条第1款的规定："教唆、帮助他人实施侵权行为的，应当与行为人承担连带责任。"教唆和帮助他人实施侵权行为均是未实际参与实施具体的加害行为。其中教唆可以比较明确的体现，教唆人和侵权行为实际实施人的意思表示具有一致性。相比较之下，帮助他人实施侵权行为需要一定程度的举证，证明帮助之人对于行为人的行为构成侵权给予了重大协助或鼓励他人为之，亦或是对于行为人造成侵权结果给予重大帮助，且提供帮助人的行为单独考虑时，仍然构成对他人的侵权。

2. 客观共同侵权行为

客观共同侵权行为，即两个以上的行为人虽主观不具有共同故意，但其行为存在关联性，共同实施的侵权行为对被侵权人造成了同一个损害结果。《侵权行为法》第11条规定："二人以上分别实施侵权行为造成同一损害，每个人的侵权行为都足以造成全部损害的，行为人承担连带责任。"这是客观共同侵权行为的一种类型。在实务操作中，可以通过以下几个特征认定是否是客观共同侵权行为：①行为主体系两个以上的行为人；②数个行为人的行为具有关联性；③产生同一个损害结果。

3. 共同危险行为

共同危险行为，即《侵权行为法》第10条的规定："二人以上实施危及他人人身、财产安全的行为，其中一人或者数人的行为造成他人损害，能够确定具体侵权人的，由侵权人承担责任；不能确定具体侵权人的，行为人承担连带责任。"

共同危险行为的行为主体是一个不可分割的整体。行为主体之间没有分工，也不存在实施人、教唆人和帮助人等区别。共同危险行为中把行为人联系在一起的是共同过错，而共同过错仅表现为共同过失，即共同疏于对被侵权人权益保护的注意义务。该过失存在于每个行为人的意识里面，并把行为人联结成一个不可分割的整体，成为共同危险行为的主体。

共同危险行为人应当承担连带责任，形态上与共同侵权行为并无二致。但从责任份额上来说，共同侵权责任可以根据个人的过错程度，确定行为人应当承担的责任比例。而共同危险行为中，所有的行为人致人损害的概率是一样的，过失相当，且由于主体的不可分割性，因此在责任承担上，行为人一般平均分担责任，在等额基础上承担连带责任。

（三）共同侵权连带责任的概述及法津特征

共同侵权连带责任系被侵权人有权向共同侵权人或共同危险行为人中的任何人或数人请求赔偿其全部损失，任何一个共同侵权人或共同危险行为人都有向被侵权人承担全部赔偿责任的义务，其中一个或数个人已经全部赔偿被侵权人损失的，则免除其余共同加害人应负的赔偿责任的一种侵权责任形态。

共同侵权连带责任的法律特征表现为以下几点：①共同侵权连带责任是对被侵权人的整体责任；②被侵权人有权请求连带责任人中的任何一个或数个人（包括全体）承担全部责任；③共同侵权连带责任各责任人之间对内按份承担责任；④共同侵权行为中连带责任是法定责任。

（四）减轻赔偿责任

《侵权责任法》第26条规定："被侵权人对损害的发生也有过错的，可以减轻侵权人的责任。"律师在代理侵权人处理案件时，应当充分考虑被侵权人对于损害的发生或者扩大是否存在过错，是否可以主张过失相抵，从而减轻侵权人的赔偿责任。

1. 与有过失的概念及法律特征

过失相抵的基础是与有过失，本段主要从侵权法律范围内来阐述与有过失，它是一种侵权行为的形态，即指侵权行为所造成的损害结果的扩大或发生，被侵权人亦有一定的过错，且其行为对损害结果的产生也有一定的作用。与有过失既是一种侵权行为形态，同时也是损害赔偿规则，其表现出来的法律后果就是过失相抵。

与有过失的法律特征可以概括为以下几点：①被侵权人对于损害的发生或扩大存有过错；②双方当事人的行为均是导致损害结果发生的原因；③仅被侵权人一方受有损害。需要注意的是，实务中会存在双方互相致损的情况，这是两个侵权行为的交叉，并不是与有过失，不能适用与有过失的相关规则处理。

2. 过失相抵的概念、法律特征和构成

过失相抵的基础是与有过失，与有过失的法律后果是过失相抵。过失相抵即在损害赔偿之债中，由于被侵权人的与有过失，从而减轻加害人即侵权人的赔偿责任。过失相抵具有以下的法律特征：①过失相抵是与有过失的法律后果；②过失相抵的结果是减轻侵权人的赔偿责任；③过失相抵是一种侵权责任形态；④过失相抵实行依职权主义。

过失相抵的构成要件有以下三个：①被侵权人系不当行为；②该不当行为系导致损害发生或扩大的共同原因；③被侵权人须有过错。

（五）免除赔偿责任

《侵权责任法》除了规定减轻赔偿责任外，还规定了几种免除赔偿责任的情形。律师在代理该类案件的时候，应当充分考虑案件事实，掌握几种特殊情况，为当事人争取最大的合法权益。

1. 受害人过错情形

《侵权责任法》第 27 条规定："损害是因受害人故意造成的，行为人不承担责任。"即法定免责事由免除赔偿责任。免责事由是指被告针对原告的诉讼请求而提出的证明原告的诉讼请求不成立或不完全成立的事实。在《侵权责任法》中，免责事由是针对承担民事责任的请求而提出来的，所以又称为免责或减轻责任的事由，也叫作抗辩事由。[1]

受害人过错系损害结果的发生或扩大并非侵权人即加害人的过错，而是由于受害人即被侵权人的过错造成的。可以将受害人过错类型分为三类：受

---

〔1〕　参见王利明、杨立新编著：《侵权行为法》，法律出版社 1996 年版，第 76 页。

害人故意、受害人重大过失及受害人过失。

在司法实践中，受害人故意的，按照《侵权行为法》第27条当然免责，但在过错责任原则和过错推定原则的情况下，受害人即被侵权人自身故意或过失系导致损害结果的全部原因时，也应当免除侵权人的赔偿责任。

2. 第三人过错情形

《侵权责任法》第28条规定："损害是因第三人造成的，第三人应当承担侵权责任。"顾名思义，因第三人的过错，通过实际加害人的直接或间接行为导致被侵权人的民事权利受到损害，依法应当由第三人承担赔偿责任，实际加害人免除侵权责任。

第三人侵权行为具有以下法律特征：①造成被侵权人损害的行为由实际加害人完成，而过错在于第三人；②第三人的过错系导致被侵权人损害的全部原因；③由第三人承担赔偿责任，免除实际加害人的赔偿责任；④被侵权人的侵权请求权应当直接向第三人提出。

这种第三人侵权行为性质系多人侵权行为。多人侵权行为基本类型分为两种：①多数侵权人共同承担（分为连带责任、按份责任和不真正连带责任）；②多数侵权人部分承担责任，部分不承担责任，这种类型就是第三人侵权行为。

3. 不可抗力情形

《侵权责任法》第29条规定："因不可抗力造成他人损害的，不承担责任。法律另有规定的，依照其规定。"《民法总则》第180条第2款对不可抗力做了一个解释，即不可抗力是指不能预见、不能避免且不能克服的客观情况。

因此，不可抗力应当符合下面三个确认条件：①不可抗力是不可预见的；②不可抗力是不可避免并不能克服；③不可抗力属于客观情况。只有符合上述条件，才能确定构成不可抗力。

4. 正当防卫情形

《侵权责任法》第30条规定："因正当防卫造成损害的，不承担责任。正当防卫超过必要的限度，造成不应有的损害的，正当防卫人应当承担适当的责任。"正当防卫系指当公共利益、他人或本人的人身或其他利益遭受不法侵害时，行为人所采取的防卫措施。

构成正当防卫需要具备以下条件：①必须有侵害事实且须为不法侵害；

②防卫系针对加害人本人实施；③须在合理限度内，以合法防卫为目的。

5. 紧急避险情形

《侵权责任法》第31条规定："因紧急避险造成损害的，由引起险情发生的人承担责任。如果危险是由自然原因引起的，紧急避险人不承担责任或者给予适当补偿。紧急避险采取措施不当或者超过必要的限度，造成不应有的损害的，紧急避险人应当承担适当的责任。"紧急避险又称"紧急避难"，是指为了使公共利益、本人或者他人的人身和其他权利免受正在发生的危险，不得已而采取的损害较小的另一方的合法利益，以保护较大的合法权益的行为。

紧急避险的构成要件如下：①危险正在发生且威胁了公共利益、本人或他人的利益；②必须在必要限度内实施；③须在不得已的情况下实施。

以上五种情况下，可以免除实际加害人的赔偿责任。在实务代理案件中，律师需要熟练掌握上述免责事由，提出合法的抗辩事由，为当事人争取最大的合法权益。

【思考问题】

1. 《侵权责任法》规定的责任的承担方式有哪些？
2. 《侵权责任法》归责原则体系如何分类？

【案例分析实训】

【案例 3.1】

【案情简介】

2019 年 12 月 15 日 9：30 左右，杨某居住的房屋突然有烟雾飘入，杨某开门查看后发现二楼平台处起火，大火迅速蔓延至杨某居住的三楼，由于火势过猛，大楼的唯一通道已被大火覆盖，同时大火迅速烧入原告屋内，在万般无奈下杨某为了求生，只能从三楼屋内的窗口跳下，根本未能顾及屋内任何财产。此次火灾造成杨某重大身体残疾，据司法鉴定意见显示，杨某因此次火灾，致双下肢多发骨折等，后遗左下肢缺如、右下肢功能障碍及神经功能障碍、日常活动能力轻度受限，分别相当于道路交通事故五级伤残。伤后急性期治疗休息 240~270 日，营养 120 日，护理 240~270 日；今后若行二期手术，酌情休息 30 日，营养 15 日，护理 15 日。杨某的财产也受到了很大程度的损失，大火几乎烧毁了杨某居住的房屋及屋内的所有财产，造成杨某现在无法居住在原有房屋，只能租房。

事发后，上海市 XX 区公安消防支队出具了火灾事故认定书，导致此次事故发生的直接原因是：电气线路短路，导致 XX 路 X 弄 X 号乙东侧楼梯间内二楼平台处起火，酿成火灾。

【思考问题】

1. 本案若代理杨某，可以将谁列为被告？
2. 杨某可以提出哪些赔偿？
3. 杨某的法律依据有哪些？

第三节　人身、精神及财产损害赔偿

一、人身损害赔偿

律师在代理侵权案件时，涉及人身损害的诉请是非常常见的。需要掌握人身损害赔偿的基本类型和赔偿范围以及常用的计算方式和基本法律法规。

（一）人身损害赔偿的基本类型和赔偿范围

人身损害赔偿系指当自然人的生命、健康、身体受到不法侵害，造成伤害、残疾、死亡及精神损害，要求赔偿义务人以财产进行赔偿的侵权法律制度。《侵权责任法》第 16 条、第 17 条[1]的相关规定，将人身损害赔偿范围概括为五个部分：

1. 人身损害的基本赔偿

即造成人身损害结果一般都需要赔偿的内容，包括：医疗费、转院治疗

---

　〔1〕《侵权责任法》第 16 条：侵害他人造成人身损害的，应当赔偿医疗费、护理费、交通费等为治疗和康复支出的合理费用，以及因误工减少的收入。造成残疾的，还应当赔偿残疾生活辅助具费和残疾赔偿金。造成死亡的，还应当赔偿丧葬费和死亡赔偿金。第 17 条：因同一侵权行为造成多人死亡的，可以以相同数额确定死亡赔偿金。

的交通费和住宿费、伙食补助费以及三期费用（即误工费、护理费、营养费）。

2. 丧失劳动能力的赔偿

系指因人身损害所致伤害造成受害人丧失劳动能力，应当获得的赔偿。包括残疾赔偿金以及残疾辅助器具费。

3. 致人死亡的赔偿

即侵权人因侵权行为导致被害人死亡应当赔偿的内容。包括死亡赔偿金和丧葬费两部分。

4. 间接受害人的损害赔偿

一般是指因被害人死亡或丧失劳动能力间接导致其生前或致残前负有法定扶养义务的人丧失扶养来源，应当赔偿的损失。一般为被扶养人的生活费。虽然《侵权责任法》中没有明确，但是在实务中，不赔偿被扶养人的生活费，导致被扶养人生活困难确实不合理，因此在《最高人民法院关于适用〈中华人民共和国侵权责任法〉若干问题的通知》第4条[1]进行了补充解释。

5. 精神抚慰金赔偿

指被害人因为侵权行为导致的损害结果，造成了精神上的痛苦和创伤，应当给予的赔偿，即精神抚慰金。

（二）常用赔偿类目的计算方式

1. 医疗费

根据医疗机构出具的医药费、住院费、诊疗费的收款凭证，结合病例及诊断情况确认。如涉及二次手术、二次治疗等费用，被侵权人可以在实际发生后另行起诉。

2. 转院治疗的交通费和住宿费

交通费根据被侵权人及其必要的陪护人员因本次侵权事件导致的就医或者转院治疗实际发生的费用票据凭证结合实际情况确认。

---

〔1〕《最高人民法院关于适用〈中华人民共和国侵权责任法〉若干问题的通知》第4条：人民法院适用侵权责任法审理民事纠纷案件，如受害人有被扶养人的，应当依据《最高人民法院关于审理人身损害赔偿案件适用法律若干问题的解释》第28条的规定，将被扶养人生活费计入残疾赔偿金或死亡赔偿金。

3. 伙食补助费

可以参照当地国家机关一般工作人员的出差伙食补助标准予以确定。

4. 三期费用

三期费用一般包括误工费、护理费和营养费。通常情况下，由具有资质的鉴定机构出具专业的鉴定意见来确定误工时间、护理期及营养期。误工费以因本次侵权事件遭受的实际误工损失为标准。护理费及营养费根据当地相关标准结合实际情况确定。

5. 残疾赔偿金

根据《最高人民法院关于审理人身损害赔偿案件适用法律若干问题的解释》（以下简称《人身损害司法解释》）第 25 条规定：残疾赔偿金根据受害人丧失劳动能力程度或者伤残等级，按照受诉法院所在地上一年度城镇居民人均可支配收入或者农村居民人均纯收入标准，自定残之日起按 20 年计算。但 60 周岁以上的，年龄每增加一岁减少一年；75 周岁以上的，按 5 年计算。受害人因伤致残但实际收入没有减少，或者伤残等级较轻但造成职业妨害严重影响其劳动就业的，可以对残疾赔偿金作相应调整。

6. 残疾辅助器具费

根据《人身损害司法解释》第 26 条规定：残疾辅助器具费按照普通适用器具的合理费用标准计算。伤情有特殊需要的，可以参照辅助器具配制机构的意见确定相应的合理费用标准。辅助器具的更换周期和赔偿期限参照配制机构的意见确定。

7. 死亡赔偿金

根据《人身损害司法解释》第 29 条规定：死亡赔偿金按照受诉法院所在地上一年度城镇居民人均可支配收入或者农村居民人均纯收入标准，按 20 年计算。但 60 周岁以上的，年龄每增加一岁减少一年；75 周岁以上的，按 5 年计算。

8. 丧葬费

根据《人身损害司法解释》第 27 条规定：丧葬费按照受诉法院所在地上一年度职工月平均工资标准，以 6 个月总额计算。

9. 被扶养人生活费

根据《人身损害司法解释》第 28 条规定：被扶养人生活费根据扶养人丧失劳动能力程度，按照受诉法院所在地上一年度城镇居民人均消费性支出和农村居民人均年生活消费支出标准计算。被扶养人为未成年人的，计算至18周岁；被扶养人无劳动能力又无其他生活来源的，计算20年。但60周岁以上的，年龄每增加一岁减少一年；75周岁以上的，按5年计算。

被扶养人是指受害人依法应当承担扶养义务的未成年人或者丧失劳动能力又无其他生活来源的成年近亲属。被扶养人还有其他扶养人的，赔偿义务人只赔偿受害人依法应当负担的部分。被扶养人有数人的，年赔偿总额累计不超过上一年度城镇居民人均消费性支出额或者农村居民人均年生活消费支出额。

二、精神损害赔偿

《侵权责任法》第22条规定："侵害他人人身权益，造成他人严重精神损害的，被侵权人可以请求精神损害赔偿。"律师代理侵权案件时，应该根据实际情况，考虑精神损害赔偿的必要性。这是我国法律第一次对精神损害赔偿作出明确规定。

（一）精神损害赔偿的概念和范围

精神损害赔偿指民事主体因为人身权益受到不法侵害导致其精神方面遭受痛苦，要求侵权人通过财产赔偿等方式进行救济的民事法律制度。可以分为精神利益损失赔偿和精神痛苦损害赔偿两部分。

精神损害赔偿的范围可以细分为两类：一类是赔偿适用范围，另一类则是实际赔偿范围。精神损害赔偿适用于侵害物质性人格权、侵害精神性人格权、侵害身份权、侵害人格利益造成严重损害后果以及侵害具有人格意义的特定物品这五类情况。而其实际赔偿范围则可以表现为以下三种形式：①精神损害引起的直接财产损失；②精神损害引起的财产利益损失；③纯精神利益损害。

（二）精神损害赔偿金确定的原则

实际处理案件时，如何确定精神损害赔偿金，以法官自由裁量为主，个案区别对待和适当限制为辅相结合来确定精神损害赔偿金的数额。即在处理案件时，法官可以在一定程度内，结合每个案件不同的特点、不同利益因素、不同损害程度等情况，自由酌量确定最终的赔偿金数额。

三、财产损害赔偿

对于财产损害目前的法律规定较少，《侵权责任法》第19条[1]规定了基本的财产损害赔偿方式。律师在代理案件时，除了直接财产损失外，还应当考虑间接财产损失以及可预期的财产损失。

（一）财产损害赔偿的概念和赔偿范围

财产损害系侵权人的行为侵害了被侵权人的财产权，致使其财产权客体的使用价值或价值的减少、贬损甚至完全丧失，或者破坏了权利人对于财产权客体的支配，使财产权利人财产利益遭受损失，致使其财产价值减少或可得财产利益的丧失。

财产损害的赔偿范围，应当包括直接损失和间接损失，以全部赔偿损失为原则，即损失多少赔偿多少。直接损失系侵权人实施侵权行为对被侵权人造成的财产的减少，应当按损失金额全部赔偿。间接损失系被侵权人在正常情况下本来应当获得的利益，由于被侵权人的不法侵害致使这些利益丧失，原则上也需要全部赔偿。

（二）财产损失范围的界定及赔偿金的计算

1. 损失范围的界定

根据《侵权责任法》第19条的规定，所有的财产损失都应当包括在赔偿范围内。因此包含了因侵权人的侵权行为致使被侵权人的物权、债权、股权、知识产权及其他财产利益受到侵害时所造成的财产损失。

2. 赔偿金的计算

根据《侵权责任法》第19条的规定，按照损失发生时计算显然不一定利于保护被侵权人的权益。若发生损失时财产的市场价格为1000元，而审判时该财产的市场价格为2000元，显然按照损失发生时的市场价格不利于保护被侵权人的合法权益。此时应当采用审判时的市场价格为宜。因此，在计算损失金额，确定赔偿金时，应当考虑实际情况，如果按照损失发生时的市场价格足以弥补被侵权人遭受的损害时，应当按照损失发生时的市场价格；若按

---

[1]《侵权责任法》第19条：侵害他人财产的，财产损失按照损失发生时的市场价格或者其他方式计算。

该价格不足以弥补被侵权人的实际损失时，则应该考虑采用其他方式计算，目的是合法合理地保护被侵权人的合法权益。

本节主要介绍了侵权行为发生后，被侵权人人身、精神以及财产三方面可能遭受的损失，以及如何确定该损失的价值，被侵权人针对上述侵权损害结果的赔偿标准、计算方式和法律依据。

【思考问题】

1. 人身损害赔偿的赔偿范围有哪些？
2. 残疾赔偿金如何计算？

第四节　机动车交通事故侵权案件

当今社会，机动车交通事故频发，看似简单的理赔规则，实际比较复杂。律师在代理该类案件时除了应当掌握《侵权责任法》法律规定外，还应当了解《中华人民共和国道路交通安全法》（以下简称《道路交通安全法》）以及《最高人民法院关于审理道路交通事故损害赔偿案件适用法律若干问题的解释》（以下简称《道路交通司法解释》）等法律法规的相关规定。

一、交通事故的一般规则

《侵权责任法》第48条规定，"机动车发生交通事故造成损害的，依照道路交通安全法的有关规定承担赔偿责任"，所以处理机动车交通事故侵权案件应当依照《道路交通安全法》第76条的规定。可以将该条内容归纳为以下几个方面：

（一）强制保险优先赔偿

发生机动车交通事故造成人身及财产损失时，应当由保险公司在机动车第三者责任强制保险责任限额范围内予以赔偿。该范围内的赔偿，不问过错，不适用《侵权责任法》的相关规则，只遵循机动车强制保险规则处理。

（二）不足部分实行二元归责法

对于超出机动车强制保险保额部分，分两种情况适用不同的归责原则：

第一，机动车与机动车之间发生交通事故的，适用过错责任原则。

第二，机动车与非机动车驾驶人或行人之间发生交通事故的，适用过错推定原则。

（三）优先危险负担原则

优先危险负担原则是基于公平原则对交通事故中弱势一方的保护，是指在受害人有过失的情况下，考虑到双方对道路交通注意义务的轻重，按机动车危险性的大小以及危险回避能力的优劣，分配交通事故的损害后果。机动车之间判断危险的原则是：以质量、硬度、速度、车辆自身控制力等因素来认定机动车的危险性大小。

因此，在机动车与非机动车驾驶人或行人之间发生交通事故时，《道路交通安全法》第 76 条规定了"有证据证明非机动车驾驶人、行人有过错的，根据过错程度适当减轻机动车一方的赔偿责任；机动车一方没有过错的，承担不超过百分之十的赔偿责任"。

（四）非机动车驾驶人或行人故意引起的损害，机动车一方不承担赔偿责任

对于《道路交通安全法》第 76 条中的"故意碰撞机动车"，范围比较狭窄，有学者认为，应当理解为，但凡非机动车驾驶人或者行人故意引起的交通事故，造成人身或财产损害的，机动车都应当免除赔偿责任。

二、交通事故的特殊规则

除了上述《道路交通安全法》第 76 条规定的一般规则外，机动车交通事故还有五种特殊情况下的处理规则。

（一）出借、出租机动车发生交通事故的情形

《侵权责任法》第 49 条规定："因租赁、借用等情形机动车所有人与使用人不是同一人时，发生交通事故后属于该机动车一方责任的，由保险公司在机动车强制保险责任限额范围内予以赔偿。不足部分，由机动车使用人承担赔偿责任；机动车所有人对损害的发生有过错的，承担相应的赔偿责任。"这里我们针对强制保险不足部分进行梳理，原则上由实际侵权人即机动车实际使用人承担赔偿责任；机动车所有人有过错的，承担相应赔偿责任。我们可以分两个方面进行分析：

1. 机动车所有人有过错

一般来说有以下几种情况：①机动车所有人明知实际使用人无驾驶资质；②机动车所有人明知出借或出租的车辆存在故障；③机动车所有人明知实际使用人的身体状况不适合驾驶车辆。在上述情况下机动车所有人仍然出借或出租机动车给实际使用人的，需要承担赔偿责任。

2. 赔偿责任的限度

法条规定的"相应"如何来理解。需要根据机动车所有人的过错程度以及其行为对于交通事故损害结果的发生的原因所占比例，来承担赔偿责任。

需要说明的是，在机动车所有人存在过错的情况下，应当与机动车实际使用人承担连带责任。被侵权人可以向机动车所有人及实际使用人要求承担共同连带责任，也可以要求机动车实际使用人承担全部责任，机动车实际使用人在承担全部责任后，可以向机动车所有人在其责任范围内追偿。需要注意的是，不能向机动车所有人主张全部责任，此处系单向连带责任。

（二）买卖二手车尚未办理过户登记过程中发生交通事故的情形

在实务处理过程中，这种情况还是比较常见的。出让人交付车辆给实际买受人，但是尚未办理登记手续，在此过程中发生交通事故，如何认定侵权责任赔偿人，可以从以下方面来理解，符合下列四个条件的情况下，我们可以认定应当由机动车的实际权利人即受让人承担侵权赔偿责任，尚未变更的登记车主即出让人无须承担侵权责任。

第一，根据《物权法》的规定，动产物权的设立和转让，自交付时发生效力；机动车系动产，其所有权的转移不以登记为生效要件，所有权交付即转移。

第二，机动车的登记系管理上的登记，便于行政部门的管理，而不是所有权转移的必要登记。

第三，交通事故的一方系转让中的机动车。

第四，交通事故的责任归属于转让中的机动车一方。

（三）非法转让拼装车辆或报废车辆发生交通事故的情形

《侵权责任法》第51条规定："以买卖等方式转让拼装或者已达到报废标准的机动车，发生交通事故造成损害的，由转让人和受让人承担连带责任。"在机动车管理当中，本身就禁止拼装机动车，也不能转让报废的机动车。因此无论是转让人还是受让人在主观上都有违法的故意，构成共同侵权，应当承担连带责任。这里也符合《侵权责任法》第8条的规定。

（四）盗抢机动车发生交通事故的情形

《侵权责任法》第52条规定："盗窃、抢劫或者抢夺的机动车发生交通事故造成损害的，由盗窃人、抢劫人或者抢夺人承担赔偿责任。保险公司在机动车强制保险责任限额范围内垫付抢救费用的，有权向交通事故责任人追偿。"

盗抢机动车从立法角度来说，系一种非法行为，其发生往往具有不可预见性和突发性，由于盗窃、抢劫或者抢夺机动车的行为强制中断了机动车合法使用人对于车辆运行的支配权，而后发生的交通事故，机动车的合法使用人与事故发生的损害结果之间并无因果关系，要求合法使用人承担责任明显不当。此时应当由肇事责任人承担赔偿责任，保险公司在保险范围内垫付抢救费用后，取得对肇事责任人的追偿权。

（五）机动车肇事逃逸的情形

《侵权责任法》第53条[1]可以概括为以下三点：首先，有强制保险的情况下，应当由保险公司在责任限额内无理由赔付；其次，在没有强制保险的情况下或者机动车权属不明即无法知道该机动车所有权人的情况下，适用垫付原则；最后，有关机构垫付后可以向事故责任人追偿。

三、交通事故中的责任主体

除了上述五种情况外，《道路交通司法解释》对《侵权责任法》规定的其他责任主体的交通事故情形做了补充说明。其中比较常见的有以下几种：

（一）多辆机动车发生交通事故造成损害的责任主体

这种情形在实际生活中比较常见，《道路交通司法解释》第13条规定："多辆机动车发生交通事故造成第三人损害，当事人请求多个侵权人承担赔偿

---

[1]《侵权责任法》第53条：机动车驾驶人发生交通事故后逃逸，该机动车参加强制保险的，由保险公司在机动车强制保险责任限额范围内予以赔偿；机动车不明或者该机动车未参加强制保险，需要支付被侵权人人身伤亡的抢救、丧葬等费用的，由道路交通事故社会救助基金垫付。道路交通事故社会救助基金垫付后，其管理机构有权向交通事故责任人追偿。

责任的，人民法院应当区分不同情况，依照侵权责任法第 10 条、第 11 条或者第 12 条的规定，确定侵权人承担连带责任或者按份责任。"这种情况下，对于多人造成的损害结果，如果每个侵权人分别实施的侵权行为足以造成全部损害结果，那么作为共同侵权行为，承担连带责任；如果分别实施的侵权行为共同造成同一个损害结果，那么按分别侵权规则，承担按份责任。

（二）道路缺陷造成交通事故的责任主体

《道路交通司法解释》对于道路缺陷导致的交通事故，分为两种情况：其一，道路管理维护缺陷的责任主体，一般情况下由道路管理者承担责任，若其能证明已按相关法律法规等规定，尽到了安全防护、警示等管理和维护义务，可以免除赔偿责任。其二，道路设置缺陷的责任主体，建设单位及施工单位未按照相关法律法规等规定设计、施工，致使道路缺陷发生交通事故的，由其承担侵权赔偿责任。

（三）机动车产品责任造成交通事故的责任主体

机动车本身存在质量瑕疵，导致发生交通事故，致使人身或财产遭受损害的，根据《道路交通司法解释》第 12 条的规定，应当参照《侵权责任法》第五章适用产品责任规则处理，由机动车的生产者或者销售者承担侵权赔偿责任。

四、机动车交通事故的损害赔偿范围

结合《侵权责任法》及《道路交通司法解释》的相关规定，机动车交通事故赔偿分为人身、精神和财产三部分。人身部分的赔偿范围包括医疗费、护理费、误工费、营养费、交通费、残疾生活辅助具费、残疾赔偿金、丧葬费和死亡赔偿金。精神部分的赔偿范围即精神抚慰金。财产部分的赔偿范围系本次事故造成被侵权人财产权益的损失，同时明确了包含：

其一，损坏车辆的维修费用、车载物品的损失、车辆因本次事故施救的费用。其二，若车辆因本次事故无法修复，应当赔偿重置交通事故发生时与被损车辆价值相当的车辆的费用。其三，营运车辆因本次事故导致停运等合理的经营服务性损失。其四，非营运车辆因本次事故致使无法使用而支出的合理交通费用。

【思考问题】

1. 出借、出租机动车发生交通事故的，机动车所有人在何种情况下承担赔偿责任？

2. 多辆机动车发生交通事故造成损害的责任主体如何认定？

【案例分析实训】

【案例 3.2】

【案情简介】

2019 年 12 月 12 日 16 时 15 分许，李某驾驶张某名下一辆车牌号为沪AXXXXX 的重型货车至 A 公路与 B 公路交界时，与驾驶车牌号为沪LXXXXXX 的电动自行车的陆某相撞，王某坐在该电动自行车的后座，车祸致使王某受伤住院。当日王某被送往瑞金医院进行救治。根据 2020 年 3 月 5 日复旦大学上海医学院司法鉴定中心所出具的《司法鉴定意见书》：王某因此次交通事故致其肢体交通伤，左下肢皮肤脱套伤，遗留左下肢瘢痕形成，构成十级伤残。伤后营养期 120 日，护理期 150 日。

事后，上海市公安局某分局交通警察支队出具沪公 X 交认字［2019］第 1234567890 号《道路交通事故认定书》认定：李某对此次事故负全部责任。本案中肇事车辆已由张某在中国人民财产保险股份有限公司分别购买交强险和商业第三者责任保险，交强险保险期限从 2019 年 9 月 3 日至 2020 年 9 月 2 日，商业第三者责任保险的保险金额为 100 万元，不计免赔率，保险期间为 2019 年 9 月 3 日至 2020 年 9 月 2 日。

由于王某及李某双方就赔偿事宜无法达成一致，王某将李某诉至有管辖权的人民法院。

【思考问题】

如你是王某代理人，就本次机动车责任事故，你会提出哪些主张，分别有哪些证据佐证？

第五节　教育机构侵权案件

除了上一节提到的机动车交通事故侵权案件外，教育机构中发生的学生伤害事故数量也有所增加。律师在代理该类案件时，应当将《侵权责任法》的基本规定与《最高人民法院关于审理人身损害赔偿案件适用法律若干问题的解释》（以下简称《人身损害司法解释》）以及教育部《学生伤害事故处理办法》的有关规定相结合，为原告提出合理诉请主张合法权益，为被告提出合法的免责事由或减轻责任事由，抗辩原告的诉讼请求，保护好被告的合法权益。

一、教育机构侵权责任概述

（一）教育机构侵权责任的概念

教育机构侵权责任系无民事行为能力或限制民事行为能力的学生在教育机构，包括托儿所、幼儿园、学校等教育机构学习、生活期间，受到人身损害的，应当由该教育机构承当侵权赔偿责任的特殊侵权责任，亦称为学生伤害事故侵权责任。

（二）教育机构侵权责任的界定

从概念可看出，教育机构侵权责任的关键词有三个：学生、在教育机构学习和生活期间以及事故。

第一，学生。根据《学生伤害事故处理办法》第 37 条的规定："本办法所称学校，是指国家或者社会力量举办的全日制的中小学（含特殊教育学校）、各类中等职业学校、高等学校。本办法所称学生是指在上述学校中全日制就读的受教育者。"而《人身损害司法解释》和《侵权责任法》将范围进一步明确，系无民事行为能力或者限制民事行为能力的学生，包括未成年人和符合条件的成年学生。

第二，在教育机构学习和生活期间。对于这个"期间"的认定，应当采用"门到门"的原则最为合理，即学生进入校门和走出校门的期间，若教育机构提供班车服务的，那么该"门"应当认定为班车的车门，包括了对学生上下车的安全保护。需要注意的是，学校组织的户外活动不在此范围内。

第三，事故。教育机构侵权责任中的事故，仅指学生本人所发生的人身损害和死亡事故，不包括学生在校期间造成他人人身损害或死亡的事故。

二、教育机构侵权责任的构成要件

教育机构侵权责任的构成要件分为四个方面：客观损害事实、行为的违法性、行为与损害结果间具有因果关系和教育机构在事故中存在过错。

（一）客观损害事实

构成教育机构侵权的前提要件是学生在校期间发生了客观的损害事实，造成了财产及人身方面的损害结果，同时还包括可能产生的精神方面的损害事实。只有具有客观损害事实的情况下，才能构成教育机构侵权即学生伤害事故责任。

（二）行为的违法性

教育机构在实施教学活动中，违反了法律法规的相关规定，未能正确履行或疏于履行对学生的管理、教育以及保护的责任，致使发生了本次侵权事故。教育机构不仅仅是狭义上的学校等机构，应该广义理解为教育机构及在教育机构工作的教育工作者。教育工作者的职务行为致使学生发生伤害事故的，教育机构应当承担替代责任。

第一，在校期间对学生疏于管理的行为。这里的管理并非是对学生本人的管理，而是指学校对于自己教育教学活动的管理，因为疏于承担自己的义务，致使损害事故的发生，应当承担赔偿责任。

第二，在校期间对学生疏于教育的行为。这里的教育是指对学生的教育行为，并非教学活动。需要注意，教育机构未对学生尽到教育的职责，导致学生在校期间致使他人人身或财产受到损害的，也应当承担相应的赔偿责任。

第三，在校期间对学生疏于保护的行为。教育机构虽不是学生的法定监护人，但学生在校期间，教育机构负有保护学生安全的职责，因教育结构的疏忽怠慢导致学生发生伤害事故的，教育机构应当承担相应的赔偿责任。

（三）行为与损害结果间具有因果关系

简而言之，教育机构对于学生疏于管理、教育和保护的违法行为与学生发生伤害事故的最终损害结果存在因果关系，即伤害事故的损害结果系由于教育机构的违法行为所引起的。

（四）教育机构在事故中存在过错

根据《侵权责任法》第 38 条至第 40 条〔1〕的规定，教育机构侵权案件中，适用的归责原则系二元化规则：对于无民事行为能力的学生在校期间受到人身损害的适用过错推定原则；对于限制民事行为能力的学生在校期间受到人身损害或者教育机构以外的第三人造成学生伤害事故的，适用过错责任原则。

教育机构在承担侵权责任时，必须具有主观上的过错，否则其不承担侵权赔偿责任。教育机构在事故中是否存在主观过错，也就是确认教育机构是否履行了法律规定的管理、教育和保护义务。

可以从三个方面循序渐进地来判断：首先，教育机构是否对学生有上述义务。上述义务的来源可以是国家法律法规规定的法定义务，可以是有关管理部门的相关规定，同时也包括了学生家长与教育机构签订的合约义务。其次，如果教育机构具有上述义务。是否尽到了上述义务，要看教育机构是否对此付出了必要的努力，尽到了对学生人身安全的合理、谨慎义务。最后，教育机构是否能够尽到上述义务。教育机构对于损害结果的发生需要具有可预见性、可避免性才能尽力保护学生的人身安全，若教育机构对于损害结果无法预见，那么也无法采取相应的合理措施避免损害结果的发生，主观上也就不具有过错。

三、教育机构以外第三人侵权事故

教育机构以外第三人侵权事故系指，第三人在教育机构造成学生人身安全伤害，该伤害事故系第三人行为所引起的。这是教育机构侵权责任中特殊的一种情况，教育机构有过错的情况下，承担的系补充责任。

---

〔1〕《侵权责任法》第 38 条：无民事行为能力人在幼儿园、学校或者其他教育机构学习、生活期间受到人身损害的，幼儿园、学校或者其他教育机构应当承担责任，但能够证明尽到教育、管理职责的，不承担责任。第 39 条：限制民事行为能力人在学校或者其他教育机构学习、生活期间受到人身损害，学校或者其他教育机构未尽到教育、管理职责的，应当承担责任。第 40 条：无民事行为能力人或者限制民事行为能力人在幼儿园、学校或者其他教育机构学习、生活期间，受到幼儿园、学校或者其他教育机构以外的人员人身损害的，由侵权人承担侵权责任；幼儿园、学校或者其他教育机构未尽到管理职责的，承担相应的补充责任。

按照法律规定，由第三人的行为引起的学生在教育机构受到伤害的情况，应当由实际侵权人承担全部赔偿责任。即第三人如能承担全部赔偿责任的情况下，教育机构不存在补充责任的问题。若第三人未能承担全部赔偿责任的，教育机构也仅在有过错的情况下承担补充责任。

教育机构承担补充责任的条件：首先，该事故是由教育机构以外的第三人造成的；其次，教育机构存在过错，无过错的情况下，教育机构不承担补充赔偿责任，应当由实际侵权人全部承担；最后，教育机构的过错与第三人所致的损害结果具有因果关系，包括直接和间接的因果关系。当然，还应该具备教育机构侵权责任的构成要件。

教育机构系因可以避免损害结果的发生或可减少损害结果的扩大，而没有尽到相应的职责，那么其承担的补充责任也与其过错程度一致。

四、教育机构免责事由

在一定情况下，学生即使发生了伤害事故，教育机构也不承担赔偿责任。除了《侵权责任法》规定的法定减免事由外，还有一种比较常见的系由于学生本人或其监护人责任导致的伤害事故，教育机构也不承担赔偿责任。

《学生伤害事故处理办法》第10条规定学生或者未成年学生监护人由于过错，有下列情形之一，造成学生伤害事故，应当依法承担相应的责任：①学生违反法律法规的规定，违反社会公共行为准则、学校的规章制度或者纪律，实施按其年龄和认知能力应当知道具有危险或者可能危及他人的行为的；②学生行为具有危险性，学校、教师已经告诫、纠正，但学生不听劝阻、拒不改正的；③学生或者其监护人知道学生有特异体质，或者患有特定疾病，但未告知学校的；④未成年学生的身体状况、行为、情绪等有异常情况，监护人知道或者已被学校告知，但未履行相应监护职责的；⑤学生或者未成年学生监护人有其他过错的。

【思考问题】

1. 教育机构侵权责任的构成要件有哪些？
2. 如何判断教育机构在学生伤害事故中是否有过错？

【案例分析实训】

【案例3.3】

【案情简介】

5 岁的欧欧是彩虹幼儿园的学生，2019 年 12 月 5 日，欧欧被父母送去幼儿园时还活泼好动，下午放学时父母却发现欧欧走路有点异常，带其去医院检查，发现欧欧的足跟处红肿，摄片后确认足跟中有异物，在其鞋子内有碎刀片，后经治疗痊愈。欧欧及其监护人因与园方多次协商无果后，将幼儿园告上法庭。

【思考问题】

1. 本案适用的归责原则。
2. 若代理原告怎么处理？
3. 若代理被告怎么处理？

民事诉讼证据实务

【本章概要】证据是民事诉讼的灵魂，民事诉讼靠证据说话。对律师而言，办案就是办证据，因而，证据是民事诉讼的"无冕之王"。律师在代理民事案件过程中，需要根据每个案件的特点，认真收集相关证据，并在庭审辩论中加以正确运用以证明和支持己方的论点，反驳对方的论点。

【学习目标】通过本章学习，让学生能够掌握民事诉讼中证据的相关概念、处理原则、证据的分类与种类、证据的审查与运用，并从思考与实训中体验在现实民事案件中如何正确认识和处理证据，从而为将来从事律师工作打下扎实基础。

第一节　民事证据概述

一、民事证据的概念

民事证据是指能够证明民事诉讼案件真实情况的各种事实。这些事实既是当事人向人民法院展示案件真实情况的手段，也是人民法院认定案件真实情况的根据。

一般认为，民事行为事实一旦发生，其所产生的信息必然依附于人们的感知和相关的物质载体。通过人们的感知和物质载体所形成的能够反映民事案件客观事实的文字记载和实物材料，可以认为只是通常意义上的证据材料。只有在经过法庭质证、辩论后，原件有关的证据材料，才会成为真正能证明案件的证据。并且，民事案件中，法院作出判决的最重要的依据就是民事证据。

二、事实与证据的关系

先有事实还是先有证据呢？试问，在一个普通民事案件中，是先定事实还是先定证据呢？

其实，这两者之间就好比鸡和鸡蛋的关系，"先有鸡还是先有鸡蛋？"考古学家及科学家们经过几千年的激烈争论，至今都没有给世人一个准确的答案。因此，作为一名律师，在实务操作中，不要纠结于先定事实还是先定证据。根据我们的经验，一般都是先有一个事实的大概框架，然后用充分的证据去完善或者变更这个事实，最终还原客观的事实。这是一个漫长的过程，一个案件的事实会根据双方当事人提交的证据及庭审的诸多变数而不断变化和更正，可能直到案件的终结我们才能看到一个比较完整的事实，甚至可能有时候到案件终结也无法客观完整地还原事实。

那么，事实和证据到底是怎样一种关系呢？证据是工具，事实是目标，证明是手段，法律逻辑是方法，所以完整来说，我们要以法律逻辑去使用证据来证明事实。

对律师来说，法律逻辑非常重要，首先，一个普通民事案件中可能有很多证据，而这些证据中不是每一样都是对我方有利的。其次，证据使用的先后顺序、证明目的和效力也是需要我们深思熟虑去决定的。并不是说，我们把所有证据笼统无序地交到法院，就可以达到我们想要的证明效果，这样的操作一般是非常无效的，甚至可能起到反效果。只有经过我们细心筛选和排版后所提交的证据才是有效的证据，才可能达到我们想要证明的目的和效果。

上述是事实与证据之间的关系，至于如何有效地运用民事证据需要我们先从了解民事证据开始。

三、民事证据的种类

（一）当事人陈述

当事人陈述是指当事人在诉讼中就有关案件的事实情况向法院所作的陈述。作为一种独立的证据形式，当事人陈述主要是狭义上的。当事人就诉讼请求的陈述是处分原则的体现，就证据问题的陈述是行使当事人质证的权利。另外，当事人陈述必须是向法院所作的陈述，当事人在法庭外所作的陈述一般不能作为当事人陈述且不能产生当事人陈述的效力。

民事案件的当事人与案件的处理结果存在着利害关系，因此当事人陈述具有"两重性"特征，即真实性与虚拟性。

真实性，即当事人所处的地位决定了他们陈述所反映的案件事实是最直接、具体、全面和系统的，有利于审判人员借以查明案件的事实真相。当事人是发生争执的实体法律关系的主体，对于案件的产生、发展和演变及发生争议都更加了解，陈述较之其他诉讼参与者不仅全面，也更深刻。司法实践经验告诉我们，原告为了胜诉，必然竭尽全力将自己所知道的（通常也是有利于自己的）案件事实反映在诉状中，而且在法庭辩论时也会据理力争，努力捍卫自己的主张，并提出可能影响法庭判断案件事实的证据。当事人涉讼后一般都希望案件得到公正解决，因而一般都能够实事求是地陈述。必须注意的是当事人和证人不同，当事人不负有必须陈述的义务。《民事诉讼法》第75条第2款规定："当事人拒绝陈述的，不影响人民法院根据证据认定案件事实。"

虚拟性，即案件事实和当事人存在着各种利害关系，所以当事人在诉讼过程中往往只陈述对自己有利的事实，常常会隐瞒对自己不利的事实，甚至存在虚构事实、歪曲真相的情况。

当事人陈述分为口头陈述和书面陈述，通常以口头陈述为主，有的情况下也可由他人代为陈述。

当事人陈述也可以分为对案件事实的陈述和当事人的承认两类。当事人对案件事实的陈述，其目的在于取得有利于自己的后果。当事人的承认，是指一方当事人对另一方当事人所证明的事实的真实性表示同意的一种陈述。《最高人民法院关于民事诉讼证据的若干规定》（以下简称《民事证据规定》）第3条规定，在诉讼过程中，一方当事人陈述的于己不利的事实，或者对于己不利的事实明确表示承认的，另一方当事人无需举证证明。在证据交换、询问、调查过程中，或者在起诉状、答辩状、代理词等书面材料中，当事人明确承认于己不利的事实的，适用前款规定。第4条规定，一方当事人对于另一方当事人主张的于己不利的事实既不承认也不否认，经审判人员说明并询问后，其仍然不明确表示肯定或者否定的，视为对该事实的承认。

（二）书证

书证是指以文字、符号、图形等所记载的内容或表达的思想来证明案件事实的证据。在具体的表现形式上，常见的书证有合同、文书、票据、商标图案等。

书证的特征：书证是用文字符号记载和表达一定思想内容的物品，而不是一般的物品。书证无论表现为文字、图形还是符号，无论是人们熟知的文字、图形、符号还是不为一般人所了解的密码、暗号、标记，都是有意义的，能够表达一定的思想内容，或者反映书写者的情绪、精神状态。如果不表达任何思想或者内容与有关案件事实毫无关系，如练习书法时描红而书写的文字，不能够作为书证使用。

书证所反映的思想内容被固定化，有较强的客观性和真实性。有的书证有清楚的文字表述，揭示案件事实的来龙去脉，因此在揭示案情方面有其优势。书证往往能够提供收集其他证据的线索，如有的书证上有签名甚至签名人的住址和联系电话，可以根据签名及相关信息寻找知情人作证。另外，书证的客观性较强，经过查证确认其真实性以后，可以将它与其他证据进行比对，确认其他证据的真实性，使其他证据得到甄别，进而对案件事实作出正确认定。

在诉讼中使用的书证很多，为了便于识别这些书证的不同特点，可以根据不同的标准给书证分类，包括：公文书和私文书；处分性文书和报道性文书；普通文书和特别文书。

（三）物证

物证是指以其存在的形状、质量、规格、特征等来证明案件事实的证据。民事诉讼中常见的物证有：争议的标的物（如房屋、物品等）；侵权所损害的物体（如加工的物品、衣物等）；遗留的痕迹（如印记、指纹）等。

物证的特征是稳定性和可靠性。由于物证多为有形物，即使是同类物，其外在特征也往往有一定差异，这些特征可以用于辨别此物与他物之区别，从而为揭示案件真相提供重要依据。物证一旦形成，即具有较强的客观性，不会自主地改变自身负载的有关案件的信息。物证在形成后可以独立存在，并为人们所发现、固定、提取和收集。不过，物证的客观性强、真实性大的特征并不意味着所有的物证都是真实的，有些证据是伪造或者变造的，律师对待物证要仔细甄别，防止将伪造或者变造的物证当作真实的证据，影响自己对案件事实的判断。律师要查明案件真相和为诉讼证明做准备，不能不重视收集、固定物证。物证的说服力较强，在有物证在手的情况下，诉讼中的一方胜诉的把握一般较大；如果物证灭失，则无论进行诉讼证明还是调查事实真相，势必都将面临较大困难。

（四）视听资料

视听资料是指以录音、录像等技术手段反映的声音、图像证明案件事实的证据，它包括录像带、录音片、传真资料、电影胶卷、微型胶卷等。

以侵害他人合法权益或者违反法律禁止性规定等方法取得的证据，不能作为认定案件事实的依据。《民事证据规定》第90条规定："下列证据不能单独作为认定案件事实的根据：……④存有疑点的视听资料、电子数据……"对于一方当事人提出的有其他证据佐证并以合法手段取得的、无疑点的视听资料或者与视听资料核对无误的复制件，如果对方当事人提出异议却提供不出足以反驳的相反证据的，一般足以确认其证明力。

【思考问题】

在对方不知情、未同意的情况下，"偷录"是合法手段还是非法手段？"偷录"证据是否具有有效性？

【参考分析】

1. 如果是与对方当面或电话沟通过程中，偷偷录制双方沟通过程取得的视听证据，一般认为属于合法取得，证据有效。

2. 如果是采取在他人居所、工作场所等安置偷录设备，或者是采取其他非法手段取得的视听证据，一般认为不属于合法取得，证据无效。如在跟踪或者胁迫、限制他人人身自由的情况下取得的录音证据一般属于非法取得。

【案例分析实训】

【案例4.1】

【案情简介】

原告陈小诉称：被告陈大系其亲哥哥，多年来，被告经常向其借款，共计人民币50万元，均为现金交付，但因双方具有亲缘关系，故未签订借条或收条。现诉至法院，要求被告还款。

被告陈大辩称：自己对原告长期进行资助，双方的账目存在混同，且并未明确借贷关系，故不同意原告的诉请。

庭审中，原告陈小向法院提交了其与被告陈大的对话录音，以证明被告的借款事实。

判决结果：驳回诉请。

判决依据：

1. 借款时间跨度大，交付均未留凭证，缺乏认定双方当时直接确认借贷关系的依据。

2. 该录音证据为合法手段取得，系有效。但原告所诉事实仅提供谈话录音为证，而谈话录音亦不能明确反映被告事后对借贷关系的追认和对各笔借款数额的确认。

【参考分析】

要使录音证据具有法律效力，必须同时具备以下条件：

第一，当事人出示的录音证据未被剪接、剪辑或者伪造，前后连接紧密，内容未被篡改，具有客观真实性和连贯性。

第二，对方未提出反驳或反驳理由不成立。法院在把录音证据作为判案依据时，还要对录音证据是否有疑点进行审查。如果对方当事人对录音资料表示质疑，并提出足够的证据加以反驳，那么该录音证据便失去了证明力。如果没有足够的证据加以反驳，法院就应当确认该录音证据的证明力。

第三，录音证据的取得必须符合法律规定。如果录音证据的持有者采用了侵犯他人的隐私或者违反法律禁止性的规定，比如在其工作处所或者住所以窃听方式取得的录音资料，就属于违反法律禁止性规定取得的证据，不能作为诉讼证据使用。

另外，律师需要注意提醒当事人，在采取偷录方式收集自己所需的证据时，应当尽量采用先进的录制设备。在实际操作过程中，要尽量选择杂音干扰少的地方录制。在偷录中，应先表明自己的身份及录制时间，并巧妙地引导或提示对方表明身份，以增强证据的可信程度。

(五) 电子数据

电子数据是存储在电子介质中的数据。通过电子邮件、电子数据交换、网上聊天记录、博客、微博客、手机短信、电子签名、域名等方式形成或存储在电子介质中的证据。存储在电子介质中的录音录像和影像资料，适用电子数据的规定（如数码相机、摄像机、U盘等中储存的照片、录像等）。

在保存方式上，电子证据需要借助一定的电子介质；在传播方式上，电子证据可以无限地快速传播；在感知方式上，电子证据必须借助电子设备，而且不能脱离特定的环境系统；在安全性上，电子数据安全性高。

(六) 证人证言

证人是指知晓案件事实并应当事人的要求和法院的传唤到法庭作证的人，证人具有不可选择性和不可替代性，其在法庭上将亲身感知的案件事实向法院所作的陈述称为证人证言。

首先，关于证人资格问题，《民事证据规定》第67条规定："不能正确表达意思的人，不能作为证人。待证事实与其年龄、智力状况或者精神健康状况相适应的无民事行为能力人和限制民事行为能力人，可以作为证人。"可见，在民事诉讼中，证人作证行为与民事行为不同，民事行为能力并非评价证人证言的有效尺度，并不能完全以有无民事行为能力来确定证人资格。

其次，关于证人出庭作证问题，《民事证据规定》第68条规定："人民法院应当要求证人出庭作证，接受审判人员和当事人的询问。证人在审理前的准备阶段或者人民法院调查、询问等双方当事人在场时陈述证言的，视为出庭作证。双方当事人同意证人以其他方式作证并经人民法院准许的，证人可以不出庭作证。无正当理由未出庭的证人以书面等方式提供的证言，不得作为认定案件事实的根据。"本条不仅是对出庭作证的变通形式的规定，也同时强调在实践中，需要使用技术手段时，都应尽可能在出庭作证的环境下，具备双向传输技术手段，必须既可视又可听，且不能只单向传输。

再次，关于证人作证方式问题，《民事证据规定》第72条规定："证人应当客观陈述其亲身感知的事实，作证时不得使用猜测、推断或者评论性语言。证人作证前不得旁听法庭审理，作证时不得以宣读事先准备的书面材料的方式陈述证言。证人言辞表达有障碍的，可以通过其他表达方式作证。"现代民事诉讼中，是禁止使用书面证言代替言辞作证的，证人如果出庭作证时，原则上也是不能以宣读书面证词的方式作证，否则同提交书面证言无异，也不能避免书面证言的弊端。

最后，关于询问证人问题，《民事证据规定》第74条规定："审判人员可以对证人进行询问。当事人及其诉讼代理人经审判人员许可后可以询问证人。询问证人时其他证人不得在场。人民法院认为有必要的，可以要求证人之间进行对质。"本条规定主要是为了避免证人作伪证或者说一些偏向性的言语，同时体现案件审理的公平公正。

（七）鉴定意见

鉴定意见是鉴定人运用自己具有的专门知识对案件中专门性问题所进行的分析、鉴别和判断，它是一种独立的证据。鉴定意见主要包括伤残鉴定（事故责任鉴定、各种费用鉴定）、医疗鉴定和笔迹鉴定三类。

（八）勘验笔录

勘验笔录就是人民法院指派的勘验人员对案件的诉讼标的物和有关证据，经过现场勘验、调查所作的记录。勘验笔录是我国刑事诉讼程序、民事诉讼程序中法定的证据种类之一。需要特别注意的是，勘验人员一般是法院的工作人员，勘验应该按照法律规定的程序进行。

【思考问题】

勘验笔录与书证的区别。

【参考分析】

1. 书证是制作人主观意志的反映，而勘验笔录的文字和图片是客观内容的反映。

2. 书证有公文书和私文书等形式，并不一定是诉讼文书，而勘验笔录则是勘验人依法制作的诉讼文书。

3. 书证一般在案件发生前或者发生过程中制作，在诉讼中不得涂改或者重新制作，而勘验笔录则是案件发生后在诉讼中制作的，若勘验笔录记载有漏误，可以重新勘验。

四、民事证据的分类

（一）本证与反证

本证与反证是根据证据对负有举证责任的当事人的主张有利与否来划分的。

所谓本证，是指能够证明负有举证责任的当事人所主张的事实成立的证据。

所谓反证，是指能够证明负有举证责任的当事人所主张的事实不成立的证据。反证不同于证据抗辩。证据抗辩是指负有举证责任的当事人提出的证据不真实、不合法，但并没有提出新的证据。反证是指提出新的证据，证明负有举证责任的当事人所主张的事实根本不存在，或者已经不存在。

（二）直接证据与间接证据

直接证据与间接证据是根据证据与待证事实之间的关系来划分的。

所谓直接证据，是指能够直接确定待证事实的证据。

所谓间接证据，是指不能直接确定待证事实，而是要综合其他证据，才能确定待证事实的证据。

根据《民事证据规定》，直接证据的证明力一般大于间接证据。

（三）原始证据与传来证据

原始证据与传来证据是根据证据是否直接来源于案件事实，也就是原始出处来划分的。

所谓原始证据，是指来源于原始出处的证据。也就是通常说的"第一手材料"。

所谓传来证据，是指由原始证据派生出来的证据，也就是通常说的"第二手材料"。

根据《民事证据规定》，原始证据的证明力一般大于传来证据。

（四）言词证据与实物证据

言词证据与实物证据是根据确定、保存民事诉讼证据的方式不同并且最后作为证据呈现在法官面前的表现形式不同来划分的。

所谓言词证据，是指所有将人视作为证据载体，并以其亲身的感受、记忆、陈述为表现形式的证据。例如证人证言、诉讼参与人的陈述等。

所谓实物证据，是指所有以有形物为载体，通过其记载内容为表现形式的证据。例如物证、书证、视听资料等。

言词证据具有动态表现性和不稳定性，而实物证据则具有客观性和相对稳定性。

五、民事证据的特征

民事证据的特征，通常意义上是指证据应当具有的，符合其内在的性质和要求的属性。民事证据的特征一般分为三种：真实性、关联性、合法性。

（一）真实性

客观真实性指作为民事证据的事实材料必须是客观存在的。也就是说，作为证据事实，它不以任何人的主观意志为转移，它以真实而非虚无的、客观而非想象的面目出现于客观世界，且能够为人所认识和理解。作为民事诉讼证据，必须是客观存在的事实，任何假设、推测、臆想的东西，都不能作为民事诉讼证据。

为此，一方面当事人在举证时必须向人民法院提供真实的证据，不得伪造、篡改证据；证人如实作证，不得作伪证；鉴定人提供科学、客观的鉴定结论。另一方面人民法院在调查收集证据时，应当客观全面，不得先入为主；人民法院在审查核实证据时必须持客观立场。

证据在经过法庭质证后，法官没有理由怀疑其为虚假，便可认定其真实性。

（二）关联性

证据的关联性指民事证据与待证事实之间存在的客观联系。作为民事诉讼证据，必须是与案件有联系，能够证明案件真实情况的全部或者部分的事实。如果某一事实确为客观存在，但与案件事实之间没有任何联系，则不能作为民事证据使用。关联性一般由两种形式表现出来：

第一，直接的联系。如事实材料所反映出来的事实本身就是待证事实的一部分。

第二，间接的联系。如事实材料所反映出来的事实能够间接证明某一待证事实成立。

例如，在一个民间借贷纠纷案件中，原告甲向法院起诉被告乙，要求乙返还向甲所借的人民币5万元，同时原告甲向法庭提出申请甲方的证人丙出庭作证。证人丙在庭审中作证说，其在与甲、乙两人的聊天过程中，曾听到乙说过向甲借款5万元的事。此时，证人丙的证言就与所要证明的待证事实有关联性。与此同时，被告乙声称丙人品有问题，曾因诈骗被判刑，故而其证言不应被法庭采信。这个时候，这种所谓的品行证据就与所要证明的待证事实没有任何的关联性，故而不会被法院所采纳。如果证人丙向法庭承认，其所说的证言是从他人处听说的，则该证言可以被认为与待证事实存在着一定的关联性，只不过该证据的证明力过于微弱，故而无法被法庭采信。

（三）合法性

民事证据合法性指作为民事案件定案依据的事实材料必须符合法定的存在形式，并且其获得、提供、审查、保全、认证、质证等过程和程序也必须是合乎法律规定的。民事诉讼证据的合法性表现在三个方面：其一，作为民事诉讼证据的材料必须以法律规定的形式表现出来；其二，作为民事诉讼证据的材料必须由当事人或者诉讼代理人提交人民法院，或者由人民法院审判人员依职权收集，而且取得证据材料的方法不得侵害他人合法权益或者违反法律禁止性规定；其三，证据材料转化为诉讼证据的过程必须合法。

第二节　民事诉讼中证据的运用——举证

对律师来说，案件事实的认定，是一项复杂而慎重的工作，它不仅需要理论素养的培养、法律知识的积累、处理经验的沉淀，更需要一种法律逻辑思维，一种正确有效的方式方法。民事证据和有关证据的运用是认定案件事实的基本要素和基础，正确和妥当地运用民事证据和认定案件事实，离不开经验和逻辑，离不开法律正义精神。

举证责任在民事诉讼中的重要性不言而喻，严格来说，证明责任并不等同于举证责任，证明责任具有双重意义，是举证责任和说服责任的结合。

一、举证责任分配

（一）谁主张谁举证

《民事诉讼法》第 64 条第 1 款规定："当事人对自己提出的主张，有责任提供证据。"根据此规定，当事人在因民事纠纷引起的诉讼中对自己所主张的事实，有提供证据加以证明的责任，即"谁主张，谁举证"。这是我国《民事诉讼法》规定的一般举证规则。

据此规则，当事人对自己提出的诉讼请求或者反驳对方诉讼请求所依据的事实，有责任提供证据加以证明。没有证据或者证据不足以证明当事人的事实主张的，由负有举证责任的当事人承担不利后果。

（二）举证责任倒置

"谁主张，谁举证"在传统的民商事案件纠纷处理中具有普遍适用性，但在一些特殊领域内如果仍然适用就可能会显失公正，由此，就产生了举证责任倒置这一调整方法，即通过法律规定，将按照举证责任分配的一般规则本来应当分配给一方当事人的客观举证责任，转移给另一方当事人承担。2019年修正的《民事证据规定》中删除了 2001 年《民事证据规定》中关于举证责任的几条规定，因为这些删除的部分大多已在其他法律中有所规定或融合在其他规则之中了。

1. 侵权纠纷中的举证责任倒置

（1）在环境污染纠纷中，加害方而非受害方就不存在因果关系承担举证责任。《侵权责任法》第 66 条规定，因污染环境发生纠纷，污染者应当就法律规定的不承担责任或者减轻责任的情形及其行为与损害之间不存在因果关系承担举证责任。

（2）建筑悬挂物坠落、高空坠物、堆放物倒塌、林木折断、窨井等地下设施等致他人损害的，同样也由加害方就不存在加害行为承担举证责任。《侵权责任法》第 85 条规定，建筑物、构筑物或者其他设施及其搁置物、悬挂物发生脱落、坠落造成他人损害，所有人、管理人或者使用人不能证明自己没有过错的，应当承担侵权责任。第 87 条规定，从建筑物中抛掷物品或者从建筑物上坠落的物品造成他人损害，难以确定具体侵权人的，除能够证明自己不是侵权人的外，由可能加害的建筑物使用人给予补偿。第88条规定，堆放物倒塌造成他人损害，堆放人不能证明自己没有过错的，应当承担侵权责任。第90条规定，因林木折断造成他人损害，林木的所有人或者管理人不能证明自己没有过错的，应当承担侵权责任。第91条第2款规定，窨井等地下设施造成他人损害，管理人不能证明尽到管理职责的，应当承担侵权责任。

（3）新产品制造方法发明专利纠纷中，加害方就不存在加害行为承担举证责任。《中华人民共和国专利法》（以下简称《专利法》）中规定："专利侵权纠纷涉及新产品制造方法的发明专利的，制造同样产品的单位或个人应当提供其产品制造方法不同于专利方法的证明。"

2. 劳动争议纠纷中的举证责任倒置

（1）因用人单位作出开除、辞退、减少劳动报酬等决定发生的劳动争议，以及用人单位的工资支付记录等证据，由用人单位承担举证责任。《最高人民法院关于审理劳动争议案件适用法律若干问题的解释》（2008年调整）第13条规定："因用人单位作出的开除、除名、辞退、解除劳动合同、减少劳动报酬、计算劳动者工作年限等决定而发生的劳动争议，用人单位负举证责任。"需要注意，上述规定并不意味着相关劳动纠纷中，劳动者就完全不需要提交任何的证据，而应考虑实际客观情况、双方举证难度等问题综合判断。例如关于开除这一问题，劳动者主张经济补偿金或经济赔偿金时，需要就解除劳动合同本身承担证明责任，但并不需要同时说明解除原因。如果用人单位对劳动者的说法提出抗辩，此时劳动合同的解除是基于何种原因及解除性质是否合法就由用人单位承担举证责任，即适用了举证责任倒置规则。

（2）工伤纠纷案件中，由用人单位就不成立工伤承担举证责任。《工伤保险条例》（2010年修订）第19条第2款、《工伤认定办法》（2010年修订）第17条第1款均规定了职工或者其近亲属认为是工伤，用人单位不认为是工伤的，由用人单位承担举证责任。

3. 其他纠纷中的举证责任倒置

（1）一人有限责任公司债务纠纷中，一人公司股东就公司财产独立承担举证责任。《中华人民共和国公司法》第63条规定，一人有限责任公司的股东不能证明公司财产独立于股东自己的财产的，应当对公司债务承担连带责任。

（2）在经营者提供耐用商品、装饰装修服务产生的纠纷中，经营者就瑕疵不由其造成承担举证责任。《中华人民共和国消费者权益保护法》第 23 条中规定,经营者提供的机动车、计算机、电视机、电冰箱、空调器、洗衣机等耐用商品或者装饰装修等服务,消费者自接受商品或者服务之日起 6 个月内发现瑕疵,发生争议的,由经营者承担有关瑕疵的举证责任。

（三）举证责任减轻

除了举证责任倒置,实践中还包括不同层次或程度的调整方法。侵权法上的无过错责任和过错推定的规定就是较为典型的旨在减轻受害人举证责任的方法。这是由于在有些情况下,加害方过错的主观性质会导致被害方较难对此成功举证。

1. 无过错责任的规定

《侵权责任法》第 7 条规定:“行为人损害他人民事权益,不论行为人有无过错,法律规定应当承担侵权责任的,依照其规定。”这就是无过错责任的一般规定,即在一些特殊领域,受害方无需对加害方是否存在主观过错进行举证,彻底解除了受害方的举证责任。例如,在机动车与行人的交通事故纠纷中,机动车一方对保险公司赔偿后仍不足的部分,在不超过 10% 的范围内承担无过错赔偿责任;无、限制民事行为能力人致人损害的,其监护人承担无过错责任;工作人员执行工作任务致人损害的,用人单位承担无过错责任;提供劳务致他人损害的,接受劳务一方承担无过错责任（适用于个人之间的劳务关系）;产品缺陷致人损害的,生产者承担无过错责任;环境污染致人损害的,污染者承担无过错责任;高度危险责任纠纷中,高度危险相关人员承担无过错责任;饲养动物致人损害的,饲养人或管理人承担无过错责任,需要注意的是,动物园承担过错推定责任;建筑物倒塌致人损害的,建设单位与施工单位承担无过错责任;公共道路上堆放物品、挖坑等情形致人损害的,加害人承担无过错责任。

2. 过错推定的规定

过错推定是在客观举证责任仍由受害方承担的前提下,用较容易提供证据进行证明的间接事实来替代较难证明的要件事实,如果该间接事实得以证明就暂可认定要件事实为真,但是这种认定可因对方的反证而遭到动摇或推翻。例如,无民事行为能力人在教育机构遭受人身损害的,推定教育机构具有过错;医疗机构存在违规、隐匿、销毁病例资料等情形且患者遭受损害的,推定医疗机构具有过错；非法占有高度危险物中推定所有人、管理人具有过错；动物园的动物致人损害的，推定动物园具有过错；建筑悬挂物坠落、高空坠物、堆放物倒塌、林木折断、窨井等地下设施等情形致他人损害的，加害方就不存在加害行为承担举证责任，也可视作推定加害方具有过错。

在司法实践中，不可避免地会出现真伪不明的状态，当案件在各方证据都无法证明己方论点，导致无法查明真相的情形下，往往会以公平和诚实信用为原则，通过各种方式实质上减轻当事人举证证明责任及负担。比如，负有客观举证责任的一方当事人已经尽到最大努力收集并提出证据，但由于对方当事人故意或过失地损毁、隐匿相关证据，最终导致案件真伪不明。实践中，这时往往就根据证据取得的难易程度等情况，对具体情形作出裁量。举一个典型的例子，在婚姻家庭案件中关于亲子关系鉴定方面，司法实践中如果一方申请鉴定而另一方不同意或是不配合，法院往往直接支持申请鉴定一方的主张，以此来规制另一方当事人妨碍证明的行为。

【案例分析实训】

【案例4.2】

【案情简介】

原告诉称：2016年某天，大风将被告苏大强家楼房顶的石棉瓦和砖块吹落，砸中原告蔡根花头部。经医院诊断，原告蔡根花被确诊为特重型颅脑损伤、右侧硬膜外血肿、颅骨骨折，住院治疗共计140天，花费医疗费用共计12余万元。由于被告苏大强没有尽到房屋所有人和管理人的义务，对原告蔡根花受到的伤害具有重大过错，应当对原告受到的伤害进行赔偿。

被告辩称：原告蔡根花所举证据不能证明系被被告苏大强家石棉瓦坠落所致，石棉瓦和砖块属谁家不能确定。事发当地多家都有石棉瓦搭建的简易建筑，且事发当天风力非常大，不能排除是附近其他人家石棉瓦所致。

判决结果：支持原告蔡根花的诉请。

判决依据：

1. 公民的生命健康权受法律保护。

2. 建筑物或者其他设施以及建筑物上的搁置物、悬挂物发生倒塌、脱落、坠落造成他人损害的，它的所有人或者管理人应当承担民事责任，但能够证明自己没有过错的除外。

3. 因被告未能提供证据证明其不是侵权人或其无过错，亦未能指出实际侵权人，按照建筑物、搁置物塌落损害赔偿纠纷举证责任倒置的规定不能免除其民事责任，故对其辩解理由不予采信。

【案例4.3】

【案情简介】

原告诉称：原告周杰在给自家猪喂食时，突然遭到从被告方文家跑到他家院中的一头大黑猪的攻击，该猪将原告撞倒在地，并在原告周杰右大腿上咬了一口，伤口达两寸多长。原告周杰随后赶往医院对其伤口进行治疗。事后，双方就赔偿事宜未达成协议，故原告周杰诉至法院要求被告方文赔偿原告医疗费等费用。

被告辩称：原告周杰受伤事实属实，但其腿上的伤不是猪咬伤的，而是原告周杰故意打被告方文家的猪，猪被打急后，用嘴把其撞倒后擦伤的；其次，原告周杰家的猪圈不在其家院中，而是在路边，被告方文的猪并不在原告周杰家的院中，原告周杰受伤与其本人的过错行为也有一定的联系。

判决结果：支持原告周杰的诉请。

判决依据：

1. 被告方文作为动物饲养人和管理人，对自己饲养的动物负有法定的安全管理职责。

2. 被告方文辩称，原告周杰受伤是因原告本人打其家猪遭到猪的反抗才致原告受伤，原告周杰有过错，应承担相应的过错责任。而根据《侵权责任法》第78条"饲养的动物造成他人损害的，动物饲养人或者管理人应当承担侵权责任，但能够证明损害是因被侵权人故意或者重大过失造成的，可以不承担或者减轻责任"的规定，被告方文对其上述反驳的诉讼请求负有举证责任，但其当庭未向法院举证证明上述事实。因此，法院对其上述反驳理由不予确认和支持。

我们试想一下，如果这个案件当中我们没有适用"举证责任倒置原则"，那么我们受害人需要证明几个部分才能胜诉呢？①受害人的受伤事实；②侵权人实施了侵权行为；③受害人的受伤结果与侵权人实施的侵权行为之间存在因果关系。显而易见，受害人想要证明以上几点是非常困难的，几乎是不可能完成的。所以最高人民法院在经过多年的司法实践和理论验证之后，特别针对上述的特殊情形规定举证责任倒置，将举证责任分配给被告，这样更能体现司法的公平公正。

二、调查取证情形

（一）人民法院依职权取证

在民事诉讼中，举证责任由当事人承担并不意味着人民法院就绝对不调查收集证据。一般来说，由人民法院调查收集证据的情况有两种：一是涉及可能有损害国家利益、社会公共利益或者他人合法权益的事实；二是涉及一些与实体争议无关的程序事项，比如依职权追加当事人、中止诉讼、终结诉讼、回避，等等。

（二）人民法院依申请取证

在民事诉讼中，如果当事人及其诉讼代理人因客观原因不能自行收集证据，请求人民法院予以救济的，人民法院依申请调查收集证据。这类证据通常包括：①属于国家有关部门保存并须人民法院依职权调取的档案材料；②涉及国家秘密、商业秘密、个人隐私的材料；③当事人及其诉讼代理人确因客观原因不能自行收集的其他材料。人民法院依照当事人申请调查收集的证据，应当作为提出申请的一方当事人提供的证据。

《民事证据规定》第20条规定，当事人及其诉讼代理人申请人民法院调查收集证据，应当在举证期限届满前提交书面申请。申请书应当载明被调查人的姓名或者单位名称、住所地等基本情况、所要调查收集的证据名称或者内容、需要由人民法院调查收集证据的原因及其要证明的事实以及明确的线索。

（三）申请鉴定

鉴定也是取得证据的重要手段之一。如果符合《最高人民法院关于适用〈中华人民共和国民事诉讼法〉的解释》第96条第1款规定情形的，法院应当依职权委托鉴定；如果待证事实需要通过鉴定意见证明的，人民法院应当在审理案件过程中向当事人释明，并同时指定提出鉴定申请的期间；当事人如果自己申请鉴定，亦应当在举证期限内提出，鉴定机构和鉴定人员由双方当事人协商确定，协商不成的，由法院指定。在法定情形下，当事人还可以申请重新鉴定。但如果鉴定结论仅仅是有缺陷或瑕疵，可以通过补充鉴定、重新质证或者补充质证等方法解决的，则不予重新鉴定。在重新鉴定的情况下，原鉴定意见不能作为认定案件事实的根据。

三、免于举证情形

下列事实，当事人无需举证证明：

第一，众所周知的事实。是指一定区域内具有通常知识经验的一般人都知道的事实。乒乓球是我国的国球，全世界都找不到对手这是众所周知的事实；我们国家跳水队叫梦之队；"物价上涨"无法成为"众所周知的事实"，因为对于社会消费品来说，并非所有类别商品的物价都在上涨，如电子产品的价格一般处于下行趋势，而且"物价上涨"概念具有时间属性，在一定时间内可能上涨较快，另一段时间内则相对平抑，如不对时间进行限定，此种表达无实际意义。

第二，自然规律及定理。如春夏秋冬，每年 6 月、7 月是梅雨季节。

第三，根据法律规定或者已知事实和日常经验法则，能推定出的另一事实。如婚姻关系存续期间所生的子女为婚生子女，就属于依据社会生活日常经验法则作出的事实推定。

第四，已为人民法院发生法律效力的裁判所确认的事实。是指已为发生法律效力的裁判所确认的事实。

第五，已为仲裁机构的生效裁判所确认的事实。是指仲裁机构依法作出的生效仲裁裁决所确认的事实。

第六，已为有效公证文书所证明的事实。《民事诉讼法》第 69 条规定："经过法定程序公证证明的法律事实和文书，人民法院应当作为认定事实的根据，但有相反证据足以推翻公证证明的除外。"除自然规律及定理外，上述事实当事人有相反证据足以推翻的除外。

另外，诉讼过程中，一方当事人对另一方当事人陈述的案件事实明确表示承认的，另一方当事人无需举证，但涉及婚姻关系的案件除外。

四、举证期限

（一）定义

举证期限，是指当事人应当在法律规定或者法院指定的期限内向人民法院提交证据材料，否则将产生证据失效的法律后果的制度。限时举证，对实现庭前固定争点和证据，进而提高庭审效率和诉讼效率具有重要意义。

（二）形成

根据《民事证据规定》，在审理前的准备阶段，人民法院应当向当事人送达举证通知书，通知书上应当载明举证责任分配原则及要求、可以向人民法院申请调查收集证据的情形、人民法院根据案件情况指定的举证期限以及逾期提供证据的法律后果等内容。

我国法律制度中关于举证期限采取的是指定期间兼约定期间相结合的模式。

人民法院指定举证期限的，如果是适用第一审普通程序审理的案件则不得少于 15 日，当事人提供新的证据的第二审案件不得少于 10 日。适用简易程序审理的案件不得超过 15 日，小额诉讼案件不得超过 7 日。

举证期限也可以由当事人协商，并经过人民法院准许。当事人在举证期限内提供证据存在客观障碍，确有困难的情况下，法院应当根据当事人的举证能力、不能在期限内举证的原因等因素综合判断，必要时可听取对方当事人意见。

举证期限在性质上属可变期间，如果当事人申请延长举证期限的，应在举证期限届满前向人民法院提交书面申请，理由成立的话，人民法院应当准许并通知其他当事人，延长的举证期限同时适用于其他当事人，反之也要通知申请人。

（三）确定

《民事证据规定》在 2019 年修正时新增加了相关条款确定了多种特殊情形下举证期限如何确定和适用。

根据《民事证据规定》第 55 条的规定，管辖权异议将产生举证期限中止的效力，即驳回管辖权异议的裁定生效之日起举证期限恢复计算，此处需要注意的是，恢复计算不等于重新计算；诉讼中新追加的当事人、参加诉讼的有独立请求权的第三人或无独立请求权的第三人也享有举证权利，应当为其确定举证期限，该期限同时适用于其他当事人；当事人变更诉讼请求时，举证期限应当根据案件具体情况重新确定；公告送达的案件，举证期限自公告期届满之次日起计算，但该规定不适用简易程序。

（四）提出新证据

在举证期限届满后的诉讼程序中，当事人也不是绝对不能提出新证据。但《民事证据规定》对新证据进行了严格限制：一审程序中的新证据是指当事人在一审举证期限届满后新发现的证据，以及当事人确因客观原因无法在举证期限内提供，经人民法院准许，在延长的期限内仍无法提供的证据；二审程序中的新证据是指一审庭审结束后新发现的证据，以及当事人在一审举证期限届满前申请人民法院调查取证未获准许，二审法院经审查认为应当准许并经当事人申请调取的证据；再审程序中的新证据是指原审庭审结束后新发现的证据。

当事人在一审程序中提供新证据的，应当在一审开庭前或者开庭审理时提出。当事人在二审程序中提供新证据的，应当在二审开庭前或者开庭审理时提出；二审不开庭的，应当在人民法院指定的期限内提出。当事人在再审程序中提供新证据的，应当在申请再审时提出。

五、证据目录的编制

证据目录的起草和编制是举证的重要方式。编制一份证据目录，首先要明白证据目录的本质和作用。证据目录有别于其他目录的地方在于，它是证据的目录，是少则仅几页纸、厚则一沓的证据展示自己的窗口。

对律师来说，一份编制准确、清晰的证据目录，能够让当事人或法官快速而准确地获得其所需要的各类信息，最终达到精确展现案件事实的目的。对法官来说，接触一个案件最先接触的内容之一就是证据，证据目录就像是证据材料的脸，能够给法官留下最为深刻的第一印象。进一步说，证据目录更是办案律师的脸，它代表着律师的专业水平和职业形象。民事诉讼中，律师最核心的工作是解决争议，一份成功编制的证据目录，能让当事人和法官在翻阅案卷时更方便，也能让对方律师感受到你专业踏实的工作作风与解决争议的诚意。

（一）表格式证据目录范例

证据目录

提交人：罗宝恒坤（上海）开关有限公司

提交时间：　　年　　月　　日

证据情况：一审起诉提交证据

序　　号		证据名称	证明对象	页　码
第一组证据	1	产品购销合同 （合同编号：LB160908-01）	证明原、被告双方建立了合法有效的买卖合同关系。	1
	2	产品购销合同 （合同编号：LB1601008-01）		2
第二组证据	3	发（送）货单 （订单编号：TY160908-01）	证明原告已履行合同项下义务，将货物发给被告并开具发票。	3
	4	发（送）货单 （订单编号：TY161008-01）		4
	5	发票（No.05463081）		5
第三组证据	6	对账单	证明截至目前，被告拖欠原告货款500 000元。	6
	7	银行承兑汇票		7
	8	交通银行电子回单		8
	9	回单		9

（二）列表式证据目录范例

证据目录

第一组证据：关于原、被告租赁合同关系的证据。

1-1《汽车租赁协议》　　　　　　　　　　　　　　　　（1份；共2页）。

证明内容：原、被告于2017年3月6日签订了《汽车租赁协议》，双方存在合法的租赁合同关系。原告按照合同要求完成了车辆交付，但被告未按合同要求向原告支付任何租金，按照合同约定，被告需向原告支付全部租金及利息，总计人民币 161 973 元。

第二组证据：关于原告车辆所有权的证据。

2-1 机动车注册登记信息　　　　　　　　　　　　（1 份；共 2 页）；

2-2《中华人民共和国机动车行驶证》　　　　　　（1 份；共 1 页）。

证明内容：《汽车租赁协议》中原告出租给被告使用的车牌号为沪 LK6977 的奔驰车系原告所有。

第三组证据：关于原告向被告催付租金的证据。

3-1《律师函》　　　　　　　　　　　　　　　　（1 份；共 2 页）；

3-2《律师函》物流签收证明　　　　　　　　　　（1 份；共 2 页）。

证明内容：2019 年 5 月 16 日原告向被告发送《律师函》催付租金，快递物流显示《律师函》于 2019 年 5 月 17 日签收。

提交材料均为复印件。

提交人：

日　期：

第三节　民事诉讼中证据的运用——质证

一、质证的定义

质证，是指双方当事人对法庭上出示的证据材料，用辨认、审核、质疑、说明等形式进行对峙核实，以便人民法院确认其证据资格和证明力大小的诉讼活动。未经质证的证据，不能作为认定案件事实的依据。

二、质证准备

实践中，如果当事人发生民事纠纷可以向法院提出民事诉讼，当事人要提供事实根据作为证据，进入到民事诉讼中，需要进行证据质证。民事诉讼案件开庭审理中，律师在法庭调查阶段的任务就是通过调查使案件事实得到澄清或使各方对事实和证据的分歧明朗化，为法庭辩论阶段在事实和证据方面的论辩指明一个方向，为法庭在案件事实方面采纳正确意见打下一个基础。

在收到对方的证据后，律师应当与当事人紧密沟通，就对方提交的证据形成质证观点，主要围绕证据的"三性"（真实性、合法性、关联性）进行。询问当事人这些证据是否存在、真实？对我方不利的证据是否有可以否认的可能？比如说传真。这个过程同样应当慎重，同时考虑是否有证据可以反驳对方的这些证据。对于复杂的案件，律师最好能逐一对对方的证据提出质证意见并形成文字，类似于我们的证据清单一样，以便开庭过程中有所准备，在庭审后可以根据庭审情况的变化作修正，在提交代理词时一并提交给法庭。同时，应当及时与承办审判人员联系，询问对方的举证期限何时届满，届满前有否补充证据等。

三、质证技巧

对律师来说，民事证据质证技巧总的一个原则是围绕"三性"来进行，即证据的真实性、关联性、合法性，并针对证据有无证明力和证明力大小进行。

首先要听清楚对方在提供这些证据所要证明的内容。紧紧围绕对证据的合法性、真实性、关联性开展质、辩、验、判。逐一识别、判断。就证据来源形成是否合法、与诉求的关系、是否完全质证、是否可用推定等发表综合意见：①原件/复印件，核对证据原件，询问证人和鉴定人员等；②证据的来源是否合法，如录音证据、电子邮件是否公证或可以当庭展示等；③证据是否存在瑕疵、伪造的痕迹；④证据本身内容上是否矛盾；⑤证据与本案是否存在关联性，如是否存在劳动关系，如果当事人提交他的家庭困难证明来证明他和公司存在劳动关系，那么我们的质证意见可以是他的家庭状况与本案无关联性；⑥证据是否能达到对方所说的证明目的；⑦证据是否与无需举证的事实相违背。如某人生日为2019年2月29日，而2019年是没有2月29日的。词语表达有："这份材料真实性无法确认""这份材料与本案不具有关联性""这份证据无法达到对方所说的证明目的""这份证据来源不合法"等。当然每个证据的质证意见均应从"三性"着手，质证意见要有层次感，要有条理：首先是合法性的确认，其次是真实性，最后是关联性。也可以从形式到内容进行表述，但是要注意观点应鲜明，不要含糊其辞。

生活中常见的一些证据质证有公证书、鉴定报告、传真文件、录音录像资料、证人证言等。对于这些证据需要进行分析、筛选，律师要指导帮助当事人找出对自己一方有利的证据呈交法庭，而不利的证据则不要提交。

四、证据交换

（一）定义

证据交换，指人民法院对于证据较多或者复杂疑难的案件，在开庭审理前，为整理案件焦点、固定案件焦点和证据而采取的一种措施。在民事诉讼中，需要交换证据的，仅限证据较多或者复杂疑难的案件。原因是这类案件仅仅通过当事人限期举证尚不能达到明确案件焦点、固定证据的效果，无法进入庭审程序。只有进一步通过交换证据，才能把案件的争论焦点整理出来，把证据固定下来。至于证据不多或者案情简单的案件，由于争论焦点比较明确，仅仅通过限期举证便可以完成固定焦点和证据的任务，自然不需要再组织交换证据。

（二）证据交换规则

交换证据的时间可以由人民法院指定，也可以经双方当事人协商一致之后再经人民法院认可。证据交换是举证时限的组成部分，因此证据交换之日便是举证时限届满的时间。

证据交换在审判人员主持下进行。主持证据交换的审判人员，可以是合议庭的组成人员，也可以是合议庭之外的审判人员或者书记员。

在交换证据的过程中，对当事人无异议的事实和证据，审判人员应当记录在案，开庭时对这类证据不必再组织质证，即可作为认定案件事实的依据；对当事人有异议的证据，则应当按照需要证明的事实分类记录在案，并记载异议的理由。通过交换证据，要把双方当事人争议的主要问题确定下来。

在交换证据的过程中，一方当事人收到对方当事人的证据后提出新证据予以反驳的，人民法院应当准许对方当事人就反驳证据再次举证反驳，即再次组织证据交换。但证据交换一般不超过两次，只有是重大、疑难和案情特别复杂的案件，人民法院如果认为确有必要再次进行证据交换的，可以不受两次的限制。

开庭时，人民法院仅就经过证据交换确定下来的争议焦点和证据进行审理。

第四节　民事诉讼中证据的运用——证据保全

一、证据保全的定义

证据保全，是指人民法院根据当事人的申请，对民事争议的有关证据予以提取、保存或者封存的措施。需要注意的是，保全的证据是用以证明双方当事人之间争议事实的证据，由此，保全的证据并非仅供申请人一方在诉讼中用作为支持己方主张的证据，双方当事人均可以对该保全的证据加以利用。

二、证据保全的申请条件

证据保全应当符合以下条件：

第一，情况紧急，如果不及时采取保全措施，证据便可能灭失或者难以取得。

第二，请求保全的证据对当事人的请求具有证明作用。

第三，申请保全的人是民事争议的当事人或者利害关系人。

三、证据保全的程序

证据保全有起诉前的保全，也有诉讼中的保全。

起诉前的证据保全由证据所在地法院管辖。如果需要保全证据，应当由当事人在举证期限届满前向人民法院提出书面申请，写明请求保全的证据基本情况、该证据与民事争议的关系和理由、希望采取何种保全措施等。起诉前申请保全的证据，不受双方当事人订立的仲裁协议和诉讼管辖协议的约束。人民法院受理证据保全申请后，可以责令申请人提供担保；拒不提供的，驳回申请。人民法院接受申请后，应当在 48 小时内做出裁定并立即执行。人民法院保全证据后，申请人应当在法律规定或者法院指定的期限内起诉，否则，解除证据保全。当事人申请证据保全错误的，应当赔偿被申请人或者利害关系人因此所遭受的损失。

诉讼中的证据保全由受诉法院管辖，一般由当事人提出申请而开始，是否需要担保由受诉法院决定。

四、证据保全的方法

人民法院进行证据保全，根据不同的情况，会采取查封、扣押、拍照、录音、录像、复制、鉴定、勘验等不同的方法并制作笔录。

2019 年新修正的《民事证据规定》第 27 条中新增加了一项："在符合证据保全目的的情况下，人民法院应当选择对证据持有人利益影响最小的保全措施。"前半句是要求法院在决定是否实施证据保全、实施何种保全措施之前对当事人的证据保全申请做合法性和必要性审查；后半句证据保全利益影响最小化原则的规定，是诉讼经济原则的应有之义。在证据保全后，人民法院组织当事人质证，质证结束，即完成该证据的固定和开示之后，即可解除证据保全措施，留取相应的复制件存档备查。证据保全不同于财产保全，直到判决生效方可解除，甚至有些要转至执行程序继续保全。

【案例分析实训】

【案例4.4】

【案情简介】

原告东风汽车有限公司主张其分别就"高顶驾驶室"和"驾驶室"申请外观设计专利权并在其后获得授权。原告在被告明宇汽配厂生产场地发现了大量生产侵权产品的专用模具等并且这些模具被销往全国各地。后原告向法院申请采取证据保全措施，到明宇汽配厂的生产场地对明宇汽配厂生产车间用于生产被控侵权产品的专用模具、夹具、冲压设备进行证据保全。获取证据后遂以被告明宇公司侵犯专利权为由起诉至人民法院请求判决被告立即停止侵权并赔偿损失 50 万元。

法院经过审理查明，判决如下：自判决生效之日起，被告明宇汽配厂停止制造、销售侵犯东风汽车有限公司专利权的产品，销毁所有制造侵权产品的专用模具、夹具等；赔偿东风汽车有限公司经济损失 50 万元。

【思考问题】

请结合上述案例简要论述民事诉前保全程序的重要性。作为律师，我们应该如何帮助当事人恰当运用诉前保全程序来维护自己的利益？

【参考分析】

在该案中，原告要从被告处获取其实施侵权行为以及被告因实施侵权行为获取的利润的相关证据，但很多证据材料诸如被告生产销售被控侵权产品的数量、销售金额、销售利润的会计凭证、会计报表、报价单等，掌握在被告处且被告极易进行销毁。公民个人没有职权去获取，但法院可以对被告采取查封、扣押、拍照、录像等措施去获取和固定证据，因此作为原告律师，要抓紧时间告诉当事人向法院申请诉前证据保全获取到证据。

法院受理申请人的诉前证据保全申请需要审查申请人提交的相关材料，而在专利侵权案件中，作为申请人需要提交证明被告有实施侵权行为的初步证据，如请求保护的涉案专利有效状态证据，被控侵权人实施侵权行为的初步证据。根据 2008 年修正的《中华人民共和国专利法》中的规定："为了制止专利侵权行为，在证据可能灭失或者以后难以取得的情况下，专利权人或者利害关系人可以在起诉前向人民法院申请保全证据。"根据该规定可知，诉前证据保全的条件是在证据可能灭失或者以后难以取得的情况下，专利权人或者利害关系人可以申请。

作为律师，我们在为当事人提供诉前证据保全相关的咨询和建议时，应综合考量当事人证据资料收集保障的必要性、相对人或第三人参与程序的负担程度以及司法资源的合理分配等因素。在保障当事人利益时，既要第一时间确定救济方式，也要充分考虑救济风险。

第五节　民事诉讼中证据的其他运用

一、推定

（一）定义

推定，是根据法律的规定或者根据已知的事实及日常生活经验法则，推得和确定另一不明事实的存在。推定并不是证据，而是允许对方当事人举证来推翻的一种证明规则。

（二）实践中的运用

1. 欠款金额的推定

实践中，如果碰到无法直接证明欠款金额的情况下，该如何推定？例如，暖暖经常去冰冰经营的冷饮批发店批发冷饮，2018 年 7 月 18 日，暖暖出具了一张欠条给冰冰，上面内容为："今欠冷饮款 1.600 元整。"后冰冰起诉至法院，在诉讼中，原告冰冰认为，欠条上的"1.600 元整"系"1,600 元整"的误写，实际上被告暖暖欠其冷饮款 1600 元。被告暖暖辩称，欠条上白纸黑字写着"1.600 元整"即是 1 元 6 角的意思。本案中一审和二审法院均认为，按照常理来说，被告暖暖是原告冰冰的老客户，就因为欠 1.6 元而去签一张欠条不符合常理，况且一般一次性批发冷饮金额也不可能仅 1.6 元。根据会计记账习惯，此"1.600 元整"最应当理解为 1600 元。另外，被告暖暖未能提供其欠 1.6 元的证据，故被告以欠条上的"1.600 元整"就是 1.6 元之说不能成立，不予采信。最后法院判决支持原告冰冰的诉讼请求。

本案中，法院是根据生活经验法则推定事实的，因为原告提供的证据有所缺陷，不能百分百证明待证事实，此时，法院推定"1.600 元整"是 1600 元而非 1.6 元，运用了两个日常生活经验：一是居民日常生活经营活动一般不会发生类似 1.6 元的极小额书面欠条，二是会计记账书写习惯规则推定此处应为误写标点符号。这两个日常生活经验是众所周知并经过反复验证的科学事实，社会公众对此已达成共识，鲜有异议，据此，足以推定被告欠款为 1600 元而非 1.6 元。这个推定与原告所主张的事实相同，因此原告不承担举证责任，相反，被告否认该推定事实的情况下需承担反证过程中的举证责任，因此被告未能履行必要举证责任的情况下就应承担败诉风险。

2. 邮件是否收到的推定

实践中当事人经常会通过 EMS 给对方发送律师函、催款通知书、合同解除通知书等书面文件，此时如果双方当事人就是否收到书面文件产生争议，通常会采用事实推定的方式。一般来说，基于对邮政服务的合理信赖，只要上述书面文件收件地址是按照对方的地址且以符合常理的正常方式发出，应当可以推定该邮件已到达对方，这就是证据的推定的证明力。当然对方可以否认收到，但此时需要承担举证责任。

一般来说，像上述这类重要的书面材料，特别是律师函，规范的话，我们应该使用特快专递寄送，首选邮政 EMS，因为其是官方的，所以证明力会比一般的民间物流，诸如顺丰、中通、申通等高。当然，现在的民间物流企业运行也非常规范，服务质量也不比邮政快递差，没有出现特殊情况下，一般也能推定同样的事实。如果因为某些特殊原因一定要用挂号信等比较传统的方式寄送的话，重要函件可以事先委托公证机构公证邮寄来免除后期可能出现的争议。

3. 家庭暴力是否存在的推定

在离婚案件中，涉及家庭暴力的举证一般是非常困难的。一方提供报警记录、门诊病历加之医疗费票据能否就能认定对方存在家庭暴力？对方如果全部否认的话又当如何？

因为家庭暴力通常发生在私人空间内，比较隐蔽和不易为外人所知，因此事后很难提供证人证言来证明。司法实践中，可以通过一系列间接证据组成的证据链来达到基本认定家庭暴力的存在事实的目的。在被害人已经提供了诸如报警记录、门诊病历和医疗票据之类的和事实相关的证据时，虽然这些证据不足以完全能证明家庭暴力的存在，但是结合经验法则来看，已经很大程度上形成了推定，完成了高度盖然性的证明，基本可以证明存在家庭暴力这一事实，此时加害人如果否认自己存在家庭暴力，举证责任其实已经转移给加害人了，其应当承担举证责任，若其无法提供反证，就可以推定其为加害人，从而认定家庭暴力事实存在。

4. 电话中催讨货款的推定

实践中，我们知道通过各种方式催讨货款或者欠款的行为可以达到诉讼时效中断的法律效果。那么，如果只能提供通话记录而没有实际通话内容，是否能推定电话中已经进行了相关货款或欠款的催讨?

例如，A 公司与 B 公司存在长期友好合作关系，2016 年 8 月，A 公司向 B 公司采购货品，货款总额 30 000 元，B 公司按照合同要求将货品送至 A 公司，收货同时，A 公司付款 25 000 元，余款 5000 元 A 公司一直以各种理由拖延不付。2019 年 12 月，B 公司提起诉讼，要求 A 公司支付余下货款 5000 元。针对 B 公司的诉讼请求，A 公司表示承认存在欠款 5000 元，但拒绝还款，理由是 B 公司从收到货款 25 000 元后就一直未向 A 公司催讨这项 5000 元的余款，现在已经超过诉讼时效了，所以 A 公司有权拒绝付款。提交证据材料时，B 公司提交了一份电话申请表和电话查询单来作为证明其公司工作人员在此期间多次向 A 公司催款的证据。A 公司辩称，鉴于双方存在长期友好合作关系，订单较多，货款往来频繁，双方平时合作均通过电话联系，仅有电话号码没有实际通话内容的话无法证明 B 公司存在催讨事实。法院经过审理，最后是支持了 B 公司，判决 A 公司向 B 公司支付所欠货款 5000 元。

日常生活经验可知，在商业上，一方当事人向另一方当事人主张债权通常都是通过电话这一惯常和便捷的方式。鉴于 A 公司与 B 公司存在长期友好合作，在 B 公司已经提供了电话查询单的这一基础信息的情况下，可以推定在双方日常联系中不太可能存在只联系其他业务而不催讨余款的情况。对于往来电话频繁的情况下，要提供催讨的具体通话内容显然也不合理，因此在当事人举证困难的情况下，为减轻当事人的证明负担，如果对方不能提出反证，可以作出相应的事实推定。上述案例中，法院最后是运用推定作出了对 A 公司不利的事实认定，即将举证责任分配给了被告 A 公司来对双方公司长期电话联系但并未催讨余款这一事实承担举证责任，即提出反证的责任。在审判实践中，因为法官的自由心证，有时候并不必然会这样推定，但作为律师，在尊重以事实为根据，以法律为准绳的前提下，我们要善于运用事实推定来解决民事诉讼中可能出现的此类事实难以或无法证明的问题，有效降低或减轻己方当事人的举证责任，更好地维护当事人的权益。

二、自认

(一) 定义

自认，即对他方主张的对自己不利的事实不予辩驳而加以承认，在民事诉讼案件审理中，一方当事人通过起诉状、代理词等书面材料来对于己不利的事实明确表示承认，即成立自认，此时对方当事人对该自认的事实无需再举证，除非当事人有充分的证据证明其自认与事实不符或存在被欺诈、胁迫等原因，才发生不免除对方当事人的举证责任的效果。但是，自认的事实如果与人民法院查明的事实不符的，人民法院不予确认。

需要注意区别自认和认诺，自认是对事实的承认，而认诺是对权利的承认，自认不会必然导致败诉，但认诺即是承认对方的全部或部分诉讼请求，定会导致全部或部分败诉。

（二）实践中的运用

1. 民事诉讼共同被告中，一人自认，效力是否及于其他共同诉讼人

需要分情况讨论，普通共同诉讼中，共同诉讼中一人的自认对其他共同诉讼人没有法律效力。而在必要共同诉讼中一人的自认行为必须经过其他共同诉讼人的认可方可对其他诉讼人发生法律效力。如果经法官说明并询问后其他共同诉讼人不明确表示意见的，可以视为其他共同诉讼人自认。因此，自认作为一种不利于己方的处分行为，不能不经认可随便对共同诉讼人产生法律效力。

2. 担保人承认借款，是否属于自认

又又向银行借款 10 万元，借期 1 年，双双为该借款承担连带担保责任。约定还款期限届满后，又又没有还款，双双也未履行其连带担保责任。银行遂向法院起诉要求又又偿还到期应还本息，同时要求双双承担连带偿还责任。庭审中，又又经合法传唤未到庭，双双到庭辩称：我承认这笔款项是我借的，现无偿还能力，请求可以分期还款同时也请求法院驳回银行对又又的诉讼请求。那么，担保人双双的承认是否能成立自认？

第一，通常来说自认的内容必须与对方当事人的事实主张相一致，案例中双双是担保人而非借款人，但其却承认自己是借款人，与原告银行主张的事实有出入，不符合自认的要件。

第二，虽然双双的承认表面上有利于又又，但又又没有出庭，双双的承认当然没有得到又又的认可，而且也有可能违背了又又的真实意愿，其承认的效力未必能及于又又。

第三，双双的承认极有可能会损害原告的利益，如果该承认被法庭认定

为自认，则还款人将从又又和双双两人转变为双双一人，即免除了又又的还款责任，显然会损害原告的合法权益。

其实双双的这个承认属于新的事实主张而非自认，他需要为该新的主张承担举证责任，否则不能被法庭认定和采纳。

3. 附条件的承认是否属于自认

当事人对对方当事人提出的主张的承认如果是建立在不确定事实之上的，就是附条件或是有所限制的承认，这种承认往往不能被认定为自认，其并未真正免除对方当事人的举证责任。比如原告诉被告归还借款，被告表示只要原告能拿出借条原件便承认其借款事实。这时候就不能成立自认，这种附条件的承认实际上就是不承认。

发生附条件或有所限制的承认，一般法院还要综合案件的具体情况来决定是否构成自认。

4. 拟制自认

《民事证据规定》第 4 条规定，一方当事人对于另一方当事人主张的于己不利的事实既不承认也不否认，经审判人员说明并询问后，其仍然不明确表示肯定或者否定的，视为对该事实的承认。

拟制自认必须在诉讼过程中作出，其也是当事人行使处分权的表现。当事人对对方当事人陈述的消极沉默不能直接产生自认的后果，而是应当在审判人员的充分说明和询问后方可成立拟制自认，审判人员也须告知当事人该拟制自认的法律后果等同于明示的自认。

需要注意的是，代理律师向当事人的说明和询问不能成立拟制自认。律师在庭审发问环节中，如果遇到对方当事人比较圆滑，不正面回答问题或是回答含糊不清，此时律师可以向法庭提出，涉及对方当事人亲自作为的事实必须当面作答，同时提请法官向其说明并询问，这样就可能达到拟制自认的效果，这也是律师参与民事诉讼庭审的一种技巧。

第六节　民事诉讼证据实务案例

【案例分析实训】

【案例5.5】

【案情简介】

2014年3月21日，潘女士与熊猫公司签订了《网站建设合同书》，委托其建设网站，合同金额44 400元。原告潘女士支付首付款人民币15 000元后，被告熊猫公司并没有按照合同约定于同年8月1日交付网站。同月20日原告从被告处了解到，原先做网站的程序员小达离职了，现由程序员小克接手，8月4日原告收到了新的项目进度计划表，根据该表，网站将于同月31日完成整合，但直到11月11日，程序员小克请假回家，网站仍然没有交付原告验收和使用。此期间，原告在小克的安排下购买了虚拟主机（人民币2999元）、支付宝服务（人民币800元）。由于小克认为虚拟主机放着不用也太浪费了，所以原告让小克把网站代码上传到原告的虚拟主机上调试。目前网站仍然用的是临时域名。自小克请假回家后，被告直到2015年1月6日，仍然没有交付网站给原告验收和使用。同月7日原告给被告寄出挂号信《解除合同通知书》，被告收到后再三恳求，原告答应延期到该月21日完成网站建设并交付原告验收、使用，但直到2月10日也没交付。原告在2015年2月12日和27日给被告发送电子邮件再次要求解除合同，之后诉至法院要求返还首付款并赔偿损失。

案件审理过程中，被告表示：原告不断改变设计方案，导致交付迟延，且原告也同意项目延期，网站在2014年11月已交付给原告，但原告否认网站合格。

双方在电子证据的举证上都使用了大量QQ聊天记录。案件最大的疑点在于被告究竟在原告的虚拟主机上进行过哪些网页的上传和调试以及质量是否合格。原告因此去了相关网络公司被告知日志只能保留2个月，无法为其提供日志，去北京总部调查又需要法院的手续。最终，考虑到案件的取证成本可能大大超过胜诉金额，本案最终双方调解解决。

【实训要求】

请从律师角度，结合上述案例简述电子证据的认定及运用。

【参考分析】

我国将电子证据列为证据的其中一个种类，认可电子证据的效力，但同时电子证据由于其依托的载体是网络，因此它的真实性和可靠性经常会受到质疑。上述案件的争议焦点为网站是否交付及是否符合合同约定。因原告认可被告将网站代码上传到原告的虚拟主机上进行过调试，上传内容中哪些工作量符合合同约定的证明责任由原告承担。当事人因为不熟悉法律的相关规定，没有及时地收集电子证据导致了在案件中不能拥有主动权。

根据司法实践，一般可以通过以下三种情形认定电子证据的真实性：

（1）由适格证人证明为真实的证据。参与电子证据生成与运作的技术人员，或者具备专业技能与经验、可以查证电子证据是否属实的专业技术人员，可以作为适格的证人证明电子证据真实。

（2）经适格专家鉴定认为电子证据未遭修改。具备识别电子数据是否被修改技能的训练有素的专家，可以接受法院委托进行鉴定，并出具鉴定意见证明电子证据是否真实。

（3）根据经验法则，如果电子记录的产生、存储、处理、发送、接收等环节上具有较高的可靠性与完整性，可以推定电子证据的真实性。

相对于传统证据，电子证据的收集、固定既要求采用专业技术又必须及时实施。相对于公证机关，网络服务提供者提供相关证据往往更加专业，难以被普通人否定。网络服务提供者的计算机系统就如同失事飞机的"黑匣子"一样，可以提供非常可靠的信息内容。如上述第1、2种情形，网络服务提供者是网络案件中最主要、最可靠证据的来源者，但是通常成本费用较高，对于类似本案这种标的较小的案件来说，需要花费的案件成本会远高于胜诉金额，得不偿失。

所以，作为律师，要提醒自己的当事人，无论是哪种证据的收集，都应秉承着快速、及时的原则，否则会给自己带来不利的影响。在合同履行过程中，就要注意对电脑上的每一页QQ记录采用连续拍照、摄像的方式固定形成时间及内容，这样后续一旦产生争议被告将很难否认。另外，要保证电子邮件的有效证明力，当事人可在不同阶段要求对相关事实进行合同条款的详细约定或者依法签订确认书。

刑事诉讼辩护准备和辩护技巧

【本章概要】刑事诉讼是调整国家公权力和公民个人权利之间关系的活动，这要求从事刑事辩护的律师必须具有专业技能。作为一名执业律师，刑事诉讼辩护是其基本的职业技能之一，是律师工作中非常重要的一部分。因此在本章中，将从刑事诉讼辩护的准备和辩护技巧两方面来阐述分析，并对刑事辩护的经验进行总结和归纳，这对年轻律师从整体上把握刑事案件、快速提高诉讼辩护能力和辩护质量都是非常有益的。

【学习目标】通过本章学习让学生能基本掌握刑事案件办理的基础流程，了解不同刑事案件的辩护技巧及艺术，能够更好地将刑事辩护理论运用到具体的刑事辩护实务中，为当事人提供高效、专业、有价值的法律服务。

第一节　刑事诉讼概述

一、刑事辩护的概念及必要性

（一）刑事辩护的概念

刑事辩护，是指辩方针对控方对犯罪嫌疑人、被告人的指控，从实体和程序上提出有利于犯罪嫌疑人、被告人的事实和理由，以维护犯罪嫌疑人、被告人合法权益的诉讼活动。辩护与控诉相对应，是刑事诉讼活动中的一种防御性诉讼活动。

（二）刑事辩护的必要性

第一，刑事辩护有利于发现案件真相、促进案件正确处理。刑事辩护制度可增强收集证据的全面性，有利于客观真相的揭示，有利于抑制法官的主观片面性和随意性。

第二，辩护制度是实现程序正义的重要保障。辩护制度有助于刑事诉讼中形成合理的诉讼结构，有助于对被追诉者的合法权益进行保护。

第三，辩护制度有助于法制宣传。通过控辩双方的辩论，可以使旁听观众了解案情，明辨是非，增强他们的法治观念，有利于树立司法权威。

二、刑事辩护的基本原则

(一) 以事实为依据，以法律为准绳

"以事实为根据，以法律为准绳"是我国所有法律工作者处理各种法律问题都必须遵循的根本原则。《中华人民共和国律师法》(以下简称《律师法》)第3条第2款规定："律师执业必须以事实为根据，以法律为准绳。"在刑事辩护中，律师也应当如此。律师在刑事诉讼过程中提出的观点，应当以事实为依据，以法律为准绳，不能只以被告人的辩解或家属的意见为依据，不能道听途说。律师还应当具有规范意识，每一步的工作都必须有法律依据。

(二) 维护当事人合法权益

律师所维护的必须是当事人的合法权益，对于非法权益，律师没有维护的义务。律师必须通过正当的、合法的途径去维护当事人的合法权益。对当事人的非法利益，律师可以拒绝委托代理，但是不可以向司法机关告密出卖当事人。

(三) 独立辩护原则

辩护人在法律上享有独立的诉讼地位，不受犯罪嫌疑人、被告人意思表示的约束，不是犯罪嫌疑人、被告人的"代言人"。

三、刑事辩护的种类

(一) 无罪辩护与罪轻辩护

无罪辩护，是指认为犯罪嫌疑人或者被告人的行为不构成犯罪，辩护人根据事实和法律，提出证明犯罪嫌疑人、被告人无罪的材料和意见。

罪轻辩护，是指承认检察机关指控的罪名，但辩护人认为犯罪嫌疑人、

被告人具有自首、立功、赔偿等从轻情节的，请求从轻处罚。

（二）被告人自行辩护、委托辩护、指定辩护

自行辩护，是指犯罪嫌疑人、被告人针对指控进行反驳、申辩和辩解，自己为自己所作的辩护。自行辩护是犯罪嫌疑人、被告人行使辩护权的重要方式，它贯穿于刑事诉讼的始终，无论是在侦查阶段，或者是在起诉、审判阶段，犯罪嫌疑人、被告人都有权自行辩护。

委托辩护，是指犯罪嫌疑人或被告人为维护自己的合法权益，根据《中华人民共和国刑事诉讼法》（以下简称《刑事诉讼法》）之规定，委托律师或者其他公民协助进行辩护。犯罪嫌疑人、被告人可以自己委托辩护人，也可以由其法定代理人、家属或者所在单位为其委托辩护人。

指定辩护，是指通知法律援助机构指派律师为犯罪嫌疑人或者被告人提供法律帮助。指定辩护分为应当指定和可以指定的情形。应当指定辩护是指符合《最高人民法院关于适用〈中华人民共和国刑事诉讼法〉的解释》（以下简称《刑事诉讼法司法解释》）第 42 条规定情形的被告人，没有委托辩护人时法院应当通知法律援助机构为其指定辩护。可以指定辩护是指符合《刑事诉讼法司法解释》第 43 条规定情形的被告人没有委托辩护人时，人民法院可以通知法律援助机构为其指定辩护。

四、辩护权与辩护范围

（一）辩护权

辩护权，是指法律赋予受到刑事追诉的人针对所受到的指控进行反驳、辩解和申辩，以维护其合法权益的一种诉讼权利。辩护权是犯罪嫌疑人、被告人各项权利的核心，也是一项宪法性权利。辩护权贯穿于整个刑事诉讼过程，不受犯罪嫌疑人、被告人是否有罪以及罪行轻重的限制，不受犯罪嫌疑人、被告人认罪态度的限制。

（二）辩护范围

刑事辩护的范围可以分为实体辩护和程序辩护两方面，实体辩护，是指辩护人根据维护犯罪嫌疑人、被告人的诉讼权利的事实和法律，提出犯罪嫌疑人或被告人无罪，罪轻或者从轻、减轻处罚，免除其刑事责任的材料和意见，

维护犯罪嫌疑人、被告人的诉讼权利和其他合法权益。程序辩护，是指辩护人在维护犯罪嫌疑人、被告人的诉讼权利时，发现犯罪嫌疑人、被告人的诉讼权利受到侵犯时，向公安司法机关提出意见，要求依法制止，或向有关单位提出控告。

五、刑事辩护律师的立场

刑事辩护律师的立场，是指在刑事诉讼中，辩护律师通过全面了解案情及法律分析与判断，为犯罪嫌疑人、被告人提供法律服务，特别是在刑事审判中，对公诉机关的犯罪指控进行防御，必要时进行依法进攻，打破或者削弱公诉机关的指控证据、指控逻辑、指控体系，维护和主张犯罪嫌疑人或者被告人的诉讼权利或者其他合法权益，为他们进行最有利的抗辩，根据事实与法律为犯罪嫌疑人或者被告人作无罪辩护，或从轻、减轻、免除刑事责任的罪轻辩护，并采取一切符合法定、正当程序要求的合法方式以达到辩护目标。

【案例分析实训】

【案例5.1】

【案情简介】

在一起抢劫案件中，律师在会见犯罪嫌疑人时，犯罪嫌疑人说公安机关对其刑讯逼供，为了报复这个警察，他已经托狱友带口信给外面的兄弟，务必要让社会上的兄弟报复这个警察，为自己报仇。

【思考问题】

1. 如果你是这个律师，面对这种情况你会如何处理？

2. 如果你作为律师，将犯罪嫌疑人的情况告知了司法机关，后经查明，犯罪嫌疑人只是开玩笑，而犯罪嫌疑人却认为你向司法机关告密，不再信任你，要求解除委托，退还律师费，你该如何处理？

【法理分析】

根据《刑事诉讼法》第48条〔1〕之规定，辩护律师在执业活动中知悉委托人或者其他人，准备或者正在实施危害国家安全、公共安全以及严重危害他人人身安全的犯罪的，应当及时告知司法机关。作为辩护律师，在会见犯罪嫌疑人或者被告人时，要告知律师的功能与作用、权利与义务以及律师的保密义务与例外。案例中，虽然犯罪嫌疑人自己说要实施犯罪行为，作为律师应当当场制止劝导。但是律师也不能仅凭犯罪嫌疑人的片面之词就轻信犯罪嫌疑人的话，而是应当初步核实犯罪嫌疑人所说的真伪，再决定是否向司法机关报告。

第二节 刑事案件的接收

一、接待咨询

刑事案件的接待咨询，一般首先面对的是犯罪嫌疑人或者被告人的亲属或者朋友。通常情况下，因为犯罪嫌疑人被羁押，亲属或者朋友试图通过律师寻求帮助。这种情况下，律师接待就显得尤为重要，当事人通过与律师的交流，了解相关的刑事法律知识，同时判断是否聘请律师作为辩护人。因此，接待咨询的质量高低就是当事人委托与否的关键。

（一）接待前准备

一般刑事案件的接待，大多来源于朋友介绍或者老客户介绍，当事人在预约律师时，律师可能已经提前了解了大概的案件情况。所以在接待前，如果律师对这一方面的法律不是特别熟知，建议律师最好在接待前，事先查阅一下相关的法律规定及案例，以便当事人咨询时可以熟练地向当事人介绍相关法律，可以让当事人更加信赖，有助于增加案件的委托率。

〔1〕《刑事诉讼法》第48条：辩护律师对在执业活动中知悉的委托人的有关情况和信息，有权予以保密。但是，辩护律师在执业活动中知悉委托人或者其他人，准备或者正在实施危害国家安全、公共安全以及严重危害他人人身安全的犯罪的，应当及时告知司法机关。

（二）接待注意事项

律师在接待时，要认真、全面地听取当事人的陈述，充分了解案情以及当事人的要求，同时向其介绍相关的法律法规规定。

1. 认真听取当事人陈述，不要随意打断当事人发言

初次接待当事人时，律师对于案件情况不了解，因此第一次接待时，要让当事人自己主动陈述案情，不要随意打断。作为犯罪嫌疑人的亲属或朋友，亲人被羁押，难免心中会痛苦、焦虑、无助，这时候律师就是他（她）们的希望，他们寄希望于律师，希望律师能够帮他将亲人拯救出来。此时，律师还需要充当聆听者的角色，应当让当事人把想说的话都说出来。

2. 认真记录，适当提问

在听取当事人陈述时，可以适时进行一些记录。一方面，将主要案件事实记录下来，有助于厘清案情；另一方面，当事人在陈述案情时，看见律师在记录，会觉得律师很认真，很重视案件，会对律师更加信赖。

在当事人陈述时，律师可以针对案件的相关要素进行发问，如犯罪嫌疑人、被告人的年龄、刑拘的时间和逮捕的罪名等，适时提问，抓住关键点，提高咨询效率。

3. 简要介绍当事人可能涉及的罪名

听完当事人陈述后，对案件情况初步有所了解。这个时候，律师就需要向当事人展现自己的专业水平，让当事人信任并放心将案件委托给你。所以律师要根据情况，向当事人介绍可能涉及的罪名，介绍律师的作用和工作，还要介绍全面的法律服务方案。

（三）告知当事人收费标准

通过前期与当事人沟通，如果当事人有意向委托律师处理案件，通常会询问律师如何收费，如何支付。因此，建议律师在前期明确收费标准和支付方式，这样能够避免后续委托工作中可能产生的矛盾。目前刑事案件收费主要分为按件收费与按时收费，具体的费用标准各家律所和律师会有所不同，在此就不予论述。

二、办理委托手续

当事人通过初次的咨询，如果对律师产生了信赖感或者认为律师很专业，

愿意放心将案件委托给律师处理，此时便需要签订委托协议及授权委托书。

（一）注意委托人身份

《刑事诉讼法》第34条〔1〕规定了哪些人可以为犯罪嫌疑人、被告人委托律师。刑事案件委托人的身份比较复杂，可以是犯罪嫌疑人、被告人本人，也可以是犯罪嫌疑人、被告人的近亲属或者监护人，还可以是犯罪嫌疑人、被告人指定的人。

实践中，一般要求犯罪嫌疑人、被告人的近亲属签署委托书，如果确实没有近亲属或者近亲属无法联系的，可以由亲友或者单位签署委托书，在会见时由犯罪嫌疑人、被告人补签确认。律师应当要求犯罪嫌疑人、被告人的近亲属出示身份证、亲属关系的证明（如户口簿、结婚证等），并复印留底。

（二）委托协议约定法律服务范围和收费条款

刑事案件一般分为侦查阶段、审查起诉阶段、一审阶段。通常情况下，各个阶段是分别收费的，如果当事人全程委托的话，也可以一起委托，费用打包收取。但是，有很多当事人是分阶段委托的，这个时候就需要明确约定服务范围，如果只委托其中一个阶段，那在委托协议中应当明确记载，将服务范围约定清楚。一方面，约定清楚能够让当事人明白律师的收费标准和服务范围，强化当事人的付费意识。另一方面，也避免约定不清，当事人故意或者无意认为什么事情都可以找律师去做，事无巨细，过分占用律师时间。

委托协议一式两份，一份交委托人，另一份律所留存。

（三）授权委托书

委托书需要根据当事人委托的不同阶段来填写。委托书是当事人授权律师提供法律服务的重要文书，一定要请委托人亲自签名，确保委托行为的真

---

〔1〕《刑事诉讼法》第34条：犯罪嫌疑人自被侦查机关第一次讯问或者采取强制措施之日起，有权委托辩护人；在侦查期间，只能委托律师作为辩护人。被告人有权随时委托辩护人。侦查机关在第一次讯问犯罪嫌疑人或者对犯罪嫌疑人采取强制措施的时候，应当告知犯罪嫌疑人有权委托辩护人。人民检察院自收到移送审查起诉的案件材料之日起3日以内，应当告知犯罪嫌疑人有权委托辩护人。人民法院自受理案件之日起3日以内，应当告知被告人有权委托辩护人。犯罪嫌疑人、被告人在押期间要求委托辩护人的，人民法院、人民检察院和公安机关应当及时转达其要求。犯罪嫌疑人、被告人在押的，也可以由其监护人、近亲属代为委托辩护人。辩护人接受犯罪嫌疑人、被告人委托后，应当及时告知办理案件的机关。

实性。委托书经犯罪嫌疑人、被告人亲属签名以后，律师在看守所会见时，应当让犯罪嫌疑人、被告人补签自己的名字，再次确定委托的效力。

委托书一般每个阶段一式三份，也可以多准备几份，由委托人、律师各持一份，交司法机关一份。但是为了防止委托书丢失或其他突发情况，律师也可以多准备几份委托书，以备不时之需。

律师事务所开具公函，连同《授权委托书》、律师执业证复印件呈交办案机关。接受委托后，律师应当及时将委托手续递交办案机关承办人，开展相关辩护工作。

【案例分析实训】

【案例5.2】

【案情简介】

A律师接受一起盗窃罪犯罪嫌疑人张某家属委托，担任张某侦查阶段的辩护人，A律师让张某的家属签署了两份委托书。A律师签完委托手续后，立刻向办案机关递交了一份委托书和律师事务所的公函，然后到看守所会见，看守所称律师第一次会见需要张某家属签字的委托书留存，故张某给看守所一份委托书。A律师手上没有家属签字的委托书，所以会见时又手写了一份委托书给张某，让张某签字确认。

律师会见后，该起盗窃案由公安机关向检察机关报捕，A律师要向检察机关提交材料，被告知需要律师提供委托书和事务所公函，于是A律师又将张某亲笔写的委托书交到了检察院。由于A律师需要再次会见，但是没有委托书，又联系家属来律所重新签订授权委托书。当A律师再次来看守所会见时，被告知"律师第二次及以后会见时应当持有犯罪嫌疑人本人签字确认后的委托书方可准许"。A律师向看守所值班民警多次解释说明后，安排会见。

【思考问题】

1. A律师上述行为哪里不妥？
2. 签订授权委托时需要注意什么？

【法理分析】

刑事案件至少分为三个阶段，一般每个阶段至少需要三份委托书，一份交办案机关，一份用于办案并存档，一份备用。因此，三个阶段至少需要签订 9 份授权委托书。一般律师在接受委托后，如在侦查阶段，需要向公安机关递交材料，可能在案件报捕以后还需要向检察院递交委托手续，所以建议律师在第一次签订委托手续时，一次性将所有材料准备好，不要总是让当事人来回签字，这样显得律师不专业、不认真，使得当事人对律师的专业能力和做事态度产生质疑。

第三节　律师在侦查阶段的工作

一、侦查阶段律师工作概述

刑事案件立案后，如果确实有犯罪事实，需要追究刑事责任的，案件就会进入到侦查阶段。侦查阶段是刑事诉讼必经的程序，刑事案件只有经过侦查，才能决定是否需要起诉和审判。侦查是刑事案件重要的一步，案件的绝大多数证据都是在这一阶段收集获取的，后面的审查起诉阶段和审判阶段主要是对侦查阶段获取的证据进行审查和认证。

《刑事诉讼法》第 34 条[1]规定，犯罪嫌疑人自被侦查机关第一次讯问或者采取强制措施之日起，有权委托辩护人。2012 年《刑事诉讼法》修改后，将侦查阶段律师的身份改为辩护人，同时也规定了辩护律师在侦查阶段享有会见权、调查权、提出辩护意见权、取保申请权及申诉、控告权等辩护权。那么在侦查阶段，律师有哪些辩护工作可以做？如何更好地做好侦查阶段的

---

〔1〕《刑事诉讼法》第 34 条：犯罪嫌疑人自被侦查机关第一次讯问或者采取强制措施之日起，有权委托辩护人；在侦查期间，只能委托律师作为辩护人。被告人有权随时委托辩护人。侦查机关在第一次讯问犯罪嫌疑人或者对犯罪嫌疑人采取强制措施的时候，应当告知犯罪嫌疑人有权委托辩护人。人民检察院自收到移送审查起诉的案件材料之日起 3 日以内，应当告知犯罪嫌疑人有权委托辩护人。人民法院自受理案件之日起 3 日以内，应当告知被告人有权委托辩护人。犯罪嫌疑人、被告人在押期间要求委托辩护人的，人民法院、人民检察院和公安机关应当及时转达其要求。犯罪嫌疑人、被告人在押的，也可以由其监护人、近亲属代为委托辩护人。辩护人接受犯罪嫌疑人、被告人委托后，应当及时告知办理案件的机关。

辩护工作呢？

辩护律师接受委托以后，在刑事案件侦查阶段除了会见犯罪嫌疑人，向犯罪嫌疑人提供法律咨询外，还应当向侦查机关了解案件情况，侦查机关应当及时将犯罪嫌疑人涉嫌的罪名及当时已查明的主要事实，犯罪嫌疑人被采取、变更、解除强制措施，延长侦查羁押期限等案件有关情况告诉律师。[1]辩护律师有权为犯罪嫌疑人申请变更强制措施，提出辩护意见，维护犯罪嫌疑人合法的权益。

二、与办案单位及委托人沟通

律师接受委托或指定后，应及时联系侦查机关，递交《授权委托书》或指定辩护的函、律师事务所的公函和律师执业证复印件。通常犯罪嫌疑人家属找到律师后，也说不清楚案件目前的情况，也不知道在哪个机关办理，所以律师可以根据接待当事人时了解的基础情况，向办案机关电话咨询，向办案机关说明身份，联系到具体的办案人员。如果可以，尽量与办案人员约定见面的时间、地点当面交付法律文书，当面向办案人员了解案情。如果办案人员不方便，也可以向办案人员说明后，以挂号信、快递的形式将委托材料寄送给办案人员。

三、会见犯罪嫌疑人

《刑事诉讼法》第39条第2款[2]规定了律师提出会见申请时，看守所应当及时安排会见。会见犯罪嫌疑人是律师开展代理、辩护工作的第一步，律师通过会见犯罪嫌疑人，向犯罪嫌疑人了解案情，提供法律咨询，同时向犯罪嫌疑人转达家人的问候。

（一）会见提交材料

律师向看守所提交授权委托书、律师执业证、律所出具的会见犯罪嫌疑

---

〔1〕《公安机关办理刑事案件程序规定》第50条：辩护律师向公安机关了解案件有关情况的，公安机关应当依法将犯罪嫌疑人涉嫌的罪名以及当时已查明的该罪的主要事实，犯罪嫌疑人被采取、变更、解除强制措施，延长侦查羁押期限等案件有关情况，告知接受委托或者指派的辩护律师，并记录在案。

〔2〕《刑事诉讼法》第39条：辩护律师持律师执业证书、律师事务所证明和委托书或者法律援助公函要求会见在押的犯罪嫌疑人、被告人的，看守所应当及时安排会见，至迟不得超过48小时。

人、被告人专用介绍信等，就可以会见犯罪嫌疑人、被告人。通常委托律师的都是犯罪嫌疑人、被告人的亲属，律师往往在看守所才第一次看到犯罪嫌疑人、被告人，此时律师对犯罪嫌疑人、被告人并不了解，因此，第一次会见时，建议律师首先介绍自己的身份，同时将其家属委托自己的过程简要介绍一下，以建立信任。对于委托书的确认，建议放到会见的最后，当犯罪嫌疑人对律师的服务满意了以后，自然会在委托书上签字。

（二）会见笔录主要内容

会见笔录是律师在侦查阶段重要的法律文书，会见笔录主要记载律师向犯罪嫌疑人了解身份、案件和被羁押的状况，以及律师向犯罪嫌疑人提供法律咨询或者其他应当询问的内容，是律师工作的重要证明材料，也是律师保护自己的重要证据。律师在每一次会见时，都要制作会见笔录，并由犯罪嫌疑人阅读后签字确认，并署上日期。

因此，在制作会见笔录时，律师的询问应循序渐进，建议按照下列顺序进行询问：

第一，询问犯罪嫌疑人身份，通过犯罪嫌疑人对自己的介绍，律师可以判断其表达和思维能力。

第二，律师要向犯罪嫌疑人了解其所涉嫌的罪名，包括犯罪嫌疑人做过几次笔录，每次笔录的内容是什么，笔录记载和说的是不是一样。

第三，针对犯罪嫌疑人的回答，律师应对其作出法律分析，并对当事人作出充分的法律咨询。

需要注意的是，对于犯罪嫌疑人的回答与陈述，律师应当在了解案情的基础上，分析论证，不能偏听偏信。在初次会见时，犯罪嫌疑人不一定会如实向律师陈述，可能会隐瞒一些犯罪事实，着重向律师讲认为对自己有利的事实和理由。在对基础的法律问题解答以后，律师可以向犯罪嫌疑人提出问题，针对性地进行解答。

第四，询问犯罪嫌疑人的合法权利是否受到侵犯，是否存在刑讯逼供或者其他违法办案的情况。

第五，笔录做完以后，要让犯罪嫌疑人阅读后签字。

第六，不要忘记关心犯罪嫌疑人的生活。另外对于家庭和个人事务的处理，律师也要代家属转达。当然有碍侦查、可能造成毁灭或伪造证据的内容不能传达。

（三）律师会见注意事项

律师在会见时，是不是什么都可以说？犯罪嫌疑人什么问题都可以回答？如果律师会见时不注意自己的言行，无意中透露案情让犯罪嫌疑人从新的事实、角度来改变口供，公安机关可能会怀疑律师存在串供、帮助翻供的嫌疑，给律师带来不必要的麻烦。因此，建议律师在会见时注意以下情形：

第一，为犯罪嫌疑人提供法律咨询时要使用法言法语，根据客观事实及法律规定向犯罪嫌疑人解释法律及其适用，讲清楚犯罪嫌疑人涉嫌罪名的法律规定，让犯罪嫌疑人自己选择供述的范围、方式和程度，注意不能直接教犯罪嫌疑人如何供述和辩解。如果律师教唆犯罪嫌疑人做虚假供述、制造伪证将会被追究责任甚至是刑事责任。

第二，律师会见时要规避为犯罪嫌疑人家属传递信息的风险。犯罪嫌疑人家属往往会急切要求会见律师了解犯罪嫌疑人的情况，提出各种要求，如带公司或家庭文件让犯罪嫌疑人签名等，如果律师贸然带进去给犯罪嫌疑人签字，可能会给律师带来刑事风险。《律师会见监狱在押罪犯规定》第13条〔1〕详细规定了律师会见犯罪嫌疑人不得从事的行为，律师会见时不能从事违反法律规定的行为。

四、为犯罪嫌疑人申请变更强制措施

辩护律师在接受委托担任辩护人后，有权为犯罪嫌疑人申请变更强制措施，在犯罪嫌疑人报送检察院批准逮捕期间，有权向检察院提出不批准逮捕的辩护意见，在逮捕羁押期间，可以向侦查机关申请取保候审，也可以向批捕的检察院提出羁押必要性审查的申请。

（一）取保候审的条件

当事人最关心的往往是能不能取保候审，取保候审是律师在侦查阶段的

---

〔1〕《律师会见监狱在押罪犯规定》第13条：律师会见在押罪犯，应当遵守监狱管理的有关规定，恪守律师执业道德和执业纪律，不得有下列行为：①传递违禁物品；②私自为在押罪犯传递书信、钱物；③将通信工具提供给在押罪犯使用；④未经监狱和在押罪犯同意对会见进行录音、录像和拍照；⑤实施与受委托职责无关的行为；⑥其他违反法律、法规、规章以及妨碍监狱管理秩序的行为。

重要工作之一。《刑事诉讼法》第 67 条[1]详细规定了取保候审的条件：

（1）可能判处管制、拘役或者独立适用附加刑的。

（2）可能判处有期徒刑以上刑罚，采取取保候审不致发生社会危险性的。

（3）患有严重疾病、生活不能自理，怀孕或者正在哺乳自己婴儿的妇女，采取取保候审不致发生社会危险性的。

（4）羁押期限届满，案件尚未办结，需要采取取保候审的。

在实践中一般要达到以下条件方可取保：认罪态度好；涉及罪行较轻；可能被判处 3 年以下有期徒刑，并适用缓刑；积极赔偿，取得被害人谅解；犯罪事实依据查清，没有余罪。

（二）提出取保候审的时机

律师提出取保候审的时机非常重要。虽然法律规定非检察院自侦案件的犯罪嫌疑人的近亲属或犯罪嫌疑人被逮捕后，委托的律师均可向承办单位申请取保候审，但是律师在实践中提出取保申请时，要判断提出取保申请的最佳时机。

通常来说，如果刑拘期限是 3 天或延长至 7 天的，律师应该及时提出取保申请，但是如果刑拘期限延长至 30 天的，建议律师在临近报捕时提出取保候审申请。过早的提出取保候审申请，公安机关可能因为没有查清案情，为避免当事人不在羁押状态对侦查造成阻力，往往不会同意取保候审的申请，即使侦查后发现犯罪嫌疑人符合取保条件，但是基于前期已经作出了不予取保的决定而不再同意取保，导致犯罪嫌疑人丧失取保的最佳时机。因此，在刑拘期限为 30 天的案件里，建议律师在刑拘后的 25～27 日提出取保候审申请。

（三）申请取保候审的程序

律师应当要求犯罪嫌疑人家属来律师事务所告知其取保候审的法律规定，制作《取保候审保证人谈话笔录》，并以律师的名义代被羁押的犯罪嫌疑人申

---

[1]《刑事诉讼法》第 67 条：人民法院、人民检察院和公安机关对有下列情形之一的犯罪嫌疑人、被告人，可以取保候审：①可能判处管制、拘役或者独立适用附加刑的；②可能判处有期徒刑以上刑罚，采取取保候审不致发生社会危险性的；③患有严重疾病、生活不能自理，怀孕或者正在哺乳自己婴儿的妇女，采取取保候审不致发生社会危险性的；④羁押期限届满，案件尚未办结，需要采取取保候审的。取保候审由公安机关执行。

请取保候审，向侦查机关提供以下材料：

（1）取保候审申请书。

（2）取保候审保证人谈话笔录。

（3）保证人与犯罪嫌疑人亲属关系证明的文件。

（4）证明罪轻、存疑，可从轻、减轻或免除处罚的相关材料。

五、调查取证

《刑事诉讼法》第 43 条[1]规定了辩护律师的调查取证权。《刑事诉讼法》第 42 条规定，辩护人收集的有关犯罪嫌疑人不在犯罪现场、未达到刑事责任年龄、属于依法不负刑事责任的精神病人的证据，应当及时告知公安机关、人民检察院。

笔者不建议律师在侦查阶段积极取证，在侦查阶段，国家对犯罪行为开展调查，其侦查权是排他的，如果律师也积极调查，将犯罪证据搜集保存，必然使侦查陷入困难，也令律师陷入两难的困局，不交出证据构成《中华人民共和国刑法》（以下简称《刑法》）第 306 条[2]规定的隐匿证据，交出证据又会使当事人陷入不利局面，违反职业道德。因此在侦查阶段不建议律师主动广泛开展取证活动。

但是不取证不代表律师不调查，律师可以进行相应的调查。在侦查阶段，辩护律师可以积极了解案件情况，包括会见犯罪嫌疑人本人及其家属了解情况、向侦查机关了解情况、甚至可以前往查看现场，到案发现场走访等。对于书证、视听资料、电子数据等客观证据，律师可以按照规定程序调取，这些证据在形成过程中比较客观、公正，一般很少有伪造、变造情况。证人证言属于主观证据，律师取证要慎重，尽量不要取证。

总之，律师的调查活动不能影响到侦查机关对案件的全面调查，不能妨

---

〔1〕《刑事诉讼法》第 43 条：辩护律师经证人或者其他有关单位和个人同意，可以向他们收集与本案有关的材料，也可以申请人民检察院、人民法院收集、调取证据，或者申请人民法院通知证人出庭作证。辩护律师经人民检察院或者人民法院许可，并且经被害人或者其近亲属、被害人提供的证人同意，可以向他们收集与本案有关的材料。

〔2〕《刑法》第 306 条：在刑事诉讼中，辩护人、诉讼代理人毁灭、伪造证据，帮助当事人毁灭、伪造证据，威胁、引诱证人违背事实改变证言或者作伪证的，处 3 年以下有期徒刑或者拘役；情节严重的，处 3 年以上 7 年以下有期徒刑。辩护人、诉讼代理人提供、出示、引用的证人证言或者其他证据失实，不是有意伪造的，不属于伪造证据。

害诉讼活动的正常进行。

六、刑事辩护的前置化

提到辩护大家首先都会想到法庭辩护，如果说民事案件的主要战场是庭审，那么刑事案件的战场则主要在庭前。传统的刑事辩护，辩护律师提出犯罪嫌疑人无罪、罪轻或者减轻、免除刑事责任的材料和意见。但事实上，对刑事案件处理具有实质性影响的程序是审判前的立案和侦查程序，所以律师的辩护就不能局限于法庭审判阶段，而是应延伸到立案和侦查阶段。如果能够将案件阻挡在立案的程序大门之外，那么整个刑事诉讼的程序就无法启动。

（一）侦查阶段律师提出辩护意见，办案机关会重视吗？

根据《刑事诉讼法》第 88 条第 2 款 "人民检察院审查批准逮捕，可以询问证人等诉讼参与人，听取辩护律师的意见；辩护律师提出要求的，应当听取辩护律师的意见" 以及第 161 条 "在案件侦查终结前，辩护律师提出要求的，侦查机关应当听取辩护律师的意见，并记录在案。辩护律师提出书面意见的，应当附卷" 的规定和要求，律师在检察机关审查批准逮捕时以及案件侦查终结前，均可以向检察机关提出意见。在法律明文规定情况下，只要辩护律师提出的意见合理、合法、合乎事实，相关机关没有理由不予重视。

（二）律师在侦查阶段可以提出什么辩护意见？

第一，根据《刑事诉讼法》第 37 条、第 38 条的规定〔1〕，在侦查阶段，律师应当根据事实和法律所形成的证明犯罪嫌疑人无罪、罪轻或者减轻处罚、免除其刑事责任的材料和意见。律师通过研判现有的案件材料，对案件是否构成所指控的罪名进行快速地研判，如果发现不构成犯罪的，应当尽快写出专业性的辩护意见，并尽快向侦查机关提交。

第二，如果犯罪嫌疑人涉嫌的罪行较轻，且没有其他重大犯罪嫌疑，且

---

〔1〕《刑事诉讼法》第 37 条：辩护人的责任是根据事实和法律，提出犯罪嫌疑人、被告人无罪、罪轻或者减轻、免除其刑事责任的材料和意见，维护犯罪嫌疑人、被告人的诉讼权利和其他合法权益。第 38 条：辩护律师在侦查期间可以为犯罪嫌疑人提供法律帮助；代理申诉、控告；申请变更强制措施；向侦查机关了解犯罪嫌疑人涉嫌的罪名和案件有关情况，提出意见。

具备以下条件时，辩护律师应当向检察机关提出建议不予批准逮捕的辩护意见：

（1）属于预备犯、中止犯，或者防卫过当、避险过当的。

（2）主观恶性较小的初犯，共同犯罪中的从犯、胁从犯，犯罪后自首、有立功表现或者积极退赃、赔偿损失、确有悔罪表现的。

（3）过失犯罪的犯罪嫌疑人，犯罪后有悔罪表现，有效控制损失或者积极赔偿损失的。

（4）犯罪嫌疑人与被害人双方根据《刑诉诉讼法》的有关规定达成和解协议，经审查认为和解系自愿合法并已经履行或提供担保的。

（5）犯罪嫌疑人系已满 14 周岁未满 18 周岁的未成年人或者在校学生，本人有悔罪表现。

（6）年满 75 周岁以上的老年人。

第三，申请人民检察院进行羁押必要性审查。《刑事诉讼法》第 95 条、第 97 条〔1〕及《人民检察院刑事诉讼规则》第 615 条〔2〕、《人民检察院办理羁押必要性审查案件规定（试行）》等法律法规都明确规定了羁押必要性审查制度，犯罪嫌疑人及辩护人可以申请人民检察院进行羁押必要性审查，申请时应当说明不需要继续羁押的理由，有相关证据或其他材料的应当予以提供。即在侦查阶段，律师还可以就被逮捕的犯罪嫌疑人的羁押必要性提出法律意见。

总而言之，在案件侦查阶段，律师应当利用一切资源在法律范围内进行积极的交涉和协商，与侦查机关展开有效对话，以便说服侦查机关尽快作出有利于当事人的决定，将刑事辩护提前，实现有效辩护。

---

〔1〕《刑事诉讼法》第 95 条：犯罪嫌疑人、被告人被逮捕后，人民检察院仍应当对羁押的必要性进行审查。对不需要继续羁押的，应当建议予以释放或者变更强制措施。有关机关应当在 10 日以内将处理情况通知人民检察院。第 97 条：犯罪嫌疑人、被告人及其法定代理人、近亲属或者辩护人有权申请变更强制措施。人民法院、人民检察院和公安机关收到申请后，应当在 3 日以内作出决定；不同意变更强制措施的，应当告知申请人，并说明不同意的理由。

〔2〕《人民检察院刑事诉讼规则》第 615 条第 4 款：人民检察院发现看守所的羁押期限管理活动具有下列情形之一的，应当依法提出纠正意见：收到犯罪嫌疑人、被告人及其法定代理人、近亲属或者辩护人提出的变更强制措施、羁押必要性审查、羁押期限届满要求释放或者变更强制措施的申请、申诉、控告后，没有及时转送有关办案机关或者人民检察院的。

【案例分析实训】

【案例 5.3】

【案情简介】

一犯罪嫌疑人家属委托 A 律师后，要求 A 律师在会见时给犯罪嫌疑人带一句话："家人都好，小狗的病也好了"。A 律师觉得这句话也没什么问题，于是在会见时便将这句话带给了犯罪嫌疑人。案件侦查终结前，办案民警找到 A 律师进行调查，问其会见时是否知道这句的意思，A 律师有点懵，他当时并未对这句话多想，觉得没有问题就代传了。办案民警解释，"小狗的病也好了"这句话是犯罪嫌疑人和家属串供的话，他们商量好这句话是指藏好的赃物还没有被公安机关查获，让犯罪嫌疑人不要交代的意思。A 律师吓出一身冷汗，虽然 A 律师在该案中不是故意的，也庆幸没有造成严重后果。

【法理分析】

律师在会见时，要遵守会见的规定。什么话该说，什么话不该说，律师要认真想清楚了再说，要时刻保持警惕，在接受委托时明确拒绝犯罪嫌疑人及其家属的违法要求，对涉及案情事项及其他一切非法要求要全部过滤掉，不能为了一个案件断送自己的前程。

【案例 5.4】

【案情简介】

A 律师会见一起故意杀人案犯罪嫌疑人，会见结束后，A 律师在告知看守所民警会见结束后便离开了会见室。A 律师走到办理手续窗口办理手续取回律师证时，被值班民警拒绝，因为律师离开会见室后，会见室没有人，犯罪嫌疑人便乘机逃走。幸好看守所监控发现派出多名警员才将犯罪嫌疑人制服，避免了严重后果。该看守所明确规定，律师必须在犯罪嫌疑人被带离会见室后方可离开。A 律师的行为被通报到了律师协会。

【法理分析】

律师会见完毕后应同羁押犯罪嫌疑人的机关办理犯罪嫌疑人交接手续，民警将犯罪嫌疑人接收后，方能离开会见场所。律师在会见时应遵守会见的相关规定，不得传递违禁物品，不得私自为在押罪犯传递书信、钱物，不得将通信工具提供给在押罪犯使用，不得未经监狱和在押罪犯同意对会见进行录音、录像和拍照以及实施与受委托职责无关的行为等。

第四节　律师在审查起诉阶段的工作

一、查阅、摘抄、复制案件材料

刑事案件移送审查起诉后，律师事务所可以接受犯罪嫌疑人或其近亲属、其指定的人的委托，指派律师担任其辩护人，并办理委托手续。具体的委托手续参见第二节相关内容。

根据《刑事诉讼法》第 34 条第 2 款之规定，人民检察院自收到移送审查起诉的案件材料之日起 3 日以内，应当告知犯罪嫌疑人有权委托辩护人。律师与犯罪嫌疑人或其家属签订委托手续后，即可开展辩护活动。与侦查阶段类似，律师在接受委托后，往往也不清楚案件进展情况，因此第一步往往都是联系公诉机关，告知办案人员犯罪嫌疑人已经委托，并约定时间、地点提交手续，查阅案件卷宗。律师向人民法院提交的材料同侦查阶段相同，主要是《授权委托书》《律师事务所函》《律师执业证》等。

（一）阅卷范围

案件经过侦查阶段的调查，已经形成了一系列的证据材料。《刑事诉讼法》第 40 条规定了辩护律师自人民检察院对案件审查起诉之日起，可以查阅、摘抄、复制本案的案卷材料。律师阅卷应当遵循客观、全面、细致的原则，摘抄、复制案卷材料时应当保证所阅取的案卷材料的准确性、全面性、真实性。

第一，现在不少检察院已经改进了律师阅卷的方式，提前将案件材料扫描成光盘，律师向案管中心提交委托材料后就能拿到一张包含所有案卷材料的光盘，可将光盘刻盘后带回认真研究。

第二，检察机关未扫描，材料又较多时，如果具备全部复制的条件，也建议律师完成拍照复制。如果材料实在太多，律师也应当在完整阅卷的基础上，挑选重点材料进行复制。对于言词证据，一般应全部复制；对于其他证据，律师可以挑选复制部分材料。

对于年轻律师，还是建议将案卷全部复制后带回来认真研究。年轻律师往往缺乏经验，无法判断哪些材料是重点材料，为避免判断失误而遗漏重要证据材料，还是不要怕麻烦，将所有材料全部都拍照后带回。也可以先重点阅取重要材料，与检察官商量后约定，等检察院将案件材料扫描后再来复制全部材料。

（二）制作阅卷笔录

阅卷笔录是律师查阅卷宗后的笔记，这也是律师了解案情、吃透案情、找出问题、提炼辩护观点的重要途径。通常复制的卷宗材料多达几百甚至上千页，如果不制作阅卷笔录，律师很难在短时间内筛选出需要的信息，在一定程度上说，阅卷过程就是去伪存真、简化案卷的过程。

1. 制作阅卷笔录的步骤及方法

制作阅卷笔录有许多方法，如摘录法、列表法、图示法等，律师可以根据案件情况选择适合的阅卷方法。对于材料较多的案件，笔者一般会多次读取卷宗材料。

（1）第一遍笔者会粗略地全面阅卷，大概地浏览一下案情，对案件的大体框架进行初步地了解。

（2）第二遍会针对起诉意见书等法律文书进行通读，按照《刑事诉讼法》规定的证据顺序对有疑问的证据进行标记。

（3）第三遍则开始制作阅卷笔录，笔者通常会采用列表法制作阅卷笔录。比如对于询问笔录，笔者一般按照提讯证载明的时间，比照讯问笔录按照供述的时间顺序，列明被讯问的次数、时间、地点、简要内容等情况，进行表格化的整理，对于前后供述不一致的地方，予以标注，对于同案被告人不一致的供述部分也标明。对于证人证言，同样以列表的形式整理，予以标注。

笔者以自己整理的一起故意伤害案件中，对于同一事实（打架现场情况描述）不同当事人（被害人、犯罪嫌疑人、证人等）言词的对比情况列表。

通过不同证人的证言对比，能够发现证人证言互相印证或存在矛盾的信息摘要，进而发现公诉方证据在证明力及证据能力方面的缺陷，从而形成自己的质证意见。

表1 许某故意伤害一案证人证言摘要

相关人员	在场情况	G与X冲突情况	X的儿子许某到场情况	伤势情况
G	在场	2017年2月13日，因加班的事情与X吵起来，我用手推了X一下，X用拳头打我身上，我也用拳头打对方，对方也打我，两个人抱在一起，同事过来劝开我们。	我回到叉车上工作，X的儿子许某过来，X让许某打我，许某拿一根木棍，打我，X也用棍子从背后敲了我头上一棍，我的头开始流血，我们三个抱在一起了，X和许某把我摔倒在地，他们两人也一起倒下来。他们从地上起来后，许某骑在我身上用拳头打我的头，X站着踢我的腿。后来同事把许某拉开。	我先动手的，我先推了X一下。伤是和X许某一起摔倒在地上造成的，头部是X用棍子打的，耳朵是许某用拳头打的。X的眼睛受伤了，是我打伤的。
X	在场	G拿棍子打我的时候，被同事王某拦住了。用手推了我一下，我躲开了，他又打了我一拳，打到了我的右眼上，被打了以后我就和他扭打在一起，扭打的过程中我们两个一起倒地了，后来其他同事就过来把我们拉开了，G站起来以后就一只手看上去受伤了。	打架的过程中儿子许某不在现场，打完了被拉开了之后许某来了。	G先动手，我右眼的伤是G打出来的；对方的伤应该是摔倒地上压出来的。

续表

相关人员	在场情况	G 与 X 冲突情况	X 的儿子许某到场情况	伤势情况
许某	未在场	未在场。	突然我听到很多人在起哄，我也就过去看了看，我到现场的时候我父亲 X 和 G 已经打得差不多了，只是在互相推搡。我就上去拉架，我就走到 G 和我父亲 X 中间，把他们俩往两边推，想把他们俩推开，在我推的过程中 G 就倒地了，他是侧面倒地的，倒地的时候他用手撑了一下地，他倒地的时候拉着我的手，我也就被拉倒了，我摔在了 G 的边上。我没有打 G，我就是过去拉架的，全程我都没有挥拳、脚踢 G 的动作。	父亲的眼睛红肿，G 头部、手部受伤了。过了一两天才知道他的手骨折了。后来 G 讲是他摔倒的时候撑地才骨折。
王某某	在场	G 就上前推了 X 一把，双方就吵了起来。G 随手拿了一根木棍准备打 X，我看见后，就将木棍夺了下来，接着 G 就用拳头打了 X 面部一拳，于是双方两个人扭打在一起，随后我将双方拉开了。	未看到 X 和 G 第二次打架。第一次被我拉开之后，我就去上厕所了。许某没有参与打架。	X 的眼睛受伤了，G 的手也受伤了。X 眼睛是被 G 打的，G 手怎么受伤的我不清楚。
陈某某	未在场	听见 X 和 G 吵起来了，接着两个人就扭打在一起，双方都用拳头打对方。我和王某某去劝架，但无法将双方分开，后来车间里来了很多人将双方分开了。	没有看见许某参与打架。	

续表

相关人员	在场情况	G与X冲突情况	X的儿子许某到场情况	伤势情况
王某泉	未在场	工厂断电准备去拿工具维修。看见两人互相推搡，我看到X眼睛有中，边上有同事在劝架，两人互相推搡后就拉扯在一起，之后一起倒地。倒地后G喊了一句哎呀我的手。同事们就扶他起来，起来后一直说手痛，之后没有再发生冲突。（第一次笔录）	两人打架时许某不在场，许某是打完之后过了10分钟再来的。看见X被打了说："你干嘛打我老子，有本事跟我打。"G说："你小孩我不跟你打"，后G和X又吵起来，G、X，许某三人抱在一起，互相摇晃对方，想扳倒对方，没多久三人一起摔倒在地上。X眼睛被打肿了，就从地上捡了根木棍巧了G头部一下。这是在同事将他们劝开之后发生的，可能是X觉得吃亏了所以这样做的。（第二次笔录——与第一次笔录有出入）第三次笔录（2018年3月8日）的表述：GX打完之后，许某来了。他们又在那里争论对错，后来两人又互相推搡起来，再后来两人抱起来，许某上前把他们两个拉开，但一下子没来开，三人同时倒地；许某没有殴打过G。	X的眼睛应该是G打的，G的手应该是倒地时压伤的。
顾某某	未在场	G和X因为工作上的事情发生争执，他们两个就打架了，X的眼睛被打肿了——实际称未在场。	2017年2月13晚上20时许，我去上厕所，就看见许某，X与G在走廊里面打架，看到许某把G摔倒在地；然后坐在G身上用拳头打G头部，后来许某被同事拉开了，X也被人拉着，把手中的棍子朝G扔了过去，砸到G后脑勺，流血了——许某看到自己父亲被打了，就过来找G讨说法，于是就和G打了起来。当时有十几个同事在场。	
备注		G未称X将其打伤，称因许某的行为导致受伤；而证人证言多数体现许某未在第一次冲突中在场。	多数证人称许某未参与打架，只是上前劝架，未劝开，三人一同倒地；仅有G本人及顾某某称许某打了G；证言有冲突。	

2. 一份专业的阅卷笔录中包括的内容

至少包括以下几点：

（1）根据指控的罪名或认定的事实，对相关证据进行简要但准确的缩写。

（2）对被告供述笔录，证人证言等言词证据笔录进行横向比较或者纵向比较，如上文笔者所列的表格就是对言词证据的横向比较。

（3）对于案卷材料中自相矛盾无法得到印证、存在重大不合情理的问题，作出准确无误的总结和概括。

（三）律师阅卷的作用

律师阅卷后，必须制作阅卷笔录。那么律师阅卷的作用有哪些呢？

第一，通过阅卷，能够了解侦查机关、检察机关办案的全部过程，对其合法性进行审查。一方面，了解办案机关所做的决定是否有事实和法律依据，另一方面，审查公安机关、检察机关在案件办理过程中是否存在程序违法行为，所获取的证据材料是否属于排除规则适用的对象。

第二，通过阅卷，律师要全面了解公诉机关的诉讼文书及证据体系，发现逻辑漏洞及证据体系的漏洞和缺陷，并找出对犯罪嫌疑人或被告人有利的证据材料或线索。如前面阅卷笔录中提到的，律师通过制作阅卷笔录，形成自己的质证意见。律师通过反复阅卷，在案卷中寻找有利于被告人的蛛丝马迹。

（四）律师阅卷的风险防范

律师对查阅、摘抄、复制的案件卷宗材料应当妥善保管，不能故意或者过失泄露给无关人员。笔者认为，在庭审证据公开之前，案件卷宗材料属于国家秘密，不能对外公开，也不得直接展示给犯罪嫌疑人、被告人及其家属或其他无关人员，以防止发生串供、教唆他人作伪证等妨害诉讼行为。《刑法》第306条及第398条分别规定了辩护人、诉讼代理人毁灭证据、伪造证据、妨害作证罪及故意泄露国家秘密罪，在审查起诉阶段，律师尤其要注意防范泄露卷宗材料的风险。

保密意识是律师必须固守的法律底线，不能迎合犯罪嫌疑人及其家属的无理要求，从律师的角色定位来看，律师不仅要维护当事人的合法权益，更要维护法律的正确实施。律师必须独立思考，在法律规定的范围内给当事人提供优质、高效的法律服务。要坚决拒绝当事人不合理、不合法的要求，耐心解释法律规定。

二、会见犯罪嫌疑人

律师在审查起诉阶段会见犯罪嫌疑人、被告人的程序方面，同本章第三节部分会见内容。笔者在此不予赘述，实体方面内容如下：

（一）出示起诉书并证求意见

辩护律师应当向犯罪嫌疑人宣读起诉书并征求其对起诉书认定的事实、确定的罪名以及适用法律的意见。

（二）核实有关证据

《刑事诉讼法》第 39 条[1]规定辩护律师的会见权，同时第 4 款也规定了自案件移送审查起诉之日起可以向犯罪嫌疑人、被告人核实有关证据。那是否意味着辩护律师可以将复制的卷宗材料全部出示给犯罪嫌疑人看？笔者建议根据证据种类分别处理。

1. 可以直接出示的证据

（1）书证。

（2）物证。

（3）视听资料。

（4）电子数据。

（5）鉴定意见。

（6）勘验、检查、辨认、侦查实验笔录。

以上证据均属于客观证据，律师向犯罪嫌疑人核实也不会有什么争议，其真实性本身也需要犯罪嫌疑人辨认。

2. 慎重向犯罪嫌疑人出示的证据

（1）同案犯供述。

（2）证人证言。

（3）被害人陈述。

---

　　[1]《刑事诉讼法》第 39 条：辩护律师可以同在押的犯罪嫌疑人、被告人会见和通信。其他辩护人经人民法院、人民检察院许可，也可以同在押的犯罪嫌疑人、被告人会见和通信。辩护律师持律师执业证书、律师事务所证明和委托书或者法律援助公函要求会见在押的犯罪嫌疑人、被告人的，看守所应当及时安排会见，至迟不得超过 48 小时。危害国家安全犯罪、恐怖活动犯罪案件，在侦查期间辩护律师会见在押的犯罪嫌疑人，应当经侦查机关许可。上述案件，侦查机关应当事先通知看守所。辩护律师会见在押的犯罪嫌疑人、被告人，可以了解案件有关情况，提供法律咨询等；自案件移送审查起诉之日起，可以向犯罪嫌疑人、被告人核实有关证据。辩护律师会见犯罪嫌疑人、被告人时不被监听。辩护律师同被监视居住的犯罪嫌疑人、被告人会见、通信，适用第 1 款、第 3 款、第 4 款的规定。

以上证据不建议律师会见时直接向犯罪嫌疑人出示。辩护律师应该在阅卷时吃透所有证据材料，将材料中对犯罪嫌疑人不利的证据梳理出来，在会见时向犯罪嫌疑人核实清楚，以摘要或概况的口吻告诉犯罪嫌疑人，并将犯罪嫌疑人的意见记录在笔录中。

（三）制作会见笔录

律师在审查起诉阶段会见犯罪嫌疑人时，同样需要制作会见笔录，具体的制作方法见上一节内容。

三、提出辩护意见或代理意见

律师在审查起诉阶段阅取了所有的案件材料，也已经多次会见了犯罪嫌疑人，从侦查阶段到审查起诉阶段，律师也可以通过申请调查或者自行调查取证的方式搜集补充对犯罪嫌疑人有利的证据材料，应该对整个案件已经有了全面的了解，基本吃透了公诉机关的证据材料，此时应写好详尽的辩护意见，不能等到审判阶段再起草辩护词。

（一）撰写辩护意见书

辩护意见要围绕律师掌握的事实和证据，首先考虑案件的定性问题，即有罪辩护或者无罪辩护。其次考虑有罪从轻、减轻、免除处罚的辩护。最后可以提出自己的对案件处理的意见和建议等，具体内容如下：

第一，案件定性的意见和建议（有罪和无罪，罪重和罪轻，此罪和彼罪等）是否符合起诉条件。

（1）犯罪构成要件分析（是否存在必要证据予以证明）。

（2）据以定罪的证据是否存在疑问，是否查证。

（3）公诉机关据以定罪的证据之间的矛盾是否合理排除。

（4）公诉机关据以得出结论的证据是否具有排他性、唯一性。

（5）根据证据认定的案件事实是否符合逻辑和经验法则，得出的结论是否符合常理。

第二，案件是否具备自首、立功、从犯、认罪认罚等罪轻情节。

第三，律师对案件处理的意见和建议（包括强制措施变更、不起诉适用认罪认罚程序等）。

（二）何时提交辩护意见书

有的律师可能认为提前将辩护意见告知检察官不利于庭审的发挥，会让检察官提前知晓自己的辩护策略，应当在庭审时突然提出来，让公诉人措手不及。但是在实践中，这样的做法效果却不一定好，笔者建议律师在审查起诉阶段与公诉机关保持密切的沟通交流，不建议搞突袭。

第一，检察机关是司法机关，代表国家对犯罪嫌疑人提起公诉，律师与检察官并非是平等的主体地位。实践中检察机关专职从事刑事工作，提起公诉，其意见对法院判决具有极大的参考价值，贸然搞突袭，即使检察官的意见未被采纳，后续检察机关提起抗诉的可能性也比较大，并不利于案件的审理。

第二，即使是律师的突袭让检察官当庭措手不及，检察机关也可以申请延期审理进行证据补充，法庭上的精彩只是一时的。

作为辩护律师，首先要尊重并重视检察机关，在案件审理之前，与公诉人充分沟通交流，同为法律职业人，如果能够运用法理和证据说服公诉人，与公诉人一起说服法官，那将是刑事工作的最高境界。律师和检察官不是对立的关系，不仅是检察官要维护社会的公平正义，律师本身的职业道德也要求我们必须维护法律的正确实施、维护社会的公平正义。因此，在审查起诉阶段，还是建议要充分重视与检察官的沟通。

【案例分析实训】

【案例5.5】

【案情简介】

在一起职务侵占案件中，A律师接受委托后，在审查起诉阶段复制了卷宗材料，禁不住当事人的请求，将案件材料复制了一份给当事人。当事人拿到卷宗材料后，每天都研究案卷，经常向律师提出自己的观点，对于自己不懂的内容还经常上百度了解，不停地问律师的观点以及对问题怎么看。自从卷宗材料复制后，A律师几乎每天都要受到当事人的"骚扰"，A律师烦不胜烦。

【法理分析】

《中华人民共和国律师法》规定律师应当保守在执业活动中知悉的国家秘密、商业秘密，不得泄露当事人的隐私。律师在审查起诉阶段获取的卷宗资料在法庭未公开之前属于国家秘密。案件材料一旦泄露，造成相关证据翻证，引起检察院调查，律师还可能涉嫌伪证罪。对律师而言，一旦将案件卷宗提供出去，如果家属将材料用于制作伪证、与人串供妨碍诉讼的话，律师还可能被追究泄露国家秘密罪或者帮助伪证罪的刑事责任。

【案例5.6】

【案情简介】

在一起受贿案件中，A律师在会见犯罪嫌疑人时，犯罪嫌疑人提出《起诉意见书》上列明的35万元里有20万元属于礼尚往来，并不是行贿。A律师向其解释，礼尚往来必须是有来有往，并且往来的财产价值相当，而且要求和职务便利及牟利无关。犯罪嫌疑人辩称，这部分钱都属于礼尚往来的款项，是人情世故的往来。这部分钱款主要是因为他在别人搬家、结婚、孩子考大学的时候，送了礼金和相应的财务，所以相关人员在他子女结婚、搬家的时候才回了价值相当的礼金和财务。

A律师针对犯罪嫌疑人的辩解，对案卷材料进行了整理和核实，发现在以往的讯问笔录中并未体现。便向犯罪嫌疑人了解情况，犯罪嫌疑人说他讲到了但是侦查员并未记录。

A律师将犯罪嫌疑人的辩解如实记录，并要求犯罪嫌疑人讲清楚礼尚往来的时间、地点、有无书证、是否有证人等。律师做好笔录后找到相关人员进行调查，也取得了相关的送礼凭证，证明其中部分款项属于礼尚往来。

由于A律师提供的材料有理有据，被检察机关采纳，因此在起诉时，减少了受贿罪的金额的认定，维护了犯罪嫌疑人的合法权益。

【法理分析】

律师在会见时，要认真听取犯罪嫌疑人的供述和辩解，核实案卷笔录的内容是否同犯罪嫌疑人所讲一致。如果犯罪嫌疑人能够提供证明了其辩解相符的相关材料和线索，律师则应积极调取或者向侦查机关反馈，便于案件事实的查清。这要求律师必须吃透卷宗材料，对案件证据材料有全面的把握，能够发现其中的矛盾点与漏洞。在审查起诉阶段，吃透案件材料、会见犯罪嫌疑人是律师的重要任务。

【思考问题】

1. 律师可以向犯罪嫌疑人核实的证据有哪些？
2. 在审查起诉阶段，律师应当注意防范哪些法律风险？

第五节 律师在审判阶段的工作

一、概述

一审程序的提起是由人民检察院向一审人民法院提起的公诉和自诉。一审人民法院受理后，经过庭前审查、庭前准备、法庭审理和评议，根据审查查明的事实和有关法律的规定，作出有罪、无罪或终止审理的裁决。

与侦查、审查起诉阶段一样，犯罪嫌疑人、被告人都可以委托律师作为辩护人。具体的委托材料及注意事项和前两个阶段类似，请读者阅读本章第二节有关委托的相关内容。

二、查阅、摘抄、复制案件材料及会见

（一）查阅、摘抄、复制案件材料

按照《刑事诉讼法》的规定，辩护律师自案件审查起诉之日起即可对所有的案件材料进行查阅和复制。具体的阅卷方法和阅卷作用与审查阶段阅卷大体相同，但是又有细微区别。

在案件提起公诉后，辩护律师首先要认真审查起诉书的内容与起诉意见书是否一致，如果两者存在不同之处，律师需要认真研究变化的原因。在审判阶段，律师阅卷时要着重审查以下材料：

（1）起诉书指控事实的相关证据，审查这些证据是否充分。

（2）被告人是否认罪，其历次的供述和辩解以及提讯证。

（3）被告人认罪的，审查其认罪是否符合事实与法律；构成犯罪的，着重审查和收集其是否构成其他轻罪的依据，是否具备自首等法定和酌定从轻情节。

（4）被告人不认罪的，审查其辩解是否合理，有无证据予以支持；审查指控证据是否有漏洞、矛盾。

审判阶段，律师应当结合审查起诉阶段制作的阅卷笔录，进一步深入研究，形成自己的辩护思路。

（二）会见

在侦查阶段、审查起诉阶段辩护律师都可以会见犯罪嫌疑人、被告人。在前面第二节、第三节中都有关于会见的内容，但是在法院审判阶段，律师会见被告人在实体上与前面两个阶段会有所区别，审判阶段会见被告人主要是解决以下几个问题：

第一，出示起诉书，征求被告人对起诉书的意见，并判断起诉书的定性是否准确。

第二，向被告人核实有关证据。

第三，程序上如何应对问题。律师在庭前会见被告人时，需要了解是否需要申请证人出庭、是否申请非法证据排除、是否需要与其他同案被告人进行对质等。

第四，庭前辅导。律师会见时也要简要地告知被告人庭审程序，让被告人大概了解法庭审理情况，告知被告人在庭审中的诉讼权利、义务及应注意的事项。

三、庭前准备

经过查阅案件的卷宗、必要的调查取证、会见被告人、拟定了辩护词等一系列工作后，在开庭前，律师还应当提前做好开庭准备工作。

（一）庭前会议

在开庭以前，辩护律师可以申请召开庭前会议，提请合议庭就本案的程序问题进行解决。《刑事诉讼法》第 187 条〔1〕正式确立了庭前会议制度。辩护律师可以根据案件的具体的情况，从有利于保障被告人合法权益原则出发，遇到非法证据需要排除等程序问题，申请合议庭召开庭前会议，对有关程序问题进行解决，以更有利于辩护工作的开展。

1. 召开庭前会议的情形及申请

《刑事诉讼法司法解释》第 183 条〔2〕规定了审判员可以召开庭前会议的情形，如当事人及其辩护人、诉讼代理人申请排除非法证据的或证据材料较多、案情重大复杂的、社会影响重大的等情形。

实践中，辩护律师提出召开庭前会议，主要是需要法院启动非法证据排除等重要程序问题，一般是向法院提交申请书，附上线索和材料。通常，法院收到律师关于启动非法证据排除申请，都会召开庭前会议进行审查。

2. 庭前会议审理重点

《刑事诉讼法》第 184 条〔3〕规定，召开庭前会议，审判人员应当就案件管辖是否有异议；是否有需要回避的情形；是否申请调取在侦查、审查起诉期间公安机关、人民检察院收集但未随案移送的证明被告人无罪或者罪轻的证据材料；是否提供新证据；是否对出庭证人、鉴定人、有专门知识的人的名单有异议；是否申请排除非法证据；是否申请不公开审理等问题进行审理。

---

〔1〕《刑事诉讼法》第 187 条：人民法院决定开庭审判后，应当确定合议庭的组成人员，将人民检察院的起诉书副本至迟在开庭 10 日以前送达被告人及其辩护人。在开庭以前，审判人员可以召集公诉人、当事人和辩护人、诉讼代理人，对回避、出庭证人名单、非法证据排除等与审判相关的问题，了解情况，听取意见。人民法院确定开庭日期后，应当将开庭的时间、地点通知人民检察院，传唤当事人，通知辩护人、诉讼代理人、证人、鉴定人和翻译人员，传票和通知书至迟在开庭 3 日以前送达。公开审判的案件，应当在开庭 3 日以前先期公布案由、被告人姓名、开庭时间和地点。

〔2〕《刑事诉讼法司法解释》第 183 条：案件具有下列情形之一的，审判人员可以召开庭前会议：①当事人及其辩护人、诉讼代理人申请排除非法证据的；②证据材料较多、案情重大复杂的；③社会影响重大的；④需要召开庭前会议的其他情形。召开庭前会议，根据案件情况，可以通知被告人参加。

〔3〕《刑事诉讼法》第 184 条：召开庭前会议，审判人员可以就下列问题向控辩双方了解情况，听取意见：①是否对案件管辖有异议；②是否申请有关人员回避；③是否申请调取在侦查、审查起诉期间公安机关、人民检察院收集但未随案移送的证明被告人无罪或者罪轻的证据材料；④是否提供新的证据；⑤是否对出庭证人、鉴定人、有专门知识的人的名单有异议；⑥是否申请排除非法证据；⑦是否申请不公开审理；⑧与审判相关的其他问题。审判人员可以询问控辩双方对证据材料有无异议，对有异议的证据，应当在庭审时重点调查；无异议的，庭审时举证、质证可以简化。被害人或者其法定代理人、近亲属提起附带民事诉讼的，可以调解。庭前会议情况应当制作笔录。

在庭前会议中，辩护人可以大胆提出实质性的辩护意见。尤其是在无罪辩护的案件中，辩护人要充分运用庭前会议的机会，把辩护理由精准地表达出来，如能达到不开庭就结束案件，那是辩护的最高境界之一。

（二）庭前准备工作

1. 庭前程序性准备工作

（1）了解法庭组成人员名单，决定是否申请回避。

（2）注意案件是否属于不公开范围。律师应提前了解案件的具体情况，如果涉及不公开的审理范围，也应当及时提出申请。

（3）向法庭提交辩方证据。如果被告人亲属提供了证据以及辩护人在阅卷时发现新证据，就应当考虑是否要进行自行调查或者申请法院调查取证。对于已经收集到的证据应当制作清单，一式三份，在开庭前5日内提交人民法院。

（4）申请证人、鉴定人、人民警察和证人专家出庭。如果律师认为需要上述四类人员出庭，应当编制人员名单，注明身份、地址、通信方式，写明拟定证明的事实，在开庭前5日内提交人民法院。

（5）申请排除非法证据。律师通过阅卷、会见发现存在对被告人实施刑讯逼供情况的，应当向法庭提交申请，但应当提供相关线索和材料。

2. 准备辩护庭审提纲

律师在庭前应准备好辩护方案，如法庭发问提纲、质证提纲、辩护意见、答辩提纲等。

（1）发问提纲。发问提纲包括发问被告人、同案被告人、被害人、证人、鉴定人等。不仅要提前准备好自己要发问的问题，公诉人、法官可能会问到的问题也要提前思考准备，只有准备充分，才不至于在法庭上产生慌乱，出现错误。

（2）质证意见。在审查起诉阶段，律师复制所有的案卷材料后就已经开始在准备制作质证意见了。质证意见应当按照证据的"三性"来分析。律师的书面质证意见可以详尽点，附在辩护意见后面提交法庭。

（3）辩护意见。几乎所有的律师在开庭前都会起草好辩护意见，撰写辩护意见的过程也是分析论证的过程。提前准备好辩护意见，对在法庭上充分发表辩护观点有重要作用，当然开庭的时候，可能要根据庭审情况及时调整辩护意见。

(4) 答辩提纲。答辩提纲是对公诉人反驳观点的观点预测。辩护意见要站得住脚，必须经得起反驳。针对公诉人可能会提出的反驳观点，律师如何有理有据地反驳，这些都需要律师提前进行深入思考。

四、参加庭审

律师应该准时出席庭审，最好能够提前预留时间，早点到达法庭，提前准备好开庭所需材料，这样才能从容应对。律师出庭应当遵守法庭规则和法庭秩序，听从法庭指挥。审判长宣布开庭后，首先会核对被告人身份信息、案由、法庭组成人员名单、告知诉讼参与人诉讼权利、是否申请回避、诉讼参与人有权申请通知新证人到庭等内容。

(一) 法庭调查

1. 公诉人讯问

法庭调查开始后，公诉人宣读起诉书后就可以讯问被告人。此时辩护律师应当认真聆听公诉人、审判长对被告人的讯问，并做好记录，及时调整自己的发问提纲。需要注意以下内容：

(1) 公诉人已经问过，并且被告人已经明确回答的问题，律师不要再重复发问，否则会被审判长制止。

(2) 公诉人已经问过，但是被告人回答不清楚或者还有疑问的问题，律师要继续追问，但是要提前向法庭交代问题的由来，否则可能会被审判长认为是重复发问。辩护人可以换一个问法，如刚才公诉人问你的 XX 问题，你回答 XX，但是辩护人需要补充问一下 XX，这样会让审判长重视这个问题，不觉得律师在重复发问。

(3) 对公诉人已经问过，但是被告人回答不利的且不是真实意思表示的问题，律师可以通过其他问题发问使被告人回答失效。

总的来说，律师应当认真听取公诉人的发问，如果公诉人发问内容与案件无关或者明显具有诱导性或威胁引诱被告人，被告人无法正面回答或出现对被告人进行攻击、阻止被告人辩解的情况，律师应当立即向法庭提反对意见。

2. 辩护律师发问被告人

辩护律师经过审判长许可，可向被告人发问。庭前准备工作中，辩护律师一般都会提前准备好发问提纲，通常情况下，按照事先设计好的提纲发问，但是也要随时针对被告人的回答及时进行调整。上文说过，辩护律师应当认真听取公诉人发问，不要重复发问。辩护律师发问主要有以下几个方面：

（1）被告人无罪或罪轻的主观表现和客观表现。

（2）被告人的法定从轻情节。

（3）被告人的酌定从轻情节。

辩护律师通过发问，一方面要向法庭展示自己的辩论点，即无罪、罪轻行为，将事实与情节问出来；另一方面要问出模糊不确定的内容。对于证据还有不确实、不充分的地方时，律师通过发问，向法庭展示该证据的不确定性、不客观性及证据链的不完整性，从而为下一步打下坚实的基础。

3. 辩护律师发问证人

对控诉方的出庭证人当庭证词或宣读的证言，应注意从以下几方面质证：

（1）证人与案件事实的关系。

（2）证人与被告人、被害人的关系。

（3）证言与其他证据的关系。

（4）证言的内容及其来源。

（5）证人感知案件时的环境、条件和精神状态。

（6）证人的感知力、记忆力和表达力。

（7）证人作证是否受到外界的干扰或影响。

（8）证言前后是否矛盾等。

4. 辩护律师发问鉴定人

（1）鉴定人是否具有法定资质。

（2）鉴定人是否与案件存在利害关系。

（3）检材的来源、取得、保管、送检是否符合法律及有关规定，与相关提取笔录、扣押物品清单等记载的内容是否相符，检材是否充足、可靠。

（4）鉴定意见的形式要件是否完备，鉴定意见是否明确。

（5）鉴定意见是否与其他证据相矛盾等。

在辩护人发问环节，辩护人要提前做好准备，发问时要简洁明快，通过发问让法庭知道案件定罪量刑的关键在哪里，合理的怀疑在哪里；另外，也要适当运用一些技巧，发问是心理战，对于可能在法庭上说谎的证人，律师要通过发问促使其如实陈述。

（二）法庭举证、质证

1. 对控诉方出示证据进行质证

对控诉方提供的定案证据，如物证、书证、视听资料、电子数据等，律师主要从以下几个方面继续质证：

（1）证据来源是否合法。

（2）证据能否证明待证事实。

（3）证据是否经检察机关重新收集。

《刑事诉讼法》第 198 条[1]规定，辩护律师对证据进行质证时，可以与控诉方展开辩论。因此，若证据经辩护人质证，公诉人进行补充说明后，审判长认为该问题比较重要，也可能会让辩护人对公诉人的说明或意见进行答辩。或者辩护人自己认为该证据比较重要，也可以向法庭说明后自行答辩，把事情说清楚。

2. 辩护人举证

辩护人举证时，要向法庭说明证据的形式、内容、来源及所要证明的问题。本章第三节"调查取证"中提到，律师调取的证据通常是书证、物证等客观证据，不建议律师调取证人证言等主观证据。因此，辩护律师提交法庭的证据也是客观证据，通常涉及以下方面：

（1）犯罪主体方面。被告人身份不是控方指控的行为人。

（2）犯罪行为方面。被告人无罪、犯罪行为不是被告人所为和被告人不在犯罪现场。

（3）犯罪客观方面。被告人没有作案时间等。

（4）刑事责任方面。被告人无刑事责任能力、依法不应当追究刑事责任的情况等。

（5）量刑方面。被告人有法定、酌定从轻处罚的情节。

---

〔1〕《刑事诉讼法》第 198 条规定：法庭审理过程中，对与定罪、量刑有关的事实、证据都应当进行调查、辩论。经审判长许可，公诉人、当事人和辩护人、诉讼代理人可以对证据和案件情况发表意见并且可以互相辩论。

（三）法庭辩论

法庭辩论是庭审的第二个阶段，在法官的主持下，由控辩双方就本案的犯罪事实、证据是否确实充分以及法律适用方面进行辩论。法庭辩论的目的是使控辩双方有充分机会阐明自己的观点及理论依据，在程序上保障被告人及诉讼参与人的合法权益，使法庭作出公正的裁决。

1. 法庭辩论的要求

律师在庭前准备时就应当将辩论意见草拟好，做好充分的准备。在阐述时要简明扼要、抓住重点，围绕案件的定罪、量刑的法律事实、法律适用以及控辩双方的分歧进行辩论，明确自己的辩论目的。在发言时要口齿清晰，不要重复啰唆、模棱两可。

2. 第一轮法庭辩论的内容

公诉人发表公诉意见时，辩护律师应当认真聆听，记录要点，补充辩护意见，调整答辩提纲。通常公诉人的公诉意见至少有以下三点：

第一，本案事实清楚，证据确实充分，被告人已构成 XX 罪。

第二，本案的社会危害性及应吸取的教训或警示。

第三，被告人的量刑情节。

尤其是第一点案件事实清楚、证据充分，是公诉意见的灵魂。所以公诉意见一般会呈现出这样的逻辑分析：

首先，案件的证据均符合"三性"，可以用于定案。

其次，证据形成了完整的证据链，足以排除所有合理的怀疑，犯罪事实清楚。

最后，根据法律规定，这样的行为构成 XX 罪。

在了解公诉意见的逻辑后，相应的，律师的辩论意见则是针对公诉人的逻辑逐一进行反驳。第一轮辩论中，律师应主要从以下几点来论证：

第一，针对犯罪事实的辩论。律师在辩论时应当对控方提供的事实进行事实不成立的辩论，以否定控方指控的事实。

第二，针对证据体系的辩论。审查哪些证据不符合证据的"三性"，使控方证据失去证据能力。如控方的证据体系是否已经形成了完整的证据链，是否已经排除合理怀疑，事实是否存疑。

第三，对法律适用的辩论。律师要从事实、证据等各方面来论证控方适用法律条文是否正确，证明被告人事实的某个行为是否明确触犯了《刑法》，构成了重罪还是轻罪，是否构成了起诉书指控的罪名。

但是不是所有的案件律师都要对公诉意见进行反驳。对公诉人的意见要区别对待，如观点正确、论证充分、合理合法的，律师也要肯定公诉人的公诉意见，不要为了反驳而反驳。对于观点不正确、论证不充分的，律师要在答辩时指出观点不对并列出理由。对于观点正确，但是不全面的公诉意见，律师要进行补充说明。总之，律师在答辩时，要认真聆听公诉人的意见，并认真记录，及时调整自己的答辩提纲。

经过第一轮法庭辩论后，控辩双方的观点均已明朗，审判人员会总结各方的辩论观点，给控辩双方就一个或者多个焦点展开新的辩论。因此，在展开第二轮辩论时，律师要注意不要重复第一轮的观点，要将自己的辩论观点引向深的理论层次，紧紧围绕第一轮辩论时所涉及的事实、证据和法律问题进行辩论。对于第一轮中未发表的辩护意见，可以在第二轮中补充发表，需要强调的观点，也可以换个角度重申，以加深法官的印象。

五、刑事辩护的庭后延伸

（一）辩护律师的庭后工作

1. 及时提交辩护词

休庭后，辩护律师应当在 3 日内将书面辩护意见提交法庭。对案件疑难复杂，质证意见详细、充分、内容较长，并对准确认定案件事实有重要作用的，可以向法庭提交书面的质证意见。律师的辩护意见一般都是庭前准备好的，可能会根据庭审情况进行补充和修改，因此在休庭后，辩护律师可能需要进行进一步的补充和修改，由律师签名后再递交给合议庭。

2. 领取判决书

一审通知宣判的，律师应当及时将宣判的时间、地点通知家属，一般应当亲自到庭听取判决，当庭领取判决书。如果无法出庭的，应当向家属说明，与法院沟通好判决书的领取方式。

3. 判决后，及时会见被告人

一审判决后，律师应当及时会见被告人，解答被告人提出的问题，告知其如何上诉，向其了解是否上诉。如果被告人不上诉，制作好笔录，告知其家属；如果决定上诉的，确定是由被告人本人撰写上诉状还是由律师代书上诉状。由律师代书上诉状的，律师应当在被告人收到判决书之次日起 10 日内写好上诉状，交由被告人签字后递交原审法院或二审法院。

需要注意的是，一审律师完成判决之后的会见等善后工作，是一审委托的分内辩护之事。上诉期满，一审的委托合同才算结束，律师的一审辩护工作才完成。

（二）刑事辩护的庭后延伸

由于我国属于"定期宣判"，意味着在法庭审理与判决宣告之间存在着或长或短的时间周期，短的为一周或者数周，长的可以达到数月甚至一年以上。如果在法庭审理结束后，下一级法院遇到重大敏感或者上级法院指定管辖的案件，会提交审判委员会讨论决定。

这种司法决策机制的行政化，导致审判委员会成员不能直接听到律师的声音，仅仅是根据承办法官或者合议庭提交的可能充满预断和偏见的裁判意见，就秘密决定了案件的裁判结局。所以，律师的辩论活动不应该仅仅局限于法庭，而是应该延伸到法庭以外。

辩护律师在庭审结束后，还应当继续追踪案件的内部决策流程，在对案件进展情况充分了解的前提下，及时进行庭审后的延伸辩护服务，既要了解案件进展到哪一环节，也要知晓法院迟迟不下判决的原因和症结是什么，还要明白法院内部，上下级法院之间的争议在哪里。在掌握上述信息的前提下，律师可以与委托人进行及时沟通，确定下一步的应对方案。

在一定程度上，律师辩护追求的效果是说服法院作出无罪或者罪轻的裁判结局，但是法官面临的却是如何"案结事了"，避免案件出现后遗症或社会政治风险的问题。这就是律师和法官的不同思维方式，所以辩护律师在辩护过程中还要尽量站在法官的角度思考问题，协助法官化解可能的职业风险，如此才能达到说服法官接受辩护观点的效果。因此，在法庭审理结束后，如遇到案件或面临政治风险，或者面临当事人申诉信访，律师的辩护活动不能就此止步，还应当进行必要的延伸。通过与法官正常的交流、沟通协商，及时获取案件裁判的进展，了解案件症结所在，在征得委托人同意后，适度地做一些让步和妥协，从而换取法官对被告人作出较为宽大的裁判结局，实现委托人利益最大化。

【案例分析实训】

【案例 5.7】

【案情简介】

2018 年 2 月，A 某利用手机 APP "XX 麻将" 开设虚拟房间，通过建立微信群，吸引参赌人员进行赌博，并以收取 "房费" 的名义抽头渔利。期间，B 帮助 A 收取部分 "房费"。案发时，A、B 共计收取 "房费" 人民币 43 万元。

【思考问题】

1. 如果 A 的家属委托你作为辩护律师，你准备如何接待？需要准备什么材料？

2. 你作为辩护律师，需要去看守所会见 A，你需要做什么准备工作？你需要重点了解什么问题？

3. 作为辩护律师，在审查起诉阶段，你的工作重点是什么？

4. 作为辩护律师，在开庭前需要做什么准备工作？

刑事辩护证据实务

【本章概要】人类刑事辩护的历史最早可追溯至古罗马时代，律师在刑事诉讼中须依托什么路径、借助什么力量来实现辩护的有效化一直是刑事辩护中值得思考的问题。2010 年 7 月 1 日施行的《关于办理死刑案件审查判断证据若干问题的规定》（以下简称《办理死刑案件证据规定》）第 2 条规定了"认定案件事实，必须以证据为根据"，这是我国首次法律上确立"证据裁判原则"，由此可见证据的认定和运用是定案的关键和核心，其贯穿于案件侦查、预审、检察、审判的每一个阶段。从某种意义上说，律师辩护的技巧就是证据收集、分析和运用的技巧。谁全面掌握了证据、客观分析了证据、科学运用了证据，谁就能掌握诉讼的主动权，在诉讼中立于不败之地。综上，本章主要从刑事证据由破到立的角度阐述刑辩律师关于证据的审查与运用。

【学习目标】本章分析了证据的类型、原则等基本知识，进而针对每类证据阐述了律师可以做什么以及怎么做，旨在运用证据理论知识，做到证据与案件事实相结合，有理有据地开展辩护工作，切实维护当事人的合法权益。

第一节 概 述

一、刑事证据的概念

我国刑事证据受苏俄影响，对于证据概念和种类会进行传统的规定。2012 年、2018 年我国《刑事诉讼法》进行了大规模的修改，在保留传统的基础上有所突破，主要是对于证据种类进行了详细的补充与细化。2018 年修正的《刑事诉讼法》第 50 条第 1 款规定"可以用于证明案件事实的材料，都是证据"。简单来说，对于证据的定义，我们可以从这几个方面来进行了解：

第一，刑事证据的基础是事实，即案件事实形成过程中的客观反映。这就是先验的客观性。

第二，客观事实通过"证据家族"来反映，但是反映的过程与人的主观能动性密切相关。证据的寻找与搜集、运用的过程中都需要人的主观能动性，因此对于搜集过程中的程序要求就比较严格一点，必须符合法律规定。举例来说，在犯罪现场，如果办案人员认为某项材料与所证明的案件事实没有关系，那么该项材料根本不可能被收集，亦或者办案人员根本就没有发现这项材料，所以也就不可能成为"证据"进入诉讼程序。反之，未经合法程序收集的证据根本不可能进入到司法程序的轨道，也不可能变成能够证明案件事实的实物证据。

第三，经过主观反映的"事实"成为证据，但是这与第一点形成的事实概念并不能完全等同，反映到刑事诉讼中来的"事实"即证据，并不是"客观的证据事实"的完全再现，两者并不一定具有完全等同性，对于不同的诉讼主体来说都要进行甄别，这也是律师充分发挥作用的体现点。

第四，证据具有"正反两面性"，这个性质是相对排斥的，即所谓的有罪与无罪，罪轻与罪重等。刑事诉讼程序启动以后，先是基于初步事实进行判断，即先认定谁犯了什么罪。随着立案后诉讼证明的展开，犯罪事实可能被证明不存在或者犯罪嫌疑人根本未实施所谓的"犯罪"。围绕这些事实所收集的证据自然就有了有罪、罪重证据和无罪、罪轻证据之分。

综上所述，刑事证据就是由具有一定职能的人员通过一定的程序、用一定的形式将客观事实反映到刑事诉讼中用来说明案件事实的有无、大小等情况的各种材料。

二、刑事证据的分类

"知己知彼，百战不殆"，作为律师若要运用证据，首先就必须要了解证据。当今的法理界几乎都会从不同的方面和角度对证据进行分类，因为篇幅的关系，以下仅简单介绍几个主要类型。

（一）原始证据与传来证据

第一，原始证据是直接从第一来源获得的证据，中间没有经过复制、传抄，没有媒介的转述，尽量减少了失真的可能性。比如说犯罪现场的文件原件，目击证人现场的耳闻。原始证据与传来证据相比，在一般情况下，原始证据的证明价值要大于传来证据。

第二，传来证据是指在原始证据的基础上，通过对原始证据传抄、复制的环节，使得直接证据间接化。如原始文件的复印件或者是照片；证人并非耳闻目睹，而是根据其他人所说的内容进行转述。律师在检察院的阅卷一般就是传来证据，主要是电子光盘的查阅，但是法院阅卷一般是查看原始卷宗，当然里面也分别包括原始证据和传来证据。传来证据与原始证据相比，虽然存在不足，但是其作用是不可忽视的，例如，犯罪现场的痕迹有些只能通过照片来反映并还原。在不能获得原始证据或者原始证据不必直接提取时，经过查证属实的传来证据，可以作为定案依据。

律师在运用传来证据时需要注意以下几点：一是传来证据必须是有来源的，最常见的是证人作证，其中有一些是亲自所见还有一些可能是主观想象，不能把道听途说、主观臆测所形成的传来证据作为定案依据；二是排除法，当我们面对证据的海洋时，我们可以从合理性以及言词自相矛盾进行查证，从中找出或者排除证据。

（二）言词证据与实物证据

第一，言词证据比较好理解，就是人为表述的形式。人为表述可以采用口头形式如证人证言、被害人陈述，也可以采取书面形式如鉴定意见。言词证据的特点是主观陈述，会受到人的情绪、认知、知识等主观因素的影响。

律师运用言词证据应遵循以下规则：其一，注意客观因素，如关注其搜集的证据是否合法。在时间间隔比较久的案子中，要考虑是否因为时间久远而使陈述人对案件事实有遗忘或者淡忘的可能。其二，重视法庭质证的询问，很多言词证据的漏洞都是在盘问环节显现的。

第二，实物证据是指以实物形态为表现形式的证据，如物证、书证、视听资料等。相比较言词证据而言，其客观性较强。在运用实物证据时，要注意审查实物证据是否有伪造、变造或者由于其他客观环境影响而发生变形、损坏或者灭失的情况，如搜集工具及搜集技术的疑问。

（三）有罪证据与无罪证据

第一，有罪证据是指能够证明犯罪事实存在，并证明犯罪行为为犯罪嫌疑人、被告人所实施的证据。它既包括不利于犯罪嫌疑人、被告人的有罪及其应当从重处罚情节的证据，也包括有利于犯罪嫌疑人、被告人的应当从轻、减轻或者免除处罚的证据。

第二，无罪证据是指能够否定犯罪事实存在或者能够证明犯罪嫌疑人、被告人没有实施犯罪行为的证据。往往在实践过程中，司法机关在搜集时注重有罪证据，忽视无罪证据，而律师在代理的过程中要注意对该类证据的搜集。

（四）直接证据与间接证据

第一，直接证据是指能够单独直接证明案件主要事实的证据，主要是指当事人的陈述、能够证明案件主要事实的书证、视听资料等。实践中最普遍的就是"天眼"，监控可以完整地记录犯罪嫌疑人的活动。

第二，间接证据是与直接证据相对的，即不能单独证明案件主要事实，必须要与其他证据联系使用。通常情况下它只能证明一个情节，比如犯罪的时间、地点、凶器、手段。

律师在运用该证据时，要注意以下几个方面：一是运用间接证据证明案件主要事实，必须经过推理。二是间接证据之间以及它们与案件事实之间，必须协调一致，没有矛盾。三是间接证据必须形成完整的证明体系。

三、刑事证据的审查

众所周知，刑事证据拥有三大特性，即合法性、客观性和关联性。在律师承办案件的过程中，关于犯罪嫌疑人是否有罪，或是罪轻罪重都必须要从这三个方面来审查。

（一）证据合法性审查判断

1. 证据载体是否合法

主要是指证据的表现形式是否符合我国刑事诉讼法规定的七种类型，如果"证据"不符合上述七种表现形式，就不能作为定案的依据采信。举个例子，单位出具的证明材料，实质上其应属证人证言，但是法人不具备证人资格，即使该证明有单位盖章，如果没有自然人签字，亦不符合证人证言的法定形式，不能作为证人证言采用，其又不符合其他六种证据表现形式，故其不具备证据能力，应排除在诉讼之外。

2. 审查取证主体是否适格，取证方法和程序是否合法

根据法律规定，关于取证主体，侦查、检察机关工作人员调查取证，应有二人以上，讯问（询问）人与记录人为一人，否则违背主体方面要求，导致侦查结果无效或削弱相关证据的证明力；侦查实验应当经侦查机关负责人的签字；讯问未成年犯罪嫌疑人，应通知其法定代理人到场；传讯犯罪嫌疑人是否符合关于时间的限制要求等。

（二）证据真实性审查判断

第一，利害关系规则。言词证据提供人如果与本案处理结果或案件当事人存在一定利害关系，该关系通常会直接影响言辞的真实性。如在有明确被害人的案件中，案件被害人基于其感性立场，在对犯罪嫌疑（被告）人严厉惩罚的报复心理和诉求支配下，常夸大、虚构案件事实；与当事人存在亲友等关系的证人，其证言也可能带有一定倾向性。

第二，生活逻辑规则。刑事案件与一般事件具有逻辑上的同质性，均有一个合乎生活逻辑的发生、发展、高潮到结束的演进过程，都遵循前因后果的时间顺序，案件证人，包括犯罪嫌疑（被告人）、被害人，若如实对其所为、所见、所闻陈述，其内容应前后一致，无明显矛盾，整体上来看内容应具体、条理、符合生活逻辑。因此，言词证据若存在顺序逻辑错误，则其内容真实性存疑。

第三，相互印证法则。某证据内容如果与其他证据内容吻合，细节一致，则该证据的真实性显著增强。如在合法取证前提下，以犯罪嫌疑（被告）人供述为线索，取得其他证据，这些证据证明的内容与犯罪嫌疑人（被告人）供述一致，则该犯罪嫌疑（被告）人供述的真实性基本可以确认，该"先供后证"的印证模式，在我国刑事司法实践中被广泛应用。

（三）证据相关性审查判断

所谓证据的相关性，指证据必须与待证案件事实有关，具有证明案件待证事实的属性。第一，前科行为不得作为定罪证据，可作为量刑证据。就定罪而言，其与案件事实不具相关性，不可因"一日做贼"，断定"终生为贼"。

第二，品行证据不得作为定罪证据，可作为量刑证据。品行证据与认定

案件基本事实不具相关性。品行证据虽不能作为定性证据，但能影响量刑，犯罪嫌疑（被告）人的品行系其一贯表现的综合评价，是其可改造性的一项重要衡量指标，对品行良好的偶犯，酌情从轻处罚。

四、刑事证据所涉及的主要法律法规

刑事法律是一切刑事法律规范的总称，主要是以《中华人民共和国刑法》为统领，围绕程序及实体两个方面的法律展开的。

《中华人民共和国刑法》：该部法律专门、全面和系统地规定犯罪、刑事责任，规定了所有的罪名和量刑标准。

《中华人民共和国刑事诉讼法》：该部法律主要规定了刑事诉讼的基本程序和要求，是律师展开刑事诉讼必须掌握的法律。

《关于办理死刑案件审查判断证据若干问题的规定》和《关于办理刑事案件严格排除非法证据若干问题的规定》：这两个规定对于证据的研究价值特别大。虽然所表述的方向是控方收集、移送的证据，但是反而为我们律师提供了审查证据的方向，从控方、法官的角度思考如何审查与判断各类证据，发现问题如何处理，有利于律师从整体上全面、细致、具体地把握证明标准，这也是辩护律师对控方进行质证的关键，因此对于刑事律师而言，重之又重。

第二节　物证、书证的审查与运用

一、物证的概念

物证是指能够证明案件真实情况的一切物品和物质痕迹。对物证的审查、质证的重要性不言而喻。根据现有标准，物证大致可以分为几类：一是物品，如赃款、赃物、走私的货物、毒品；二是作案工具，如杀伤人的凶器、毒药；三是由客观犯罪产生的痕迹，如脚印、指纹，精斑；四是犯罪行为指向的客体，如尸体；五是犯罪行为所产生的非法物品，如非法制造的枪支、弹药；六是在犯罪过程中或犯罪后，犯罪嫌疑人、被告人为掩盖罪行、对抗侦查而伪造的各种物品或痕迹。

二、物证的审查

根据《办理死刑案件证据规定》第 6 条至第 10 条的规定，总结下来对物证的审查一般从以下两方面进行：

（一）审查来源

物证要追本求源，明确原始出处，做到来源清楚，防止将疑似的物品、痕迹或者伪造的物品当作定罪证据，要注意其中是否有栽赃陷害。审查物证来源要注意以下几个问题：

第一，物证是否为原物、原件；物证的照片、录像或者复制品与原物、原件是否相符；物证是否经过辨认、鉴定；物证的照片、录像或者复制品是否由二人以上制作，有无制作人关于制作过程及原件、原物存放于何处的文字说明及签名。虽然物证具有不可改变的特性，但实践中也有伪造的可能，如果控方表示提供的物证是原物，律师应当着重审查该物的形状、颜色、体积、温度、质量、来源等，包括在什么时间、什么地点、什么情况下发现和取得，来源是否合法，是否随时间、空间的变化而有所改变。

第二，物证的收集程序方式是否符合法律及有关规定。经勘验、检查、搜查提取、扣押的物证，是否附有相关笔录或者清单；笔录或者清单是否有侦查人员、物品持有人签名，持有人未签名的，是否注明原因；对物品的特征、数量，是否有物品持有人签名，没有的话是否注明原因。物证的收集程序、方式存在其他瑕疵的、对物证的来源及收集过程有疑问，不能作出合理解释的，该物证不能作为定案的根据。

第三，物证与案件事实有无关联。对现场遗留的与犯罪有关的具备检验鉴定条件的血迹、指纹、毛发、体液等生物物证、痕迹、物品，是否通过 DNA 鉴定、指纹鉴定等鉴定方式与被告人或者被害人的相应生物检材、生物特征、物品等进行同一认定。

（二）审查物证的外形特征

物证只有是完全真实的原物才有证明力，如果被更换，则不能作为定案的依据。比如说，在盗窃案件中，收集到的赃物应该与被盗人丢失的物品在外观、型号、品种等各方面都完全一致。在实践中有的原物收集不到，或者虽然收集到了但后来又遗失，或者根据被告人的陈述或者被害人的陈述，另外找一件相同的东西来代替等，这都是不可取的。此外还要防止栽赃陷害的发生。应当注意的是，有些物证随着时间或条件的变化，可能在外观形态上亦有变化，如褪色、变色、变形、缺损、变质等，但不能因为有正常的变化而否定物证的真实性。

三、书证的概念

书证是指用来证明案件情况的文字、图画等材料，其是以其记载的内容来证明案件真实情况的。书证的种类比较多，如按表现形式可以分为文字或者图形的书证；按照载体不同可以分为书面材料和其他材料等。

四、书证的审查

根据《办理死刑案件证据规定》第6条至第10条的规定，审查书证一般从以下几个方面进行：

第一，书证是否为原件，如果是复制件，与原件是否相符；书证是否经过辨认、鉴定；书证的副本、复制件是否由二人以上制作，有无制作人关于制作过程及原件存放于何处的文字说明及签名。

第二，书证的收集程序、方式是否符合法律及有关规定；经勘验、检查、搜查提取、扣押的书证，是否附有相关笔录或者清单；笔录或者清单是否有侦查人员、持有人、见证人签名，没有持有人签名的，是否注明原因。

第三，书证与案件事实有无关联。毫无疑问，书证证明的事实必须与案件事实相关联。

第四，与案件事实有关联的书证是否全面收集。据以定案的书证应当是原件。只有在取得原件确有困难时，才可以使用副本或者复制件。书证的副本、复制件，经与原件核实无误或者经鉴定证明为真实的，或者以其他方式确能证明其真实的，可以作为定案的根据。书证有更改或者更改迹象不能作出合理解释的，书证的副本、复制件不能反映原件及其内容的，不能作为定案的根据。

五、对物证、书证的质证

审查物证、书证的目的主要是为辩护律师向控方的物证、书证进行质证打好基础，通过审查发现问题，在法庭质证时对控方指出，向法庭提出，以影响法庭对案件的裁判。对物证、书证的质证，应针对物证、书证本身存在的问题，通过提出质疑，否定其证据效力。就单个证据的质证来讲，通常是从证据的客观性、关联性、合法性三个方面提出问题、发表意见。

（一）对物证、书证证据不足的质疑

"证据不足"一般是针对全案而言的，但在此处，仅限于物证、书证而言，是指在某一案中应有的物证、书证是否充分或充足，对于物证、书证不足的，律师应当提出质证意见。律师在办案中应当注意这些问题。首先在审查物证、书证时要善于发现；其次在法庭质证时应及时向法庭提出。

对于物证、书证不足的，《办理死刑案件证据规定》第7条〔1〕作出了相应的规定。辩护人提出物证、书证不足的质证意见，以此作为法律依据的，能够得到法院的重视和采纳。

（二）对不能作为定案根据的物证、书证的质证

根据《办理死刑案件证据规定》第8条、第9条的规定，物证、书证不能作为定案根据的情形有三种，律师在辩护中应当从这三个方面提出质证意见：

1. 对于控方提供的物证，难以确信其客观、真实性

根据上述规定，原则上据以定案的物证应当是原物，特殊情形下，照片、录像、复制品必须经与原物核实无误或用其他方式核实确系真实无误的，才能作为定案的根据。据此，对于物证能否作为定案的根据，律师可以从以下几方面进行质证：①如果在法庭上公诉人没有出示物证的原物，律师应当向公诉人提问是否提取了原物，如果有的话应当在法庭上出示，供被告人辨认。

---

〔1〕《办理死刑案件证据规定》第7条规定，对在勘验、检查、搜查中发现与案件事实可能有关联的血迹、指纹、足迹、字迹、毛发、体液、人体组织等痕迹和物品应当提取而没有提取，应当检验而没有检验，导致案件事实存疑的，人民法院应当向人民检察院说明情况，人民检察院依法可以补充收集、调取证据，作出合理的说明或者退回侦查机关补充侦查，调取有关证据。

如果没有，律师可以要求公诉人说明没有提取的理由，并审查该理由是否符合法律的规定。②对于公诉人在法庭上出示的物证的照片、录像或复制品，如果律师通过会见被告人或从案卷中发现其本身模糊不清，不能客观反映原物的外形和特征，应当对其客观性、真实性提出质疑，明确指出不能作为定案的根据。

2. 对于控方提供的书证，难以确信其客观、真实性

根据上述规定，与物证一样，作为定案根据的书证原则上也应是原件，只有在但取得原件确有困难时才可以使用副本或复制件。在此情形下，律师必须经与原件核实无误或以其他方式证明为真实的，才可以作为定案根据。如果书证的原件有更改而不能作出合理解释，或者副本、复制件不能反映书证原件及其内容的，不能作为定案的根据。

3. 控方提供的物证、书证来源不明

对于控方提供的物证、书证，律师应当对其来源给予关注，如果公诉人表示是经勘验、检查、搜查、扣押获取的，应当附有勘验、检查、搜查笔录及扣押清单；如果未附有的，不能证明物证、书证来源的，律师有权向法庭提出不能作为定案的根据的主张。

（三）对需要辨认、鉴定的物证、书证的质证

需要辨认、鉴定的物证、书证如前所述，物证、书证是不会说话的"物"，它们对案件起证明作用不仅应当客观、真实，而且需要确与案件有客观联系，对案件有证明价值。例如成为一起暴力犯罪的杀人工具，就需要证明这个凶器确实被犯罪嫌疑人使用过。证明的手段首先是应当把这把匕首提供给犯罪嫌疑人予以确认，其次应当通过科学技术手段对匕首进行鉴定，发现有关痕迹，确认其确实使用过。

在司法实践中，并非所有的物证、书证都具备辨认的条件，例如，有些物证由于空间环境、自然环境的变化，已经丧失了原有的特性；有些书证由于在案发中、案发后丢失、毁损等，已无法进行辨认。但是，由于辩护人不负有举证责任，通常不应由辩护人对是否具备辨认条件直接说明，而只要针对控方提供的物证、书证本身看是否需要进行辨认，进而提出应当辨认，或指出未经辨认的物证、书证存在什么问题即可。至于是否具有辨认的条件，控方有义务予以说明，如果控方拒绝说明或说明的理由不成立，律师可以就

具备辨认的条件予以论证，并向法庭提出辨认的要求。

（四）对瑕疵物证、书证的质证

对瑕疵物证、书证进行质证，是指因收集物证、书证的程序、方式、形式存在某种缺陷，但对物证、书证的证明价值没有实质影响的物证、书证。主要是指未经合法签名，物证、书证本身的收集程序、方式存在其他瑕疵等。

辩护律师对这样瑕疵的证据进行质证时，首先，要了解搜集证据的"法定程序"，主要看《刑事诉讼法》针对每种证据所做的具体规定以及公安、司法机关的相关规定。其次，辩护律师还应当了解勘验、检查、搜查、提取笔录以及扣押清单如何制作，内容上应包含哪些方面，缺少哪些内容将影响证据的证明力等。这些具体细节性、操作性的问题，一般在刑事诉讼法上规定得比较原则、笼统，而在公安、司法机关发布的程序性法律文件中规定得较为详细，律师对这些规定的出处、规定的内容应了然于胸，这样在办案中就较容易发现具有瑕疵的物证、书证。最后，辩护律师在办案中还要学会善于分辨真正有瑕疵的物证、书证与看似只是瑕疵但确已对证据的证明价值产生实质性不利影响的证据，对于前者通过质证使其补正、完善说明，仍可以作为证据，对于后者，通过质证，促使法院认定其不能作为定案的根据。

第三节　证人证言、被害人陈述、被告人供述和辩解的审查与运用

一、对证人证言的审查

（一）证人证言的概述

证人证言是指在刑事诉讼中，知道案件真实情况的当事人以外的第三人，对有关案件的部分或全部事实所作的陈述。证人证言是刑事案件中最主要的证据之一，几乎所有的案件，都有证人证言。而证人证言相比于物证、书证而言，其真实性较强，但是证人证言具有不稳定的特点。在实践中，有许多证人都能实事求是地提供证言，但还有一部分人，因受到主观或者客观条件的影响，故意提供不真实的证言，比如，被告人的父母和被害人的父母对被告人的犯罪行为的说法很难一致。即使同一个人，前后的说法也往往出入很大。证人证言不真实具有多种原因，情感主导及利诱是最基础的因素。

根据《关于办理刑事案件严格排除非法证据若干问题的规定》的规定，在庭审中，检察人员、被告人及辩护人提出未到庭证人的书面证言，着重审查以下几方面内容：①证言的内容是否为证人的直观感受。②证人作证时的年龄、认知水平，记忆能力和表达能力，比如是否处于明显醉酒、麻醉品中毒或者精神药物麻醉状态。③证人作证时的年龄、认知水平、记忆能力和表达能力，生理上和精神上的状态是否影响作证。④证人与案件当事人、案件处理结果有无利害关系。⑤证言的取得程序、方式是否符合法律及有关规定：有无使用暴力、威胁、引诱、欺骗以及其他非法手段取证；有无违反询问证人应当个别进行的规定；笔录是否经证人核对确认并签名（盖章）捺指印。⑥证人证言之间以及与其他证据之间能否相互印证，有无矛盾；以暴力、威胁等非法手段取得的证人证言，不能作为定案的根据。

（二）对证人证言的审查

结合上述，审查证人证言一般从以下几方面进行：

1. 审查来源

对证人提供的证言，要审查所证实的内容是直接听到的、见到的，还是间接得来的。如果是直接听到、见到的，需要进一步审查当初证人的视觉与听力是否受到外界客观条件的影响，在记忆上是否出现差错。不能认为是证人直接听到的、见到的就不加分析直接当作定案的根据。如果是间接得到的需要考虑在转告中有可能失实，甚至是真实性全无的可能性。因此应当查清是何人所讲，在什么时间、什么地点讲的，有没有人在场等，应当尽量找到直接感知的证人来作证。如果直接感知的人没有证言，也无法能够找到他来作证，就应当对间接证人证言进行综合分析判断，以便准确地确定其真伪。至于那些道听途说，街谈巷议，则不能作为定案根据。

2. 审查证人与案件的处理结果有无利害关系

因为这些利害关系人当中，有的可能会隐瞒某些情节或者可能会夸大某些情节，这样就会使证言失去真实意义。如果有，需要注意这种证人证言是否真实，与其他证据之间是否有矛盾，要对矛盾点进行分析研究，只能根据全案的案情，在与其他证据印证之后、选择其中能够真实反映案件事实的证据来定案。

3. 审查证人品格及其思想品质状况

根据《刑事诉讼法》第 62 条规定，不能作证人的有以下几种：一是单位、团体、组织等非自然人。因为证人必须是以自己的感觉了解案件情况。一个单位、团体，不可能像自然人那样感知案件事实，单位、团体、组织的某个人了解案情，必须以个人身份出证，并承担法律责任。作为单位、团体、组织可以证明某方面非感知的情况，例如被告人的主体身份、被告人的户籍所在地等。二是年幼同时又不能辨别是非、不能正确表达的人不具备证人资格的人作证，其证言不具有法律效力。此外，审查证人的思想品质情况也非常重要。思想品质好的人，其个人顾虑较少，容易实事求是地提供证言；思想品质不好的人，往往更计较个人得失利弊，提供的证言难以保证句句属实。

4. 审查证人是否受到外界的不良影响

所谓外界的不良影响，是指是否受到了司法人员的威胁、引诱、欺骗，是否受到他人的贿赂、胁迫、指使等情况。如果有这些情况，其提供的证言有可能不真实。因此，在审查证人证言是否真实时，应当查清证人提供证言时，是否有外界的不良影响。尽管有时不便于考查，但这确实是个不容忽视的问题，比如在卷宗材料里有时能发现对证人有类似这样的询问："你看见他的时候，他是不是正在往东边走""你看见他的时候，是上午 10 点钟吗"，等等。对于这样的询问，证人有可能照此回答，以致最后形成具有完整情节的某一事实。这一事实，究竟是证人的真实感受，还是按询问人发问的内容作出的回答，真假难判。如果证人不作具体陈述，只是回答"是"或者"不是"，这就更难判明证人证言内容的真假了。

5. 审查证人认识案情的主、客观条件

证人提供的证言，是基于证人对案件事实的认识。那么，他对案件事实产生的认识到底正确不正确、全面不全面这就涉及他是否能准确地感知案件事实、能否正确认识案件事实。审查证人是否能够正确感知案件事实、能否正确认识案件事实，一般从以下两方面进行：一是在主观方面，即使证人想如实反映案件事实，对案件事实的情节不夸大、不缩小，但由于他的感觉器官、记忆能力、语言表达水平等原因的影响，对能否客观真实地反映案件真实情况起着重要作用。比如，视力好、听力好的人与视力差、听力差的人，在同样条件下，对案件事实的感知可能不一样，前者要比后者正确得多。记忆力强的人和记忆力弱的人，对案件的感知情况经过一段相同的时间，前者要比后者的记忆准确，提供的证言也相对准确。二是除了主观因素以外，客观环境对人认识案件事实也起着一定作用。比如，证人当时离现场的远近、现场光线的强弱、证人的感受，等等，都直接影响到证人感知案件事实的正确性。离现场近的、当时光线强的、与案件事实之间没有认识障碍的，反映的案件情况就比较准确；反之，真实性就较差。

6. 审查幼年证人证言与其本人情况是否相符

《刑事诉讼法》没有规定几岁以上的儿童可以作证，也没有规定几岁以下的儿童没有作证资格。但《刑事诉讼法》第 62 条第 2 款明确规定："生理上精神上有缺陷或者年幼，不能辨别是非、不能正确表达的人，不能作证人。"审查年幼的人提供的证言，就要查清提供证言的人是否属于"不能辨别是非、不能正确表达的人"，还要进一步查明他所提供的证言与他本人的辨别能力、表达能力是否相符。

7. 审查证人证言是否与其他证据相吻合

证人证言与其他证据所证实的内容，都是案件事实，它们应当相吻合。比如，其他证据证明，被害人是张某杀死的，而证人证言也应当证明这一点。如果其他证据证明，被害人是张某杀死的，而证人证言则证实是李某杀死的，那么，虽然不能立即断定这份证人证言是虚假的，但应当说明互相矛盾的证据中必定有虚假的。不是证人证言不真实就是其他证据不真实使得出现了这种情况，就必须仔细分析查对，采用真实的证据。

8. 审查多次证言前后是否有矛盾

这存在两种情况：一种是一人对同一事实多次出证的，另一种是对同一事实多人出证的，不管是哪种情况，都应当详细审查各证言之间是否有矛盾，如果有当排除。

二、对被害人陈述的审查

被害人陈述是指受到犯罪侵害的被害人就其受到犯罪侵害的情况以及所知道的其他案件情况所进行的陈述，被害人陈述能清楚地反映案情，或者提供全面的证据。我们也必须看到，被害人很可能因产生偏激而不能如实讲述案件，夸大可能从重处罚情节，或缩小可能从轻处罚情节。在审查被害人陈述时，应当查清以下问题：

第一，审查被害人与被告人的关系。如果素不相识，被害人提供的情况可能比较真实。如果平素关系很好，或者旧有结怨，那这种情况下被害人提供的情况可能或真或假，有的情节可能被夸大，有的可能被缩小，更有甚者可能捏造事实。

第二，审查被害人的陈述来源。一是被害人是在什么情况下陈述的，如果是自己积极、主动、自愿向司法机关陈述，其真实性相对较高。如果是被他人领到司法机关，或者是追查别的问题追查到了被害人，被害人陈述的真实性相对较低，要特别注意审查其真伪。二是陈述是否稳定，前后是否一致。如果有变化，就要查清为何会有这种变化。被害人如不能作合理解释，对有矛盾的陈述，不能当作定案依据。

三、对证人证言、被害人陈述的质证

根据现有规定，律师应当从以下方面做好对证人证言、被害人陈述的质证。

（一）通过事先审查充分做好对证人证言、被害人陈述的质证准备

在司法实践中，一些律师对于证人证言的质证不够重视。法庭质证时，一般由公诉人对证人证言作摘要性宣读，有的案件证人较多，证人证言又繁琐，公诉人宣读过程中有的律师略显不耐烦且不注意听，加之公诉人宣读的往往都是对被告不利的内容，律师听完后往往以没意见或者无异议来回答，这样的质证效果显然是大打折扣的。要改变这种情况，律师首先要高度重视对证人证言、被害人陈述的质证。因此，律师在庭审前要全面、深入、细致地审查证人证言、被害人陈述，发现存在的问题，做好充分准备，即"打好有准备之战"。

（二）对瑕疵证人证言、被害人陈述的质证

有瑕疵的证人证言、被害人陈述是指在内容上没有问题，只是在收集程序和方式上有一定瑕疵的证人证言，被害人陈述。例如，证言或陈述笔录上没有填写询问人、记录人、法定代理人姓名或者没有填写询问的起止时间、地点；询问的地点不符合规定；笔录中没有记录告知对方应当如实作证和有意作伪证或者隐匿罪证要负法律责任的内容。对于这些瑕疵证人证言，被害

人陈述,根据《办理死刑案件证据规定》第 14 条的规定,有关办案人员能够补正或者作出合理解释的,法院可以作为证据采用。但如果没有作出合理解释,仍然不可以作为证据采用。

根据《办理死刑案件证据规定》第 12、13 条的有关规定,下列证人证言、被害人陈述不能作为定案的根据:①以暴力、威胁等非法手段取得的证人证言、被害人陈述。②收集程序和方式不合法的证人证言、被害人陈述,诸如询问不是个别进行而取得的证人证言、被害人陈述;没经对方核对确认并签名(盖章)、捺指印的证人证言、被害人陈述;应当提供翻译而没有提供翻译形成的证人证言、被害人陈述。③证人、被害人作证时处于明显醉酒、麻醉品中毒或者精神药物麻醉状态不能正确表达的证人、被害人提供的证言。对于上述证人证言、被害人陈述辩护律师在审查证据时一旦发现,就应当、也有权在法庭质证时明确提出,要求法庭不得将上述证据作为定案根据。

对于有异议且对定罪量刑有重大影响的证人证言、被害人陈述,有权要求证人、被害人出庭作证,对其进行当面质证。对于证人证言、被害人陈述存在的问题,有的不需要证人、被害人出庭就可以进行质证譬如上述情况,但有的证人证言、被害人陈述在内容的真实性、客观性上存在问题,被告人、辩护人对其有异议,并且这些异议对定罪量刑有重大影响。

四、对被告人供述和辩解的审查

被告人对自己的行为清楚,被告人谈到的有关案件事实,经过认真审查,实事求是地分析如能判明被告人的供述和辩解反映的事实与案件有联系,符合实际,就可以作为认定案件事实的根据。

(一)审查对被告人的讯问在形式上是否合法

第一,时间是否合法。根据相关法律规定,传唤、拘传持续的时间最长不得超过 12 个小时,不得以连续传唤、拘传的形式变相拘禁犯罪嫌疑人,犯罪嫌疑人到案后,应当责令其在《拘传证》上填写到案时间,讯问结束后,应当由其在《拘传证》上填写讯问结束时间等。

第二,讯问的地点是否合法。《刑事诉讼法》第 119 条第 1 款规定:"对不需要逮捕、拘留的犯罪嫌疑人,可以传唤到犯罪嫌疑人所在市、县内的指定地点或者到他的住处进行讯问。"根据《公安机关办理刑事案件程序规定》

第 198 条的规定，讯问除特殊情况下，应当在公安机关执法办案场所的讯问室进行。

第三，讯问人员的身份是否合法。《刑事诉讼法》第 118 条规定："讯问犯罪嫌疑人必须由人民检察院或者公安机关的侦查人员负责进行。讯问的时候，侦查人员不得少于二人。"据此，律师在审查时应当注意讯问人员的身份、职务，以及参与人数，审查是否符合法律的规定。

第四，讯问是否个别进行。讯问应当个别进行是为了保证被告人在接受讯问时能够有自由意志，不受外界的干扰和影响。因此如果将几个犯罪嫌疑人集中在一起讯问，就是不合法的。但是应当注意，如果由于案情需要，办案人员把几个犯罪嫌疑人集中在一起就某事实让他们进行对质则是允许的，也是合法的。因此，应当注意区别不同情况。

（二）审查讯问笔录的制作是否合法

对犯罪嫌疑人、被告人的讯问笔录，其制作、修改等有法定的程序，以保证所记载的内容是犯罪嫌疑人、被告人的真实表达。流程上会有宣读确认的过程，确认后进行签名或者盖章。

此外，对于首次讯问笔录，辩护律师还要审查笔录是否记载侦查人员明确告知犯罪嫌疑人享有申请回避、聘请律师等各项诉讼权利。

（三）审查对特殊犯罪嫌疑人的讯问是否符合法律的特别规定

所谓特殊的犯罪嫌疑人，是指涉嫌犯罪的聋哑人、少数民族人员、外国人等，这些人由于语言沟通上的障碍或理解能力、表达能力所限，为保障其诉讼权利，保障其供述和辩解确系其真实意思，法律对此还作了特殊规定。

根据有关法律规定，对上述人员进行讯问，侦查人员应提供通晓聋哑手语的人员或者翻译人员，以帮助他们了解讯问人员提出的问题，并准确表达其供述和辩解内容。在办案中遇到这些特殊人员时，辩护律师应该审查他们的供述和辩解笔录，是否有通晓手语的人员或者翻译人员参加讯问的记载，这些人员是否签名确认，以及被讯问的聋哑人、少数民族人员、外国人等是否是自行签字、确认供述和辩解是其自身意愿的表示。

（四）审查被告人供述的取得是否存在刑讯逼供等违法情形

我国《刑事诉讼法》虽然没有规定被告人的沉默权，但严格要求必须按法定程序获取被告人的认罪供述，严格禁止刑讯逼供和以威胁、引诱、欺骗以及其他非法的方式取得。因此，对被告人认罪口供的审查，这是一项重要的内容。律师往往是在会见被告人时，从被告人口中听到其所作的认罪供述是侦查人员刑讯逼供或以威胁、引诱、欺骗等非法方式获取的。对于此，律师一方面要给予重视，另一方面也要保持冷静，切不可偏听、偏信，律师应详细记录被告人声称受到刑讯逼供或其他非法对待的时间、场所、刑讯人员及所在单位刑讯逼供的具体方式方法、受到伤害的程度、是否受到治疗、治疗的医院以及其他可能了解这些事实的相关人员等。此外，还应验看被告人身上是否留有伤痕等。如果被告人提供了相关的证据线索，辩护律师可以进行必要的调查，如看守所的健康检查记录，了解被告人前后的身体情况；了解侦查机关每次提讯被告人的记录等，在确有必要的时候辩护律师还可向法院申请对被告人身上明显可疑，且被告人又声称是受到刑讯逼供所受的伤进行司法鉴定，判定这些伤痕的形成原因和形成时间。

（五）对被告人供述和辩解的客观性、真实性进行审查

辩护律师对被告人供述和辩解的审查，不仅要关注讯问活动、讯问笔录、讯问程序、讯问方式等方面是否合法，而且还要审查被告人供述和辩解是否客观真实。如果其辩解是客观存在的，律师应当在辩护中说明事实真相，使被告人获得公正的裁判；如果其辩解不是客观、真实的，律师一方面应说明利害关系，由被告人自己决定何去何从，另一方面律师在辩护中应当扬长避短，防止被被告人利用或被控方抓住把柄，使自己处于不利地位。

（六）对被告人有瑕疵供述的质证

讯问笔录有下列瑕疵，通过有关办案人员的补正或者作出合理解释的可以采用：①笔录填写的讯问时间、讯问人、记录人、法定代理人等有误或者存在矛盾的；②讯问人没有签名的；③首次讯问笔录没有记录告知被讯问人诉讼权利内容的。律师在办案中应当根据上述规定，认真、仔细地审查被告人的供述及其他有关证据，如果发现确有上述问题，在质证时应当发表意见，指出存在的问题。

第四节　其他证据材料的审查与运用

一、鉴定意见的审查与运用

鉴定意见，是指鉴定人对案件中某些专门性问题进行鉴定以后所作的结论。在司法实践中，常见的鉴定有法医鉴定、司法精神病鉴定、痕迹鉴定等。鉴定意见对专业性的要求比较高，故一般来说鉴定意见的准确性较高。但在实践中有一种情况应当引起我们警觉，即认为只要有了鉴定意见，就靠它定案，而不对其进行审查，这是违背证据原则的。

《办理死刑案件证据规定》第 23 条规定，对鉴定意见应当着重审查以下内容：①鉴定人是否存在应当回避而未回避的情形；②鉴定机构和鉴定人是否具有合法的资质；③鉴定程序是否符合法律及有关规定；④检材的来源、取得、保管是否符合法律及有关规定；⑤鉴定的程序、方法、分析过程是否符合本专业的检验鉴定规律和技术方法要求；⑥鉴定意见的形式要件是否完备，是否注明提起鉴定的事由、鉴定委托人、鉴定机构、鉴定要求、鉴定过程、检验方法、鉴定文书的日期等相关内容，是否由定机构加盖鉴定专用章并由鉴定人签名盖章；⑦鉴定意见是否明确；⑧鉴定意见与案件待证事实有无关联；⑨鉴定意见与其他证据之间是否有矛盾，鉴定意见与检验笔录是否有矛盾；⑩鉴定意见是否依法及时告知相关人员，当事人对鉴定意见是否有异议鉴定意见。

第一，审查鉴定人。审查鉴定人是否具备鉴定资格。鉴定人必须具有解决案件中某种专门性问题的专门知识，必须能客观公正地进行鉴定。下列人员，不能被指派或者聘请为鉴定人：一是本案的当事人或者当事人的近亲属；二是从事鉴定的人或者他的近亲属与本案有利害关系；三是担任过本案的证人、辩护人、代理人的；四是与本案当事人有其他关系，可能影响鉴定公正进行的人。

审查鉴定人时，还应注意审查鉴定人在作鉴定时，是否受到威胁、利诱、收买等外界干扰，如果受到不良干扰，在这种情况下作出的鉴定意见可能并不可靠，这就需要进一步核实。也要审查鉴定人在作鉴定时，态度是否严肃认真，如果工作态度严肃、认真，作出的结论可靠性就强一些；相反，工作马马虎虎，作出的鉴定意见就有可能不正确。

第二，审查鉴定所依据的材料是否全面、真实、可靠。在实践中常常出现由于犯罪分子或者其他人的伪造、司法人员工作上的疏漏，向鉴定人员提供的材料不全面，甚至是不真实，在这样的基础上进行鉴定，其结论不会正确。审查用来进行鉴定的材料，一般从以下几方面进行：一是把送鉴的材料记录，与鉴定意见叙述的送鉴材料相比对，查看数量是否充足，名称是否一致。二是把送鉴的材料记录与案件中提取的物品、痕迹等记录相对照，查看两者是否一致。三是查看送鉴的材料是否真实、可靠。四是确认在鉴定过程中，鉴定人有没有转委托的情况，如果有，在转交送鉴物品过程中，有没有遗失或者被他人调换的情况，等等。

第三，审查鉴定时机是否适当。对于有些鉴定来说，鉴定时机是否适当，直接关系到鉴定意见是否正确。例如损伤程度鉴定，把握适当的鉴定时机是基本原则，应当在伤情稳定后进行鉴定。在特殊情况下可以根据原发性损伤及其并发症出具鉴定意见，但须对有可能出现的后遗症加以说明。

第四，审查鉴定设备和方法。判断鉴定人员接触到的鉴定设备是否先进，鉴定的方法是否科学，不易审查。但我们必须注意到，有些鉴定比较复杂，其鉴定意见必须是出自较先进的技术设备，并非一般设备所能完成。

第五，审查鉴定意见是否经过法庭质证。鉴定意见是证据的一种，必须在法庭上质证，不允许"暗箱操作"。在法庭上，鉴定意见要当庭宣读。审判人员要听取公诉人、当事人和辩护人、诉讼代理人方方面面的意见。

二、对勘验、检查、辨认、侦查笔录的审查与运用

勘验笔录，是指公安司法机关对案件有关的现场进行勘查、检验时所制作的实况记录。勘验笔录主要是用文字形式固定勘验工作情况和现场状况，它与现场照相、绘图、录音、录像互为补充、互为印证。

现场检查笔录，是指公安司法机关对与案件有关的物品、身体进行检查时，所作的客观记录。检查的文字记录与照相、录音、录像、绘图一同构成检查笔录的整体内容。经过查证属实的检查笔录，可以作为定案证据。检查笔录是公安司法机关依照法定程序制作的。但是，由于这里的笔录是对诉讼活动的记载，面对的是诉讼活动的对象，如物品，痕迹等，很可能被人为地

更换、损坏，现场又有可能被伪造等，如果公安司法人员不能及时发现这些情况，或者在这些假象的基础上进行检查，这样的记录则无法准确。而且由于个别司法人员的业务素质不高，工作责任心不强，采用的工作方法不科学，很可能影响鉴定活动的质量。一般应注意以下几方面：

（一）制作主体是否合法

检查笔录是诉讼活动的记录，首先是审查主体是否合法，该笔录要由公安司法人员依法制作，其他人无权制作，其次是审查内容是否合法。司法人员依法进行在勘验、检查时，应当出示证件，邀请有关单位或者基层组织的人作为见证人等。

（二）审查笔录的形式是否合法

笔录必须符合规定要求。根据《刑事诉讼法》第133条的规定，应当由依法进行勘验、检查的人员、鉴定人、记录人签字或者盖章，否则无效。在特定条件下，如果勘验、检查不全面、不准确、不仔细，不能客观地反映案件事实，以后由于事过境迁等原因，是无法进行重新勘验和检查。单从笔录的内容看，记录必须全面且准确，没有遗漏；从勘验、检查的对象来看，勘验、检查的现场应当是原始提供的、没被破坏的。要注意只有一个现场还是有几个现场。要根据不同现场的特征，审查判断它们与案件有无客观联系。如果勘验、检查的对象是物证、痕迹等，要审查是否有伪造或者破坏的现象。勘验、检查笔录如果不全面、不准确、不仔细，不能客观地反映案件事实，就会给案件的侦破、起诉、审判带来麻烦；反之，如果记录全面、准确、仔细，则可以对查清案件事实起到有利作用。

（三）审查勘验、检查活动是否科学、适当

有许多勘验、检查活动必须借助先进的科学设备和仪器才能完成，而不能简单地靠眼看。进行人物或者物体的辨认，应当按要求，将被辨认的人或者物混入其他的人或物一起进行辨认。在辨认中，不得有指认或者暗示。以不科学或者不当方法形成的勘验、检查笔录因为会降低真实性，甚至是不能客观、真实地反映案情而不能作为定案依据。

（四）审查勘验、检查的对象是否真实

在实践中常常有这种情况，作案人在作案后，立即破坏现场、伪造现场，故意制造许多假象，以迷惑公安人员的侦破方向，从而达到免受法律制裁的目的。公安人员进入现场进行勘验、检查时，如不能及时发现这一问题，直接在这样的基础上进行勘验、检查，结果必然不准确，不能真实反映案件事实，也就不能当作定案的依据。

三、对视听资料、电子数据的审查

所谓视听资料，是指以录音带、录像带、光盘、电脑和其他科学技术设备储存的电子音像信息以证明案件事实的证据。它是随着现代科学技术的发展而出现的一种新的证据种类。根据不同的标准，视听资料可以作如下分类：一是以制作的手段为标准，视听资料可分为录音资料、录像资料、电脑资料和其他电子音像资料。二是以制作主体和来源为标准，视听资料可分为执法机关制作的和公民制作的视听资料。三是以制作的手段是否合法为标准，视听资料可分为合法视听资料和非法视听资料。

（一）对视听资料应当着重审查的内容

（1）视听资料的来源是否合法，制作过程中当事人有无受到威胁、引诱等违反法律及有关规定的情形。

（2）是否载明制作人或者持有人的身份、制作的时间、地点和条件以及制作方法。

（3）是否为原件，有无复制及复制份数；调取的视听资料是复制件的，是否附有无法调取原件的原因、制作过程和原件存放地点的说明，是否有制作人和原视听资料持有人签名或者盖章。

（4）内容和制作过程是否真实，有无经过剪辑、增加、删改、编辑等伪造、变造。

（5）内容与案件事实有无关联性。对视听资料有疑问的，应当进行鉴定。对视听资料，应当结合案件其他证据，审查其真实性和关联性，有下列情形之一的视听资料，不能作为定案的根据：①视听资料经审查或者鉴定无法确定真伪的；②对视听资料的制作和取得的时间、地点、方式等有异议，不能作出合理解释或者提供必要证明的。

（二）对视听资料的质证

第一，审查内容的真实性。所谓内容真实，即记录的内容应当符合案件事实真相。

例如，在司法实践中，常遇到一些犯罪分子为了给破案带来难度，他们蒙面、带假面具，还常常化装成另外一个人，或者是男扮女装，或者是装瞎子，从而使视听资料的记录不能反映案件的实际情况。所谓制作过程真实，就是视听资料的制作应当是连续的。

第二，审查内容的相关性。证据只有与案件有关，才能作为定案的依据。视听资料也不例外，证人证言、被害人陈述、被告人供述和辩解等，是分别由证人、被害人、被告人经过思考，围绕着一个内容讲述、供述的。视听资料由于它是机械运动制作，不加分析、不加选择，所以需要从它所反映的大量信息中筛选与案件有关的事实。

第三，审查制作的合法性。审查制作过程是否合法，是否连贯，是否由专业人士制作。

第四，应经法庭质证。法庭质证是审查证据必须遵守的法定诉讼程序，也是审查证据的重要方法。对视听资料的审查也不例外。在法庭审理阶段，应将视听资料在法庭上播放或者出示，认真听取各方面的意见，从而作出正确判断。当然对有淫秽内容的视听资料，是否需要在法庭上播放，应当具体分析。但有点必须肯定，就是应当通过一定的方式在法庭上出示，使各方对其中涉及的怎样运用刑事证据情况发表意见，不经过法庭质证，不能直接拿来作为定案的依据。

第五节　非法证据排除规则

非法证据排除是刑事辩护中非常重要的方向，因此我们必须重视与运用该规则，关于非法证据排除的解释最主要的法律依据是《关于办理刑事案件排除非法证据若干问题的规定》，在该解释中，对非法实物与言词证据的排除方面进行了比较具体的规定。非法证据为何要这么大力度的进行排除，归根到底是因为如果取证机关的程序违法、行为违法或者侵害的权益严重，均会损害法律的公正性，违背了法律的目的。举例而言，如果取证人员主观上是明知而且恶意的，如认识到违法性而且就这么来操作的话，已经与刑事诉讼的目的背道而驰，刑事诉讼的目的是惩罚客观上的犯罪，而不是惩罚"主观上"的犯罪，取证人员以违法手段为代价进行取证时，此类证据应当坚决排除。当然，对于我们律师来说，这也是保障犯罪嫌疑人权利的一个突破口。

一、非法言词证据的排除

（一）排除原则

《关于办理刑事案件排除非法证据若干问题的规定》第1条〔1〕对非法言词证据作了规定，从这个规定可以看出，这里所讲的非法言词证据有两个要点：①从范围上讲，包括犯罪嫌疑人、被告人供述，证人证言，被害人陈述；②从非法性上讲，是指采用非法手段取得的上述证据。

对于非法言词证据，我国有关法律和司法解释一概予以排除的态度非常明确，《刑事诉讼法》第52条规定："严禁刑讯逼供和以威胁、引诱、欺骗以及其他非法的方法收集证据。"最高人民检察院发布的《人民检察院刑事诉讼规则》第187条中也规定，严禁刑讯逼供和以威胁、引诱、欺骗以及其他非法的方法获取供述；第194条中规定，不得采用拘禁、暴力、威胁、引诱、欺骗以及其他非法方法获取证言。

（二）律师在审前程序中如何提出非法言词证据的排除

1. 审查批准逮捕程序中律师如何提出排除

通常审查批准逮捕的期限比较短，一般为公安机关提请批准逮捕后的7日。在审查批准逮捕程序中，律师不能阅卷，无法对证据进行全面、具体的了解。除少部分检察机关允许律师介入审查批捕程序外，大多数律师并不能参加。这些都为律师提出非法证据排除带来了不便。但是该阶段，律师提出非法证据的辩护意见，有其特殊的重要性，故律师应当探究有效的途径和方式。

（1）律师在侦查阶段接受委托后，应当及时会见犯罪嫌疑人。通过会见，向犯罪嫌疑人了解是否受到刑讯逼供。如果犯罪嫌疑人称其受到了刑讯逼供，律师应全面了解遭受刑讯逼供的事实，其中包括：受刑讯逼供的时间，受刑讯逼供的地点，包括是否在法定的羁押场所羁押，讯问人员对其是否在规定的场所讯问；对其刑讯逼供的人员的姓名、职务、特征等；犯罪嫌疑人供述

---

〔1〕《关于办理刑事案件排除非法证据若干问题的规定》第1条规定，采用刑讯逼供等非法手段取得的犯罪嫌疑人、被告人供述和采用暴力、威胁等非法手段取得的证人证言、被害人陈述，属于非法言词证据。

的内容是否真实等；供述笔录记录的情况及签字情况，包括讯问人员的记录是否客观完整；讯问地点、起止时间是否真实，其本人是否阅看笔录、如何签名等；刑讯时是否进行录音录像，录音录像是否同步、客观、完整，在录音录像之前是否进行过讯问，其间是否受到刑讯逼供；刑讯的手段、工具、方式以及造成的后果，有何证据可以证明刑讯逼供等。

（2）在会见犯罪嫌疑人过程中，律师还应向犯罪嫌疑人全面了解案件事实，其中包括：①案件起因，包括案件的发生是否与犯罪嫌疑人有关系；如果有关系，被害人是否有过错，是否存在正当防卫、紧急避险等阻却违法性的事由。②案发过程，包括犯罪嫌疑人是否参与了犯罪行为；犯罪行为与犯罪嫌疑人是否有关，如果无关，谁实施了犯罪行为；犯罪结果与犯罪嫌疑人是否有关，如果无关，谁的行为导致了犯罪结果。③犯罪嫌疑人与被害人、控告人、检举人、揭发人、举报人、证人的关系。通过了解这些关系，判断案发的真实原因，分析是否有人向犯罪嫌疑人转移、推卸责任。④如果犯罪嫌疑人表示其没有涉嫌犯罪，应当向其了解有无相关证据证明这些事实。

律师提出排除非法证据的要求，要尽可能提出具体、详细、有依据的理由和证据或证据线索。审查批准逮捕是检察机关对侦查机关适用逮捕这一强制措施的审查程序，是否存在非法证据，也是检察人员审查的内容之一，律师提出对非法证据进行查证和排除，与检察人员的审查工作并不冲突。律师应当立足于辩护的职能和角色，与检察人员建立良好的沟通关系，将非法证据的具体情况及时提交检察人员，申请检察人员予以查证和排除。如果律师提出的排除非法证据的辩护意见具体、有依据，控方与法庭需要履行审查和把关的职能，会予以认真查证。

2. 审查起诉程序中律师提出非法言词证据排除的方式

根据法律规定，审查起诉阶段，律师不仅可以会见犯罪嫌疑人，还可以阅卷，可以取证或申请检察机关调查取证。通过比较全面地了解案件事实和证据材料，可以了解、掌握是否存在非法证据及相关情况。

具体来讲，律师可以通过以下途径和方式了解非法证据的有关情况：

（1）通过会见犯罪嫌疑人，向其了解是否被刑讯逼供或存在其他非法行为。

（2）律师通过阅卷，以掌握犯罪嫌疑人每一次供述笔录记载的情况。如果犯罪嫌疑人推翻原来的供述，就应当有针对性地向犯罪嫌疑人了解其原来陈述与现在推翻的原因是什么，是否存在刑讯逼供或其他非法逼供、骗供行为。

（3）必要时律师自己调查取证或申请检察机关调查取证。律师对于通过发现、掌握的可能存在非法言词证据的有关信息、线索必要时应当进行调查、核实。

以上是辩护律师在审查起诉阶段向检察机关提出排除非法言词证据的依据和正常渠道。律师要充分利用这一渠道维护犯罪嫌疑人的合法权利并据此提出排除非法言词证据的要求。

（三）审判程序中对非法口供的排除

1. 被告人及辩护人对非法口供的提出

审判阶段对非法口供的排除是以被告人及其辩护人向法院提出为前提条件的。因此，如果辩护律师在办案中了解到被告人的口供是非法取得的，并掌握了确定证据或证据线索，应当与被告人配合，按照《关于办理刑事案件排除非法证据若干问题的规定》的相关规定，及时向法院提出。

（1）提出非法口供的时间。根据《关于办理刑事案件排除非法证据若干问题的规定》第4条和第5条的规定，在审判阶段，被告人及其辩护人可以在起诉书副本送达后、开庭审理前、开庭审理中、法庭辩论终结前这几个阶段，都可以提出被告人在审判前的供述是非法取得的，要求依法予以排除。

（2）提出非法口供的方式。①起诉书送达后至开庭审判前，被告人提出其审判前供述是非法取得的，应当提交书面意见。被告人书写确有困难的，可以口头告诉，由人民法院工作人员作出笔录，并由被告人签名或者捺指印。如果被告人是在审判阶段才委托律师的，律师接受委托后应当尽快会见被告，了解其审判前的供述是不是非法取得的，并了解办案人员非法获取口供的具体情况，如非法获取口供的人员、时间、地点、手段、后果等，并制作成会见笔录，签字或捺指印，及时递交给审判人员。②庭审中至法庭辩论终结前。庭审中至法庭辩论终结前，被告人及其律师可以提出排除非法口供的要求，既可以口头形式提出，也可以书面材料提出。对非法口供的有关情况包括相关线索或者证据加以说明。

2. 法庭对排除非法口供申请的先行调查

当法庭接到被告人或其辩护人要求排除非法口供的申请后，应当在公诉人宣读起诉书后针对这一申请先行调查。所谓"先行"就是一旦提起这一申请，就对非法供述当庭调查，对案件事实及相关证据的调查，放在其后进行。由于在法庭辩论结束前，被告人及其辩护人随时都可以提出非法供述的申请，"先行调查"也会随时发生。因此，也可以说"先行调查"是随时提出，只要是在法庭辩论结束前，都可以提出，都可以进行当庭调查。

至于调查的方式，既然是"当庭调查"，那就是要由被告人及其辩护人陈述相关的事实和根据。由于被告人自身的局限性，此项工作主要由律师承担。律师应当提供以下几方面的证据或证据线索：一是非法取证的时间、地点；二是非法取证给被告人造成的后果，如被告人身上的伤痕、被告人的体检表、就医资料、被告人同监室人员的证言等。

（四）控方的证明责任

既然非法供述是由被告人及其辩护人提出来的，他们是否应当承担相应的证明责任？《关于办理刑事案件排除非法证据若干问题的规定》第6条对此进行了回答："被告人及其辩护人提出被告人审判前供述是非法取得的，法庭应当要求其提供涉嫌非法取证的人员、时间、地点、方式、内容等相关线索或者证据。"根据这一规定，可以认为被告人及其辩护人并不承担证明责任，但应当提供相关的线索或证据。

被告人及其辩护人虽然不承担证明非法供述的证明责任，但其所承担的说明责任也很重要。因为只有通过他们对相关事实的说明，才能引起法庭的重视并且对所涉被告人供述的合法性产生足够的疑问，进而展开深入的调查。如果不能引起法庭的重视，不能导致法庭对所涉供述的合法性产生足够的疑问，法庭可能就不再进行深入调查。

公诉人应当承担证明被告人陈述系合法取得的证明责任，具体有以下几种情形：

第一，公诉人应当向法庭提供讯问笔录、原始的讯问过程录像，讯问时其他在场人员或者其他证人录像等证据。讯问笔录是否记录了讯问人员、讯问时间、讯问地点、讯问内容和供述内容，能够反映与被告人所指非法取证行为相关的一些事实。这样有助于审查判断讯问人员的取证行为是否具有合法性。

第二，公诉人提供以上证据后，仍不能排除刑讯逼供嫌疑的，应当提请法庭通知证人出庭作证，对该供述取得的合法性予以证明。

第三，公诉人也可以提供经有关讯问人员签名或盖章并加盖公章的说明材料作为取证合法性的证据。

在以往的审判实践中，当被告人提出其受到刑讯逼供时，公诉人往往向法庭出示一份盖有侦查机关公章的说明材料，称侦查人员依法办案，没有刑讯逼供行为。针对这种做法，《关于办理刑事案件排除非法证据若干问题的规定》第7条一方面允许以说明材料作为证据，另一方面则明确要求，该说明材料不仅要加盖公章，还必须经有关讯问人员签名或盖章，否则不能作为证据使用。当然这是一个进步，但其证明力、可信度还是令人质疑。

（五）控辩双方的质证、辩论

由于公诉人对取证行为合法性负有证明责任，被告人及其辩护人对取证行为非法性只有说明责任，没有证明取证行为非法性确实存在的证明责任。所以，律师的质证和辩护，首先应当围绕公诉人对取证行为合法性的举证进行，对公诉人举出的证据进行充分的质疑和辩驳，通过质证，只要公证人举出的证据不够确实、充分，不能证明口供合法性的，该口供就不能作为定案的根据。

1. 证据的证明力

对于讯问过程形成的录音、录像资料，律师应当通过会见被告人，审查是否每一次讯问都有录音录像，是不是同步录音录像，以及被告人自己所称的刑讯逼供发生在哪次讯问中，该次讯问有无录音录像。除了审查录音、录像资料外还要注意在录音、录像之外的其他时间或讯问中有没有刑讯逼供等非法取证行为。一般情况下，即使有刑讯逼供等非法取证行为，讯问人员也不可能将刑讯逼供等非法取证行为通过录音、录像保存下来作为证据。录音、录像对刑讯逼供等非法取证行为的证明力是很有限的，所以要善于发现录音、录像之外可能发生的非法取证行为，在质证中向法庭提出。

2. 出庭证人的资格

律师应当注意，有时候讯问人员并不是侦查人员。出庭作证的"讯问时其他在场人员或者其他证人"，必须在讯问时真正在场或了解情况。因此，当他们被公诉人申请出庭作证时，应当从细节上审查他们是否确实具有作证的身份，一旦发现问题，应当当庭提出甚至揭露。当然，这些细节的掌握需要庭前的周密准备和当庭的临场发挥。

3. 讯问人员的证言

对于讯问人员的书面证言或出庭作证的证言进行质证，一方面不要指望他们会证明自己的非法取证行为，另一方面也不要放弃从各方面对他们的证言进行审查，发现问题从而进行质证。要结合讯问笔录记载的内容、提审记录、还押记录等证据信息进行审查质证。

（1）注意讯问时间的长短。如果长时间连续讯问，即使没有直接使用暴力、威胁，但长时间不让休息、用餐，也属于非法的刑讯行为。

（2）注意被告人供述，与其他证据的不同之处，特别是与控方认可的证据的相互矛盾之处。通过这一点证明被告人供述不是自愿、真实的，而是受讯问人员威胁、欺骗、引诱所致的。

（3）注意讯问笔录记载内容的多少，讯问笔录上记载的结束的时间等细节，审查被告人是否真正对讯问笔录进行了核对。实践中讯问结束后，有的讯问人员不让被告人审查笔录，而是让其尽快签字，被告人只能照办，但笔录内容他并没有真正核对。因此，律师应当注意这一细节。对于讯问笔录内容较少的，被告人是否充分核对不易判断，但如果讯问笔录内容很多，根据经验推断，在讯问笔录记载的讯问起止时间内，被告人没有充分核对的，则比较容易判断，注意被告人在侦查阶段何时开始供述的，此前经历了多长时间，为何第一次未供述而后又供述了等。

4. 法庭对所涉被告人供述是否为非法证据的处理

经过以上的法庭举证、质证和辩论，法庭应当对双方争议的被告人审判前的供述是否经非法取得作出认定和处理。根据《关于办理刑事案件排除非法证据若干问题的规定》第10条、第11条的规定，法庭对涉及非法口供问题审理后，有两种处理方式：一是确定所涉及的被告人审判前供述是合法取得的，不予排除，仍可以作为本案的证据使用，在法庭调查中对其证明力进行审理，最终确定能否作为定案的根据；二是确定所涉及的被告人审判前供述为非法证据，予以排除，不作为定案的根据。

（六）审判程序中对言词证据的排除

第一，非法证人证言、被害人陈述既可能来源于控方的调查收集和举证，也可能来源于辩方的调查收集和举证，而非法口供只能来源于控方的调查收集和举证。

第二，排除非法证人证言、被害人陈述的提出，是在法庭审理特别是法庭调查过程中。而排除非法口供的提出，可以在送达起诉书副本至一审辩论终结前的任何阶段。如果具备一定的条件，二审也可以对非法口供予以审查和排除。

第三，对于非法证人证言、被害人陈述的排除，只要质证方提出意见，法庭就应当调查。对于非法口供，被告人及其辩护人还要提出非法取证的线索或证据，并且达到使审判人员对口供取得的合法性产生怀疑的程度，才能对非法口供进行调查、审理。

第四，对于非法证人证言、被害人陈述的排除，控辩双方的证明责任是对等的。质证方提出异议的，举证方就要承担对其取证合法性予以证明的责任。举证方既可以是控方，也可以是辩方。而非法口供的排除，辩方只承担说明责任，控方则要承担证明责任。

二、非法实物证据的排除

实物证据，是指以物品的外在形态和存在状况及其记载的内容所表示的证据材料，即以实物为表现形式的证据。实物证据包括物证和书证。

对于非法言词证据，法律上的态度比较严格，一般以排除处理，但是实物证据具有客观性、稳定性较强的特点，如果采取合法、科学的方法进行鉴定、保全，其客观性、关联性和证明力易于查证。即使在获取实物证据时采取了一些非法的手段，但对实物证据本身的证明力影响较小，因此，对于非法实物证据的排除在法律上不像对非法言词证据那样严格，有一定的弹性空间。

根据《关于办理刑事案件排除非法证据若干问题的规定》第14条规定，物证、书证的取得明显违反法律规定，可能影响公正审判的，应当予以补正或者作出合理解释，否则，该物证、书证不能作为定案的根据。从这一规定可以看出，非法实物证据的排除，要具备以下几个条件：

第一，在"非法"的严重程度上，非法实物证据的取得必须明显违反了法律规定。如果虽然违反了法律规定，但违法程度不严重，仅仅是程序上的瑕疵，就不属于"非法"。

第二，在可能造成的后果上，非法实物证据一旦纳入诉讼证据必须达到严重的程度。如果非法实物证据的客观性、关联性、证明力没有受非法取证行为的重大影响，就不会对公正审判造成影响。

第三，从是否能够得到补救上看，非法实物证据存在的问题必须是通过补正或者合理解释后仍然得不到补救的证据。如果非法实物证据中存在的问题，通过补正或作出合理解释得以补救，则可以不予排除。

根据《关于办理刑事案件排除非法证据若干问题的规定》第14条的规定，在审判程序中，对于非法物证、书证，即使有确实充分的证据证明是非法证据，也允许公诉人进行补正或作出合理解释。

非法物证、书证以不予排除为原则，以排除为例外。排除非法物证、书证需要特殊的条件：即明显违反法律规定，可能影响公正审判，且不能作出补正或者合理解释。对于不是明显违反法律规定的，或者不影响公正审判的，即使公诉人不作出补正或合理解释，也不能排除；对于虽然明显违反了法律规定，可能影响公正审判，但公诉人能够作出补正或合理解释的，也不能排除。可见在该规定的限制下，对于非法物证、书证的排除，适用空间极小。针对非法物证、书证排除的条件，律师应当将无法补正或无法合理解释的、明显违反法律规定的、因其真实性无法查证而不排除可能影响公正审判的非法物证和书证，作为要求排除的工作重点。这个问题可以结合本书第二节的相关内容进行具体运用。

【案例分析实训】

【案例6.1】

【案情简介】

2020年1月3日6点左右，路人在上海市嘉定区德富路上发现一人（王某）躺在路边，上前查看，已无生命迹象，遂报警。在事故现场除了发现尸体外，还有一辆电瓶车，地面上有汽车急刹车留下的痕迹。警方出警后经勘查认为这是一起交通肇事案，现场未发现肇事车辆。经法医检查，王某死亡的原因系被汽车撞击致死。

经初步侦查，王某手上戴着一块手表，手表已经摔坏，时间停留在5点

15 分。经走访，寻找到一名目击证人朱某。笔录显示，朱某 1 月 3 日下夜班后经过事故发生地大约 60 米处，曾看到一辆卡车撞倒王某后逃离。事故现场不远处有一个高速公路收费站，于是警方通过查询收费站的监控，发现 5 点左右经过收费站的卡车只有一辆，根据此条线索，警方找到该车辆，该车辆前部有明显脱漆痕迹。经过深入调查，该辆车的驾驶员林某于 5 点 30 分回到公司，神色紧张，行为异样。

　　鉴于上述证据，警方向林某询问相关情况，但林某坚决否认，而后警方采取了不让其休息、殴打、电击、禁止饮食等方式进行连番讯问。林某坚持了一天后，精神崩溃，根据警方的引导讯问坦白交代了交通肇事的全部过程。在讯问过程中，警方在未出示搜查证的情况下单独搜查了林某的车辆及住所，并提取了林某车上的血样痕迹。

【思考问题】

本案中哪些证据属于非法证据，应予以排除？

政府法律顾问、政府信访律师实务

【本章概要】我国政府法律顾问制度已经有三十余年的历史，且明确被相关立法加以确定，其建设和完善日渐为全社会所关注。政府法律顾问制度建设已有一定成效，政府及其部门聘请的法律顾问帮助其提高依法行政水平已渐成趋势。此外，随着我国社会、经济高速发展，各种社会矛盾呈集中爆发态势，信访问题亦已成为当前一个突出的社会问题。本章主要从政府法律顾问制度的由来、发展，建立政府法律顾问制度的意义，政府法律顾问制度的职责范围等方面进行阐述介绍。本章最后一节着重论述律师参与政府信访事务，发挥化解涉诉信访作用的实务技巧。

【学习目标】通过本章学习，让同学们掌握政府法律顾问制度的基本脉络，了解政府法律顾问的目的、意义和基本内容。知晓律师参与政府信访工作时的重点难点，学习如何从法律角度帮助政府化解涉诉信访案件的实务技巧和相关经验。

第一节　政府法律顾问制度概述

一、政府法律顾问的概念

我国的政府法律顾问是指各级政府及其行政管理部门，为科学合理地运用法律手段管理经济和社会事务，进行科学决策和依法行政的需要而聘请法律顾问。我国宪法明确规定依法治国，以建设社会主义法治国家作为基本方略。根据社会主义市场经济的内在要求，为使政府工作制度化、法治化，促进政府依法行政，各级政府部门均在积极转变职能，让市场这只"看不见的手"来调节经济社会运行。同时运用法律手段实现宏观调控，行使如社会治安、城建房地产、劳动保护与劳动保险、社会救济与民政、妇女儿童权益保护等具体的公共管理职能，进一步促进和保障社会经济、文化的健康发展。政府行政管理活动涉及经济社会文化等方方面面，在管理活动中，一方面涉及各种法律、法规、规章，另一方面在管理活动中难免产生纠纷，这时政府法律顾问的参与就显得尤为重要。政府法律顾问制度的制定与完善对于我国法治政府建设具有重要的理论和现实意义，是建设法治国家、政府实现法治化管理的重要举措，同时有利于提高国家公职人员的法律素质和法律意识，有利于政府公职人员普及法律知识，促进工作人员依法办事。

我们国家的政府法律顾问制度最早出现在晚清时期，在当时主要是聘请外国学者作为北洋政府和南京政府的法律顾问。新中国成立后，1954 年周恩来总理提出建立我国的法律顾问室，1955 年国务院法制局起草《关于法律室任务职责和组织办法的报告》，法律顾问制度由此而来。从 20 世纪 80 年代开始，在北京、天津等地开始陆续实行政府法律顾问制度，党的十八届三中全会明确提出了"普遍建立法律顾问制度"，并在之后的全会上作了细化和进一步明确，党的十八届四中全会通过的《中共中央关于全面推进依法治国若干重大问题的决定》中进一步指出要积极发挥出政府法律顾问在依法行政中的积极作用，党的十八大召开之后我国开始实行大范围的政府法律顾问制度。2016 年 6 月，中共中央办公厅、国务院办公厅印发了《关于推行法律顾问制度和公职律师公司律师制度的意见》。党的十九大再次贯彻了法治的精神和要求，强调"法治国家、法治政府、法治社会建设互相促进，中国特色社会主义法治体系日益完善"。

二、政府法律顾问的职责内容和范围

党中央的系列会议精神明确了政府法律顾问制度及其工作运行的目标方向。政府法律顾问的职责主要包含工作目标、任务和范围等，政府法律顾问的主要任务是参与各项行政立法和规范性文件的制定、行政决策和行政执法。在参与行政立法和规范性文件的制定时，政府法律顾问发挥角色作用主要是通过以法律专家的身份参与到政府规章等各类规范性文件的起草、论证等过程中；在行政决策中，主要是对行政政策的合法性进行审查，对不合法的条规提出删除和修改的建议；在行政执法过程中，政府法律顾问主要通过行政合同是否合法、行政决定做出程序是否合法、内容是否正确以及涉诉案件处理是否正确等方面参与，促进行政执法行为的合法、合理性，从而发挥政府法律顾问的作用。由此可见，在目前政府法律顾问工作的实践中，其职责内容和范围具体主要包括以下几个方面：

（一）协助政府机关决策时提供法律意见及法律论证

政府在处理涉及社会、政治、经济、文化、教育等事务时需要做出重大决定和决策，这些政策的制定和实施必须做到科学化、民主化、法治化。在政府重大决定和决策做出前，政府法律顾问应当及时收集有关法律和政策资料，并就决策问题深入实际进行调查研究，保证法律意见的准确性、科学性。遇到重大、疑难问题时，应当及时组织进行集体讨论、论证，做出科学准确的法律意见。在决策形成之后，政府法律顾问进一步就决策执行中存在的问题提供法律上的解决方法，针对执行中的疏漏提出补充和完善的建议。

（二）协助政府机关进行各类规范性文件的制定

政府及政府部门制定和发布的各种规范性文件，包括各种条例、决定、规定、决议、命令、指示、批复、意见、通知、通报、公报、公文纪要等，是政府进行各种行政管理活动，实现政府职能的手段和工具。政府聘请的法律顾问在协助政府草拟、审查、修改各种规范性文件过程中主要就这些规范性文件是否符合现行法律、法规的规定，是否有充分的法律根据，是否符合行政管理的需要，是否具有法律可行性等进行论证。

（三）协助政府机关调解处理各类非诉纠纷和信访事宜等

我们国家经过四十多年的改革开放发展，改革已经进入了深水区，且我国正处于社会转型发展的关键时期。在这个大背景下，政府法律顾问的作用日益重要，政府聘请的来自各个领域的法律精英在参与"大调解"中发挥积极作用，他们为政府解决各类矛盾提供专业法律判断、法律意见甚至代表政府参与处理矛盾纠纷，为社会矛盾的有效化解、和谐社会的构建起到了积极作用。涉法涉诉信访问题是我国社会转型发展、法治环境尚未健全成熟时期产生的特殊问题，涉诉信访问题在部分地区影响了法治环境建设和社会的稳定。政府法律顾问通过全程参与涉诉信访工作，了解信访案件的利益诉求和矛盾焦点，为信访群众提供法律意见，释法解说，引导信访群众运用法律武器、以合理合法的渠道来解决争议。

（四）协助政府机关审查各类合同及其他法律文书

在建设"服务型"政府的大背景下，各级政府不断简政放权，政府通过购买服务的方式与各类市场主体、社会团体等进行合作，以提升政府公共服务效率及社会管理水平。政府与不同的法律主体进行各类法律活动产生了不同的法律关系，对于政府的重大经济合同，政府法律顾问一方面要审查合同格式是否规范、条款是否完备、文字是否严谨、有关手续是否齐备，另一方面则需要审查合同内容是否与国家现行法律的规定相一致。政府法律顾问通过参与具体的合同制作、文书制定，规避政府在与其他法律主体合作或者行政管理行为中可能产生的法律风险。

（五）代理政府机关参加诉讼或仲裁

各级政府在各自职责范围内的行政管理过程中，由于各方面原因，不可避免地要与管理相对人或其他组织、个人发生纠纷。各类矛盾纠纷部分不得不通过诉讼程序解决，顾问律师通过代理政府及政府部门参与的诉讼、调解和仲裁，依法运用法律手段解决行政纠纷，一方面有利于行政机关从纠纷中解脱出来，将专业的事交给专业的法律人才处理，从而集中有限的精力投入到提高行政服务效率和更好的管理工作中，另一方面也是我国社会主义民主与法治不断健全的体现。

（六）参与法治宣传工作

目前我国现行的政府法律顾问工作实践中，法律顾问为政府提供专业的法律服务、帮助政府在行政管理和行政执法过程中规避法律风险的同时，工作内容中还有很大一部分是配合政府部门开展法治宣传工作。在办理各项具体法律事务的过程中，积极向政府部门的工作人员宣传法律知识，提供相关法律法规信息，增强政府公职人员的法律意识，形成依法办事的习惯，提升政府部门的形象和公信力。同时通过以案释法、法律解读等方式正确引导社会群众，帮助群众形成对法律的正确认识和敬畏之心，形成"知法、懂法、守法"的良好氛围。

三、政府法律顾问的选聘工作体系及考核实务

我国政府法律顾问制度经过一段时期的发展、完善，到目前为止已经形成了较为稳定的工作体系和考核模式。根据我们国家政府法律顾问的运行模式来看，目前大体上采取三种方式：第一种是由政府司法等部门设立公职律师担任法律顾问，公职律师是行政部门设立的政府律师，其薪资和考核均由政府部门负责，实质上属于国家公务员系列。第二种是各级政府法制办专门设立的法律顾问机构，它是以各级政府法制机构为主，部分吸纳社会中法律高层次专业人才为辅组成专门的顾问机构。第三种是各级政府部门聘请律师或法学专家组成法律顾问团队。随着法治实践的日益成熟，我国对律师担任政府法律顾问工作出台颁布了多个法律法规和政策文件，使得律师担任政府法律顾问的机制体制日益成熟，党的十八届四中全会上提出"建立政府法制机构人员为主体、吸收专家和律师参加的法律顾问队伍"。

执业律师担任政府法律顾问具有很大的比较优势，首先，从人才选拔上来说，成为职业律师必须通过国家统一法律职业资格考试，并且必须在律师事务所实习满一年。2018年国家颁布了新的《国家统一法律职业资格考试实施办法》，对报考人员资格做了进一步的严格限制，提高了律师的准入门槛，要求执业律师掌握比较系统的法学专门知识。其次，从实践经验上来说，执业律师在实习、案件代理过程中养成了按照法律逻辑思考分析问题的思维习惯，实习律师需要一年的律师事务所实习经历并经考核合格才能申请律师执业证，一名优秀的执业律师，必定是法学专业知识扎实、实务经验丰富，且能够应对政府法律顾问工作中所面临的各种困难和挑战的优秀法律工作者。

（一）律师担任政府法律顾问的选聘依据和程序

1980年，全国人大常委会通过并颁布了《中华人民共和国律师暂行条例》，其中明确规定律师接受国家机关的聘任，担任法律顾问是律师的主要业务之一。1989年12月，司法部颁布的《关于律师担任政府法律顾问的若干规定》中明确了律师作为政府法律顾问的主要目标、任务、业务范围、操作规程以及监督管理事项等。2007年修订后的《中华人民共和国律师法》明确了律师可以"接受自然人、法人或者其他组织的委托，担任法律顾问"。各级政

府依据中共中央办公厅、国务院办公厅《关于推行法律顾问制度和公职律师公司律师制度的意见》，按照公开、公平、公正原则制定了遴选法律顾问的方式方法。

从选聘条件看，各地选聘标准表述不一，有的省份比较笼统，有的则较为明确具体。上海作为改革开放的前沿阵地，经济主体、市场主体活跃，律师担任政府法律顾问相应的政策文件较为成熟，2015年5月15日，《上海市人民政府关于推行政府法律顾问制度的指导意见》出台，对法律顾问的构成主体、工作职责、工作规范、聘用方式以及制度保障和考核等方面作出了具体规定。上海市政府法制办相继制定出台的《上海市兼职政府法律顾问选拔聘任程序规则（试行）》与《上海市兼职政府法律顾问聘任合同（示范文本）》两份文件，对律师和法学专家这两个主体作出了规定。比如，上海市政府的法律顾问明确要求以下几方面：①政治素质高，拥护党的理论和路线方针政策，一般应当是中国共产党党员；②具有良好职业道德和社会责任感；③法学专家具有法学专业正高职称，在所从事的法学教学、法学研究、法律实践等领域具有一定影响和经验，且严格遵纪守法，未受过刑事处罚、纪律处分；④律师在本市具有10年以上连续执业经验、专业能力较强，在本专业领域具有一定社会影响力，且严格遵纪守法，未受过刑事处罚、司法行政部门的行政处罚、律师协会的行业处分。[1]同时，还公布了选聘的优先条件，对曾获"全国十大杰出青年法学家""长江学者""全国优秀律师""东方大律师""上海市优秀律师"等荣誉称号者，以及专业领域为行政法、经济法、政治经济学，熟悉网络经济、数字经济、国际贸易、国际投资、行政执法、规划建设、房地产、城市管理、生态环境等相关法律、法规、规章、规则以及非诉讼纠纷解决机制者等两类人员优先聘用。从审查与选聘程序上看，各地根据负责选聘的政府组织不同，操作不尽相同，如上海市规定选聘委员会由市政府办公厅、市司法局、市法学会、市律协等成员单位相关负责人组成，采用个人报名与单位推荐相结合的方式进行网络邮箱报名。

从选聘的程序看，大致采取如下程序：①由政府相关部门制定选聘计划，并报各级政府法制办公室批准。从各地选聘政府法律顾问的实践看，政府法律顾问的选聘人数不尽相同，基本均是在本地区范围内选聘符合条件的执业

---

〔1〕　参见2019年9月12日《上海市人民政府外聘法律顾问选聘公告》。

律师与法学专家，个别地区公告只选聘律师。②发布公告。公告中对参加选聘的法律顾问的学历、法律实务经验等资格条件以及报名时间、地点、方式等事项作明确告知。③资格审查与选聘。各政府相关机构根据选聘资格条件对所有参加人员的资格进行审查。④评标并公示。严格按照选聘公告统一标准择优选聘律师并拟定名单。⑤合同签订与颁发聘书。根据双方的意向签订合同，明确双方之间的权利和义务。一旦双方签订合同书后，政府部门一般会给受聘的法律顾问颁发聘书。

（二）律师担任政府法律顾问的工作规则

目前，我国各级地方政府大多采用以政府法制机构内部机构人员为主、律师为辅的法律顾问工作模式。我国《律师法》规定律师从事各项业务、承接案件须通过律师事务所，不得以个人名义私自承办业务。因此，律师担任政府法律顾问，应是由律师所在律所与政府部门签订委托合同，在合同业务范围内承接法律顾问的相关业务。在法律关系主体地位上，政府部门与律师是属于平等的法律主体，受聘的法律顾问在办理政府法律事务过程中，享有独立自主地依法提出法律意见和建议，不受任何单位和个人干涉，查阅相关资料等权利。

基于律师担任政府法律顾问的工作内容和范围，政府聘请执业律师担任法律顾问属于委托代理，受聘律师必须在聘任合同规定的授权范围内进行各项业务代理活动。律师以委托人聘任单位名义经办的各项业务，如果政府有专设的法律顾问机构的，应以该机构名义提出，律师本人签名并加盖律所公章；若无法律顾问机构的，则应以律所名义提出，受聘律师签名并加盖律所公章。基于律师担任政府法律顾问所承担的责任，我国《律师法》中有明确规定，受聘律师在履行法律顾问职责的过程中因自身过错或违法执业给政府造成损失的，应由其所属律所承担相应责任，律所在赔偿后可向有过错的受聘律师追偿。在关于受聘律师的义务规定中，大多有遵守保密；不得利用法律顾问身份从事商业活动或与其职责无关活动；不得利用担任政府法律顾问身份的便利为本人或他人谋取不正当利益；不得私自以市政府法律顾问名义对外宣传、招揽业务；不得从事有损政府形象的活动等义务。

（三）律师担任政府法律顾问的考核评价

目前，按照政府法律顾问遴选的实践操作，我国各级地方政府选聘法律顾问的方式不一，主要有以下几类：一是由各级政府法制机构负责选聘的规则、程序、标准等，比如浙江省温州市由市法制办在符合条件的外聘人选中择优遴选合适人选，并报市政府批准。二是由各级司法行政机关负责选聘，比如湖南省法律顾问由省司法厅在国内外知名法律专家、执业律师中推荐，报省委、省人民政府同意后再行聘用。三是由各级政府专门设立法律顾问机构，由该机构聘请律师担任法律顾问，比如深圳市专门成立法律顾问室，法律顾问室选出合适人选后报市政府审定后确认。2016 年中共中央办公厅、国务院办公厅印发的《关于推行法律顾问制度和公职律师公司律师制度的意见》中规定，党内法规工作机构、政府法制机构承担本单位法律顾问办公室的职责，负责管理法律顾问的日常事务，并协助组织人事部门对其进行遴选、聘任、培训、考核等事项。

一套科学合理的考核制度是促进政府法律顾问模式良性运行的重要手段，各级政府在不断建立和完善法律顾问工作评估机制过程中，综合考评法律顾问的执业道德、法律素养、工作能力、工作成效等，对考核优秀的法律顾问给予物质和精神的表彰奖励，对考核不合格不再适合担任法律顾问的人员予以解聘。从目前各级政府对法律顾问的考核评价操作实际考察来看，各地大多采用年度工作考核与任期工作考核相结合的方式。年度工作考核一般采用扣分兼加分的方式，于年底开展，从职业道德、执业纪律、服务态度、工作实绩等方面制定评分标准，设置"优秀""合格""基本合格""不合格"等第。评分的等第作为评选"优秀工作者"及解聘的重要参考，对于"不合格"人员解除与政府部门的委托合同，取消法律顾问的身份资格。此外，考核奖惩还与律师所在的律师事务所挂钩，有的地方政府明确将年度工作考核结果与受聘法律顾问律师的薪酬绩效挂钩，以利于律所对受聘律师的教育管理。

第二节　政府法律顾问非诉工作实务

一、政府重大事项合法性审查实务

政府法律顾问在对政府重大事项进行合法性审查前，需先明确政府重大事项的概念和范畴，有助于更好地开展实务工作。所谓政府重大事项，即指城乡开发建设、经济与社会发展规划及实施中属于政府管辖领域内的重大政策、决策、改革、项目以及其他事关广大人民群众切身利益的事项。

（一）合法性审查的职责范围

政府法律顾问对政府的重大事项进行合法性审查，针对政府提供的资料及文件，在确保真实、完整的前提下给出相关事实、程序和行为合法与否的意见。需要依据法律法规规定、客观事实情况作出，范围包括合法性、合理性及可行性审查。

合法性：首先，党和国家的方针政策，是一个国家的发展方向，重大事项的制定及出台应当符合现行政策、法律及法规，不得违背与抵触；其次，当重大事项符合政策时，还需界定该政策所涉及的调整对象和利益调节的范围准确与否，以及这种调整和调节是否有合法的依据。

合理性：以人为本、全面协调可持续的科学发展观，反映了党对发展问题的新认识，因此，重大事项首先应当符合经济社会的一般发展规律，符合科学发展观，符合大多数群众的根本利益。其次，考虑重大事项是否在绝大多数群众的可承受范围之内，是否将改革的力度、发展速度、社会可承受度有机统一起来。最后，重大事项需要兼顾社会各界和广大人民群众的反应，表现为是否得到大多数群众的支持，是否将人民群众的切实和长远利益考虑在内。

可行性：首先，重大事项出台的时机是否已经成熟，出台的决策是否缜密，出台后是否会造成其他影响；其次，方案是否完善，有无相应配套措施；再次，是否遵循严格的申请审查报批程序；最后，有否进行科学严谨的可行性研究及论证。

政府重大事项合法性审查的基本程序有以下几步：

第一，制定方案。凡是涉及人民群众切身利益、实施后可能带来利益性矛盾冲突的重大事项，需要进行评估，制定评估方案。方案需准确把握评估重点，明确责任，落实实施。

第二，合法审查。各级人民政府在作出重大事项决策时，向政府法制机构提起重大决策合法性审查，主要围绕权限、程序、内容等方面展开。

第三，科学论证。政府法制机构收到合法性审查要求后，应在一定时间内组织政府法律顾问对决策进行论证，通过走访群众、召开座谈会、专家论证、收集文件资料等方式，进行全面讨论，征求各方面意见，综合得出论证结果。

政府法律顾问对重大事项进行合法性审查，可以根据实际需要采取下列方式：①书面审查；②走访有关单位了解情况或者函调相关材料；③组织政府法律顾问和有关专家进行咨询或者论证；④其他方式。

（二）政府重大行政决策合法性审查实务操作——以《湖南省重大行政决策合法性审查暂行办法》为例

为规范重大行政决策合法性审查工作，促进行政机关合法、公正、高效行使行政职权，保障公民、法人和其他组织的合法权益，推进依法行政，建设法治政府，湖南省人民政府印发了《湖南省重大行政决策合法性审查暂行办法》，共17条，自2016年5月1日起施行。

该《暂行办法》所称的重大行政决策合法性审查，是指依据本《暂行办法》的规定，对县级以上人民政府拟作出的涉及本地区经济社会发展全局、社会涉及面广、专业性强、与人民群众利益密切相关的重大行政决策事项是否符合法律、法规、规章和政策规定进行的审查。

1. 合法性审查工作实施

县级以上人民政府负责本《暂行办法》在本行政区域内的实施工作。县级以上人民政府法制部门和部门法制机构负责本《暂行办法》实施的具体工作。

2. 合法性审查范围

重大行政决策事项实行目录管理制度。重大行政决策事项目录包括重大行政决策的具体事项和量化标准。重大行政决策的具体事项和量化标准由县级以上人民政府按照《湖南省行政程序规定》依法确定，并向社会公布。

纳入目录的重大行政决策事项，应当按照本《暂行办法》进行合法性审查。

3. 合法性审查工作程序

（1）方案拟定过程：重大行政决策承办单位在拟定决策方案的过程中，应当有本部门法制机构的人员参加；必要时，可以邀请政府法制部门参与前期有关调研、论证等工作。重大行政决策承办单位在拟定决策方案过程中应当遵守公众参与、专家论证、风险评估等程序。

（2）提交材料：①重大行政决策的方案文本和起草说明；承办单位法制机构的合法性审查意见；涉及其他部门重要职责的，还应当提交相关部门的意见。②重大行政决策的法律、法规、规章和政策依据。③重大行政决策的公众参与、专家论证、风险评估等资料以及进行合法性审查需要的其他材料。

（3）审查方式：政府法制部门收到审查材料后，应当根据重大行政决策的内容选择自行进行合法性审查或者组织有关法律专家进行合法性审查。组织有关法律专家进行合法性审查的，可以采取书面或者会议形式进行。

（4）审查内容：①决策主体是否于法有据；②决策程序是否依法履行；③决策内容是否符合有关法律、法规、规章及政策规定。

（5）审查期限：政府法制部门对重大行政决策进行合法性审查，应当自受理之日起 10 个工作日内提出书面审查意见。政府法制部门要求补充材料的，重大行政决策承办单位应当于 2 个工作日内补齐；情况紧急的，应当在指定的时间内补齐。政府法制部门应当在规定期限内将重大行政决策合法性审查报告报送政府办公厅（室）。

（6）审查意见：①属于决策机关法定职权范围、决策程序已依法履行、决策内容符合有关法律、法规、规章及政策规定的，建议可以进行决策；②不属于决策机关法定职权范围的，建议不决策或者按照规定提请有权机关进行决策、依法授权后决策；③未履行法定程序或者履行程序不符合规定的，建议补正或者重新履行相关程序后决策；④决策方案、备选方案或者风险防范化解处置措施不符合有关法律、法规、规章及政策规定的，建议进行修改后决策。

4. 合法性审查工作责任追究

（1）未经合法性审查或者经审查不合法，作出重大行政决策的。

（2）报送重大行政决策方案所提交的材料弄虚作假或者不按照规定时间提交材料的。

（3）不按照规定履行重大行政决策合法性审查职责的。

（4）在合法性审查工作中泄密的。

（三）政府重大事项决策听证实务操作——以《扬州市人民政府重大行政事项决策听证办法（试行）》为例

为进一步规范重大行政事项决策行为，提高政府工作透明度，做到科学、民主、依法行政，《扬州市人民政府重大行政事项决策听证办法（试行）》于 2007 年 12 月 21 日市政府第 56 次常务会议审议通过，共 23 条。

上述《暂行办法》所称政府重大行政事项决策听证，是指经济和社会事务中社会涉及面广、与群众利益密切相关的重要事项在作出决策前，由政府或主管部门组织社会有关方面对该事项的必要性、可行性进行论证，充分听取公民、法人和其他组织的意见，保障政府行政决策的科学、民主、透明的政务活动。

1. 听证工作实施

市人民政府组织重大行政事项决策听证，由市人民政府指定市人民政府办公室、市政府法制办公室或有关部门负责实施。

组织听证的政府有关部门为该听证事项的听证机关；听证事项涉及两个以上部门的可以联合组织听证。

2. 基本原则

重大行政事项决策听证应当遵循公开、公平、公正和高效的原则。

3. 听证会适用

重大行政事项的决策听证，应当采取听证会的形式。

4. 听证会参与人员

听证会参加人员应当包括听证主持人、听证记录人、听证人、听证陈述人和旁听人。

（1）听证主持人，由市人民政府或行政主管机关指定有关人员担任。

（2）听证记录人由听证主持人指定。

（3）听证人是代表听证机关进行听证的人员，由听证机关指定。听证人人数不得少于 5 人。

（4）听证陈述人是指参加听证会并就听证事项进行陈述的人员，包括经办方听证陈述人和公众方听证陈述人。经办方听证陈述人由听证机关指定。公众方听证陈述人由听证机关根据听证事项的要求与公民、法人和其他组织申请参加听证会的情况确定。

（5）听证旁听人是指经过报名申请，由听证机关确定的参加听证会旁听的公民、法人和其他组织的代表。

5. 听证主持人职责

（1）确定举行听证会的时间、地点及参加听证的组成人员。

（2）主持听证会。

（3）维持听证会秩序和执行听证会纪律。

（4）决定是否中止、终结或延期听证。

（5）签署听证笔录。

（6）组织听证评议并提出、审核听证报告。

（7）其他需要确认或决定的事项。

6. 听证人职责

（1）提供重大事项方案及有关材料，并对该方案及材料的真实性、完整性负责。

（2）参加听证会并接受公众陈述人的质询。

（3）听取公众陈述人的合理建议，对所听证的重大事项方案进行相应调整。

（4）其他需要处理事项。

7. 听证公告内容

听证会应当公开举行。组织听证会的机关应当在举行听证会 10 日前通过新闻媒体发布听证公告。听证公告应当载明以下内容：

（1）听证机关。

（2）听证事项及相关内容。

（3）听证的时间、地点。

（4）公众陈述人、听证旁听人的选择范围、条件与报名办法。

（5）应当公告的其他事项。

8. 听证机关组成人员

听证机关应当本着能够全面、正确反映不同方面意见和利益要求的原则，确定公众方听证陈述人。一般由下列人员组成：

（1）与听证事项有利害关系的人员。

（2）与听证事项有关并提供相关事实的公民、法人和其他组织的代表。

（3）了解相关听证事项的专家、学者。

（4）依照有关法律法规，需要参加听证会的其他方面代表。

9. 公众陈述人、听证旁听人报名

公众陈述人、听证旁听人一般采取自愿报名的方式，在举行听证会 7 日前向听证机关报名，由听证机关按规定的条件和程序确定。报名者报名时应当向听证机关提供身份证明。申请担任公众方听证陈述人的，应当按照听证会公告的要求，还须在向听证机关提交的申请书中载明个人简历、对听证事项的意见摘要等内容。

10. 听证通知及出席

听证机关应当在举行听证会 5 日前将听证事项相关材料和听证通知送达公众陈述人。公众陈述人因故不能出席听证会的，应当在举行听证会 3 日前告知听证机关。公众陈述人应当按规定的程序参加听证会，遵守听证会纪律。公众陈述人不按时参加听证、缺席听证或中途退场的，视为放弃听证权。

11. 公众陈述人享有的权利

（1）依法参加听证并获取重大事项方案的相关材料。

（2）对重大事项方案提出意见、建议并进行质询和辩论。

（3）法律法规规定的其他权利。

12. 听证会程序

（1）听证主持人宣布听证事项和听证会规则。

（2）听证主持人宣布听证会开始，介绍参加听证会人员情况。

（3）听证主持人说明听证事项及有关情况。

（4）经办方陈述人发言。

（5）公众方陈述人发言。

（6）听证人询问经办方听证陈述人或者公众方听证陈述人。

（7）各方听证陈述人就主要事实和有关问题及争议进行质证与辩论。

（8）听证人对听证会进行总结并宣布听证会结束。

13. 听证会笔录

听证会应作笔录，主要载明下列内容：

（1）听证事项。

（2）听证会的时间、地点。

（3）听证会参加人员的基本情况。

（4）组织听证的理由和依据。

（5）各方听证陈述人阐述的主要事实、观点和建议意见。

（6）参加听证人员签名或盖章，公众陈述人拒绝签名或盖章的，应当注明事由。

（7）其他应当载明的内容。

14. 听证报告

听证会结束后，听证主持人应当主持由听证人和听证记录员参加的听证评议，认真研究各方听证陈述人的听证意见，并根据听证会记录提出听证报告。

听证报告应当客观、真实地反映听证会上各方听证陈述人的听证意见。听证报告应当载明以下内容：

（1）听证事项。

（2）听证会基本情况。

（3）各方听证陈述人的主要事实、观点和建议。

（4）对听证事项赞同意见与反对意见的依据及其之间的分歧。

（5）对听证有关意见的分析和相关建议。

（6）其他应当报告的事项。

听证报告应当作为市人民政府及其工作部门进行重大事项决策的重要依据。

（四）政府重大会议参与实务操作

政府会议是指以政府名义召开或者由政府领导人主持的适时召开的一定形式的会议，目的为推动政府工作进展。一般有政府工作会议、政府常务会议、政府专题会议、市长办公会议等形式。

政府法律顾问作为执业律师，拥有扎实的法律专业知识，业务领域涵盖社会生活的方方面面，对于广大人民群众在社会生活中所需要行政法规等调整的具体内容，有非常清晰的认识。因此，政府法律顾问参与政府重大会议时，应最大限度地发挥其专业作用：

第一，会前准备。如有需要，在政府重大会议召开前，政府法律顾问可提前对上会的议题进行审查，先行提出法律意见，对上会议题进行把关。

第二，会中参与。政府重大会议召开过程中，政府法律顾问对上会研究讨论的涉及政策性事项，或其他与法律法规相关的议题，提供专业的、有针对性的法律意见。

第三，会后参与。根据参与会议的实际需要，提供其他方面的法律服务。

二、政府规范性文件合法性审查实务

（一）合法性审查职责范围和程序

1. 合法性审查职责范围
（1）制定主体是否合法。
（2）文件内容是否合法。
（3）文件所属公文种类是否正确。
（4）文件所涉管理事项是否明确。
2. 合法性审查程序
（1）文件制定过程是否符合法律要求，是否由相应主体制定。
（2）审查程序是否符合规定，有无严格遵守。
（3）文件定期清理，对于已过期的文件应及时作废。

（二）出具合法性审查意见操作实务

第一，对制定主体合法、内容合法、公文种类正确、管理事项明确，同时符合法律法规规定的，提出审查通过意见。

第二，对制定主体合法、内容合法，但语言不规范、措辞不准确的，提出修改意见。

第三，对内容违反法律法规规定的，提出不予制定的意见。

（三）规范性文件备案审查实务操作

第一，规范性文件审查内容。含有行政处罚、行政许可、行政事业性收费、行政执法检查、行政强制措施等内容。

第二，规范性文件存在的其他不适当情形：①政府机关内部管理制度；②向上级行政机关的请示及报告；③对具体事项所作出的行政处理决定。

第三，规范性文件监管措施。包括制定程序、备案审查及整改落实。

第四，与法律抵触的解决方式。如规范性文件同法律、法规、规章、国家政策相抵触的，应予以撤销。

三、政府合同审查及法律意见书审查实务

政府合同，是指政府以实施公共管理等为目的，经双方相互协商，就有

关事项与公民、法人和其他社会组织而达成的协议。[1]包括行政、民商事、招商引资三种类型。

（一）政府合同审查的范围和程序

第一，审查内容：合同主体是否适格；合同内容是否合法有效；合同订立权限是否符合要求；合同条款是否完备；合同条文表述是否规范。

第二，审查程序：

（1）形式审查。合同审查开始前，先就合同的形式是否符合合同要件进行初步审查，如发现合同形式不符、有错别字等明显错误的，进行修正。

（2）实质审查。主要针对合同的实质内容进行审查，包括内容是否合法、条款是否完备等。

（3）法律依据。寻找法律依据是保证合同合法有效的前提，无效的合同将会给政府机构带来损失。

（二）政府合同审查的核心与重点

第一，合同主体适格，是指合同双方当事人具有主体资格，如当事人有特定资格要求或需要授权资格的，应满足要求及取得相应授权。

第二，合同内容合法有效，是指合同中条款的合法性，内容的公平性。包括标的、数量、质量、价格与报酬、履行期限、保密条款、违约责任、争议解决方式、生效条款、特殊条款等。

第三，合同条文表述规范。合同前后条款及专用名词表述应前后呼应，统一规范。合同用词、表述明确，避免使用容易引起理解歧义的词语，避免出现不具操作性的表述。

（三）政府合同审查的操作实务——以《潍坊市政府合同审查管理办法》为例

2019年8月10日潍坊市人民政府第四十一次常务会议研究通过了《潍坊市政府合同审查管理办法》，共24条，通过潍坊市司法局副局长、二级调研员单连功的解读，对主要内容说明如下：

第一，准确界定政府合同的概念和需要审查的合同范围。该《办法》确

---

〔1〕 彭丁带、陈建勇编著：《政府法律顾问实务全书》，中国法制出版社2016年版，第83页

定市政府或者市政府授权的机关作为当事人签订的合同，应当按照市政府要求对合同的合理性向有关部门征求意见，并且经司法行政部门进行合法性审查，未经审查的不得提交市政府研究。但采取省级以上政府确定的示范文本、且未对实质性条款进行修改的，可以不再进行合法性审查。

第二，明确了承办部门的职责和内部程序。该《办法》明确，政府合同需要确定承办部门履行合同的谈判、起草等职责，对合同相对方的资信情况、签约程序、合同中专业性技术性内容等进行把关，并且要履行必要的评估、审查和集体决策等程序后才能送审、报市政府研究。

第三，明确了有关审查要求。该《办法》对送审材料、审查时限、需要审查的重点内容分别进行了明确，涵盖了送审和审查的基本要求，以及需要关注的主要风险点。该《办法》还明确了除市政府安排的紧急合同外，一般在收齐材料后5个工作日内完成审查。对重大复杂合同，司法行政部门要组织有关部门负责人、市政府法律顾问、有关专家共同进行集体审查论证。

第四，对合同履行和档案管理进行了规范。该《办法》提出，承办部门在履行过程中要积极采取措施确保合同正常履行，并及时发现和防范履约风险；发生纠纷时，承办部门要积极主动处理。该《办法》同时还对合同材料的归档提出了要求。

（四）政府法律意见书审查重点及操作实务

法律意见书格式：标题、主送对象、正文、附件、落款。
法律意见书内容：事由、依据、论证、意见。
法律意见书形式：信函格式。
法律意见书保存：按规定期限存档。

第三节　政府行政复议及政府诉讼案件实务

一、政府行政复议案件实务

（一）行政复议概述

1. 定义

行政复议是指公民、法人或者其他组织认为特定行政机关的具体行政行为侵犯其合法权益时，可以自知道该具体行政行为之日起 60 日内依法向该具体行政行为作出机关的上一级行政机关或者法定机关提出申请，要求对该具体行政行为重新审查的行为。

截至 2019 年，《中华人民共和国行政复议法》（以下简称《行政复议法》）实施已满 20 年。20 年来，行政复议正在从鲜为人知逐步发展成民众解决行政争议时使用越来越多且越来越被信任的重要渠道之一。《行政复议法实施二十周年研究报告》显示，截至 2018 年底，全国各级行政复议机关共收到行政复议申请 226 万件，立案审理 199.7 万件，审结 186.4 万件。其中，作出撤销、变更、确认违法等纠错决定的 26.6 万件，直接纠错率为 14.3%。同时通过行政机关自行纠错，由行政复议机关主持调解或双方达成和解的 17.7 万件，占审结案件总数的 9.5%。经行政复议后，约 70% 的案件实现了"案结事了"，当事人不再提起行政诉讼。案件基本涵盖行政管理的各个领域，主要集中在与民众切身利益关系密切的交通管理、治安处罚、征地拆迁、社会保障等方面，尤其是公安类和土地类案件受理数量占比较大。

2. 行政复议申请人

依据《行政复议法》的规定，提起行政复议的公民、法人或者其他组织为行政复议的申请人。若有权申请行政复议的公民死亡的，其近亲属可以代为申请行政复议；若有权申请行政复议的公民为无民事行为能力人或者限制民事行为能力人的，其法定代理人可以代为申请行政复议；若有权申请行政复议的法人或者其他组织终止的，承受其权利的法人或者其他组织可以申请行政复议。公民、法人或者其他组织对行政机关的具体行政行为不服申请行政复议的，作出具体行政行为的行政机关是被申请人。

申请人申请行政复议的，可以书面申请，也可以口头申请；口头申请的，行政复议机关应当当场记录申请人的基本情况、行政复议请求、申请行政复议的主要事实、理由和时间。

3. 行政复议受理范围

根据《行政复议法》第 6 条的规定，有下列情形之一的，公民、法人或者其他组织可以申请行政复议：

（1）对行政机关作出的警告、罚款、没收违法所得、没收非法财物、责令停产停业、暂扣或者吊销许可证、暂扣或者吊销执照、行政拘留等行政处罚决定不服的。

（2）对行政机关作出的限制人身自由或者查封、扣押、冻结财产等行政强制措施决定不服的。

（3）对行政机关作出的有关许可证、执照、资质证、资格证等证书变更、中止、撤销的决定不服的。

（4）对行政机关作出的关于确认土地、矿藏、水流、森林、山岭、草原、荒地、滩涂、海域等自然资源的所有权或者使用权的决定不服的。

（5）认为行政机关侵犯合法的经营自主权的。

（6）认为行政机关变更或者废止农业承包合同，侵犯其合法权益的。

（7）认为行政机关违法集资、征收财物、摊派费用或者违法要求履行其他义务的。

（8）认为符合法定条件，申请行政机关颁发许可证、执照、资质证、资格证等证书，或者申请行政机关审批、登记有关事项，行政机关没有依法办理的。

（9）申请行政机关履行保护人身权利、财产权利、受教育权利的法定职责，行政机关没有依法履行的。

（10）申请行政机关依法发放抚恤金、社会保险金或者最低生活保障费，行政机关没有依法发放的。

（11）认为行政机关的其他具体行政行为侵犯其合法权益的。

（二）行政复议程序

1. 行政复议机关的确定

当公民、法人或者其他组织认为具体行政行为侵犯其合法权益时，往往不清楚向哪一级部门申请行政复议，导致浪费较多的时间成本，因此申请人应当根据具体行政行为的性质和作出具体行政行为部门的级别区别对待，具体如下：

（1）对县级以上地方各级人民政府工作部门的具体行政行为不服的，由申请人选择，既可以向该部门的本级人民政府申请行政复议，也可以向上一级主管部门申请行政复议。

（2）对海关、金融、国税、外汇管理等实行垂直领导的行政机关和国家安全机关的具体行政行为不服的，向上一级主管部门申请行政复议。

（3）对地方各级人民政府的具体行政行为不服的，向上一级地方人民政府申请行政复议。

（4）对省、自治区人民政府依法设立的派出机关所属的县级地方人民政府的具体行政行为不服的，向该派出机关申请行政复议。

（5）对国务院部门或者省、自治区、直辖市人民政府的具体行政行为不服的，向作出该具体行政行为的国务院部门或者省、自治区、直辖市人民政府申请行政复议。对行政复议决定不服的，可以向人民法院提起行政诉讼；也可以向国务院申请裁决，国务院依照本法的规定作出最终裁决。

对于上述规定以外的其他行政机关、组织的具体行政行为不服的，按照下列规定申请行政复议：

（1）对政府工作部门依法设立的派出机构依照法律、法规或者规章规定，以自己的名义作出的具体行政行为不服的，向设立该派出机构的部门或者该部门的本级地方人民政府申请行政复议。

（2）对县级以上地方人民政府依法设立的派出机关的具体行政行为不服的，向设立该派出机关的人民政府申请行政复议。

（3）对法律、法规授权的组织的具体行政行为不服的，分别向直接管理该组织的地方人民政府、地方人民政府工作部门或者国务院部门申请行政复议。

（4）对两个或者两个以上行政机关以共同的名义作出的具体行政行为不服的，向其共同上一级行政机关申请行政复议。

（5）对被撤销的行政机关在撤销前所作出的具体行政行为不服的，向继续行使其职权的行政机关的上一级行政机关申请行政复议。

属于上述所列情形之一的，申请人也可以向具体行政行为发生地的县级地方人民政府提出行政复议申请，由接受申请的县级地方人民政府依法办理。

2. 行政复议机关的审查流程

行政复议机关收到行政复议申请后，应当在5日内进行审查，对不符合条件的行政复议申请，决定不予受理，并书面告知申请人；公民、法人或者其他组织依法提出行政复议申请，行政复议机关无正当理由不予受理的，上级行政机关应当责令其受理；必要时，上级行政机关也可以直接受理。行政复议机关负责法制工作的机构应当自行政复议申请受理之日起7日内，将行政复议申请书副本或者行政复议申请笔录复印件发送被申请人。被申请人应当自收到申请书副本或者申请笔录复印件之日起10日内，提出书面答复，并提交当初作出具体行政行为的证据、依据和其他有关材料。

行政复议机关原则上采取书面审查的方式，但是申请人提出要求或者行政复议机关认为案件较为复杂的，可以向相关组织和承办人员调查情况，充分听取申请人、被申请人和第三人及代理律师、政府律师的意见。若申请人、被申请人对具体行政行为认定的事实存在重大争议的，或者对具体行政行为所依据的法律理解和适用存在重大争议的，或者行政复议机关认为有必要的，可以召开行政复议的听证程序，通过各方的陈述和申辩、举证和质证等程序最大限度地呈现案件的事实真相。

行政复议机关应当自受理申请之日起 60 日内作出行政复议决定；但是法律规定的行政复议期限少于 60 日的除外。情况复杂，不能在规定期限内作出行政复议决定的，经行政复议机关的负责人批准，可以适当延长，并告知申请人和被申请人；但是延长期限最多不超过 30 日。行政复议机关作出行政复议决定，应当制作《行政复议决定书》，并加盖印章。行政复议决定书一经送达，即发生法律效力。

（三）行政复议处理意见

行政复议机关对被申请人作出的具体行政行为进行客观审查后，提出意见，经行政复议机关的负责人同意或者集体讨论通过后，分别作出如下行政复议决定：

第一，认为具体行政行为认定事实清楚，证据充分，适用依据正确，程序合法，内容适当的，依法决定维持。

第二，认为被申请人不履行法定职责的，决定其在一定期限内履行。

第三，认为具体行政行为认定主要事实不清、证据不足的，或适用依据错误的，或违反法定程序的，或超越或者滥用职权的，或者明显不当的，决定撤销、变更或者确认该具体行政行为违法，责令被申请人在一定期限内重新作出具体行政行为。

第四，被申请人未按法律规定在规定期限内书面答复、提交作出具体行政行为的证据、依据和其他有关材料的，视为该具体行政行为没有证据、依据，决定撤销该具体行政行为。

行政复议机关责令被申请人重新作出具体行政行为的，被申请人不得以同一的事实和理由作出与原具体行政行为相同或者基本相同的具体行政行为。

【案例分析实训】

【案例7.1】韩某交通违规行政复议案件

【案情简介】

2019年7月5日，韩某驾驶小型轿车实施了机动车违反禁令标志指示的违法行为，被电子监控设备记录。同月9日，徐汇交警支队将交通违法处理通知书邮寄至韩某的登记地址。

韩某于2019年9月1日至徐汇交警支队接受处理，但是韩某对于徐汇交警支队所作出的违法处理结果不服，认为自己并未违反交通法规，要求徐汇交警支队撤销违法处理通知。

【思考问题】

1. 韩某若不服徐汇交警支队的违法处理结果，他可以采取怎样的方式维权？

2. 若韩某欲提起行政复议，他应当向哪个部门提起行政复议申请？

3. 本案是否属于行政复议的受理范围？

4. 若行政复议机关最终决定维持徐汇交警支队的违法处理决定，韩某是否还有其他维权途径？

二、政府诉讼案件实务

（一）政府诉讼概述

诉讼是指公民、法人或其他组织的合法权益受到侵害时，依照法律规定向人民法院提出请求，由人民法院居中裁判解决纠纷的一种行为。而政府诉讼理所当然是指由政府作为诉讼当事人参与诉讼的活动。

政府是国家权力机关的执行机关，是国家政权机构中的行政机关，但是当政府作为当事人一方参与诉讼时同样也需要遵循以下基本原则：①人民法院依法独立行使审判权原则；②以事实为根据、以法律为准绳原则；③对具体行政行为是否合法进行审查原则；④合议、回避、公开审判和两审终审制原则；⑤当事人法律地位平等原则；⑥使用民族语言文字原则；⑦辩论原则；⑧人民检察院实行法律监督原则；⑨被告对作出的具体行政行为负有举证责任原则。

（二）政府诉讼类型及流程

1. 行政诉讼

行政诉讼是指当公民、法人或者其他组织认为行政机关或行政机关工作人员的行政行为侵犯其合法权益时，可以依照《中华人民共和国行政诉讼法》（以下简称《行政诉讼法》）规定向人民法院提起诉讼。行政诉讼是保护公民、法人和其他组织合法权益，监督行政机关依法行使职权的重要法律制度。

行政诉讼的受案范围不同于民商事诉讼，其受理案件范围有比较严格的规定，包括①对行政拘留、暂扣或者吊销许可证和执照、责令停产停业、没收违法所得、没收非法财物、罚款、警告等行政处罚不服的；②对限制人身自由或者对财产的查封、扣押、冻结等行政强制措施和行政强制执行不服的；③申请行政许可，行政机关拒绝或者在法定期限内不予答复，或者对行政机关作出的有关行政许可的其他决定不服的；④对行政机关作出的关于确认土地、矿藏、水流、森林、山岭、草原、荒地、滩涂、海域等自然资源的所有权或者使用权的决定不服的；⑤对征收、征用决定及其补偿决定不服的；⑥申请行政机关履行保护人身权、财产权等合法权益的法定职责，行政机关拒绝履行或者不予答复的；⑦认为行政机关侵犯其经营自主权或者农村土地承包经营权、农村土地经营权的；⑧认为行政机关滥用行政权力排除或者限制竞争的；⑨认为行政机关违法集资、摊派费用或者违法要求履行其他义务的；⑩认为行政机关没有依法支付抚恤金、最低生活保障待遇或者社会保险待遇的；⑪认为行政机关不依法履行、未按照约定履行或者违法变更、解除政府特许经营协议、土地房屋征收补偿协议等协议的；⑫认为行政机关侵犯其他人身权、财产权等合法权益的。[1]而人民法院对于当事人提起的关于国防、外交等国家行为，政府发布的具有普遍约束力的决定、命令，对行政机关工作人员的奖惩、任免等决定及法律规定由行政机关最终裁决的行政行为不予受理。

行政诉讼案件由最初作出行政行为的行政机关所在地的人民法院管辖；若案件经过复议程序的，也可以由复议机关所在地的人民法院管辖。作出行政行为的行政机关是行政诉讼的被告；经过复议的案件，若复议机关维持原

---

〔1〕《中华人民共和国行政诉讼法》（2017 年修正）第 12 条。

行政行为的，则作出原行政行为的行政机关和复议机关是共同被告；若复议机关改变原行政行为的，则复议机关是被告。两个以上行政机关作出同一行政行为的，共同作出行政行为的行政机关是共同被告。

公民、法人或者其他组织应当自知道或者应当知道作出行政行为之日起6个月内直接向人民法院提起诉讼；自行政行为作出之日起，因不动产提起诉讼的案件超过20年或其他案件超过5年提起诉讼的，人民法院依法不予受理。

因此，要提起行政诉讼，那么我们首先要解决的主要问题包括：行政诉讼受案范围；正确的管辖法院；明确的被告主体以及是否符合诉讼时效的规定。

2. 民商事诉讼

民商事诉讼是指公民、法人或者其他组织和公民之间发生的依法由人民法院受理的民商事案件，包括合同纠纷（不包括政府行政合同）、物权纠纷、侵权纠纷等。政府作为平等主体与其他主体一起参与到民商事活动中，不享有任何特权。

3. 仲裁

政府仲裁是指政府作为一方当事人参与到仲裁活动中，只有当这个政府行政机关作为平等的民商事主体参与民商事活动涉及财产纠纷时，才有可能适用仲裁制度。因此，政府仲裁案件主要包括两种类型：①政府参与民商事活动引发纠纷时；②政府内部工作人员因劳动纠纷引发的劳动人事争议案件。

（三）行政诉讼应诉实务

行政诉讼是构成我国完整法律体系的重要制度之一，因此做好行政应诉工作显得尤为重要，应当是行政机关的法定职责。行政机关不得利用职权干预人民法院的独立审判权，不得明示或者暗示人民法院不受理依法应当受理的行政案件或者对依法应当判决行政机关败诉的行政案件不判决行政机关败诉。

被诉行政机关应当向人民法院提交答辩状，并且提供作出行政行为的充分证据和依据。被诉行政机关负责人要带头积极出庭应诉；不能出庭的，应当委托行政机关内部相应的工作人员出庭，不得仅仅委托律师代为出庭。且被诉行政机关出庭应诉人员应当熟悉相关法律法规、了解案件的事实和证据，充分配合人民法院查明案情。

【案例分析实训】

【案例7.2】大忠诉某市人力资源和社会保障局确认案

【案情简介】

原告大忠诉称其儿子小忠是某宾馆餐饮部员工，在2016年7月27日8时55分上班途中发生交通事故，致小忠当场死亡。后经交警部门认定，小忠负事故的次要责任。根据《工伤保险条例》第14条之规定，小忠的死亡属于工伤，故请求撤销被告某市人力资源和社会保障局作出的不予认定工伤决定。

被告某市人力资源和社会保障局辩称，小忠不是在上班途中发生交通事故身亡的，不符合认定工伤或视同工伤的情形，其作出的不予认定工伤决定适用法律和依据正确，程序合法，应依法予以维持，故请求法院依法驳回原告的诉讼请求。

【思考问题】

1. 本案是否属于人民法院应当受理的行政诉讼范围？

2. 某市人力资源和社会保障局是否属于本案适格被告？

3. 本案的主要举证责任在哪一方？

4. 原告大忠为支持其诉请应当提供哪些证据？

5. 被告某市人力资源和社会保障局为支撑其不予认定工伤的决定应当提供哪些材料？

6. 人民法院受理行政诉讼后应当如何行使其审判权？

第四节　政府信访律师实务

一、政府信访律师实务概述

（一）律师参与政府信访工作的意义

1. 信访制度概述

信访是指公民、法人或者其他组织因自身权益受到侵害而向各级人民政府反映情况，提出投诉请求，由相关行政机关给予答复的一种活动。信访人提出请求的方式包括但不限于信件、电子邮件、传真、电话、走访等，行政机关若受理信访人的信访请求，一般应当向信访人出具书面的正式答复意见。

信访内容涉及面广而复杂，包括土地权属、拆迁分配、农龄补偿、劳动人事、环境保护、基础公共设施建设、教育问题、立法政策等方方面面，这就无形中要求信访接待人员不仅要具备耐心的聆听素养，同时还要具备非常丰富的政策及法律知识储备。因此基于信访制度内容的复杂性对于相关行政机关工作人员的法律素养提出的要求越来越高，这也是为何要探索律师参与信访工作的意义和目的。

2. 律师参与信访活动的作用及意义

早在二十多年前，上海市律师就已开始参与信访接待工作，经过二十多年的探索，目前律师参与范围已从最初的信访接待、法律咨询，拓展到疑难矛盾化解、信访核查终结、信访实地督查等方面，且成效显著。2004年10月9日，为了进一步满足新时代、新形势下信访工作的需要，充分发挥律师在信访工作中的推动作用，司法部、国家信访局发布《关于进一步加强律师参与涉法信访工作的意见》。该《意见》主要明确了律师参与涉法信访工作的具体要求，包括工作原则、工作方式、工作程序、工作纪律和组织领导等，如律师参与涉法信访工作的主要职责包括为信访人解答法律问题，提供专业的法律咨询意见；对需要通过司法程序解决的信访事项，告知和引导信访人通过正常的法律渠道向有关司法机关申诉，依法解决；接受信访部门的委托，参与重大疑难信访案件的法律论证研讨，公平公正的提出法律意见；对信访人进行法制宣传教育，协助相关行政部门对无理上访户、重复上访户做好息诉工作；对符合法律援助条件的信访人引导其按规定的程序申请法律援助等。这也是我国司法部、国家信访局第一次以规范性文件的形式将律师参与信访工作比较具体和有条理的阐述和呈现出来，也从另一方面显现出律师参与信访工作对于化解信访矛盾、维护社会稳定起到了积极的作用。

2015年6月8日，为认真贯彻党的十八届四中全会精神，深入推进律师参与信访涉法涉诉工作，中央政法委发布《关于建立律师参与化解和代理涉法涉诉信访案件制度的意见（试行）》。该试行意见在律师参与信访涉法工作十余年的基础上，总结经验、指出不足、提炼精粹、结合现阶段的信访案件要求对律师参与涉法涉诉信访案件提出了进一步具体的要求。首先，明确了律师参与化解和代理涉法涉诉信访案件的运行模式，由律师协会选派律师到政法机关或者直接向信访人推荐律师或由信访人在涉法涉诉信访案件律师库中自愿选择律师，实行专案专人服务；同时依托律师协会或法律援助中心，通过公益性涉法涉诉信访法律服务机构，直接面向群众开展涉法涉诉信访案件化解和代理工作。其次，更加清晰地规定了律师参与化解和代理涉法涉诉信访案件的工作方法，包括接待信访人，不仅要认真听取信访人陈述，详细阅读信访材料，并且作为公立的第三方要善于疏导信访人的抵触情绪，提供专业的法律咨询解答；评析信访案件过程中，需要向有关职能部门了解案情的，及时与承办机关沟通，在调查核实案情的基础上，研究解决问题的方案；做好释法劝导工作，经过分析、评议，认为原案件处理正确、信访人诉求不当的，通过摆事实、讲道理、析法理，耐心劝导信访人服判息诉；提出专业的法律处理建意见，对于涉法涉诉案件，准确引导信访人依法向司法机关提出申诉请求。

2016 年 12 月 16 日，为深入贯彻党的十八大和十八届三中、四中、五中、六中全会精神，充分发挥律师在维护群众合法权益、化解矛盾纠纷、促进社会和谐稳定中的重要作用，司法部、国家信访局发布《关于深入开展律师参与信访工作的意见》。该《意见》认为律师作为法律专业人士且作为客观的第三方，在推进阳光信访、责任信访、法治信访建设中，有利于提高信访工作的公信力。很多信访案件的发生往往由于信访人对于相关行政部门缺乏信任感所导致，此时律师作为润滑剂参与信访矛盾化解，更有利于信访人坦诚相待、并有利于律师对于信访人释法工作的开展。该《意见》要求参与信访工作的律师应当遵守有关信访工作、律师工作的法律法规、规章制度和执业规范，不得明示、暗示或者组织信访人集体上访、越级上访；不得利用在参与信访工作期间获得的非公开信息或者便利条件，为本人或者他人牟取不正当利益；不得在信访接待场所接受信访人的委托代理；不得接受其他当事人委托，办理与所参与信访工作的部门有利益冲突的法律事务等。同时也要求各级司法行政机关、各律师协会、各级信访部门要高度重视律师参与信访工作，努力为律师和律师事务所参与信访工作创造条件、提供便利。

2017 年 11 月 24 日，为了畅通人民群众诉求表达渠道，提升依法解决涉法涉诉信访问题的质量和效果，最高人民法院、最高人民检察院、公安部、司法部印发《关于依法处理涉法涉诉信访工作衔接配合的规定》。该《规定》

明确对信访人提出的涉法涉诉信访事项，人民法院、人民检察院、公安机关、司法行政机关应当按照事项性质、管辖分工依法审查受理。人民法院、人民检察院、公安机关、司法行政机关应当开放涉法涉诉信访信息系统接口和数据，支持、配合涉法涉诉信访信息联网平台和数据库建设，共享信访信息和案件处理情况。同时建立涉法涉诉信访工作联席会议制度，研究解决协作配合中存在的问题，更加准确和高效的解决信访人的诉求。

3. 律师参与政府信访工作的基本法律原则

（1）自愿平等原则。律师应当尊重信访人意愿，不强制提供法律服务，更不能强制化解矛盾；信访接待及案件代理过程中，应当秉持公正中立的原则，不偏袒行政部门、亦不误导信访人。

（2）依法据理原则。律师应当严格按照法律规定和政策导向，向信访人讲清法理、讲明事理、讲通情理，并向相关行政机关提出法律意见，引导信访群众和相关部门依法解决矛盾和纠纷。

（3）实事求是原则。任何信访事项都应当以事实为依据，以法律为准绳，依法维护信访人合法权益，尊重相关承办部门依法作出的合法合理处理意见，促进信访案件在法治的轨道上得到有效化解。

（4）注重实效原则。律师处理信访事项应当以有利于解决信访案件、维护信访人合法权益为出发点，坚持释法明理与解决纠纷、化解矛盾相结合，维护社会和谐稳定，实现法律效果与社会效果的有机统一。

（5）无偿公益原则。律师参与信访工作不以赢利为目的，向信访人提供无偿法律服务，禁止利用提供法律服务为借口向信访人索取财物。

（二）律师参与政府信访工作的重点

1. 涉法涉诉信访工作

涉法涉诉信访案件是指公民、法人或者其他组织的信访案件中涉及人民法院、人民检察院、公安部门和司法行政部门处理的信访案件。伴随着我国经济的迅猛发展，各种社会矛盾显现，经统计，60%以上的信访案件均涉及法律问题，特别是房屋拆迁补偿、土地征收补偿、环境污染赔偿、农民工龄补贴或者退休安置等群体性信访案件，因法律问题众多、程序较为复杂而导致处理难度直线上升，一旦处理不当就有可能激发矛盾，不利于维护社会的稳定和谐。因此，信访案件的处理急需要建立健全多元化的解决机制，包括律师、心理咨询师、社工、人民调解员在内的对于化解矛盾有帮助的各界社会力量的共同参与，共同提高信访案件的矛盾化解率。

反观近几年涉法涉诉信访案件形成的主要原因可以归纳为：其一，信访人认为司法程序冗长而复杂，不具有实操性。首先，根据现在司法实践，一个一审案件的审结周期大约需要 6 个月；其次，所有诉讼案件都需要起诉人先行预缴诉讼费，维权成本过高，信访人主观上不想支付或者客观上无力支付高额的诉讼费；再次，即使判决胜诉仍然需要强制执行，又是一个需要无止境等待的流程；最后，相比诉讼流程，信访人认为信访是一个一劳永逸的程序，既没有成本，且一旦处理完毕即可以获得实际的金钱利益，无需再经过司法流程。其二，信访人本身证据存在欠缺，不足以支持其通过司法途径达到胜诉的目的，因此只得依赖于政府的调查。其三，有些信访部门在发现信访事项属于涉法涉诉案件后对信访人进行了法律的明示，但由于职责所限或者信访人主观上的不愿意，无法为信访人提供更进一步的司法帮助和救济，使得大量涉法涉诉信访案件仍然留在信访部门无法得到解决，容易造成重复上访、越级上访现象的出现。

此时，发挥律师的法律职业优势和作为第三方参与的缓和剂作用显得尤为重要。概括来讲，律师在接到涉法涉诉信访案件后，需要做到以下几点：其一，及时与信访部门及其他与案件有关的行政部门取得联系，调取与案件有关的全部资料，仔细阅看案卷并整理案件的前因后果，同时查阅相关法律法规政策及案件，在约谈信访人之前律师应当对案件有个专业的初步判断。其二，与信访部门、其他相关行政部门共同约谈信访人，耐心认真聆听信访人的诉求，从信访人的陈述和情绪中准确把握和揣摩信访人的真正目的和突破口，通过分析法条与案例的方式向信访人讲清法理、讲明事理、讲通情理，引导其依法解决矛盾和纠纷。其三，若信访人同意，可以通过信访部门，为信访人提供司法途径的法律援助，帮助信访人正确提起诉讼，以维护其合法权益。其四，案件调查终结后，应当按要求向信访部门出具专业的法律文书，该法律文书应当包括案件的基本情况、信访人的诉求、所依据的法律规定、律师的专业意见等。

在化解信访矛盾过程中，注重把握信访人心理动机，多从情感入手，以谈心的方式了解、理解他们的信访行为，再运用专业知识摆明其中的是非利害，会起到事半功倍的效果。律师在接访中，不仅要想清楚适用的法律条款，还要针对来访人的实际情况，用信访人听得懂的语言进行解释，做到"入心入脑"，促使信访人依法理性反映问题，选择最合适的途径解决问题。

2. 信访接待工作

现阶段，每个信访部门都会设置有领导接待日，而往往都会配备有专业的律师陪同接待，为领导接待信访人出谋划策，提出专业的法律意见。其实，信访的现场接待对于律师的要求是非常高的，因为律师当天陪同值班时根本不知道会碰到怎样的法律问题，更加不知道来访人的心性，因此各信访部门对于信访接待律师的职业年限、实践经验和专业领域等应当设置一定的要求，并应当对信访律师每年进行不定期的培训以增加其专业度和知识面，有利于推进信访矛盾的化解。另外，作为信访接待律师本身，平时应当注重对各个领域法律法规的学习和积累，做好应对信访人提出各种法律问题的准备。

3. 信访案件的复查复核工作

复查案件是指信访人对行政机关针对其投诉请求类信访事项作出的信访处理意见不服，而在收到信访处理意见之日起 30 内，向信访处理机关的上一级行政机关申请复查的案件。而复核案件是指信访人对复查意见不服的，在收到信访复查意见之日起 30 内，向复查机关的上一级行政机关申请复核的案件。信访处理程序经过行政机关复核完毕后终结。

可以说，复查复核行为是对前一次信访处理意见的再审核和监督，这个过程需要律师对于前一次的信访处理意见进行全面的审查，包括书面审查、与信访处理意见的出具机关沟通了解情况以及与信访人约谈充分听取信访人的诉求等，最终在总结整理所有讯息后向复查复核机关出具书面的律师复查复核意见书。

二、律师参与政府信访事务操作实务

(一) 律师参与政府信访事项复查复核案件的实务操作

1. 复查复核案件的申请与受理

信访复查复核案件的申请人为信访人本人。若信访人因健康等原因不能由本人申请的，可以书面委托 1 名代理人提出申请。申请人为 5 人以上（不含 5 人）的，应当推选代表，代表人数不得超过 5 人。而信访复查复核案件的被申请人为信访处理、复查意见的行政机关。申请人申请复查复核，应当采用书面方式。书面申请确有困难的，可以口头申请。口头申请的，复查复核机关在当场录制后，由申请人以签字等方式进行确认。

申请复查复核应当满足下列条件：其一，有明确的复查复核请求和事实依据；其二，属于投诉请求类信访事项；其三，复查复核请求不得超出信访或申请复查时的请求范围；其四，必须在法定期限内提出，申请期限自申请人收到行政机关的书面信访答复之日的次日起算；其五，向复查复核机关提交申请书、申请人的身份证明、授权委托书、信访事项的处理意见书或者复查意见书原件及其他与案件有关的材料。申请复核符合上述条件的，复查复核机关应当予以受理。

在复查复核案件的申请与受理阶段，主要由复查复核机关来审核信访人提供材料的形式要件，律师一般在该阶段不参与，主要是针对复查复核机关正式受理信访人提供的复查复核申请后对于案件本身进行调查和发表意见。

2. 复查程序

复查机关复查信访事项时，原则上采用书面审查的办法。若复查机关认为案件较为复杂或者有些材料不是特别明确的，可以组织信访人、原信访意见出具部门及律师分别或者共同召开协调会，听取信访人的诉求及事实和理由、原信访意见出具部门的理由和依据以及律师在查阅相关案卷材料后的专业法律意见。

律师在接到信访复查案件后，应当第一时间对整个案件进行全面的尽职调查，包括案件的来龙去脉、信访人的具体诉求和理由、原信访处理意见的合法性和合理性、所依据法条的有效性和溯及性，站在中立的角度给出客观、公正的法律意见。

复查机关在审查案件并充分听取律师的法律意见后，根据不同情况作出以下不同的处理意见：

（1）认为原信访处理意见或不予受理决定事实清楚、证据充分、适用法律正确，程序合法、处理恰当的，应当决定维持。

（2）认为原信访处理机关无正当理由不予受理的，复查机关应当撤销该不予受理决定，责令被申请人限期内予以受理。

（3）认为原处理意见认定事实不清、证据不足或者原处理意见对信访诉求的审查和答复存在遗漏的，退回被申请人再调查处理，并责令其在限期内重新出具信访处理意见。

（4）认为申请人提出的事项依法应当通过诉讼、仲裁、行政复议等法定途径或行政程序处理，而被申请人按照信访程序处理的，撤销原信访处理意见，并告知申请人应当在法定期限内通过法定途径或行政程序处理；若被申请人作出的信访处理意见超越本机关职权范围的，复查机关亦应当撤销原信访处理意见，并告知申请人向有权处理的机关提出。

（5）认为原信访处理意见未针对申请人投诉请求或处理结论明显错误的，撤销原信访处理意见，并责令被申请人重新处理。

（6）认为原信访处理意见认定事实清楚、证据充分，但适用法律、法规、规章或规范性文件等错误的，复查机关应当直接予以变更。

3. 复核程序

复核工作程序基本与复查流程保持一致。复核机关复核信访事项时，原则上亦采用书面审查的方式，但复核机关认为有必要的，可以组织有关各方召开听证程序，经过听证的复核意见，可以依法向社会公示，公示决定由复核机关作出。信访人对信访事项复核意见不服，仍然以同一事实和理由提出投诉请求的，各级政府信访工作机构和其他行政机关不再重复受理，并书面告知信访人。

律师参与复查复核工作，应当积极配合相关行政部门的工作流程，同样的信访部门及有关行政机构应当对律师的信访调查工作给予便利，以完整、客观的角度还原案件的事实真相。律师应当尽自己最大努力，从道德、法理、情理等不同角度，使用不同方法耐心劝解信访人，并告知信访人的正确维权途径，最大限度地化解信访矛盾。

（二）律师参与政府信访听证实务操作

信访听证是指行政机关在办理信访事项或者复核信访处理意见时，对重大、复杂、疑难的信访事项，以会议的形式，通过询问、举证、辩论、评议等方式查明案件事实、厘清过错责任的一种方式。听证应当公开、公平、公正举行，充分听取信访人的诉求和理据，保障其陈述和辩论的权利，整个听证的过程不同于法院开庭，不应采用对抗式的反驳，而是应当融通贯穿疏导、沟通等方式，以和解、调解等形式解决矛盾，达到息访的目的。

律师参与信访听证时，应当充分听取信访人及信访处理机关的陈述和申辩并审核双方所提供证据材料的真实性、合法性和关联性，对于双方所提出的意见客观发表意见，并作为中立第三方进行居间调解，充分发挥律师参与信访矛盾化解的作用。

【案例分析实训】

【案例7.3】周某房屋拆迁补偿案件

【案情简介】

信访人周某因对某东方汽配城的征收补偿方案不满，已连续向区、市、省、国家等各级信访部门上访3年，被国家信访局列入"四重"案件。信访人周某称其为信访所涉房屋的实际产权人而非房屋产权证上所登记的"潘某"。信访人周某称该房屋是其在2005年出资购买的，其当时是使用潘某的名义买房并办理贷款的，但实际资金均是由周某本人提供的。购房后，潘某向信访人周某实际交付了房屋，随后信访人周某并没有实际居住在内，而是将房屋出租给他人，但是涉案房屋的实际占有使用权一直是由信访人周某享有。

然而，房屋土地征收部门在征收补偿时只认可房屋产权登记信息，并与潘某实际签订《安置房屋拆迁补偿协议》，严重损害了信访人周某的合法权益。因此，信访人向各级信访部门反映房屋土地征收部门在征收补偿时存在诸多违法行为，要求信访部门予以纠正。

【思考问题】

1. 信访人周某的信访事项是否属于信访部门的受理范围？
2. 作为信访律师，接到周某的信访案件后，你应当做哪些工作？
3. 对于周某的信访诉求，你可以给出怎样的法律意见？

劳动仲裁案件实务

【本章概要】本章从劳动关系的成立，劳动合同的签订、履行、变更和解除等方面进行了全面、细致、深入地分析与解答，结合典型案例，以案说法，有针对性、目的性地提出实践中常见的一些法律问题，并根据相关法律法规的规定对问题加以解释，为缺乏劳动仲裁案件实务经验的学生提供了专业性的指导，进而让其有效地维护自身权利。

【学习目标】让学生了解仲裁委员会和法院诉讼的流程、步骤及一些常见的法律问题，引导学生了解各个阶段当事人所须提交的材料以及仲裁员、法官审理案件的重点内容，举例归纳实践中常常出现的"疑难杂症"，结合典型案例加以说明分析。

第一节 概 述

劳动争议的解决途径有调解、和解、仲裁、诉讼，劳动争议又称劳动纠纷，是指劳动关系当事人之间因劳动权利和义务产生分歧而引起的纷争。目前，全国范围内各类劳动争议案件日益增多，其中包括工伤纠纷、拖欠薪资、违法解除劳动合同，等等。劳动者的维权意识越来越强。根据我国相关法律规定，在劳动者与用人单位发生劳动争议后，单方或双方可以采取多种途径予以解决。当然，目前实践中解决劳动争议的方式也多种多样，除了在劳动者与用人单位协商一致的情况下，我国的法律、法规、规章等也对此作了明确的规定，其中包括调解、劳动仲裁以及劳动诉讼等途径，而不同的解决途径所对应的流程也大有不同。劳动者除了可以向劳动争议调解委员会申请调解之外，还可以根据我国现行的"一裁两审，仲裁前置"纠纷处理机制来获得救济，简单来说就是对于劳动争议而言，当事人可以向劳动仲裁委员会申请仲裁，对于仲裁结果不服的，可以向人民法院提起诉讼，而不可直接向人民法院提起诉讼，需要先经过劳动仲裁的前置程序。即，当事人如果未经仲裁程序不得直接向人民法院起诉，否则，人民法院可不予受理，例外是，劳动者以用人单位的工资欠条为证据，且诉讼请求不涉及其他争议的，可按照追索劳动报酬案由直接向人民法院起诉，人民法院按照普通民事纠纷受理。而劳动者和用人单位的协商程序不是处理劳动争议的必经程序。双方可以协商，也可以不协商，完全出于双方的自愿意识，任何人都不能强迫。相较于仲裁、诉讼而言，向劳动争议调解委员会申请调解的方式是一种低成本、高效率的劳动争议解决途径，相比之下，这种方式也是除了协商之外相对缓和解决双方之间的矛盾争议的方式。

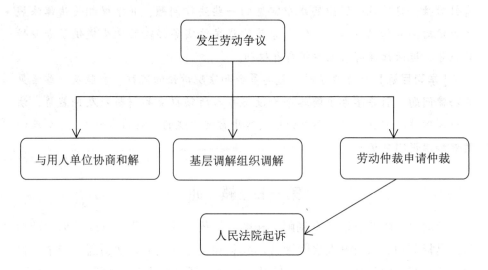

本书旨在为青年律师提供劳动争议仲裁的实务操作指南，因此本书会在劳动争议仲裁与诉讼这两块实务内容着重论述。

第二节　劳动争议仲裁程序

一、劳动争议仲裁程序的概述

（一）劳动仲裁案件受理的范围

在实际的操作中，一旦劳动者和用人单位发生了劳动纠纷之后，如果双方无法达成和解或调解，那么作为劳动者，可以向劳动仲裁委员会提起劳动仲裁，但劳动仲裁委员会并不是所有的劳动争议都能受理。根据上海市劳动仲裁的办案规则，适用劳动仲裁的争议包括：①企业、个体经济组织、民办非企业单位等组织与劳动者之间，以及机关、事业单位、社会团体与其建立劳动关系的劳动者之间，因确认劳动关系，订立、履行、变更、解除和终止劳动合同，工作时间、休息休假、社会保险、福利、培训以及劳动保护，劳动报酬、工伤医疗费、经济补偿或者赔偿金等发生的争议。②实施公务员法的机关与聘任制公务员之间、参照公务员法管理的机关（单位）与聘任工作人员之间因履行聘任合同发生的争议。③事业单位与工作人员之间因除名、辞退、辞职、离职等解除人事关系以及履行聘用合同发生的争议。④社会团体与工作人员之间因除名、辞退、辞职、离职等解除人事关系以及履行聘用合同发生的争议。⑤军队文职人员聘用单位与文职人员之间因履行聘用合同发生的争议。⑥法律、法规规定由仲裁委员会处理的其他争议。目前实践中，比较常见的劳动争议包括因履行、解除、终止劳动合同发生的争议、因经济补偿和赔偿发生的劳动争议、因工伤而导致的劳动争议等。

（二）仲裁案件的诉讼时效问题

劳动者提起劳动仲裁的同时，往往需要注意一个问题，那就是诉讼时效的问题。根据《中华人民共和国劳动争议调解仲裁法》（以下简称《劳动争议调解仲裁法》）第 27 条的规定，劳动争议申请仲裁的时效期间为一年。仲裁时效期间从当事人知道或者应当知道其权利被侵害之日起计算。前款规定的仲裁时效，因当事人一方向对方当事人主张权利，或者向有关部门请求权利救济，或者对方当事人同意履行义务而中断。从中断时起，仲裁时效期间重新计算。因不可抗力或者有其他正当理由，当事人不能在前述规定的仲裁时效期间申请仲裁的，仲裁时效中止。从中止时效的原因消除之日起，仲裁时效期间继续计算。劳动关系存续期间因拖欠劳动报酬发生争议的，劳动者申请仲裁不受《劳动争议调解仲裁法》第27条第1款规定的仲裁时效期间的限制；但是，劳动关系终止的，应当自劳动关系终止之日起一年内提出。那么不难看出，劳动仲裁的诉讼时效是一年，起算时间从发生劳动争议之日起计算，如果是涉及劳动报酬的争议，那么起算时间是从劳动关系结束之日起计算。

（三）管辖的确定

劳动争议仲裁的管辖是指劳动争议仲裁委员会审理劳动争议的权限和分工，确定当事人应当去哪个仲裁委员会去申请劳动仲裁。一般而言，劳动争议仲裁委员会按照统筹规划、合理布局和适应实际需要的原则设立。仲裁管辖确定目的也是为了方便劳动者去劳动争议仲裁委员会提起仲裁。

根据《劳动争议调解仲裁法》第21条的规定，劳动争议仲裁委员会负责管辖本区域内发生的劳动争议。劳动争议由劳动合同履行地或者用人单位所在地的劳动争议仲裁委员会管辖。

在实践中，有时候会出现双方当事人分别向劳动合同履行地和用人单位所在地的劳动争议仲裁委员会申请仲裁的情形，根据相关的法律规定，由劳动合同履行地的劳动争议仲裁委员会管辖。这主要是为了解决当事人就劳动争议仲裁委员会的管辖权发生争议时，如何确定劳动争议仲裁管辖的问题。在多数情况下，劳动合同履行地一般就是用人单位所在地，两者属于同一个管辖地区，那么既方便劳动者和用人单位参加仲裁活动，也方便仲裁委员会审理案件事实，同时，当案件发生法律效力后，劳动者向人民法院申请强制执行时，也便于执行法官的后续执行活动。

除此之外，实践中往往可能出现移送管辖的情形。移送管辖的定义即劳动争议仲裁委员会将已经受理的无管辖权的劳动争议案件移送给有管辖权的劳动争议仲裁委员会。如果劳动争议仲裁委员会发现已经受理的劳动争议案件不属于本仲裁委员会管辖时，比如说当事人按照实际履行合同地提起仲裁后，实际履行地不复存在了，那么仲裁委应当将案件移送至有管辖权的仲裁委员会。

二、劳动争议仲裁的受理

（一）证据材料的准备

一般而言，劳动仲裁的案件都应当在向仲裁委员会申请仲裁的同时，提交相应的证据材料，而这些证据材料通常包括以下几种：

第一，双方身份主体的证明，如果申请者是劳动者的话，需要提交本人身份证复印件，如果申请人是单位的，需要提供营业执照复印件以及法定代表人身份证明；劳动仲裁申请书，申请书除了需要写明劳动者的基本情况外，还应当有明确、具体的申请。

第二，申请所依据的事实和理由。

第三，相关的证据材料，包括劳动合同、解除或终止劳动合同证明、工资发放情况、社保缴费记录、考勤记录、工作牌、工作证等相关材料的复印件。

劳动仲裁案件应当向仲裁委提交书面的仲裁申请以及相关的证据材料，份数按照被申请人的人数来提交副本。需要注意的是，在劳动仲裁申请书中应当明确仲裁请求、金额、数字，并且用语应当适中，不可用粗话、脏话辱骂对方。起草事实和理由部分时，应当把案件的经过、事实描述清楚，同时最好结合相关的证据和法律法规进行论述。

申请人的仲裁申请材料若齐全完备的，劳动人事争议仲裁委员会应当出具收件回执，若材料不齐全或申请书书写不规范的，应当当场或在收到材料后的 5 日内一并告知申请人需要补正或修改的全部证据材料。有时候申请人会写一大堆与案件无关的故事情节，但需要注意的是，起草事实和理由时最好能够简明扼要，抓住实质性的问题说明，突出重点即可。

目前，以上海为例，除了单纯确认劳动关系的案件外，其他劳动仲裁案件都需要当事人先向街镇的劳动争议人事调解中心申请调解，若调解不成后，会移送至区劳动仲裁委员会提起仲裁。这种方式的调解程序简易，便于化解双方的争议，有利于解决纠纷，还能节省时间成本。

附劳动争议仲裁申请书：

劳动争议仲裁申请书

申请人			被申请人		
姓　名			单位名称		
性　别			单位性质		
身份证件号		代表人	姓　名		
出生日期			性　别		
国　籍		户　籍	职　务		
家庭住址			办公地址		
			注册地址		
电　话			电　话		
申请人确认以下为法律文书送达地址，导致法律文书无法送达的，承担相关法律责任。					
文书送达地址			文书送达地址		
邮政编码			邮政编码		

请求事项：

一、请求依法裁决被申请人支付申请人 XXXX。

……

事实和理由：

申请人于 X 年 X 月 X 日入职于被申请人单位从事 XX 工作，每月工资 XX
元。……

综上所述，被申请人相应的违法行为严重侵犯了申请人的合法权益，今
特依据相关劳动法律法规的规定向贵仲裁委提起劳动仲裁，恳请贵仲裁委能
支持申请人的仲裁请求，特此感谢。

劳动者基本情况（必填）：

是否签订劳动合同（　　　）单位是否逃匿（　　　　）

劳动者实际工作场所和地址：_____

进单位时间：_____从事何种岗位：_____

离开单位时间：_____离开原因：_____

此致
劳动争议仲裁委员会

申请人：

日　期：

（二）开庭审理

一般而言，仲裁委会在开庭前 5 日，将开庭日期、地点通知双方当事人，
有时候可能会提前 2 周通知。如果当事人有正当理由的，那么可以在开庭前 3
日提出延期开庭审理。当事人仅仅有权申请延期，最终的决定权还是在于仲
裁委。

简单的劳动争议案件可以由一名仲裁员独任仲裁，配上一名书记员。一
般的劳动争议案件是由三名仲裁员组成，设首席仲裁员，再配上一名书记员
记录文字。

整个开庭的流程先核实双方当事人的身份，剩余的流程一般如下：

第一，仲裁员会先让申请人陈述一下自己的诉讼请求，以及说明事实理由和相关的法律依据。

第二，申请人陈述完毕后，由被申请答辩，被申请人对申请人的仲裁请求和所述事实不认可的，可就有关的事实和法律依据进行答辩。

第三，答辩完毕后，仲裁员会对双方有争议的问题进行询问了解，对于双方分歧较大的问题，应当由双方当事人进行举证或申请仲裁庭依职权进行调查。

第四，随后进入到质证环节，由一方当事人举证，并说明该证据证明的事实，另一方当事人对证据的"三性"，即"真实性""关联性""合法性"发表意见。若一方当事人申请证人出庭，双方当事人均可向证人提问，但证人不可参与整个庭审过程。

第五，质证结束后，由仲裁员组织双方当事人进行答辩，当事人可以根据庭审中发生的争议和举证情况，依据相关的法律法规发表自己的意见和观点，反驳对方的观点，以此来获得仲裁员对自己论述的支持。

第六，仲裁员征询双方当事人最后陈述的意见。

第七，在庭审结束后，仲裁员会组织双方进行调解。如果当事人自行和解，达成和解协议的，可以撤回仲裁申请，也可以请求仲裁庭根据和解协议出具相应的调解协议书。

第八，若双方当事人无法达成调解或和解。那么仲裁庭会依法裁决。

整个仲裁审理过程，书记员都应予以记录，若内容有所遗漏或是需要补正时，可以在庭审后，查阅庭审记录予以修改，修改后需要参与庭审的相关当事人签名并写上日期。若当事人拒绝签名的，仲裁庭应该写明情况后附卷。

(三) 裁决和调解

1. 裁决

仲裁庭裁决案件时，其中有一部分事实已经清楚，可以先就该部分进行裁决。

裁决书应当载明仲裁请求、争议事实、裁决理由、裁决结果和裁决日期。裁决书由仲裁员签名并加盖仲裁委的印章。

2. 调解

调解书应当写明仲裁请求和调解结果，调解书由仲裁员签名并加盖仲裁委的印章，送达双方当事人，调解书经双方当事人签字确认后，才发生法律效力。

（四）裁决书和调解书的执行问题

双方当事人应当按照调解书或裁决书的内容履行相应的义务，若一方当事人逾期不履行的，另一方当事人可以依照民事诉讼的相关法律规定，对已经生效的调解书或裁决书，向人民法院申请强制执行。

三、与劳动仲裁相关的其他问题

（一）审理期限及费用

一般而言，劳动仲裁案件的审限为45天，自劳动仲裁委员会受理仲裁请求事项之日起计算。若遇到案情复杂需要延期的，由仲裁委员会主任批准，可以延期审理，但是延期的期限不得超过15天。

如果涉及特殊事项，例如疫情期间，中止审理期限是不计入仲裁期间内的。如果案件需要移送管辖，那么仲裁期限是从接受移送之日起计算。

根据《劳动争议调解仲裁法》第53条的规定，劳动争议不收取费用。劳动争议仲裁委员会的经费由财政予以保障。

（二）特别规定

1. 一裁终局的案件

根据《劳动争议调解仲裁法》第47条的规定，目前适用一裁终局的劳动争议案件有两种类型：第一种是小额案件，也就是追索劳动报酬、工伤医疗费、经济补偿或赔偿金，不超过当地月最低工资标准12个月金额的争议；第二种是标准明确的案件，也就是因执行国家的劳动标准在工作时间、休息休假、社会保险等方面发生的争议。对于第一类案件，一般应当以当事人申请仲裁时各项请求的总金额为标准确定是否属于适用一裁终局的劳动争议案件。对于第二类案件，这类劳动争议的案件一般不涉及具体金额。

根据《劳动争议调解仲裁法》第48条规定："劳动者对本法第47条规定的仲裁裁决不服的，可以自收到仲裁裁决书之日起15日内向人民法院提起诉讼。"根据该条规定，《劳动争议调解仲裁法》确立的一裁终局原则是相对的，是否具有终局裁决的效力完全由劳动者决定。只要劳动者不服，就可以向法院提起诉讼，该裁决就不发生法律效力。用人单位即使不服，也不能向法院提起诉讼。这两类一裁终局的案件不允许用人单位提起诉讼，主要是为了防止用人单位恶意拖延诉讼时间，从劳动者的方面考虑是为了减少其维权成本，以便构建和谐的劳资关系。劳动者对"一裁终局"裁决不服的，可以自收到仲裁裁决书之日起 15 日内向人民法院提起诉讼；用人单位有证据证明有六种法定情形之一的，可以自收到仲裁裁决书之日起 30 日内向劳动争议仲裁委员会所在地的中级人民法院申请撤销裁决，仲裁裁决被人民法院裁定撤销的，可以自收到裁定书之日起 15 日内就该劳动争议事项向人民法院提起诉讼。

2. 仲裁委员会无管辖权的规定

根据《劳动争议调解仲裁法》第 21 条规定："劳动争议仲裁委员会负责管辖本区域内发生的劳动争议。劳动争议由劳动合同履行地或者用人单位所在地的劳动争议仲裁委员会管辖。双方当事人分别向劳动合同履行地和用人单位所在地的劳动争议仲裁委员会申请仲裁的，由劳动合同履行地的劳动争议仲裁委员会管辖。"根据法条可以看出，若双方当事人分别向劳动合同履行地和用人单位所在地提起劳动仲裁的，由劳动合同履行地的仲裁委员会管辖，如果违反了这一规定，可以申请撤销裁决。

3. 对同时起诉与申请撤销仲裁裁决的处理方式

根据《劳动争议调解仲裁法》第 48 条规定："劳动者提起诉讼劳动者对本法第 47 条规定的仲裁裁决不服的，可以自收到仲裁裁决书之日起 15 日内向人民法院提起诉讼。"根据《劳动争议调解仲裁法》第 49 条规定："用人单位有证据证明本法第 47 条规定的仲裁裁决有下列情形之一，可以自收到仲裁裁决书之日起 30 日内向劳动争议仲裁委员会所在地的中级人民法院申请撤销裁决：①适用法律、法规确有错误的；②劳动争议仲裁委员会无管辖权的；③违反法定程序的；④裁决所根据的证据是伪造的；⑤对方当事人隐瞒了足以影响公正裁决的证据的；⑥仲裁员在仲裁该案时有索贿受贿、徇私舞弊、枉法裁决行为的。人民法院经组成合议庭审查核实裁决有前款规定情形之一的，应当裁定撤销。仲裁裁决被人民法院裁定撤销的，当事人可以自收到裁定书之日起 15 日内就该劳动争议事项向人民法院提起诉讼。"根据法条，劳动者可以向基层法院提起诉讼，用人单位在满足条件的情况下可以向中级人民法院申请撤销仲裁裁决。

【内容实训】起草一份简单的仲裁申请书。

【实训要求】

能够完整、准确地起草出一份仲裁申请书。

第三节 劳动争议诉讼程序

劳动争议是指人民法院受理已经仲裁前置的案件，依法进行审理的民事诉讼。在劳动争议诉讼的过程中，也要注意调解双方之间的矛盾，实现劳动关系的和谐稳定。

一、起诉与受理

（一）受理劳动仲裁案件的范围

劳动者与用人单位之间发生的下列纠纷，当事人不服劳动争议仲裁委员会作出的裁决，依法向人民法院起诉的，人民法院应当受理：

第一，劳动者与用人单位在履行劳动合同过程中发生的纠纷。

第二，劳动者与用人单位之间没有订立书面劳动合同，但已形成劳动关系后发生的纠纷。

第三，劳动者退休后，与尚未参加社会保险统筹的原用人单位因追索养老金、医疗费、工伤保险待遇和其他社会保险费而发生的纠纷。

（二）仲裁案件的证据材料准备

根据相关的法律规定，原告提起诉讼时，需要准备如下材料：

1. 起诉状

诉状的数量根据被告方人数确认，若只有一个被告，那么需要向法院提交两份诉状，一份给审判法官，一份由法院寄送给被告。原告方自留一份，所有提交的诉状都需要当事人签名盖章，需要提供原件而不可提交复印件。

2. 原、被告身份信息

若是自然人，提交的是身份证复印件或派出所出具的人口信息；若是企业、法人或其他组织，则需要出具营业执照复印件或企业公示信息，可以在全国企业公示信用网站上查询打印，若是原告方为企业、法人或其他组织，还需要另行出具法定代表人身份证明。

委托代理手续文件。若双方当事人有诉讼代理人的，那么需要提供真实有效且明确授权范围的授权委托书及身份证明。若为特别授权，那么代理权限包括和解、调解、变更撤销诉讼请求、上诉、反诉、撤诉、签署文书等。

3. 诉讼争议材料

（1）原被告之间存在法律关系的证明材料，例如裁决书、调解书等。

（2）相关证据材料，若当事人认为与本案有关的，需要向法院提供的其他证明材料。

（三）管辖法院的确定

《最高人民法院关于审理劳动争议案件适用法律若干问题的解释》（2008年调整）第8条规定，劳动争议案件由用人单位所在地或者劳动合同履行地的基层人民法院管辖。劳动合同履行地不明确的，由用人单位所在地的基层人民法院管辖。第9条规定，当事人双方不服劳动争议仲裁委员会作出的同一仲裁裁决，均向同一人民法院起诉的，先起诉的一方当事人为原告，但对双方的诉讼请求，人民法院应当一并作出裁决。根据上述法条可以看出，若双方当事人同时向有管辖权的法院提起诉讼，由先立案受理的法院作为管辖法院，后立案的法院应当将案件移送到先立案的法院进行审理。

一般的民事诉讼都是由被告所在地管辖，但是劳动争议较为特殊，所以在实践中以用人单位所在地为管辖地的情况居多。主要是便于当事人诉讼，如果能确定劳动合同履行地，也可以作为人民法院的管辖地。实践中可以以用人单位注册地或实际用工地作为人民法院管辖地。

（四）案件受理及其诉讼费用

由人民法院审理的诉讼案件，当事人都需要缴纳诉讼费。劳动争议案件每件需要交纳10元的诉讼费用。案件的诉讼费用由原告或上诉人预先缴纳。若被告或被上诉人提起反诉，依照诉讼费用交纳办法规定需要交纳案件诉讼费用的，由被告预先缴纳，其中有一个特例，就是劳动者追索劳动报酬的案件可以不预交案件诉讼费用。其中若案件适用简易程序，可以减半收取诉讼费，诉讼费最终由败诉方承担。

二、诉状的书写

（一）诉状书写要求

起诉书的标题应当是"民事起诉状"，也可以是"民事起诉书""起诉状"。一定要列明原被告身份信息，目的是让法官清楚地知道谁是本案的当事人。劳动仲裁后的诉讼案件需要特别注意，一定要写清楚，案件已经经过劳动仲裁的审理，或是用人单位已经收到了中级人民法院出具的撤销一裁终局的裁定书。

首先，诉讼请求部分要注意写清楚具体诉请，结合案件的具体情况，每个案件的诉讼请求都基本不一样，模板也仅供参考。其次，在说明事实和理由部分注意简明扼要，可以手写，但是要注意保持纸张整洁，也可以打印下来。最后，在起诉状的尾部要用黑色水笔或钢笔签名并写上日期，或由法定代表人签名并加盖公章。

（二）诉状模板

本模板以劳动者不服裁决向法院提起诉讼作为模板，仅供参考。

民事起诉状

原告：XXX，性别：X，民族：X，XXXX 年 XX 月 XX 日生，
户籍地址：XXXXX
送达地址：XXXXX
代理人：XXXX　　　　　　联系电话：XXXXX

被告：XXX
注册地址：XXXXX
送达地址：XXXXX
法定代表人：XXXX　　　　　联系人：XXXX　　　　联系电话：XXXXX

原告与被告因劳动争议一案，原告因不服 XX 区劳动人事争议仲裁委员会 [XX 劳人仲（XXXX）办字第 XXX 号] 仲裁裁决书，向贵院提起诉讼。

诉讼请求：

一、请求法院对 XX 区劳动人事争议仲裁委员会 [XX 劳人仲（XXXX）办字第 XXX 号] 仲裁裁决书的错误裁决进行纠正。依法判决被告向原告支付拖欠工资 XXXX 元；

二、本案的诉讼费用由被告承担。

事实与理由：

原告于 XXXX 年 XX 月 XX 日进被告处工作，一直从事操作工的工作，直到 XXXX 年 XX 月 XX 日，因被告拖欠工资，原告决定辞职离开。在原告为被告工作的 XX 个月里，被告仅向原告支付了 XXXX 元的工资，剩余工资至今未发放。离职后，因被告一直拖欠工资，XXXX 年 XX 月 XX 日，原告向 XX 区劳动人事争议仲裁委员会申请仲裁，要求被告支付 XXXX 年 XX 月至 XXXX 年 XX 月及 XXXX 年 XX 月至 XXXX 年 XX 月期间的工资差额 XXXX 元。

XXXX 年 XX 月 XX 日，XX 区劳动人事争议仲裁委员会作出 [XX 劳人仲（XXXX）办字第 XXX 号] 仲裁裁决书。原告认为 XX 区劳动人事争议仲裁委员会认定事实错误，裁决结果显失公正，理由如下：

一、根据《企业信用信息公示报告》中显示 XXX 同时也是被告公司的监事，与法定代表人 XX 系夫妻关系，XX 年度报告中企业联系电话也是 XXX 个人的手机号，可见 XXX 即为被告的实际负责人。故原告主张与被告存在劳动关系，有理有据。

二、原告在庭审中表示，在被告处工作期间，每天上下班都打卡，考勤卡上有"XX"两个字，打卡记录可以证明原告确实在被告处工作，为被告的员工。然而，打卡记录由被告方保管，因被告未向仲裁委提交答辩状，也未到庭应诉，根据法律相关规定，对于负有举证责任的当事人，没有证据或者证据不足以证明的，应该承担不利后果。故应当由被告承担不利后果，确认原告与被告之间存在劳动关系。

综上所述，原告认为 XX 区劳动人事争议仲裁委员会对本案认定的事实有错误，裁判结果不符合法律规定。为依法维护原告的合法权益，特向贵院依法提起诉讼，恳请贵院依法判决！

　　此致
　　上海市 XX 区人民法院

具状人：

年　　月　　日

三、举证责任

（一）劳动关系确认案件中的举证责任

　　发生劳动争议时，举证责任分配是谁主张谁举证，如果与争议事项有关的证据属于用人单位掌握管理的，则应当由用人单位提供，如果用人单位不提供，那么由用人单位承担不利的法律后果。如果是涉及用人单位开除、辞退、解除劳动合同等发生劳动争议的，由用人单位承担举证责任。

　　需要注意的是，在确认是否存在劳动关系的事实时，一般由劳动者提供初步的证明，如果用人单位认为不存在劳动关系，也可以提供用人单位的员工手册名单、考勤记录等反驳。实践中只要劳动者举证证明为用人单位提供了劳动，仲裁机构就会作为劳动案件受理。用人单位若否认双方之间的劳动关系，应当举证证明。

　　实践中，能确认劳动关系最直接的证据是劳动合同，因为根据《中华人民共和国劳动合同法》（以下简称《劳动合同法》）的规定，用人单位需要在用工之日起的一个月内与劳动者签订劳动合同，如果没有签订劳动合同，那么用人单位就违反了法律法规，同时，用人单位也需要帮劳动者缴纳社会保险。同时也可以用社保缴费单作为双方之间存在劳动关系的证明，缴费单只需要本人拿着身份证去社保中心调取即可。

　　除了劳动合同和社保缴费记录之外，实践中很多单位的操作并不规范，因此可能不会签订劳动合同和缴纳社保，那么除了这两项证据之外，劳动者还可以用工资单、工资交易银行流水、工牌、员工名册、其他员工的证人证言、考勤记录等相关的证据来证明存在劳动关系。但是需要注意的是，如果提交的是纸质文件，那么开庭时需要提供原件核实；如果是证人证言，证明效力比较低，书面的证据效力大于口头的证据效力。所以，作为劳动者，在与用人单位确认劳动关系时，一定要及时签订劳动合同以此证明双方存在的劳动关系，对日后可能发生工伤、纠纷等情况提供相应的保障。

（二）劳动合同解除、终止案件中的举证责任

根据《最高人民法院关于民事诉讼证据的若干规定》第6条和《最高人民法院关于审理劳动争议案件适用法律若干问题的解释》（2008年调整）第13条的规定，在劳动争议纠纷案件中，因用人单位作出开除、除名、辞退、解除劳动合同、减少劳动报酬、计算劳动者工作年限等决定而发生劳动争议的，用人单位负举证责任。所以如果是涉及这几项而导致发生了劳动争议的案件，用人单位承担举证责任，而非劳动者。因此，若相关的法律法规有规定用人单位承担举证责任的或规定由用人单位负责的事项，用人单位就需要对自己遵守了这些规章制度、法律法规的事实承担举证责任。

除了上述的规定，用人单位有义务在劳动者没有特殊理由擅自决定不来公司上班的时候，通知劳动者来公司上班以及告知劳动者不来上班的后果。如果用人单位认为职工属于擅自离职，则用人单位在职工擅自离开工作岗位后应履行相应的通知义务。根据公平原则、逻辑推理、日常经验以及当事人举证能力等因素，据此解除劳动合同事实的举证责任由用人单位承担。

四、诉讼及执行程序

劳动争议诉讼，是指人民法院对当事人不服劳动争议仲裁机构的裁决或决定而提起诉讼的劳动争议案件。因此，劳动争议仲裁是劳动争议案件进入诉讼程序的前置程序。如果当事人对劳动争议仲裁裁决不服，向人民法院提起民事诉讼的，劳动争议仲裁裁决不发生法律效力，而人民法院的终审裁判文书发生法律效力。

一般的劳动争议案件，当事人自收到仲裁裁决书之日起15日内向人民法院提起诉讼，若逾期不起诉的，那么裁决书自然而然地发生了法律效力。特殊的仲裁案件，例如一裁终局的案件，当事人自收到仲裁裁决书之日起30日内向劳动争议仲裁委员会所在地的中级人民法院申请撤销裁决。如果是符合受案条件的，法院在7日内立案，并通知当事人，不符合起诉条件的，法院应当在7日内作出不予受理的裁定书，原告对裁定不服的，可以提起上诉。一般起诉和受理的法院是用人单位所在地基层人民法院或劳动合同履行地的

基层人民法院。

实践中，劳动者可能比较关心的是拿到了生效的判决或裁定，用人单位还是不履行给付义务，那该怎么办？这时候就需要到法院执行窗口立案，一般立案时需要如下的材料：

第一，一份申请执行书原件，必须用墨水笔（黑色、蓝黑色）书写或打印。申请人是自然人的，需本人签名并提交本人身份证复印件，若是企业作为申请人，则需要加盖企业的公章并提交营业执照复印件。

第二，被申请人的身份材料。被申请人如果是自然人的，需提交公安机关开具的人口户籍信息复印件或身份证复印件、户口本复印件等身份证明；被申请人如果是公司、企业等法人的，则需要提交工商登记信息，可以在全国企业公示信息网上自行下载打印。

第三，申请执行所依据的生效裁判文书的原件或复印件，注意这里需要提供仲裁裁决或调解书的原件，因为法院系统和仲裁系统是不同的部门，所以法院无法查询复印件的真实性，因此都需要提供生效判决书的原件，若是法院判决已经生效的，则只需要提供复印件即可。

第四，双方当事人已经签收了生效判决、裁决、调解书的材料证明。用于证明未公告送达，案件已经生效。

第五，委托诉讼代理人申请执行的，还应提交委托手续材料。律师为诉讼代理人的，应提交申请人签章的授权委托书、律师事务所公函及律师证复印件。如果是委托近亲属作为代理人的，还应当提交亲属关系证明，例如户口本、结婚证、独生子女证等材料的复印件。

第六，若申请人有财产线索，也可向法院一并提供。

【内容实训】起草一份简单的诉状。

【实训要求】

了解诉讼需要准备的材料、清楚各阶段的诉讼流程以及双方的举证责任。

第四节 相关实务问题及解答

一、劳动关系的确立

(一) 如果没有签订劳动合同，如何认定双方之间的关系？

除了劳动合同之外，劳动者还可以用社保缴纳记录、工资单、工资交易银行流水、工牌、员工名册、其他员工的证人证言、考勤记录、工作成果等相关的证据证明双方之间存在合法的劳动关系。

案例：原告许 X 于 2011 年 4 月 19 日进入被告处工作，从事玻璃安装工作，月平均工资 3000 元。原告未与被告签订劳动合同，也未为被告缴纳社会保险。原告提交了如下证据材料：

(1) 2011 年 6 月 9 日原告与被告经营者李 Z 的对话录音，2011 年 9 月 20 日、21 日、22 日、10 月 2 日原告与李 Y 的电话录音，2011 年 9 月 24 日原告与李 Y、张 X 的电话录音，2011 年 6 月 4 日原告与李 X 的对话录音，2011 年 9 月 24 日被告与原告员工阿姐的电话录音，2011 年 9 月 29 日原告与被告员工阿光的电话录音，用以证明原、被告存在劳动关系。

(2) 通话详情单、短信详情单，证明 a 系李 Y 的电话号码，b 系被告展厅的电话号码，c 系李 X 的电话号码，d 系原告客户黄老板的电话号码。

(3) 原告员工的调查笔录，证明原、被告存在劳动关系。

(4) 张 X 出具的证明，证明 2011 年 4 月 30 日原告在为被告工作过程中受伤。

(5) 吴 X 出具的证明，证明 2011 年 4 月 30 日原告在为被告工作过程中受伤。

(6) 被告员工李 Y 书写的便笺纸，证明原告接受被告的工作指示。

(7) 被告的名片，证明被告展厅的电话号码、经营地址。

(8) 订货确认单、收货单，证明原告系被告的员工。

(9) 原告的网络宣传广告 (网页打印件)，证明被告展厅的电话号码、经营地址。

另查明，原告提供的 2011 年 6 月 9 日与被告经营者李 Z 的对话录音节选："李 Z：对的，对的，所以我跟你说，人家干的活你去看啊，能帮什么东西就帮什么东西。许 X：一般情况下就帮他们。李 Z：然后你干一段，打个比方，干了一下，休息一下，休息一下，一两分钟，这样走走，……你干的时候，也不用马上就去洗手……李 Z：……所以干活你得卖力。……"原告 2011 年 9 月 20 日与李 Y 的通话录音节选："许 X：喂，李总。……。李 Y：老许啊，你尽快过来，等会几个客户要来提玻璃的。……"被告 2011 年 9 月 21 日与李 Y 的通话录音节选："李 Y：你，你们去工地工作了？许 X：没去，……我在这订套子。……"被告 2011 年 9 月 22 日与李 Y 的通话录音节选："李 Y：老许啊。许 X：哎。李总。李 Y：你明天是要出去干活的。……"原告 2011 年 6 月 4 日与李 X 的谈话录音节选："李 X：我现在发你 5 月份的工资，你就按 4 月 20 号上班，这还有 10 天，反正你什么时候离开我这个 10 天会给你的，我现在发一个月一个月的，这一个月。许 X：在这里签字？李 X：哎，哎，签个名，我不会欠你一天的，你放心。等到你什么什么（时候）走我再发给你。签名，写一下。这一个月一个月的啊，你点一下。……"

后法院认为，当事人对自己提出的诉讼请求所依据的事实或者反驳对方请求所依据的事实有责任提供证据加以证明；没有证据或者证据不足以证明当事人的事实主张的，由负有举证责任的当事人承担不利后果。本案中，被告认为与原告不存在劳动关系，对此，本院认为，被告虽对原告与被告经营者李 Z 及职工李 Y、李 X 的谈话和通话的录音提出异议，但并未进一步举证予以否认，应承担举证不能的不利后果，故本院对上述谈话和通话录音予以确认。从原告与被告经营者李 Z 及职工李 Y、李 X 的谈话和通话的录音内容显示，确实存在被告安排原告工作，原告亦接受被告的工作安排及管理，因此，双方之间的法律关系应属劳动法意义上的劳动关系，由于被告均拒绝确认原告入职及离职的日期，应承担对其不利的法律后果，故本院不采信被告的抗辩意见，确认原、被告从 2011 年 4 月 19 日至 2011 年 10 月 31 日期间存在劳动关系。对被告要求确认原、被告从 2011 年 4 月 19 日至 2011 年 10 月 31 日期间不存在劳动关系的诉讼请求，本院不予支持。

分析：用人单位不能以双方没有签订书面的劳动合同来否认双方之间的事实劳动关系。用人单位招用劳动者未订立书面劳动合同，但同时具备下列情形的，劳动关系成立。

根据《劳动和社会保障部关于确立劳动关系有关事项的通知》的相关规定，若用人单位未与劳动者签订劳动合同，认定双方存在劳动关系时可参照下列凭证：

（1）工资支付凭证或记录（职工工资发放花名册）、缴纳各项社会保险费的记录。

（2）用人单位向劳动者发放的"工作证""服务证"等能够证明身份的证件。

（3）劳动者填写的用人单位招工招聘"登记表""报名表"等招用记录。

（4）考勤记录。

（5）其他劳动者的证言等。

本案中，虽然双方没有签订劳动合同，但是双方之间的通话记录和其他辅助证据能够证明原告系在被告处工作且听从被告工作的安排和管理。因此可以认定双方之间的劳动关系。

（二）劳动关系及劳务关系的区别？

劳动关系和劳务关系虽然只有一字之差，但是两者却有着本质的区别。首先双方的主体资格不同，劳动关系的主体具有特定性，一方是劳动者，另一方必然是用人单位。而劳务关系的主体比较多样，可以双方均是平等主体，可以双方都是自然人，也可以双方都是法人。在建立劳动关系以后，双方的地位是不平等的，一般来说，劳动者隶属于用人单位，需要服从用人单位的相关工作安排和规章制度等。而在劳务关系中，双方是平等的地位，劳动者提供劳务服务，用人单位支付劳务报酬，不存在谁管理谁，谁隶属谁，而且二者往往呈"临时性""短期性""一次性"等特点。

（三）劳动者能否与两个用人单位建立劳动关系？

根据《最高人民法院关于审理劳动争议案件适用法律若干问题的解释（三）》第8条的规定，企业停薪留职人员、未达到法定退休年龄的内退人员、下岗待岗人员以及企业经营性停产放长假人员，因与新的用人单位发生用工争议，依法向人民法院提起诉讼的，人民法院应当按劳动关系处理。根据这一规定来看，上述四类兼职形成的用工关系，可作为劳动关系来处理。另根据《劳动合同法》第39条的规定，劳动者同时与其他用人单位建立劳动关系，对完成本单位的工作任务造成严重影响，或者经用人单位提出，拒不改正的，用人单位可以解除劳动合同。也就是说，劳动者可以与其他用人单位建立劳动关系，这本身并不违法，但是同时也赋予了用人单位解除权。

　　法律法规并未禁止双重劳动关系，但是为用人单位提供了相应的救济途径，也可以说是限制了劳动者建立双重劳动关系的权利。从法律法规的层面，立法者并不鼓励提倡建立双重的劳动关系，是基于目前现实因素的影响，例如社会保险由哪家用人单位缴纳、若发生了工伤如何认定等问题。但是从劳动者自身的角度来看，建立双重劳动关系也许可以发挥自身的特长，创造更多的财富价值。

二、劳动合同

　　（一）用人单位不签订劳动合同需要承担什么法律责任？

　　第一，根据《劳动合同法》相关的规定，如果用人单位自用工之日起满1年没有和劳动者订立书面劳动合同，那么用人单位需要自用工之日起满1个月的次日至满1年的前一日向劳动者每月支付2倍的工资。

　　第二，除了上述的双倍工资外，用人单位不签订劳动合同有可能会产生视为已经订立无固定期限劳动合同的风险。《劳动合同法》第14条规定，用人单位自用工之日起满1年不与劳动者订立书面劳动合同的，视为自用工之日起满1年的当日已经与劳动者订立无固定期限劳动合同，应当立即与劳动者补订书面劳动合同。该条规定了用人单位仍需要补签劳动合同的义务，但并不免除已视为无固定期限的劳动合同。

　　第三，如果用人单位和劳动者签订了劳动合同，那么用人单位可以约定试用期，进而可以在试用期内以不符合录用条件为由解除劳动关系而不用支付经济补偿金。如果没有签订劳动合同，进而导致没有试用期的规定，那么后续可能会带来一定的用工风险。

　　（二）劳动合同签订的时间

　　一般来说，劳动合同是在用工关系建立之时签订的。而用人单位也可以选择自用工之日起一个月内和劳动者签订劳动合同，这是法律对于用人单位签订书面劳动合同避免产生双倍工资惩罚性赔偿的最长时间截止点，如果超过这个时间点签订，用人单位可能会产生因未签订书面劳动合同而导致需要向劳动者支付双倍工资的法律后果，除非有证据能够证明是劳动者拒绝签订的。

（三）试用期的约定

根据《劳动合同法》的相关规定，劳动合同期限 3 个月以上不满 1 年的，试用期不得超过 1 个月；劳动合同期限 1 年以上不满 3 年的，试用期不得超过 2 个月；3 年以上固定期限和无固定期限的劳动合同，试用期不得超过 6 个月。

除了上述期限的约定，还需要额外注意以下几个问题：

第一，同一家用人单位与同一个劳动者只能约定一次试用期。

第二，非全日制的用工关系不能约定试用期。

第三，试用期包含在劳动合同期限内，劳动合同仅仅约定了试用期，那么试用期即视为劳动合同用工的期限。

（四）用人单位能否任意调岗？

公司不可以随便调岗，需要和劳动者协商一致才可以调岗，一般岗位都是写在劳动合同里的，调岗严格来讲就是调整劳动合同条款，因此原则上需要跟员工协商一致才能调。但是法律也赋予了一些特殊的前提，在这些前提下，企业可以单方面调岗。其一，当劳动者不能胜任原来的岗位时，可以调岗，这也是实践中出现调岗最常用的理由。但是需要企业以员工手册、企业规章制度、岗位职责说明等考核作为依据，作出考评记录后出具书面的调岗通知。而且要注意，调动的岗位也必须和原岗位具有关联性、合理性，不能让原先的财务经理调岗后去任职保安，那就是不合理不具有关联性的。其二，在员工医疗期满后，员工没办法胜任原岗位的，用人单位也可以单方面调岗，比如说有的员工受伤后鉴定为残疾，那么原岗位可能无法胜任，这时候就算本人不愿意换岗，但是考虑到现实因素，也要服从换岗的安排。需要注意的是，在调岗的同时，用人单位也需要注意合理性。

三、劳动合同的履行

（一）员工给公司造成了经济损失，能否从其工资中扣除经济损失？

在实践中会出现员工因个人疏忽，给用人单位造成财产方面的经济损失，那么用人单位有权扣除其个人的工资吗？根据《工资支付暂行规定》第 16 条的规定，因劳动者本人原因给用人单位造成经济损失的，用人单位可按照劳动合同的约定要求其赔偿经济损失。经济损失的赔偿，可从劳动者本人的工资中扣除。但每月扣除的部分不得超过劳动者当月工资的20%。若扣除后的剩余工资部分低于当地月最低工资标准，则按最低工资标准支付。但是，实践中，若用人单位要从员工的工资中扣除有一个前提，就是需要用人单位提供相应的证据证明损失的数额。同时，虽然法条规定了是每月扣款，扣除的部分不得超过当月工资的20%，但是实践中往往会出现还没扣完经济损失员工即离职的情况，那么这个时候用人单位可以主张一次性赔偿。在实务案例中，仲裁委或法院一般也会根据员工主观上的过错程度、给用人单位造成经济损失的大小、员工的收入水平、支付承担赔偿的能力以及用人单位是否在事件中尽到了安全管理义务、审慎审查等与自身应当承担的经营风险等相关因素酌情确定赔偿比例。

（二）用人单位合并、分立后，原劳动合同如何履行？

劳动者在和用人单位签订了劳动合同之后，用人单位有可能会发生合并、分立等主体变化的情况，那么这种情况下，原来的劳动合同是否有效呢？在实践中，很多员工担心用人单位主体注销或改变了，担心自己拿不到劳动报酬或会被要求解除劳动合同，由此可能会引发劳动纠纷。

根据《劳动合同法》第34条规定，用人单位发生合并或者分立等情况，原劳动合同继续有效，劳动合同由承继其权利和义务的用人单位继续履行。用人单位合并的情况一般是指用人单位和其他法人、组织联合成立一个新的法人或者其他组织，或者是用人单位被撤销后，将权利义务一并转让给另一个法人或其他组织。这两种情况下，原用人单位合并后均不存在。因此，用人单位在劳动者订立劳动合同后合并的，原劳动合同继续有效，由合并后新的用人单位继续履行该劳动合同。而分立的情况一般是指用人单位由一个法人或其他组织分裂为两个或多个法人或掐组织。用人单位分立后，劳动合同由承继其权利义务的用人单位继续履行。只要新成立的用人单位继承了原用人单位的权利，就应当同时承担其用人单位的义务，继续履行原劳动合同和对劳动者负责。

（三）劳动者在同一用人单位连续工作10年以上提出签订无固定期限的劳动合同，用人单位是否应当与其订立？

根据《劳动合同法》第14条关于无固定期限劳动合同的规定，有下列情形之一，劳动者提出或者同意续订劳动合同的，应当订立无固定期限劳动合同：①劳动者已在该用人单位连续工作满10年的；②用人单位初次实行劳动合同制度或者国有企业改制重新订立劳动合同时，劳动者在该用人单位连续工作满10年且距法定退休年龄不足10年的；③连续订立二次固定期限劳动合同且劳动者没有《劳动合同法》第39条规定的情形续订劳动合同的。

根据法条来看，这是一条强制性的规定，也就是说除非员工没有提出要签订无固定期限的劳动合同或者与用人单位协商一致不签订无固定期限的劳动合同，在劳动者提出签订无固定期限劳动合同的，用人单位应当签订。该条规定也是主要为了保障劳动者的权益，更是保护弱势群体的法律地位。并且要注意，在签订无固定期限的劳动合同时，其设置的工资待遇、工作岗位是不能低于原先的劳动合同的约定。

四、劳动合同的解除和终止

（一）员工严重违反用人单位规章制度的行为应如何认定？

根据《劳动合同法》第39条规定用人单位享有单方解除劳动合同（过失性辞退）权利的劳动者有下列情形之一的，用人单位可以解除劳动合同：①在试用期间被证明不符合录用条件的；②严重违反用人单位的规章制度的；③严重失职，营私舞弊，给用人单位造成重大损害的；④劳动者同时与其他用人单位建立劳动关系，对完成本单位的工作任务造成严重影响，或者经用人单位提出，拒不改正的；⑤因《劳动合同法》第26条第1款第1项规定的情形致使劳动合同无效的；⑥被依法追究刑事责任的。根据这一条款的规定，我们可以看出，在试用期不符合录用条件或严重违反用人单位的规章制度，用人单位是可以单方面解除劳动合同的，实践中用人单位也常常使用该条款来"任意"开除劳动者，那么如何判断开除劳动者的行为是否合法，首先要注意用人单位的规章制度是否有效，是否进行过公示，员工是否清晰地了解这些规章制度的内容，其次再判断员工违反规章制度的严重性。

根据《劳动合同法》的相关规定，用人单位在制定涉及员工切身利益等重大事项时，应该经职工讨论，听取其意见。如果用人单位缺乏民主讨论意识，在制定规章制度的时候未按照程序规定经过职工代表或全体职工开会讨论，那么该规章制度可能会被认定为无效。同样的，用人单位的规章制度制定完毕后，还要以一定的形式予以公布，才对职工有约束力，否则也可能是无效的。

因此，用人单位制定的规章制度，应是内容合法、合理，制定过程有职工民主参与，且经过公示程序才有效。实践中普遍的做法是根据用人单位规章制度来判断劳动者的行为是否属于严重违纪，并结合用人单位的行业特点和劳动者的具体工作岗位进行合理判断。用人单位在劳动规章制度的制定时一定要考虑到合理性的一面，遵循国家劳动立法的大致方向，保障企业职工的合法权益。

除了规章制度的制定程序需要合法有效外，劳动者的行为是否达到严重程度也是需要衡量的依据，例如劳动者是否故意作为、劝阻无效、严重损害公司利益、给公司造成巨大的经济损失等，规章制度的处罚规定是否合理合法以及用人单位在行使开除权时是否给予劳动者申辩、纠正的权利。如果劳动者均符合上述要件，那么用人单位就是合法解除与劳动者的劳动合同，就无需与劳动者恢复劳动关系或者向其支付赔偿金。

如果发生了诉讼或仲裁，证明劳动者是否存在违纪行为往往是争议焦点。对于用人单位主张的违纪行为，一般来说劳动者不会自认，往往都说用人单位是无故开除。那么这时，就需要用人单位来承担举证的责任，常见的用人单位用来提供的、证明劳动者存在违纪行为的证据类型包括劳动者签字认可的书证、用人单位拍摄的录音、录像、权威第三方制作的情况说明等。

（二）经济裁员应该具备哪些条件？

根据《劳动合同法》第 41 条的规定，必须一次性裁减 20 人以上或者裁减不足 20 人但占企业职工总人数 10% 以上的，才构成经济性裁员。根据法条规定，构成经济性裁员必须一次性解除法定数量的劳动合同，并且如果经济性裁员的人数要求过低的话，用人单位容易利用该条款来任意裁员解除劳动合同。

一般来说，如果企业生产经营存在严重困难或者发生了客观的重大变化等原因需要裁员需要符合经济性裁员的条件，用人单位才有权解除劳动合同以缩减用工成本。司法实践中对经济性裁员的合法性认定比较严格，用人单位若要实施经济性裁员的，一般需要通过可信度较高的第三方专业机构出具的书面报告或政府部门出具的书面材料予以证明。

如果符合上述的规定，那么用人单位需要提前 30 天向工会或者全体员工说明情况，并且听取其意见，向劳动行政部门报告裁员方案，仅仅是备案，并非审批裁员方案，如果经济性裁员不符合法律规定，劳动行政部门有权予以制止和纠正。其中报备的方案需要包括裁员的原因、依据、标准、实施的时间、实施的方案、经济补偿金标准等。依据《劳动合同法》第 41 条的规定，经济性裁员中包括两种优先情形：一种是优先留用规定；例如与本单位订立较长期限的固定期限劳动合同的、与本单位订立无固定期限劳动合同的、家庭无其他就业人员，有需要扶养的老人或者未成年人的。另一种是优先录用被裁员人员，但是实践中用人单位或员工往往存在一种错误的认定，认为这种优先招用是一种强制性义务，也就是用人单位 6 个月内招录人员必须从裁减职工中录用。实质上劳动关系的建立应当遵循合同自由原则，不能强制用人单位招录员工。这条是指如果被裁员的人员在各方面和其他劳动者无明显差距的情况下，用人单位是应当优先录用被裁员的人员。

（三）解除劳动合同的诉讼时效如何计算？

根据《劳动争议调解仲裁法》第 27 条的规定，劳动争议申请仲裁的时效期间为一年。仲裁时效期间从当事人知道或者应当知道其权利被侵害之日起计算。前款规定的仲裁时效，因当事人一方向对方当事人主张权利，或者向有关部门请求权利救济，或者对方当事人同意履行义务而中断。从中断时起，仲裁时效期间重新计算。因不可抗力或者有其他正当理由，当事人不能在《劳动争议调解仲裁法》第 27 条第 1 款规定的仲裁时效期间申请仲裁的，仲裁时效中止。从中止时效的原因消除之日起，仲裁时效期间继续计算。劳动关系存续期间因拖欠劳动报酬发生争议的，劳动者申请仲裁不受《劳动争议调解仲裁法》第 27 条第 1 款规定的仲裁时效期间的限制；但是，劳动关系终止的，应当自劳动关系终止之日起一年内提出。

（四）员工因工负伤后劳动合同期限届满如何处理？

《劳动合同法》第 44 条规定，劳动合同期满但是对于发生工伤的员工，劳动合同期满的，用人单位不一定能够终止劳动合同，这是法律对于发生了工伤员工的一种特殊保护。

按照《工伤保险条例》第 35 条、第 36 条、第 37 条的规定，对于劳动者被鉴定为一级至四级伤残、五级至六级伤残、七级至十级伤残，劳动合同的到期终止问题有不同的规定，劳动者被鉴定为一级至四级伤残的，需保留劳动关系，退出工作岗位。也就是说，只要是一级至四级伤残，无论其劳动能力是否恢复，用人单位都不得以劳动合同到期为由终止劳动合同，直至劳动者达到退休年龄并办理退休手续，享受基本养老保险待遇。劳动者被鉴定为五级、六级伤残的，经工伤职工本人提出，该职工可以与用人单位解除或者终止劳动关系。也就是说，工伤五级、六级伤残的，只有当员工本人提出，劳动合同才能到期终止，但如果员工本人没有提出，不管其劳动能力是否恢复，劳动合同到期了也不得终止。劳动者被鉴定为七级至十级伤残的，劳动合同期满用人单位可以终止劳动合同。也就是说，七级至十级伤残的，不管其劳动能力是否恢复，劳动合同期满即可终止。用人单位依法终止工伤职工的劳动合同的，除依照《劳动合同法》第 47 条的规定支付经济补偿外，还应当依照国家有关工伤保险的规定支付伤残就业补助金。

所以，如果是发生了工伤达到五级或六级的伤残等级的情况下，除非是员工本人提出解除或者终止劳动合同，否则用人单位不能擅自解除劳动关系。如果达到一级至四级伤残的，用人单位需要保留劳动关系，不得要求其退出工作岗位。

五、经济补偿和赔偿

（一）解除、终止劳动合同案件中经济补偿金如何计算？

我国经济补偿采用的是分段适用原则，也就是说如果员工的工作期间在 2008 年 1 月 1 日之前的，适用《劳动合同法》施行之前的规定；如果员工的工作期间在 2008 年 1 月 1 日之后，适用《劳动合同法》施行之后的规定。

经济补偿金通常依据以下公式计算：经济补偿金＝补偿年限＊工资标准。因此，要计算员工的经济补偿金，首先要确定员工需要补偿年限及工资标准。

经济补偿金的补偿年限是根据劳动者在用人单位的工作年限来确定的，具体为每满一年的，支付一个月的工资；不满一年的，按一年的标准支付，这就是通常所说的"一年一个月"的补偿标准。依照一般的规则，补偿年限是不受限制的，员工的补偿年限由其工作时间的长短决定。还有一种特别算法，即是如果劳动者月工资高于用人单位所在直辖市、设区的市级人民政府公布的本地区上年度职工月平均工资三倍的，那么用人单位向其支付经济补偿的标准按职工月平均工资三倍的数额支付，向其支付经济补偿的年限最高不超过十二年。而这里的"工资"是指用人单位依据国家有关规定或劳动合同的约定，以货币形式直接支付给本单位劳动者的劳动报酬，一般包括计时工资、计件工资、奖金、津贴和补贴、延长工作时间的工资报酬以及特殊情况下支付的工资等。实践中劳动者的工资一般有基本工资、应发工资、实发工资之分。基本工资通常是指用人单位给予劳动者的底薪，一般不包括加班工资、津贴、补贴、福利待遇等。

（二）用人单位违法解除劳动合同需要承担哪些法律责任？

用人单位违反劳动合同法的规定解除或者终止劳动合同的，应当依照《劳动合同法》第47条规定的经济补偿标准的二倍向劳动者支付赔偿金。该法条通过规范用人单位的违法解除劳动合同的违法成本，在一定程度上减少用人单位任意解除或者终止劳动合同的行为，同时这也是对用人单位违反法律规定侵犯劳动者权益的一种惩罚性赔偿，体现了对劳动者权益的有力保障。但是，如果用人单位违反了法律的规定而违法解除或者终止劳动合同的，劳动者要求用人单位继续履行原劳动合同，用人单位同意继续履行的，可以不向劳动者支付赔偿金。因为，本条规定赔偿金的目的是对用人单位违反本法规定解除或者终止劳动合同的一种惩罚，也是对劳动者的一种赔偿。

（三）劳动者提前解除劳动合同需要承担哪些法律责任？

一般而言，《劳动合同法》第37条规定了劳动者提前30日以书面形式通知用人单位，可以解除劳动合同。劳动者在试用期内提前3日通知用人单位，可以解除劳动合同。一般来说，《劳动合同法》规定了劳动者需要以书面形式通知用人单位，解除劳动合同的规定，强调的是书面形式，试用期可以口头。所以，劳动者提前解除的情形除了协商解除，即与用人单位协商一致解除劳动合同，还有一种是预告解除，即劳动者提前30日（3日）书面通知用人单位，既是解除劳动合同的程序，也是解除劳动合同的条件，无需征得用人单位的同意。超过30日（3日），劳动者可向用人单位提出办理解除劳动合同手续。但由于劳动者违反劳动合同有关约定而给用人单位造成经济损失的，应承担赔偿责任。劳动者没有提前30日（3日）或者没有以书面形式通知用人单位解除劳动合同的，用人单位可以不予办理离职手续。除此之外还有一种解除是通知解除，针对用人单位的一些违法行为，为保护劳动者的合法权益，赋予劳动者的特别解除权，在解除的同时，劳动者还可以向用人单位索要经济补偿金。最后还有一种是劳动者可以立即解除劳动合同，不需事先告知用人单位，并且可以要求用人单位支付经济补偿，给劳动者造成损害的，用人单位需承担赔偿责任

根据《劳动合同法》第 25 条的规定："除本法第 22 条和第 23 条规定的情形外，用人单位不得与劳动者约定由劳动者承担违约金。"而《劳动合同法》第 22 条与第 23 条分别约定了，用人单位为劳动者提供专项培训费用，对其进行专业技术培训的，可以与该劳动者订立协议，约定服务期。劳动者违反服务期约定的，应当按照约定向用人单位支付违约金。违约金的数额不得超过用人单位提供的培训费用。用人单位要求劳动者支付的违约金不得超过服务期尚未履行部分所应分摊的培训费用。用人单位与劳动者约定服务期的，不影响按照正常的工资调整机制提高劳动者在服务期期间的劳动报酬。用人单位与劳动者可以在劳动合同中约定保守用人单位的商业秘密和与知识产权相关的保密事项。对负有保密义务的劳动者，用人单位可以在劳动合同或者保密协议中与劳动者约定竞业限制条款，并约定在解除或者终止劳动合同后，在竞业限制期限内按月给予劳动者经济补偿。劳动者违反竞业限制约定的，应当按照约定向用人单位支付违约金。

劳动者如果不依照《劳动合同法》规定的条件、程序解除或者违反劳动合同约定解除劳动合同，给用人单位造成损失的，需要承担赔偿责任。例如：①用人单位招收录用其所支付费用；②用人单位为其支付的培训费用，双方另有约定的按约定办理；③劳动合同约定的其他赔偿费用。而当双方解除劳动关系后，用人单位也应当出具解除劳动合同证明以及帮员工及时办理档案和社会保险关系转移手续等相关事宜，避免后续的劳动纠纷。

知识产权律师业务提升

【本章概要】在《初级律师基本技能》一书中，介绍了知识产权律师最基础的三个业务类型，即知识产权权利取得、知识产权合同审核、知识产权民事侵权诉讼。本书将进一步介绍知识产权律师的进阶理论及业务，即知识产权侵权救济、知识产权诉前临时措施、知识产权刑事案件。

【学习目标】通过本章的学习，让学生掌握"知识产权权利限制"以及与"知识产权侵权救济、知识产权诉前临时措施、知识产权刑事案件"有关的知识产权法律服务的进阶技能。

第一节　知识产权进阶理论概述

一、知识产权的性质

随着国家知识产权战略的实施，社会各方面都越来越重视知识产权制度，对于知识产权保护的力度日益加强，理论研究也逐步深入。有学者认为，知识产权的权利取得大多依赖于行政审批，且行政部门在侵权行为发生后可以用行政手段来保护知识产权，各知识产权部门法中也基于公共利益对知识产权权利做出限制，故知识产权属于公权力。但也有学者坚持认为，知识产权本质上还是属于私权利。

关于知识产权是公权还是私权的问题，学术领域有着长期、精彩的争论，本书不作赘述，仅从律师实务角度进行简要分析。

首先，应当明确，知识产权毫无疑问是一种私权利。《与贸易有关的知识产权协定》（以下简称"TRIPs 协定"）在序言中明确宣示"知识产权为私权"。我国《民法总则》[1]也明确将知识产权列为民事权利。因此，知识产权是私权利。

其次，不能以是否有行政程序来划分公权力与私权利。不动产物权的权利变动也以行政登记为准，但这并没有改变不动产物权是私权利的属性。知识产权的行政程序的性质是一种行政确认，该确认工作也可以交由第三方组织进行，此时就没有行政程序了。因此，即便有行政程序，知识产权依旧是私权利。

二、知识产权法在法律体系中的地位

知识产权法在法律体系中的地位，主要是指知识产权法与民法的关系。第一种观点认为，知识产权法中有大量的行政程序、行政责任以及刑事责任，因此知识产权法是一个独立的法律部门，与民法、行政法、刑法等法律部门并列。第二种观点认为，知识产权法是民法的特别法。第三种观点认为，知识产权法是民法的组成部分。

本章采用第二种观点，认为知识产权法是民法的特别法。

我国《民法总则》列举了知识产权的形式，其中关于权利主体、权利变动模式、权利消灭等的一般性规定也可适用于知识产权法。除此之外，知识产权侵权的诉讼时效、举证规则等也适用《民事诉讼法》的规定。因此，知识产权法是民法的一部分，而非与民法并列的独立法律部门。

目前编纂中的民法典分编草案共分为六编，分别是物权编、合同编、人格权编、婚姻家庭编、继承编、侵权责任编，其中并没有知识产权编。一方面，目前已有民法典的法国、德国、西班牙、日本等国都将知识产权作为单行法、特别法进行保护，并没有编入民法典。另一方面，知识产权法律规则变动较快，编入民法典后难以适应频繁的法律修订工作。因此，民法典草案的体例也证明知识产权法应当是民法的特别法。

此外，知识产权法中有大量的行政保护的特殊规则，与一般的民事权利有所区别。故知识产权法是民法的特别法，而非简单的是民法的组成部分。

---

[1]《中华人民共和国民法总则》第123条规定：民事主体依法享有知识产权。知识产权是权利人依法就下列客体享有的专有权利：①作品；②发明、实用新型、外观设计；③商标；④地理标志；⑤商业秘密；⑥集成电路布图设计；⑦植物新品种；⑧法律规定的其他客体。

三、知识产权纠纷的法律适用

知识产权法是民法的特别法，因此民事法律制度中的一般性规定也可以适用于知识产权领域。

《民法总则》的规定都可以适用于知识产权法。例如，权利主体方面可以适用自然人的民事行为能力的条款；权利变动方面可以适用法律行为、代理、附条件和期限的条款；权利消灭方面可以适用诉讼时效的条款。

《民事诉讼法》中关于当事人资格、法院管辖、证据规则、诉讼程序、执行程序等方面的条款也可以适用于知识产权纠纷。

《侵权责任法》中的一般规定、责任构成、责任承担方式等规定也可以直接用于知识产权侵权案件。例如关于知识产权侵权主要的责任承担方式（消除影响、恢复名誉、赔偿损失及维权的合理开支等）都在《侵权责任法》中有所规定。

第二节　知识产权权利限制

一、法定许可

法定许可是著作权法的概念，指法律明确规定实施某种原本受"专有权利"控制的行为无需经过著作权人许可，却应向著作权人支付报酬，即在符合法定条件的情况下，法律代替著作权人自动向行为人"发放"了使用作品的许可。[1]目前我国法律规定的法定许可的情形共有如下几种：

（一）报刊转载法定许可

《中华人民共和国著作权法》（以下简称《著作权法》）第33条第2款规定，作品刊登后，除著作权人声明不得转载、摘编的外，其他报刊可以转载或者作为文摘、资料刊登，但应当按照规定向著作权人支付报酬。

首先，该条法定许可仅适用于报刊之间，即只能从报刊转载到报刊上，涉及书籍、互联网的都不得适用法定许可，必须寻求著作权人的许可。

---

〔1〕 王迁：《知识产权法教程》，中国人民大学出版社2019年版，第232页。

其次，允许著作权人以明示的方式排除该条法定许可的适用。即作者明确表示其他报刊转载需经过其同意的，其他报刊转载时必须寻求著作权人的许可。

再次，法定许可仅仅限于著作权人的复制权，转载时仍应当尊重著作权人的其他权利，尤其是署名权、保护作品完整权。

又次，转载时可以全文转载，也可以"摘编"，即对原文的主要内容进行摘录、缩写。[1]出于尊重保护作品完整权的考虑，摘编时尤其要注意不得以偏概全、断章取义，损害作者声誉。

最后，报刊转载时需要向著作权人支付报酬，如果无法联系到著作权人的，可以向文字作品集体管理组织，即中国文字著作权协会交送报酬，由其转交。[2]

（二）制作录音制品法定许可

《著作权法》第 40 条第 3 款规定，录音制作者使用他人已经合法录制为录音制品的音乐作品制作录音制品，可以不经著作权人许可，但应当按照规定支付报酬；著作权人声明不许使用的不得使用。

首先，该条款适用于已经录制为录音制品的音乐作品。如果是仅仅在网络上发行、还未制作成录音制品的音乐作品，则不得适用该法定许可。并且，电影中如果包含了音乐作品，该音乐作品是电影作品的组成部分，因此电影录像带、DVD 不能视为录音制品，而是录像制品。

其次，该法定许可仅限于音乐作品的著作权人的复制权、发行权，也不涉及表演者的任何权利。即法律只是代替词曲作者同意许可录音制作者对音乐作品进行复制、发行，不包括信息网络传播权的许可，不得将作品发布于网络，并且要尊重著作权人的署名权等其他权利。录音制作者也不得将原录

---

〔1〕　胡康生主编：《中华人民共和国著作权法释义》，法律出版社 2002 年版，第 142 页。

〔2〕　《使用文字作品支付报酬办法》第 13 条：报刊依照《中华人民共和国著作权法》的相关规定转载、摘编其他报刊已发表的作品，应当自报刊出版之日起 2 个月内，按每千字 100 元的付酬标准向著作权人支付报酬，不足 500 字的按千字作半计算，超过 500 字不足千字的按千字计算。报刊出版者未按前款规定向著作权人支付报酬的，应当将报酬连同邮资以及转载、摘编作品的有关情况送交中国文字著作权协会代为收转。中国文字著作权协会收到相关报酬后，应当按相关规定及时向著作权人转付，并编制报酬收转记录。报刊出版者按照前款规定将相关报酬转交给中国文字著作权协会后，对著作权人不再承担支付报酬的义务。

音制品的内容翻录，只能另行邀请其他表演者重新表演该音乐作品并制作成录音制品。

最后，音乐作品著作权人可以通过事先声明来排除该法定许可的适用。需注意，只有音乐作品的著作权人可以排除法定许可，录音制作者无法通过明示的方式排除法定许可的适用。

（三）播放作品法定许可和播放录音制品中作品的法定许可

《著作权法》第 43 条第 2 款规定，广播电台、电视台播放他人已发表的作品，可以不经著作权人许可，但应当支付报酬。第 44 条规定，广播电台、电视台播放已经出版的录音制品，可以不经著作权人许可，但应当支付报酬。当事人另有约定的除外。具体办法由国务院规定。

前述条款看似对于广播电台、电视台播放作出了非常宽泛的法定许可，但实际上能够被法定许可的作品范围是非常狭窄的。

《著作权法》第 46 条规定，电视台播放他人的电影作品和以类似摄制电影的方法创作的作品、录像制品，应当取得制片者或者录像制作者许可，并支付报酬；播放他人的录像制品，还应当取得著作权人许可，并支付报酬。

针对广播电台、电视台播放不同类型的作品是否需要著作权人的许可，综合分析如下：

第一，电视台播放电影作品、类电作品的，不适用法定许可。这两类作品不可能通过广播电台播放，因此仅考虑电视台能否适用法定许可的问题。此时适用《著作权法》第 46 条之规定，电视台播放这两类作品必须经过著作权人的许可。

第二，电视台播放录像制品的，不适用法定许可，需经过著作权权利人许可。录像制品上载有的作品，受著作权法保护，适用《著作权法》第 46 条之规定，需经过著作权人的许可。该录像制品，可以是电影作品、类电作品的载体，也可以是其他作品的载体。例如，小说经表演者朗读，该朗读的声音、画面被制作为 DVD 发行，则电视台购买该 DVD 后不能未经小说著作权人许可而直接播放该 DVD。当然，依据《著作权法》第 46 条之规定，此时也需要经过 DVD 录制者的许可。

第三，广播电台、电视台播放录音制品中作品的，可以适用法定许可。

录音制品指已经出版的录音制品。此时适用《著作权法》第 44 条之规定，不需要经过著作权人的许可。如何理解《著作权法》第 44 条中"当事人另有约定的除外"，学界存在一定的分歧。有学者认为是指著作权人可以通过明示的方式排除法定许可的适用；也有学者认为是指报酬的支付方式可以由当事人约定，也可以按照国务院的规定执行。在没有官方文件对此作出解释的情况下，本书不妄加揣测立法者的本意。在立法机关对该条款做出修改或解释前，实践中广播电台、电视台应当尽到注意义务，尽可能地审查已经出版的录音制品中，著作权人是否有特殊声明排除法定许可的适用。

第四，除电影作品、类电作品以外的其他作品，未录制成录音、录像制品的，且已经发表的，此时适用《著作权法》第 43 条第 2 款之规定，广播电台、电视台均可以适用法定许可。《著作权法》第 43 条第 2 款并未规定著作权人可以排除法定许可。

(四) 编写出版教科书法定许可

《著作权法》第 23 条规定，为实施九年制义务教育和国家教育规划而编写出版教科书，除作者事先声明不许使用的外，可以不经著作权人许可，在教科书中汇编已经发表的作品片段或者短小的文字作品、音乐作品或者单幅的美术作品、摄影作品，但应当按照规定支付报酬，指明作者姓名、作品名称，并且不得侵犯著作权人依照本法享有的其他权利。前款规定适用于对出版者、表演者、录音录像制作者、广播电台、电视台的权利的限制。

首先，该条法定许可不仅限制著作权人的复制权、发行权、汇编权，还限制了邻接权人的相关权利。

其次，法定许可的范围限制于为实施九年制义务教育、为实施国家教育规划两个目的而编写出版的教科书，并不包括教学参考书和其他辅导材料。[1]并且权利人可以通过明示的方式排除法定许可的适用。

最后，法定许可的文字作品和音乐作品有篇幅限制。根据《教科书法定

---

〔1〕《教科书法定许可使用作品支付报酬办法》第 2 条规定：九年制义务教育教科书和国家教育规划教科书，是指为实施义务教育、高中阶段教育、职业教育、高等教育、民族教育、特殊教育，保证基本的教学标准，或者为达到国家对某一领域、某一方面教育教学的要求，根据国务院教育行政部门或者省级人民政府教育行政部门制定的课程方案、专业教学指导方案而编写出版的教科书。并不包括教学参考书和教学辅导材料。

许可使用作品支付报酬办法》的规定，适用法定许可的文字作品为九年制义务教育教科书中单篇不超过 2000 字的文字作品、国家教育规划教科书中单篇不超过 3000 字的文字作品；适用法定许可的音乐作品为单篇不超过 5 页或时长不超过 5 分钟的单声部音乐作品，或者乘以相应倍数的多声部音乐作品。

（五）　制作和提供课件法定许可

《信息网络传播权保护条例》第 8 条规定，为通过信息网络实施九年制义务教育或者国家教育规划，可以不经著作权人许可，使用其已经发表作品的片段或者短小的文字作品、音乐作品或者单幅的美术作品、摄影作品制作课件，由制作课件或者依法取得课件的远程教育机构通过信息网络向注册学生提供，但应当向著作权人支付报酬。

首先，该条款本质上是将编写教科书的法定许可延伸到了互联网，因此适用的范围同样是"为实施九年制义务教育""为实施国家教育规划"两个目的，且同样仅限于"已经发表作品的片段或者短小的文字作品、音乐作品或者单幅的美术作品、摄影作品"。

其次，教育机构应当采取技术措施，确保仅向符合条件的特定学生提供。[1]例如注册时要求学生提供身份证件、在有效期内的学生证等证明文件，已注册的账户每年要求学生提供更新的证明文件，确保其仍拥有相应学籍。

再次，除信息网络传播权以外，不得侵犯著作权人的其他权利，尤其是署名权。[2]

最后，权利人可以通过明示的方式排除该法定许可的适用。[3]

（六）　通过网络向农村提供特定作品的准法定许可

《信息网络传播权保护条例》第 9 条规定：为扶助贫困，通过信息网络向

---

〔1〕《信息网络传播权保护条例》第 10 条：依照本条例规定不经著作权人许可、通过信息网络向公众提供其作品的，还应当遵守下列规定：……④采取技术措施，防止本条例第 7 条、第 8 条、第 9 条规定的服务对象以外的其他人获得著作权人的作品，并防止本条例第 7 条规定的服务对象的复制行为对著作权人利益造成实质性损害……

〔2〕《信息网络传播权保护条例》第 10 条：依照本条例规定不经著作权人许可、通过信息网络向公众提供其作品的，还应当遵守下列规定：……②指明作品的名称和作者的姓名（名称）；……⑤不得侵犯著作权人依法享有的其他权利。

〔3〕《信息网络传播权保护条例》第 10 条：依照本条例规定不经著作权人许可、通过信息网络向公众提供其作品的，还应当遵守下列规定：①除本条例第 6 条第 1 项至第 6 项、第 7 条规定的情形外，不得提供作者事先声明不许提供的作品……

农村地区的公众免费提供中国公民、法人或者其他组织已经发表的种植养殖、防病治病、防灾减灾等与扶助贫困有关的作品和适应基本文化需求的作品，网络服务提供者应当在提供前公告拟提供的作品及其作者、拟支付报酬的标准。自公告之日起 30 日内，著作权人不同意提供的，网络服务提供者不得提供其作品；自公告之日起满 30 日，著作权人没有异议的，网络服务提供者可以提供其作品，并按照公告的标准向著作权人支付报酬。网络服务提供者提供著作权人的作品后，著作权人不同意提供的，网络服务提供者应当立即删除著作权人的作品，并按照公告的标准向著作权人支付提供作品期间的报酬。依照前款提供作品的，不得直接或者间接获得经济利益。

由于该条款与其他法定许可类似，但又有很多区别，故被称为"准法定许可"。[1]

第一，适用该准法定许可的作品，作者必须是中国的公民、法人和其他组织。该条准法定许可的立法目的，是通过网络向本国农民提供丰富的信息，帮助本国落后的农村地区发展经济、文化。帮助本国农村发展是本国公民、法人和其他组织的义务，在没有国际条约的情况下，不能将这一义务强行施加于外国的公民、法人和其他组织。

第二，作品范围限制于"种植养殖、防病治病、防灾减灾等与扶助贫困有关的作品和适应基本文化需求的作品"。该准法定许可的立法目的是保障落后的农村地区的最基本的物质和文化需求，如果不对作品范围加以限制，将违背"最低保障"的立法目的。

第三，网络服务提供者应当进行公示。一般的法定许可只允许著作权人通过事先声明的方式来排除法定许可的适用，但该条准法定许可不仅允许著作权人事先声明[2]，还允许著作权人在 30 天内的公示期内提出异议，即通过事后的明示来排除法定许可的适用。这是与一般的法定许可相比最为显著的区别。

第四，网络服务提供者不得直接或间接获得经济利益。直接获得经济利益是指向农村地区居民直接收费，间接获得经济利益是指通过投放商业广告

---

〔1〕　王迁：《知识产权法教程》，中国人民大学出版社 2019 年版，第 238~239 页。

〔2〕　《信息网络传播权保护条例》第 10 条：依照本条例规定不经著作权人许可、通过信息网络向公众提供其作品的，还应当遵守下列规定：①除本条例第 6 条第 1 项至第 6 项、第 7 条规定的情形外，不得提供作者事先声明不许提供的作品……

等从第三方处获得经济利益。

第五，除信息网络传播权以外，不得侵犯著作权人的其他权利，尤其是署名权。[1]

第六，网络服务提供者有义务通过技术手段确保只有农村地区的公众获取相关作品。[2]

二、合理使用

合理使用是著作权法的概念，指法律明确规定以一定方式使用作品的，可以不经过著作权人或邻接权人的同意，也不必向其支付报酬，但不得侵犯著作权人或邻接权人依法享有的其他权利。也就是说，合理使用限制的是著作权人和邻接权人的部分权利。目前我国法律规定的合理使用的情形共有如下几种：

（一）个人使用

《著作权法》第22条第1款第1项规定，"在下列情况下使用作品，可以不经著作权人许可，不向其支付报酬，但应当指明作者姓名、作品名称，并且不得侵犯著作权人依照本法享有的其他权利：①为个人学习、研究或者欣赏，使用他人已经发表的作品……"

首先，个人使用不得具有商业目的，即不得向他人传播，也不得有盈利目的。

其次，合理使用的对象必须是已经发表的作品，使用未发表的作品的仍要寻求著作权人的许可。

最后，使用行为不得对著作权人的经济利益造成不合理的损害。[3]与法定许可需要支付相应的报酬不同，合理使用不必向著作权人支付报酬，因此

---

〔1〕《信息网络传播权保护条例》第10条：依照本条例规定不经著作权人许可、通过信息网络向公众提供其作品的，还应当遵守下列规定：……②指明作品的名称和作者的姓名（名称）；……⑤不得侵犯著作权人依法享有的其他权利。

〔2〕《信息网络传播权保护条例》第10条：依照本条例规定不经著作权人许可、通过信息网络向公众提供其作品的，还应当遵守下列规定：……④采取技术措施，防止本条例第7条、第8条、第9条规定的服务对象以外的其他人获得著作权人的作品，并防止本条例第7条规定的服务对象的复制行为对著作权人利益造成实质性损害……

〔3〕 王迁：《知识产权法教程》，中国人民大学出版社2019年版，第210~211页。

合理使用的范围是相对较小的，其原则就是不能过分损害著作权人的经济利益。例如复制整本书的行为，实施该行为的人完全可以购买一本书而不必复制一整本。又如大量下载盗版音乐或电影的行为，如果只是下载个别的音乐、电影，不会对权利人的经济利益造成不合理的损害，是法律允许的行为，但是当个人需要欣赏大量的音乐、电影时，则完全可以付费欣赏正版资源。

（二）适当引用

《著作权法》第 22 条第 1 款第 2 项规定，"在下列情况下使用作品，可以不经著作权人许可，不向其支付报酬，但应当指明作者姓名、作品名称，并且不得侵犯著作权人依照本法享有的其他权利：……②为介绍、评论某一作品或者说明某一问题，在作品中适当引用他人已经发表的作品"；《信息网络传播权保护条例》第 6 条第 1 项规定，"通过信息网络提供他人作品，属于下列情形的，可以不经过著作权人许可，不向其支付报酬：①为介绍、评论某一作品或者说明某一问题，在向公众提供的作品中适当引用已经发表的作品……"

这一条合理使用的关键就在于"适当引用"的目的，是"介绍、评论某一作品"或者"说明某一问题"。如果超出这一目的的范围，导致新作品与原作品在市场上形成竞争，产生替代效应——即读者只要获取新作品就可以完全欣赏到原作品，则不构成合理使用，属于侵权行为。

目前实践中，一些视频网站吸引了大量的用户上传一些电影、电视剧的剪辑作品。用户可以通过视频剪辑、解说的方式，将长达几小时甚至几十集的影视作品提炼、浓缩成几十分钟的新作品。由于观众通过欣赏这些新作品，完全可以了解到原作品的具体情节、主要画面、主要台词等核心内容，而不再需要花大量时间去欣赏原作品，这些新作品对原作品产生了替代效应。因此法院常常会认定这些视频的作者侵犯了原作品的著作权。

（三）时事新闻报道中的使用

《著作权法》第 22 条第 1 款第 3 项规定，"在下列情况下使用作品，可以不经著作权人许可，不向其支付报酬，但应当指明作者姓名、作品名称，并且不得侵犯著作权人依照本法享有的其他权利：……③为报道时事新闻，在报纸、期刊、广播电台、电视台等媒体中不可避免地再现或者引用已经发表的作品"；《信息网络传播权保护条例》第 6 条第 2 项规定，"通过信息网络提供他人作品，属于下列情形的，可以不经过著作权人许可，不向其支付报酬：……

②为报道时事新闻，在向公众提供的作品中不可避免地再现或者引用已经发表的作品……"

为了保障公众对于时事新闻的知情权，法律规定了媒体在报道时事新闻中可以适用合理使用。

首先，合理使用的主体应区分是互联网还是非互联网。由于《信息网络传播权保护条例》并没有像《著作权法》那样限定"在报纸、期刊、广播电台、电视台等媒体"，因此任何人都可以在互联网上适用该合理使用条款。但在非互联网环境下，只有"报纸、期刊、广播电台、电视台等媒体"才能适用该合理使用。

其次，"不可避免"并非指没有其他替代方式。任何一种场景都可以通过文字叙述的方式来传播，但是文字叙述不如一些视听资料来得生动形象。《保护文学和艺术作品伯尔尼公约指南》对此解释为："时事新闻报道的主要目的是让公众有一种参与其中的感觉。"[1]例如，报道画家的作品展，可以通过文字描述来表达现场的状况以及作品的具体画面内容，但是文字描述相比现场照片、视频，难以使公众有身临其境的参与感。如果在新闻报道中展现个别作品的特写镜头，并不会使受众认为看新闻报道可以替代现场参观展览，即不会对著作权人的原作品产生替代效应，因此可以构成合理使用。

（四）对时事性文章的使用

《著作权法》第22条第1款第4项规定，"在下列情况下使用作品，可以不经著作权人许可，不向其支付报酬，但应当指明作者姓名、作品名称，并且不得侵犯著作权人依照本法享有的其他权利：……④报纸、期刊、广播电台、电视台等媒体刊登或者播放其他报纸、期刊、广播电台、电视台等媒体已经发表的关于政治、经济、宗教问题的时事性文章，但作者声明不许刊登、播放的除外"；《信息网络传播权保护条例》第6条第7项规定，"通过信息网络提供他人作品，属于下列情形的，可以不经过著作权人许可，不向其支付报酬：……⑦向公众提供在信息网络上已经发表的关于政治、经济问题的时事性文章……"

时事性文章是指那些与政治、经济、宗教问题有关的，受著作权保护的

---

〔1〕刘波林译：《保护文学和艺术作品伯尔尼公约（1971年巴黎文本）指南》（附英文文本），中国人民大学出版社2002年版，第51页。

文字作品。纯粹的事实性消息是不符合独创性要件的，因此时事新闻是不受著作权法保护的。但是那些体现作者在主题选择、遣词造句、布局谋篇上的独创性的时事性作品，尤其是经过深挖后的专题报道，则受著作权法保护。"时事性"是指"时效性""重大性"，即文章的主要内容属于传播"国内外大事"。

例如"9·11事件"发生后，一则报道该事件的快讯属于不受著作权法保护的时事新闻。但经过记者深入挖掘后撰写的一系列"亲历者见闻"则属于时事性文章，受著作权法保护，但受合理使用的制约。

该条合理使用允许作者以事先声明的方式予以排除。

（五）对公众集会上讲话的使用

《著作权法》第22条第1款第5项规定，"在下列情况下使用作品，可以不经著作权人许可，不向其支付报酬，但应当指明作者姓名、作品名称，并且不得侵犯著作权人依照本法享有的其他权利：……⑤报纸、期刊、广播电台、电视台等媒体刊登或者播放在公众集会上发表的讲话，但作者声明不许刊登、播放的除外"；《信息网络传播权保护条例》第6条第8项规定，"通过信息网络提供他人作品，属于下列情形的，可以不经过著作权人许可，不向其支付报酬：……⑧向公众提供在公众集会上发表的讲话。"

公众集会上的讲话一般是指在政治性、纪念性、庆祝性集会上的讲话，该合理使用的目的是确保公众了解最新的政治、经济形式。例如，政府部门会议上的领导讲话，活动开幕式的致辞，习近平主席在庆祝新中国成立70周年大会上的讲话，都属于公众集会上的讲话。

该条合理使用允许作者以事先声明的方式予以排除。

（六）在课堂教学和科研中使用

《著作权法》第22条第1款第6项规定，"在下列情况下使用作品，可以不经著作权人许可，不向其支付报酬，但应当指明作者姓名、作品名称，并且不得侵犯著作权人依照本法享有的其他权利：……⑥为学校课堂教学或者科学研究，翻译或者少量复制已经发表的作品，供教学或者科研人员使用，但不得出版发行"；《信息网络传播权保护条例》第6条第3项规定，"通过信息网络提供他人作品，属于下列情形的，可以不经过著作权人许可，不向其支付报酬：……③为学校课堂教学或者科研研究，向少数教学、科研人员提供少量已经发表的作品……"

首先，在该条合理使用下，限制的是著作权人的复制权、翻译权、信息网络传播权，且限制是"少量"的作品供"教学、科研人员"使用。

其次，"供教学或者科研人员使用"是否仅限于复制、翻译的方式提供作品？例如在课堂中，老师通过 PPT 的方式来展示一幅画、一篇文章或是一段影片，是否能够适用该条法定许可？虽然法律并没有明确允许以这样的方式来合理使用作品，但是这样的使用方式并不会导致著作权人的利益受到明显不合理的损害，因此在教学、科研活动中"展示"作品的行为也应当被认为是合理使用。

（七）国家机关公务性使用

《著作权法》第 22 条第 1 款第 7 项规定，"在下列情况下使用作品，可以不经著作权人许可，不向其支付报酬，但应当指明作者姓名、作品名称，并且不得侵犯著作权人依照本法享有的其他权利：……⑦国家机关为执行公务在合理范围内使用已经发表的作品"；《信息网络传播权保护条例》第 6 条第 4 项规定，"通过信息网络提供他人作品，属于下列情形的，可以不经过著作权人许可，不向其支付报酬：……④国家机关为执行公务，在合理范围内向公众提供已经发表的作品……"

该合理使用中最重要的即是"合理范围"的认定。"合理范围"即必要的范围，如果不使用该作品则难以完成国家机关的工作任务。例如法院在商标侵权的判决书中，不可避免地会引用双方的商标，而商标也可以作为美术作品、书法作品等形式获得著作权保护，此时法院在判决书中引用商标的行为，对于著作权人而言就是合理使用。又如公安机关收到群众视频举报违法犯罪行为，群众拍摄的视频中显示出犯罪嫌疑人的作案经过，那么公安机关向社会公布视频片段、征集线索的行为是合理使用。

国家机关合理使用作品，不得超过必要限度，不得以节约经费为由使著作权人的权利受到明显不合理的损害。例如国家机关使用盗版软件，对正版软件而言形成了替代，不属于合理使用的范围。

（八）图书馆等对馆藏作品的特定复制和传播

《著作权法》第 22 条第 1 款第 8 项规定，"在下列情况下使用作品，可以不经著作权人许可，不向其支付报酬，但应当指明作者姓名、作品名称，并且不得侵犯著作权人依照本法享有的其他权利：……⑧图书馆、档案馆、纪念馆、博物馆、美术馆等为陈列或者保存版本的需要，复制本馆收藏的作品"；《信息网络传播权保护条例》第 7 条规定，图书馆、档案馆、纪念馆、博物馆、美术馆等可以不经著作权人许可，通过信息网络向本馆馆舍内服务对象提供本馆收藏的合法出版的数字作品和依法为陈列或者保存版本的需要以数字化形式复制的作品，不向其支付报酬，但不得直接或者间接获得经济利益。当事人另有约定的除外。前款规定的为陈列或者保存版本的需要以数字化形式复制的作品，应当是已经损毁或者濒临损毁、丢失或者失窃，或者其存储格式已经过时，并且在市场上无法购买或者只能以明显高于定价的价格购买的作品。

上述图书馆等主体负有保管文献资料与向公众提供信息的双重社会义务。作品的物质载体经过长时间的展出、使用，存在自然损坏、灭失的可能性。如果相同的作品在市场上已经无法以公允的价格购买到，则可以适用《著作权法》第 22 条第 1 款第 8 项的规定，由上述主体出于保管文献资料或向公众提供信息的目的自行复制。例如一本图书仍在市场上销售，则图书馆应当购买新书，而不能自行复制；但如果图书已经绝版，只有少数个人收藏者愿意以高价出售，则图书馆可以自行少量复制，向公众出借复制品。图书馆等主体适用该合理使用条款的一项重要前提是"本馆收藏的作品"，即必须是本馆已经拥有该项作品。例如甲图书馆希望向公众提供一本已经绝版的图书，向乙图书馆借来该图书的原件，甲图书馆进行复制后向观众出借，则不属于合理使用的范畴。

《信息网络传播权保护条例》允许图书馆等主体通过信息网络向公众提供作品，或者以数字化形式复制版本，但有诸多限制。

通过信息网络向公众提供作品，限定作品必须是本馆收藏的合法出版作品或本馆合法的以数字化形式复制的版本，对象必须是本馆馆舍内的服务对象，且不得获得任何经济利益。依据《信息网络传播权保护条例》第 10 条第 4 项[1]的规定，首先，图书馆等主体应当采取技术措施确保受众只有在图书

---

[1]《信息网络传播权保护条例》第 10 条：依照本条例规定不经著作权人许可、通过信息网络向公众提供其作品的，还应当遵守下列规定：……④采取技术措施，防止本条例第 7 条、第 8 条、第 9 条规定的服务对象以外的其他人获得著作权人的作品，并防止本条例第 7 条规定的服务对象的复制行为对著作权人利益造成实质性损害……

馆等馆内通过信息网络获取作品，例如在家中通过信息网络获取图书馆等收藏的作品则不属于合理使用。其次，受众只能在线获取作品，不得下载、存储。再次，必须是本馆收藏的合法出版的作品或本馆合法的以数字化形式复制的版本，即该作品本身是合法的。最后，图书馆等不得因此获利，包括直接向受众收取费用，以及间接地通过广告收入等方式获得利益。

以数字化形式复制版本，必须是穷尽市场上所有的销售版本，仍无法以正常渠道购买同样的作品。例如早期以录像带形式出售的影视作品，现在虽然已经没有录像带出售，但是如果市场上有 DVD 形式出售的同样的作品，则图书馆等主体应当购买 DVD 版本，而不得自行将录像带刻制成 DVD。

（九）免费表演

《著作权法》第 22 条第 1 款第 9 项规定，"在下列情况下使用作品，可以不经著作权人许可，不向其支付报酬，但应当指明作者姓名、作品名称，并且不得侵犯著作权人依照本法享有的其他权利：……⑨免费表演已经发表的作品，该表演未向公众收取费用，也未向表演者支付报酬……"

免费表演的合理使用，其前提条件是"双向免费"，即不向观众收费，也不向表演者支付报酬。也就是说，免费表演对于组织者、表演者来说都是纯公益的。

《著作权法》将表演行为区分为现场表演与机械表演两种。现场表演是指表演者在现场进行歌唱、演奏、跳舞、朗诵等表演活动，观众亲临现场，亲眼看见表演者的表演。机械表演是指"用各种手段公开播送作品的表演"，例如电视台播放演唱会画面，或是超市播放歌曲作为背景音乐等。

从机械表演的性质上来看，是不可能符合"双向免费"的，应当排除合理使用的适用。机械表演的播放者，即便不向受众收费，也可能从第三方处收费，或者是作为招揽顾客的手段，获得市场占有率。例如电视台播放演唱会画面，其盈利模式是向广告商收取费用，在节目中插播广告；超市播放背景音乐，也是希望能够吸引顾客前来消费。故机械表演不得适用合理使用条款。

对于现场表演来说，不向观众收费，不向表演者付费，是包括任何形式的费用的。例如餐馆邀请歌手驻唱，消费者支付的餐费也属于"向观众收费"的一种形式；又如向表演者报销来回的交通费用，也是属于"向表演者付费"的一种形式。

（十）对室外艺术品以平面形式进行利用

《著作权法》第 22 条第 1 款第 10 项规定，"在下列情况下使用作品，可以不经著作权人许可，不向其支付报酬，但应当指明作者姓名、作品名称，并且不得侵犯著作权人依照本法享有的其他权利：……⑩对设置或陈列在室外公共场所的艺术作品进行临摹、绘画、摄影、录像"；《最高人民法院关于审理著作权民事纠纷案件适用法律若干问题的解释》第 18 条规定，《著作权法》第 22 条第 1 款第 10 项规定的室外公共场所的艺术作品，是指设置或者陈列在室外社会公众活动处所的雕塑、绘画、书法等艺术作品。对前款规定艺术作品的临摹、绘画、摄影、录像人，可以对其成果以合理的方式和范围再进行使用，不构成侵权。

观众欣赏那些放置在室内的作品，无论是否需要购买门票，进入室内都是需要受到许可的；而那些放置在室外公共空间的作品，无论是著作权人还是展览的主办方，都没有办法控制观众的欣赏行为。因此，室外公共空间展出的艺术作品已经成为社会公共艺术生活的一部分，这也是著作权法对其设置合理使用的原因。

司法解释规定，可以对这些室外公共空间的艺术作品的临摹、绘画、摄影、录像的成果以合理的方式和范围再进行使用，那么究竟哪些使用的方式和范围是合理的呢？

第一种是对书画作品的复制，是"平面到平面"的复制。分析使用的方式、范围是否合理，关键是看这种使用是否会对原作品形成替代效应，对原作品的权利人造成不必要的损害。由于书画作品本身实现经济价值的途径就非常有限，例如许可第三人印刷成作品集、日历、明信片等形式进行销售，无论是印刷原作品，还是印刷对原作品翻拍或临摹的新作品，对于消费者欣赏书画作品的艺术价值来说并不会有太大的区别。因此，对于书画作品的临摹、绘画、摄影、录像的成果不宜随意地进行商业性使用。

第二种是对立体的雕塑、建筑等作品进行绘画、摄影、录像，形成平面的美术作品、摄影作品、影视作品或录像作品，实现"立体到平面"的复制。根据现有的民事判决〔1〕，这种平面的作品与雕塑、建筑等立体的作品本身不

---

〔1〕 山东省青岛市中级人民法院民事判决书（2003）青民三初字第 964 号。

会形成替代效果，是司法解释所称的"合理的方式和范围"。也就是说，观众欣赏东方明珠的照片并不能替代欣赏东方明珠本身，所以对东方明珠的照片进行商业性使用，并不会侵犯东方明珠这个建筑作品著作权人的利益。

第三种是将立体的雕塑、建筑等作品记录下来，再制作出相同的雕塑、建筑等作品，或是制作出等比例缩小的模型，实现"立体到立体"的复制。按照"是否与原作品产生替代效果"以及"是否会影响原著作权人的二次商业化利用"[1]的标准进行判断，这样的行为不属于"合理的方式和范围"。例如华尔街铜牛的雕像富有艺术美感，精致地展现了牛的肌肉走向，如果有人拍下了华尔街铜牛多个角度的高清照片，并通过技术手段精确地复制出了1∶1大小的铜牛并且放置在陆家嘴展出，那么观众不必远赴纽约就能欣赏到完全一样的铜牛，这就对原作品产生了替代效果，不属于"合理的方式和范围"。又如有人拍摄了东方明珠的照片，复原了其建筑图纸，并在北京建造了完全一样的建筑，那么由于两个建筑的结构、外观完全一致，新作品也对原作品产生了替代效应，不属于合理使用的范围。再如有人将东方明珠按照1∶100的比例缩小，制作成模型销售，如果在色彩、细节上都进行了较为精确的还原，那么模型与建筑之间可能会产生替代效果；但如果制作的模型粗制滥造，细节有很多误差，甚至没有上色，导致欣赏这样的模型甚至不如欣赏照片，东方明珠的权利人本身也可以制作模型并销售，如果任由市场上出现这样粗制滥造的模型，则可能会出现劣币驱逐良币的效应——制作精良的正版模型无人购买，即影响了原著作权人的二次商业化利用，这也不属于合理使用的行为。

（十一）制作少数民族语言文字版本

《著作权法》第22条第1款第11项规定，"在下列情况下使用作品，可以不经著作权人许可，不向其支付报酬，但应当指明作者姓名、作品名称，并且不得侵犯著作权人依照本法享有的其他权利：……⑪将中国公民、法人或者其他组织已经发表的以汉语言文字创作的作品翻译成少数民族语言文字作品在国内出版发行"；《信息网络传播权保护条例》第6条第5项规定，"通过信息网络提供他人作品，属于下列情形的，可以不经过著作权人许可，不向

---

[1] 北京市第一中级人民法院民事判决书（2009）一种民初字第4476号。

其支付报酬：……⑤将中国公民、法人和其他组织已经发表的、以汉语言文字创作的作品翻译成少数民族语言文字作品，向中国境内少数民族提供……"

从立法目的上来看，设置这一合理使用是由于我国汉族的科学文化发展水平较高，而出于各个民族互帮互助的精神，汉族有义务向少数民族传播科学文化知识，加快少数民族地区的科学文化发展。由于这只是中国公民中汉族公民的义务，因此只限定在"中国公民、法人或者其他组织""以汉语言文字创作的作品"，且必须是已经发表的作品。翻译的结果也只能是翻译成少数民族语言文字，并且只提供给中国境内的少数民族。

（十二）制作盲文版本

《著作权法》第22条第1款第12项规定，"在下列情况下使用作品，可以不经著作权人许可，不向其支付报酬，但应当指明作者姓名、作品名称，并且不得侵犯著作权人依照本法享有的其他权利：……⑫将已经发表的作品改成盲文出版"；《信息网络传播权保护条例》第6条第6项规定，"通过信息网络提供他人作品，属于下列情形的，可以不经过著作权人许可，不向其支付报酬：……⑥不以营利为目的，以盲人能够感知的独特方式向盲人提供已经发表的文字作品……"

著作权法中虽然没有明确是什么类型的作品，但是能够"改成盲文出版"的只有文字作品，因此与盲人有关的合理使用的对象均为文字作品。

为了进一步保障盲人的福利，保障盲人与视力正常的人有相同的接触文学作品的权利，国际条约规定了这一项合理使用。无论著作权人是哪个国家的公民、法人或其他组织，作品是以什么语言写作的，只要是已经发表的文字作品，都能够改成盲文在中国出版。另外，在不以营利为目的的情况下，也可以通过互联网以盲人能够感知的独特方式提供作品。"盲人能够感知的独特方式"，是指将盲文的电子版通过互联网提供给盲人，由盲人自行打印后阅读[1]。"不以营利为目的"就要求不直接或间接地向盲人收取任何费用，包括在提供作品的过程中投放广告等。

---

〔1〕 张建华主编：《信息网络传播权保护条例释义》，中国法制出版社2006年版，第28页。

三、商标权与其他在先权利的冲突

《中华人民共和国商标法》（以下简称《商标法》）第 32 条明确规定，"申请商标注册不得损害他人现有的在先权利，也不得以不正当手段抢先注册他人已经使用并有一定影响的商标。"虽然商标法没有明确规定哪些权利可以构成"在先权利"，但是实践中已经出现了姓名权、商号等作为在先权利成功阻止商标注册的案例，现分别分析如下：

（一）商标权与姓名权的冲突

2012 年，美国篮球巨星迈克尔·乔丹向商标评审委员会提出申请，要求撤销乔丹体育股份有限公司已经获得注册的一系列商标，其中包括"乔丹""QIAODAN""QIAODAN 及图""🏃"等在第 18 类、第 25 类、第 28 类、第 32 类、第 35 类的一系列商标。此后，又经过多年的行政诉讼，最终由最高人民法院的一系列再审判决书确认，"乔丹"系列商标因侵犯迈克尔·乔丹的姓名权予以撤销，"QIAODAN"系列商标未侵犯迈克尔·乔丹的姓名权不予撤销，"🏃"不侵犯迈克尔·乔丹的肖像权。

依据最高人民法院的判决书[1]，姓名权要构成《商标法》第 32 条的"在先权利"，有如下几个构成要件：

（1）该特定名称应具有一定知名度、为相关公众所知悉。

（2）相关公众使用该特定名称指代该自然人。

（3）该特定名称已经与该自然人之间建立稳定的对应关系。

在"乔丹"系列商标案件中，虽然迈克尔·乔丹的完整英文姓名是"Michael Jeffrey Jordan"，"乔丹"只是其部分中文译名，但相关公众长期用"乔丹"指代美国球星迈克尔·乔丹，已经建立了稳定的对应关系，尤其是在乔丹体育股份有限公司《招股说明书》的"品牌风险"中，特别注明了"可能会有部分消费者将发行人及其产品与迈克尔·乔丹联系起来从而产生误解和混淆"的提醒，亦说明乔丹体育股份有限公司也认识到了相关公众会产生混

---

[1] 最高人民法院行政判决书（2016）最高法行再 15 号、20 号、25 号、26 号、27 号、28 号、29 号、30 号、31 号、32 号。

淆、误认。

但就"QIAODAN"系列商标而言，虽然我国相关公众长期以"乔丹"指代美国球星迈克尔·乔丹，但从未以"QIAODAN"指代其本人，因此美国球星迈克尔·乔丹对"QIAODAN"不享有在先姓名权。

除了自然人的姓名以外，笔名、艺名、译名等其他特定名称，只要符合上述标准的，亦可成为商标注册过程中的在先权利[1]。

（二）商标权与商号的冲突

商号是指从事生产或经营活动的经营者在进行登记注册时用以表示自己营业名称的一部分。以"阿里巴巴网络技术有限公司"为例，"网络技术"是行业名称，"阿里巴巴"是其商号。

商标与商号的关系极为密切，经常同时出现在同一商品上，甚至商标与商号经常是相同的标志。例如"欧莱雅（中国）有限公司"为企业名称，其拥有"巴黎欧莱雅""兰蔻""圣罗兰"等多个美妆品牌，在"巴黎欧莱雅"品牌的产品上，也使用"欧莱雅"商标，"欧莱雅"既是产品上的注册商标，又是企业的商号。

一个企业只能拥有一个商号，但是可以注册多个商标。由于商标注册是全国性的，而商号有地域性，再加上商标的审查、授权主体与企业注册核名的主体并非同一行政机关，二者不进行交叉检索，故可能会出现注册商标与其他企业的字号一致的情形。但是，并非与在先商号相同或近似的商标都存在冲突，关键在于是否会导致消费者的混淆、误认。

2017年《最高人民法院关于审理商标授权确权行政案件若干问题的规定》第21条[2]规定，企业商号构成商标的在先权利需符合以下几个条件：

（1）商号具有一定的市场知名度。

（2）商标权人未经许可申请相同或近似的商标。

---

[1]《最高人民法院关于审理商标授权确权行政案件若干问题的规定》第20条第2款规定，当事人以其笔名、艺名、译名等特定名称主张姓名权，该特定名称具有一定的知名度，与该自然人建立了稳定的对应关系，相关公众以其指代该自然人的，人民法院予以支持。

[2]《最高人民法院关于审理商标授权确权行政案件若干问题的规定》第21条规定，当事人主张的字号具有一定的市场知名度，他人未经许可申请注册与该字号相同或者近似的商标，容易导致相关公众对商品来源产生混淆，当事人以此主张构成在先权益的，人民法院予以支持。当事人以具有一定市场知名度并已与企业建立稳定对应关系的企业名称的简称为依据提出主张的，适用前款规定。

(3) 相关公众易对商品来源产生混淆。

在内蒙古小肥羊餐饮连锁有限公司（以下简称"小肥羊公司"）诉商标评审委员会等商标异议复审行政纠纷一案[1]中，北京市高级人民法院认为："小肥羊"系小肥羊公司的商号，并在餐饮行业有一定的知名度；虽然被异议商标"小肥垟"指定使用在"矿泉水"等商品上，但餐饮服务与"矿泉水"等商品之间的关联程度较高；被异议商标"小肥垟"指定使用在"矿泉水"等商品上易使消费者产生混淆，误以为与小肥羊公司存在特定联系。因此，北京市高级人民法院认为被异议商标"小肥垟"不应予以核准注册，判决撤销一审行政判决及商评委的异议复审裁定书。

第三节　知识产权侵权救济

一、司法救济与行政保护双轨制

我国对于知识产权的保护实行司法救济与行政保护双轨制。司法救济，是指通过法院民事判决的方式来解决知识产权侵权问题。行政保护，是指行政部门以具体行政行为的方式来保护权利人，具体包括实施没收违法所得、没收非法物品、处罚，甚至是吊销营业执照等行政行为。权利人发现权利被侵害时，可以根据司法救济与行政保护的利弊，来选择合适的维权途径，以达到制止侵权行为、维护自身合法权益的目的。就二者的利弊，简要分析如下：

就程序的启动来看，法院诉讼采取"不告不理"的原则，即原告向法院起诉后，法院才会审理案件，反过来说，原告起诉后法院也必须审理案件。行政保护由行政部门主动启动，虽然被侵权人可以向行政机关投诉、举报，但最终是否启动行政程序由行政部门决定。

就周期来看，民事诉讼的周期远远长于行政保护的审查周期。知识产权诉讼相较于普通民事诉讼更为复杂，一审诉讼周期通常在半年以上。专利侵权的案件往往还会涉及权利无效的行政程序及行政诉讼，再考虑二审，可能数年才会有最终结论。而行政保护的审查周期通常在半年左右，有利于权利人快速地制止侵权行为。

---

[1]　北京市高级人民法院行政判决书（2011）高行终字第 1065 号。

就调查取证难易程度来看，民事诉讼需双方提供证据，法官中立裁判，而行政机关身负制止侵权行为、维护社会公共利益的责任，可以主动搜集证据。因此，司法救济对于权利人的取证提出了更高的要求。

就维权成本来看，司法救济的成本远高于行政保护。一方面是法院会收取诉讼费用，且诉讼费用依据民事赔偿的金额来计算，索赔金额越高，诉讼费用越高。另一方面是如果原告提出诉前禁令、证据保全、财产保全等请求，还要提供相应的财产担保。此外，知识产权诉讼的律师费、调查取证费用（例如公证、翻译）通常也高于一般民事诉讼。而行政程序中，权利人不需要缴纳诉讼费等费用，申请证据保全时也不需要提供相应的担保。

就结果来看，民事诉讼可以判决侵权人停止侵权以及赔偿损失，包括权利人为制止侵权行为产生的合理开支（律师费、公证费等）。但行政保护的结果只有禁止侵权行为、销毁侵权物品、罚款等行政决定。行政处罚中的罚款应上缴国库，权利人无法得到罚款，但行政机关可以就赔偿金额进行调解。

就法律文书的效力来看，司法判决是具有终局效力的。在我国整个法律体系中，行政机关的具体行政行为是可诉的，如果任何一方对于行政决定不服，都可以诉至法院，则知识产权侵权案件又回到了司法救济的体系中去，无形中拉长了审理的周期。

二、知识产权海关保护

知识产权海关保护，也称为知识产权的边境保护，是指海关对与进出口货物有关并受我国法律保护的知识产权实施的保护。我国自 1995 年颁布《中华人民共和国知识产权海关保护条例》起，开始逐步建立起知识产权海关保护制度。

具体措施上来看，知识产权海关保护主要是指依法禁止侵犯知识产权的货物进出口[1]，以及经调查后认定侵犯知识产权的货物，由海关予以没收[2]。

从保护模式上看，可以分为"依申请保护"和"依职权保护"两种模式。依申请保护，也称为被动保护，是指权利人发现进出口货物即将进出口

---

[1]《中华人民共和国知识产权海关保护条例》第 3 条中有规定国家禁止侵犯知识产权的货物进出口。
[2]《中华人民共和国知识产权海关保护条例》第 27 条中规定，被扣留的侵权嫌疑货物，经海关调查后认定侵犯知识产权的，由海关予以没收。

时，主动提交申请书及相关证明文件，并提供相应的担保，要求海关扣留侵权嫌疑货物并调查。依职权保护，也称为主动保护，是海关发现进出口货物有侵犯备案知识产权嫌疑的，主动书面通知权利人，权利人依法提出申请并提供担保，海关扣留侵权嫌疑货物并调查。相较于依申请保护，海关依职权保护的效率更高，但其前提是权利人事先进行知识产权备案。

知识产权权利人提交申请书、相关权利信息及相关货物信息[1]后，海关总署在收到全部证明文件之日起 30 个工作日内作出是否准予备案的决定，并书面通知申请人。知识产权海关保护备案自海关总署准予备案之日起生效，有效期为 10 年，且可以申请续展，每次续展有效期 10 年。

对于涉及进出口的知识产权侵权货物而言，如果没有海关保护，待货物进入国内市场后，再寻求司法救济或行政保护，可能难以真正弥补权利人在市场份额、市场先机、商誉等方面的损失。因此，知识产权律师应当协助权利人尽可能地做出前瞻性的权利保护布局，用好知识产权海关保护这把利刃。

三、知识产权刑事控告

本章第五节将对知识产权刑事案件的部分构成要件进行分析，在此仅对刑事控告前的取证等准备工作进行分析。

知识产权侵权案件，尤其是专利、软件著作权的侵权案件，其立案与否的核心是能否初步判断被控侵权的产品与权利人主张的权利构成相同或近似。但作为公安机关的侦查人员，往往是不具备技术上的专业性的，此时需要权利人提供强有力的证据，使侦查人员产生初步的确信。除了那些外观上显而易见的侵权产品，其他的建议提供司法鉴定报告，证明侵权产品与权利人的产品具有同一性或相似性，以提高公安机关立案的可能性。

除了司法鉴定报告，提供侵权产品的实物也至关重要，通常采取隐蔽购买的方式来获取。由于侵权人往往是高度警惕的，权利人应尽量避免直接采

---

[1]《中华人民共和国知识产权海关保护条例》第 7 条第 1 款：知识产权权利人可以依照本条例的规定，将其知识产权向海关总署申请备案；申请备案的，应当提交申请书。申请书应当包括下列内容：①知识产权权利人的名称或者姓名、注册地或者国籍等；②知识产权的名称、内容及其相关信息；③知识产权许可行使状况；④知识产权权利人合法行使知识产权的货物的名称、产地、进出境地海关、进出口商、主要特征、价格等；⑤已知的侵犯知识产权货物的制造商、进出口商、进出境地海关、主要特征、价格等。

用权利人的办公场所、代理人的办公场所等地址作为收件地址，尽量由异地的第三人来洽谈购买事宜。例如，权利人在上海，侵权人在广州，可以由在苏州的第三人代为购买，并尽量避免使用新的手机号、账号进行沟通，苏州的第三人收到侵权产品后，再交付给权利人。在收取快递、拆开包装等过程中，尽量使用视频的方式固定证据，如能进行公证或律师见证更佳。

对于被侵权的权利人而言，侵权人是否受到刑事处罚并不会增加权利人的收益，但是及时通过刑事手段阻止侵权人的侵权行为可以尽可能地减少权利人的损失。因此，除了促使公安机关立案，权利人一方也可以主动在刑事控告前进行力所能及的调查，例如了解被控侵权人企业全称、办公场所及仓库所在地、销售价格及数量等信息，在控告时一并提供给公安机关，帮助公安机关更快地确定侵权人的犯罪事实，防止权利人损失的扩大。

第四节　知识产权诉前临时措施

一、诉前禁令

诉前禁令，又称诉前行为保全，是指法院在诉前禁止被申请人做出一定行为的临时措施。对于持续性的知识产权侵权行为而言，如果不采用诉前禁令，可能导致最终的侵权数额难以计算，或者即便能够获得足额赔偿，长期的侵权行为也可能导致瓜分市场，权利人的损失难以靠金钱救济来弥补。

TRIPs 协定第 50 条规定，司法机关有权责令采取迅速和有效的临时措施以便防止侵犯知识产权的货物进入商业渠道，以及保存关于被指控侵权的有关证据。依据 TRIPs 协定，我国《专利法》[1]、《商标法》[2]、《著作权法》[3]

---

〔1〕《中华人民共和国专利法》第 66 条第 1 款：专利权人或者利害关系人有证据证明他人正在实施或者即将实施侵犯专利权的行为，如不及时制止将会使其合法权益受到难以弥补的损害的，可以在起诉前向人民法院申请采取责令停止有关行为的措施。

〔2〕《中华人民共和国商标法》第 65 条：商标注册人或者利害关系人有证据证明他人正在实施或者即将实施侵犯其注册商标专用权的行为，如不及时制止将会使其合法权益受到难以弥补的损害的，可以依法在起诉前向人民法院申请采取责令停止有关行为和财产保全的措施。

〔3〕《中华人民共和国著作权法》第 50 条第 1 款：著作权人或者与著作权人有关的权利人有证据证明他人正在实施或者即将实施侵犯其权利的行为，如不及时制止将会使其合法权益受到难以弥补的损害的，可以在起诉前向人民法院申请采取责令停止有关行为和财产保全的措施。

中都规定了权利人、利害关系人可以申请诉前责令停止侵权的措施。《民事诉讼法》[1]甚至规定当事人未申请保全措施，但法院可以在必要时主动裁定采取保全措施。

除了上述法律规定外，主要的司法解释有：《最高人民法院关于适用〈中华人民共和国民事诉讼法〉的解释》、《最高人民法院关于诉前停止侵犯注册商标专用权行为和保全证据适用法律问题的解释》（以下简称《商标诉前禁令解释》）、《最高人民法院关于对诉前停止侵犯专利权行为适用法律问题的若干规定》（以下简称《专利诉前禁令解释》）、《最高人民法院关于审查知识产权纠纷行为保全案件适用法律若干问题的规定》（以下简称《知识产权纠纷行为保全规定》）。最高院虽然没有就著作权侵权单独出台诉前禁令的司法解释，但《最高人民法院关于审理著作权民事纠纷案件适用法律若干问题的解释》第30条明确规定，参照适用《商标诉前禁令解释》。

有关诉前禁令的各项要件，依据上述法律及司法解释，分析如下：

（一）申请人资格

知识产权的权利人及利害关系人均可申请诉前禁令。利害关系人通常是指知识产权的被许可人或财产权利的继承人[2]。

权利人申请的，应当提交知识产权权属证明，如专利证书、商标注册证、著作权备案登记、专利年费缴费凭证、商标续展证明等。利害关系人申请的，除权属证明的复印件外，还应当提交其与该案件有直接利害关系的证明，例如许可合同及备案材料，排他性被许可人单独申请（起诉）的还应当提交权利人放弃申请（起诉）的证据材料，知识产权财产权利的继承人应当提交已经继承或正在继承的证据材料。

---

[1] 《中华人民共和国民事诉讼法》第100条第1款：人民法院对于可能因当事人一方的行为或者其他原因，使判决难以执行或者造成当事人其他损害的案件，根据对方当事人的申请，可以裁定对其财产进行保全、责令其作出一定行为或者禁止其作出一定行为；当事人没有提出申请的，人民法院在必要时也可以裁定采取保全措施。

[2] 《商标诉前禁令解释》第1条规定，提出申请的利害关系人，包括商标许可适用合同的被许可人、注册商标财产权利的合法继承人。《专利诉前禁令解释》第1条规定，提出申请的利害关系人，包括专利实施许可合同的被许可人、专利财产权利的合法继承人等。

（二）侵权行为正在或即将实施

《民事诉讼法》明确规定，诉前保全的要件之一是"情况紧急，不立即申请保全将会使其合法权益受到难以弥补的损害"[1]，如果侵权人的侵权行为已经停止或实施完毕，则不存在合法权益受到难以弥补的损害的问题。故"情况紧急"是指侵权行为正在或即将实施。

《专利诉前禁令解释》第 4 条与《商标诉前禁令解释》第 3 条分别列举了"正在或即将实施"的证据，有被控侵权产品以及专利技术与被控侵权产品技术特征对比材料、被控侵权商品。《知识产权纠纷行为保全规定》第 6 条[2]列举了知识产权即将被侵害的情形。也就是说，绝大多数情况下，需要申请诉前禁令的，申请人必须先获取被控侵权的产品、作品或技术方案，才能证明侵权人正在或即将实施侵权行为。实践中，商标与著作权的被控侵权产品、作品是相对容易获取的，通常采取公证购买的方式即可；但专利侵权除非已经有被控侵权产品上市公开销售，否则在技术实施阶段的取证存在较大困难。

（三）不采取诉前禁令可能使申请人的合法权益受到难以弥补的损害

《民事诉讼法》第 101 条中明确规定了"不立即申请保全将会使其合法权益受到难以弥补的损害的"这一要件，该要件与"情况紧急"有关。

《知识产权纠纷行为保全规定》第 10 条[3]对此作出了具体解释，列举了人身性质权利受损害、侵权行为难以控制且显著增加损害、导致申请人市场份额减少的情形。

"难以弥补的损害"通常都与竞争优势有关，如果仅仅是产品销量下滑，

[1]《中华人民共和国民事诉讼法》第 101 条规定，利害关系人因情况紧急，不立即申请保全将会使其合法权益受到难以弥补的损害的，可以申请采取保全措施。

[2]《知识产权纠纷行为保全规定》第 6 条：有下列情况之一，不立即采取行为保全措施即足以损害申请人利益的，应当认定属于《民事诉讼法》第 100 条、第 101 条规定的"情况紧急"：①申请人的商业秘密即将被非法披露；②申请人的发表权、隐私权等人身权利即将受到侵害；③诉争的知识产权即将被非法处分；④申请人的知识产权在展销会等时效性较强的场合正在或者即将受到侵害；⑤时效性较强的热播节目正在或者即将受到侵害；⑥其他需要立即采取行为保全措施的情况。

[3]《知识产权纠纷行为保全规定》第 10 条：在知识产权与不正当竞争纠纷行为保全案件中，有下列情形之一的，应当认定属于《民事诉讼法》第 101 条规定的"难以弥补的损害"：①被申请人的行为将会侵害申请人享有的商誉或者发表权、隐私权等人身性质的权利且造成无法挽回的损害；②被申请人的行为将会导致侵权行为难以控制且显著增加申请人损害的；③被申请人的侵害行为将会导致申请人的相关市场份额明显减少；④对申请人造成其他难以弥补的损害。

则可以由计算清楚的金钱赔偿来弥补。在中国好声音诉前禁令案〔1〕中，法院从"2016年中国好声音节目即将录制播出""由于即将录制播出导致失去竞争优势的可能性"两方面来认定如果不采取诉前禁令可能导致申请人的合法权益受到难以弥补的损害。

（四）申请人提供相应担保

《民事诉讼法》〔2〕、《专利诉前禁令解释》〔3〕、《商标诉前禁令解释》〔4〕均明确规定，申请人需提供担保，不提供担保的，应裁定驳回申请。

对于担保的形式，可以是现金担保、固定资产或不动产抵押担保，也可以有资质的保险公司出具的保函担保。实践中，更多企业会选择保险公司出具的保函，因为以保函的形式提供担保既不影响企业日常经营的现金流，也能减轻自身的诉讼风险。

（五）法院管辖权

《民事诉讼法》〔5〕规定可以向被申请人住所地或对案件有管辖权的人民法院提出申请。《专利诉前禁令解释》〔6〕与《商标诉前禁令解释》〔7〕亦作出了一致的规定。考虑到后续诉讼的便利性，选择在哪个法院起诉，就在哪个法院申请诉前禁令。

---

〔1〕 参见北京知识产权法院民事裁定书（2016）京73行保1号
〔2〕《中华人民共和国民事诉讼法》第101条规定，申请人应当提供担保，不提供担保的，裁定驳回申请。
〔3〕《专利诉前禁令解释》第6条：申请人提出申请时应当提供担保，申请人不提供担保的，驳回申请。当事人提供保证、抵押等形式的担保合理、有效的，人民法院应当准予。人民法院确定担保范围时，应当考虑责令停止有关行为所涉及产品的销售收入，以及合理的仓储、保管等费用；被申请人停止有关行为可能造成的损失，以及人员工资等合理费用支出；其他因素。
〔4〕《商标诉前禁令解释》第6条：申请人提出诉前停止侵犯注册商标专用权行为的申请时应当提供担保。……申请人提供保证、抵押等形式的担保合理、有效的，人民法院应当准许。申请人不提供担保的，驳回申请。人民法院确定担保的范围时，应当考虑责令停止有关行为所涉及的商品销售收益，以及合理的仓储、保管等费用，停止有关行为可能造成的合理损失等。
〔5〕《中华人民共和国民事诉讼法》第101条规定，可以在提起诉讼或申请仲裁前向被保全财产所在地、被申请人住所地或者对案件有管辖权的人民法院申请采取保全措施。
〔6〕《专利诉前禁令解释》第2条：诉前责令停止侵犯专利权行为的申请，应当向有专利侵权案件管辖权的人民法院提出。
〔7〕《商标诉前禁令解释》第2条：诉前责令停止侵犯注册商标专用权行为或者保全证据的申请，应当向侵权行为地或者被申请人住所地对商标案件有管辖权的人民法院提出。

二、诉前证据保全

诉前证据保全，是证据保全的一种，指在紧急情况下，证据存在灭失或以后难以取得的情况，在诉前由法院进行证据保全。需要强调的是，证据保全特指法院进行的行为，例如法院对物证进行扣押、查封。如采用公证的方式固定证据，则属于当事人自行取证，不属于证据保全。

证据保全与行为保全的规定大多数都是一致的，在此仅分析诉前证据保全的特殊之处。

申请诉前证据保全的，应当说明申请证据保全的理由，包括证据可能灭失或以后难以取得，且当事人因客观原因难以自行收集证据。例如，被控侵权产品保管在被申请人处，申请人难以进入被申请人控制下的办公地点、仓库等地自行收集证据，如不申请诉前证据保全的，被申请人可能在收到起诉状副本后销毁被控侵权产品及相关账册等证据。

第五节　知识产权刑事案件

一、侵犯著作权罪的"复制发行"

《刑法》第 217 条规定，以营利为目的，有下列侵犯著作权情形之一，违法所得数额较大或者有其他严重情节的，处 3 年以下有期徒刑或者拘役，并处或者单处罚金；违法所得数额巨大或者有其他特别严重情节的，处 3 年以上 7 年以下有期徒刑，并处罚金：①未经著作权人许可，复制发行其文字作品、音乐、电影、电视、录像作品、计算机软件及其他作品的；②出版他人享有专有出版权的图书的；③未经录音录像制作者许可，复制发行其制作的录音录像的；④制作、出售假冒他人署名的美术作品的。其中，第 1、3 项的"复制发行"中由于没有标点符号，引起了一定的争议。

2007 年《最高人民法院、最高人民检察院关于办理侵犯知识产权刑事案件具体应用法律若干问题的解释（二）》第 2 条对此作出了解释，认为侵犯著作权罪中的"复制发行"包括复制、发行、既复制又发行三种情形。对此，本书赞同王迁教授的看法，认为此处"复制发行"应当仅指"既复制又发行"这一种情形。[1]

按照系统解释的方法，将《刑法》第 217 条放置于整个刑法分则的体系中，结合其他条款综合分析，不难得出结论。

《刑法》第 218 条规定，以营利为目的，销售明知是《刑法》第 217 条规定的侵权复制品，违法所得数额巨大的，处 3 年以下有期徒刑或者拘役，并处或者单处罚金。参照《著作权法》第 10 条的规定，发行权即以出售或者赠与方式向公众提供作品的原件或者复制件的权利。刑法中所称的"发行"应当参照著作权法中对"发行"的定义，即向公众出售侵权复制品的行为系发行。若按照上述司法解释的规定，仅仅是销售侵权复制品的行为究竟是适用《刑法》第 217 条还是第 218 条？因此，只能将《刑法》第 218 条适用于发行行为，《刑法》第 217 条适用于既复制又发行的行为。

按照"举轻以明重"的原理，显然既复制又发行的行为比单纯的发行行为侵害法益更为严重，法定刑也应该更重。按照上述解释，单纯的发行行为的最高刑是 3 年有期徒刑，既复制又发行的行为的最高刑为 7 年有期徒刑。而且依据《刑法》第 217 条，既复制又发行的行为的违法所得较大时就能入刑，但依据《刑法》第 218 条，单纯的发行行为需要达到数额巨大时才能入刑。

那么如何看待单纯地未经许可复制他人作品的行为无法由刑法调整的问题？此处应当考虑刑法的谦抑性原则。刑法的谦抑性原则是指在没有可以代替刑罚的其他适当方法存在的条件下，才能将某种违反法律秩序的行为设定成犯罪行为。也就是说，当其他手段可以调整这种行为时，例如行政处罚、民事赔偿等，则不应当动用刑罚的力量。著作权法中，设置了一些合理使用的情形，在一些非商业目的的情形下复制他人作品并不构成著作权侵权。相应地，单纯地未经许可复制他人的作品，未对外发行或没有对外发行的主观意愿时，并不会对著作权人的权利造成巨大损害，此时承担民事责任足以弥补著作权人的损失，不需要动用刑罚的手段。这就是刑法的谦抑性原则在著作权侵权中的体现。

二、假冒注册商标罪的"同一种商品"和"相同的商标"

在注册商标的民事侵权案件中，除了未经许可在同一种商品或服务上使

---

[1] 王迁：《知识产权法教程》，中国人民大学出版社 2019 年版，第 128~129 页。

用相同商标的行为属于侵权行为外，未经许可在相同商品上使用近似商标的行为、未经许可在类似商品上使用相同或近似商标并引起混淆的行为都属于民事侵权的范畴[1]。但假冒注册商标罪对于入罪的行为进行了限制，远远小于民事侵权的范围。

《刑法》第213条规定，未经注册商标所有人许可，在同一种商品上使用与其注册商标相同的商标，情节严重的，处3年以下有期徒刑或者拘役，并处或者单处罚金；情节特别严重的，处3年以上7年以下有期徒刑，并处罚金。依据该条规定，假冒注册商标罪的入罪行为有且仅有未经许可在同一种商品上使用相同的商标的行为。那么如何认定"同一种商品"与"相同的商标"？

关于"同一种商品"，最高人民法院、最高人民检察院、公安部于2011年印发的《关于办理侵犯知识产权刑事案件适用法律若干问题的意见》第5条规定，名称相同的商品以及名称不同但指同一事物的商品，可以认定为"同一种商品"。"名称"是指国家工商行政管理总局商标局在商标注册工作中对商品适用的名称，通常即《商标注册用商品和服务国际分类》中规定的商品名称。"名称不同但指同一事物的商品"是指在功能、用途、主要原料、消费对象、销售渠道等方面相同或者基本相同，相关公众一般认为是同一种事物的商品。认定"同一种商品"，应当在权利人注册商标核定使用的商品和行为人实际生产销售的商品之间进行比较。

首先，认定"同一种商品"时应严格按照注册商标核定使用的商品进行对比，即必须按照商标注册证上记载的具体商品的小项与被控侵权的商品进行对比。例如《商标注册用商品和服务国际分类》中，第三类0301群组的第一、二自然段与0306群组类似，0301群组第二自然段的"洗面奶C030007"这一商品与0306群组中"口红030018""眉笔030154"等商品属于类似商品，如果商标注册证上记载的注册商标核定使用的商品只有"洗面奶"，那么

---

〔1〕《中华人民共和国商标法》第57条：有下列行为之一的，均属侵犯注册商标专用权：①未经商标注册人的许可，在同一种商品上使用与其注册商标相同的商标的；②未经商标注册人的许可，在同一种商品上使用与其注册商标近似的商标，或者在类似商品上使用与其注册商标相同或者近似的商标，容易导致混淆的；③销售侵犯注册商标专用权的商品的；④伪造、擅自制造他人注册商标标识或者销售伪造、擅自制造的注册商标标识的；⑤未经商标注册人同意，更换其注册商标并将该更换商标的商品又投入市场的；⑥故意为侵犯他人商标专用权行为提供便利条件，帮助他人实施侵犯商标专用权行为的；⑦给他人的注册商标专用权造成其他损害的。

未经许可将该注册商标使用在"口红""眉笔"等商品上的行为不属于"假冒注册商标罪"的范围。

其次，如果被控侵权商品的名称与注册商标的商标注册证上记载的商品一致的，就可以认定为"同一种商品"。如果被控侵权商品的名称在《商标注册用商品和服务国际分类》没有对应记载，但是该商品与该注册商标核定使用的商品在功能、用途、主要原料、消费对象、销售渠道等方面基本一致，相关公众一般认为是同一种事物的，也可以认定为"同一种商品"。例如在相关公众即消费者的一般认知中，"洗面奶"应该是液体或膏状的洁面产品，但市场上也存在一种粉状的洁面产品，这种粉状的洁面产品通常被称为"洗颜粉"。虽然在《商标注册用商品和服务国际分类》没有收录"洗颜粉"这一产品，但是"洗面奶"与"洗颜粉"在功能、用途、主要原料、消费对象、销售渠道等方面高度一致，就可以被认定为"同一种商品"。如果被控侵权商品与注册商标的商标注册证上记载的商品在《商标注册用商品和服务国际分类》中有各自对应的名称，且相关公众也不会认为两者指向同一事物的，就不能认定为"同一种商品"。例如0301群组的第二自然段中，"浴液C030008"这一商品与"洗面奶C030007"属同一自然段，且功能、用途上都是对人的皮肤进行清洁，主要原料也非常相似，又都常常出现在超市洗护用品的货架上，但是二者在《商标注册用商品和服务国际分类》中有各自对应的名称，且消费者能够对二者进行区分，不会认为是指向同一事物，就不能将"浴液"与"洗面奶"认定为同一种商品。

关于"相同的商标"，2004年《最高人民法院、最高人民检察院关于办理侵犯知识产权刑事案件具体应用法律若干问题的解释》第8条第1款规定，"相同的商标"是指与被假冒的注册商标完全相同，或者与被假冒的注册商标在视觉上基本无差别、足以对公众产生误导的商标。《关于办理侵犯知识产权刑事案件适用法律若干问题的意见》第6条规定，具有下列情形之一，可以认定为"与其注册商标相同的商标"：①改变注册商标的字体、字母大小写或者文字横竖排列，与注册商标之间仅有细微差别的；②改变注册商标的文字、字母、数字等之间的间距，不影响体现注册商标显著特征的；③改变注册商标颜色的；④其他与注册商标在视觉上基本无差别、足以对公众产生误导的商标。

未经许可直接使用他人的注册商标标识，或者将注册商标标识缩放后使用的，毫无疑问应当被认定为使用"相同的商标"。对于被控侵权商品所使用的标识与注册商标标识有细微差别时，应当严格按照上述司法解释的规定理解，认定为"相同的商标"的范围应当远小于民事侵权中的"近似商标"。

例如（2017）川 01 刑终 1230 号杨某某假冒注册商标案中，杨某某在商品的吊牌及合格证上使用的是横排的"finsun 梵尚"标识，被侵权人杉杉集团有限公司系第 3096431 号注册商标"梵尚"的权利人，未许可杨某某使用该商标。法院认为"finsun 梵尚"虽然是中英文组合商标，但按照中国市场上普通消费者的认知水平、识别能力，该标识的中文部分更容易被识别和呼叫，对于中国消费者而言，"finsun 梵尚"中"梵尚"的部分才是首先被认知、甚至是唯一被辨识和呼叫的商标，因此"finsun 梵尚"与"梵尚"仍为相同商标。

三、非法制造、销售非法制造的注册商标标识罪中商标标识数量的计算

《刑法》第 215 条规定，伪造、擅自制造他人注册商标标识或者销售伪造、擅自制造的注册商标标识，情节严重的，处 3 年以下有期徒刑、拘役或者管制，并处或者单处罚金；情节特别严重的，处 3 年以上 7 年以下有期徒刑，并处罚金。在《最高人民法院、最高人民检察院关于办理侵犯知识产权刑事案件具体应用法律若干问题的解释》第 3 条中规定，注册商标标识的数量是认定"情节严重""情节特别严重"的重要标准之一。因此，本罪名中如何认定注册商标标识的数量尤为重要。

《最高人民法院、最高人民检察院关于办理侵犯知识产权刑事案件具体应用法律若干问题的解释》第 12 条第 3 款明确规定，"本解释第 3 条所规定的'件'，是指标有完整商标图样的一份标识。"也就是说，一个产品上如果有多个完整的、可以独立使用的商标标识的，应当重复计算数量。

例如下图中茅台酒的瓶盖、瓶身标贴、外包装盒都印有"贵州茅台酒"商标，那么就应当认为一件商品上有三个"贵州茅台酒"商标标识。

　　但就上述茅台的纸盒外包装来说，上面可能印有多个注册商标，此时由于纸盒是一个不可分割的载体，纸盒上的商标标识无法独立使用，因此整个纸盒上无论印有多少注册商标，也只能认定为一个商标标志。

　　（2018）闽 0504 刑初 144 号案件中，亦采取了上述计算方法。该案被告人谢某某未经权利人许可，在某纸品加工厂中擅自制造"nike""adidas""new balance"品牌的鞋盒，三个品牌的鞋盒数量分别为 55 480 个、6800 个、100 个。其中，"nike"品牌鞋盒印有注册商标 6~7 个，"adidas"品牌鞋盒印有注册商标 3 个，"new balance"品牌鞋盒印有注册商标 8 个。法院最终认定鞋盒是一个独立使用的商品包装，一个鞋盒上虽然印有多个注册商标标识，但该多个注册商标标识无法独立使用，故只能以鞋盒数量计算非法制造、销售非法制造的注册商标标识的数量。

法律文书技巧

【本章概要】随着我国司法制度的不断发展，法律体系的不断完善，更加明确了法律文书作为司法的技术和技艺的重要地位以及作用，强调了法律文书写作的实用性。如果说律师是法律实施最直接、最深刻、最广泛的践行者，那么司法文书就是实施法律的载体和工具。所以作为新律师，在执业初期就更加应该掌握好法律文书写作这一基本技能。在本章中，通过介绍法律文书的概念和特点，讲述我国法律文书的历史沿革，使新律师能够基本了解法律文书。而后针对律师实务中一些常见的法律文书写作类型，通过分类进行写作技巧讲解，运用理论与范文展示相结合的方式，帮助新律师快速地构建起律师实务中法律文书写作的框架，掌握法律文书写作的技巧。

【学习目标】通过本章学习让学生能知悉在律师实务中法律文书写作的重要性，基本了解律师法律文书写作的要求与格式，掌握写作的要领和技巧。

第一节　法律文书概述

一、法律文书的概念及性质

（一）法律文书的概念

法律文书作为一种载体和工具，在法律实施过程中起到了重要的作用，其主要是指法律行为主体在法律规定的条件下，为规范法律行为，实现合法权利、履行各项义务或行使各项职权而制作的具有法律效力和法律意义的文书的总称。

在以上的概念中，"法律行为"作为法的现象的重要组成部分，是指根据法律规定而具有一定的法律意义和法律属性，并且能够引起一定法律后果以及可用法律来进行评价的人的行为，即法律规定的、造成法律后果的、可用法律评价的行为；"法律效力"主要是指法律对于权利的保护以及权力的约束的效力，即保护力和拘束力；"法律意义"则指从法律上可以带来的后果，即法律后果；"法律行为主体"就是指实施了法律行为的自然人、法人或其他组织，即法律行为的实施者。

（二）法津文书的性质

法律文书，其实是属于应用文的范畴，主要是一种用来记载法律适用活动的法律应用文。那么我们如何理解法律适用呢？其主要是指行政机关和司法机关执行法律的活动，狭义的理解就是指国家司法机关运用法律处理案件的活动。在今天，这种司法活动已经发展成了一种职业，该职业通过一套专门的知识、方法和逻辑得出了专门的判断结论，即专业化。所以，法律文书既是专业化司法的凭证和载体，同时也集中反映了司法水平。

下面，我们从三个方面来分析法律文书的性质：

第一，从法律文书的本质属性来看，我们可以发现其性质是和我国社会主义的性质是相吻合的，因为其制作主要是以适用法律的后果为体现的内容的：大家都知道法律是体现统治阶级意志的，即国家意志的反映，所以法律文书也就具有了非常鲜明的阶级性；但同时，法律又代表了广大人民群众的利益，是维护广大人民群众合法权益的有力工具，所以法律文书具有了广泛的群众性；法律的宗旨是巩固人民民主专政的政权和社会主义制度，而从某种意义上来说，宗旨需要通过一定的强制手段来实现，所以法律文书又体现了必要的强制性。

第二，从法律文书本身特有的性质来看，它是一种具有法律效力和法律意义的非规范性的法律应用型专用文书，其主要是公安机关、人民检察院、人民法院、监狱管理机关、律师、公证机构、仲裁组织以及其他诉讼参与人在解决诉讼和与诉讼有密切联系的非讼案件中所制作的文书，具有一定的专用性，而非一般的通用文书。

第三，从法律文书的学科及课程性质来看，它虽然是一门单独的学科，但同时涵盖了法学的理论知识以及写作学、语言学的理论知识。并且，在该门学科的课程中，为了适应司法实践的具体需要，其内容包括了公安机关的

《提起批准逮捕书》《起诉意见书》《立案报告书》等；人民检察院的《起诉书》《不起诉决定书》《公诉意见书》等；人民法院的《（民事、刑事、行政）判决书》《裁定书》《调解书》等；律师及各诉讼参与人在各类诉讼活动中的《起诉状》《上诉状》《答辩状》《反诉状》等各类主要及常用文书的制作，从而体现了其综合性的特点。

二、我国法律文书的发展史

追溯本源，我国现代法律文书写作主要源于《六法全书》以及解放区司法机关制定的文书。当时，法律文书的写作在传统司法的影响下，重道德教化和文化思维，法律逻辑推理严重缺失。为了适应战争的环境和解放区的司法实际情况，在此基础上又增加了政治思维逻辑。并且，为使文字浅显易懂，对文书写作的格式和内容也进行了极大简化。这种写作风格后来又逐渐演变成了法律文书的写作原则而一直影响至今，导致了法律文书写作现状与现代司法要求的公正目标相去甚远，使我国法律文书写作的研究和发展之路充满了荆棘。

1949 年 10 月 1 日，中华人民共和国的成立标志着我国步入了社会主义新时代。新中国成立的初期，在相当的一段时期内，由于历史条件的限制，民法、刑法、诉讼法等法律均尚未颁布，司法断案主要不是依据法律，而是依据国家的政策，因而法律文书在写作风格上变化并不大。

20 世纪的 80 年代初，我国逐步进入法治轨道，而法治的首要目标就是"有法可依"。在此时期，我国第一部《刑法》和《刑事诉讼法》刚刚实施，第一部《民事诉讼法》也处于试行阶段，在这一背景下，我国开始了对法律文书写作的研究。在法律理论上，初期由于对制作法律文书运用的是法律知识还是写作知识、法律文书写作课程应属于法学专业课程还是写作专业课程，诸如此类的问题模糊不清，导致了法律文书在理论研究方面各行其是。在法律实践上，法律文书虽然作为制度化建设的一个不可或缺的组成部分，但和其他程序技术一样未显示出重要性，仅要求法律文书"通俗易懂，简洁明了"即可。采取的做法是，由最高人民法院、最高人民检察院、公安部以及司法部根据诉讼法有关主要文书规定的内容制订出格式样本，然后再将这些格式样本下发给各下级司法机关进行执行。虽然这些格式样本是通过办公文件的形式下发的，但却是从法律的角度来规范文书写作，再加上当时的司法水平很低，所以不得不对文书的内容和格式作出严格的规定。这就使得当时的法律文书产生了格式泛滥、格式呆板等一系列的问题。

进入 21 世纪后，法律文书写作逐渐被法学家们认定为是一门自由的司法技术。即文书的结构和内容只须符合法学原理和法律规定，运用法律思维进行推理，通过法律的方法获得结论，而无须固定的格式。这样的好处是，可以透过法律文书的字里行间，将法律文书写作中存在的实在法及其实践问题反映出来。这种从形式到内容的改革引起了实践部门的高度重视，他们也进行了大胆的探索，对现行较为呆板和机械的格式进行了突破，成功将法学研究的注意力转向对专业法学家和职业法律家阶层的构建，通过独特的法律话语体系和思维方法形成一个法律职业共同体。

2006 年 8 月，中国法学会法律文书学研究会正式在北京成立，法律文书学研究会从中国写作协会正式回归中国法学会，这标志着我们可以多一个视角把握当前我国法学发展的趋势。法学自此有了两条发展线索，即专业法学家的法学和法律家的法学。随之，法学研究也从立法定向的法学转向了以司法定向的法学。这种转型，我们通过法律文书的写作就可以发现，首先，法律文书的结论从权威决断转变为了理论的说服，进而体现了法律的理性精神；其次，法律文书不仅在现行法律条文和法律原理的推论中寻找和发现法律，而且在字里行间反映了文书制作者严密的法律思维和法律方法。这些变化和发展凝聚了各界的努力，推动了法学科学向前和谐发展，使我们向法治迈进了一大步。

三、法律文书的特点及分类

（一）法律文书的特点

在法律文书的性质中，我们分析了其是一种具有法律效力和法律意义的非规范性的法律应用型专用文书，而非一般的通用文书。因此，其具有区别于其他文书的独有的特点：

第一，法律文书具有制作和使用的合法性特点。法律文书作为法律应用型的专用文书，其必须通过法律规定进行制作和使用。例如民事诉讼中，必须根据《民事诉讼法》的规定，由相应的主体来制作民事起诉状，然后向法院递交进行起诉；刑事案件中，人民检察院也需要根据《刑事诉讼法》的相关规定制作刑事起诉书向人民法院递交以此来对犯罪嫌疑人提起公诉。再者，法律对于法律文书的使用情形、递交的时限也都作了明确规定，例如《民事诉讼法》对督促程序、公示催告程序以及企业法人破产还债程序中适用裁定书的规定；《民事诉讼法》中对于不服一审民事判决的必须在一审民事判决书送达之日起 15 日内向上一级人民法院递交上诉状提起上诉的规定。此外，还有机关法律文书作为法律实施的重要手段还需要法律所赋予的国家强制力来保证其有效性。因此，法律文书的制作和使用必须符合法律的具体规定。

第二，法律文书具有体现法律的程序性特点。我们知道，法律根据内容和功能的不同主要分为实体法和程序法，程序法是实体法实现的重要保障，并且程序法的程序价值也是具有一定独立性的，因而作为体现程序法技术的法律文书也就具有了无可替代的独立价值。在民事诉讼中，一般有起诉、一审、上诉、二审等阶段，每个阶段根据不同的思维方法和诉讼目的都会制作相应的法律文书，法律文书不仅展示了诉讼的过程，同时也是开展下一个阶段程序的钥匙。在刑事诉讼中，法律文书的程序性表现得更为突出，从公安机关的侦查逮捕，到检察院的审查起诉、律师的介入准备辩护，再到法院的审理判决，一系列的过程都需要依据法律的规定由相应的主体制作相关的法律文书。通过各主体的法律文书，不但记录了案件的发展过程与证据的收集，也表达了各主体对案件的观点，并且也反映了司法程序的公正与严谨，体现了法律文书的独立程序性的特点和价值。

第三，法律文书具有结构稳定性的特点。各类的法律文书基本行文表述的结构都有一个固定的格式，所以很多人认为法律文书就是一个既定的格式框架，只要将内容根据实际的情况照搬硬套即可，并不具有什么技术含量。其实，法律文书的固定主要是从以下三个方面来看，即结构上的固定化、用词的规范化和事项的要素化，但这并不代表可以直接照搬硬套。结构上的固定化主要是指相对稳定的组织结构和表达方式，例如法律文书的内容一般分为首部、正文、尾部的格式，这是由立法规定和司法原则的相对稳定性决定的。用词的规范化是指规范化的固定用语，在表述相关内容时只能这样，没有变通的余地，例如人民检察院的起诉书对案由及案件来源的表述必须为："被告人 XXX 因 XXX 一案，由 XX 侦查终结……"而事项的要素化则是指法律文书在特定的项目内容中的表述须符合其要素的规定，不可有残缺，例如民事起诉状须有原被告身份信息、诉讼请求、事实和理由三大要素，缺一不可。因此，法律文书的格式和内容并不是真正的固定，只是在结构上三个方面的稳定，这是由长期的司法实践形成的，可以方便法律专业人士或非专业人士在能力参差不齐的情况下都能够制作法律文书以完成诉讼，并且提高了司法的效率。而且，即使是在结构、用词与要素三方面的稳定性下，通过法律文书的制作，依然是能够反映出作者的法律功底与写作技巧，表现出不一样的文书效果。

(二) 法律文书的分类

在司法实践中，法律文书的种类是非常繁多的，为了方便对法律文书的种类进行了解，我们可以根据不同的分类标准以及制作目的来进行分类。

1. 诉讼法律文书与非诉讼法律文书

根据是否用于诉讼行为而制作来划分，法律文书可分为诉讼法律文书与非诉讼法律文书两种。

顾名思义，诉讼法律文书就是指根据《刑事诉讼法》《民事诉讼法》《行政诉讼法》的规定，在诉讼中处理相关的纠纷，司法机关、自然人、法人以及其诉讼代理人为了完成诉讼而制作的具有法律效力的文书的总称。而在诉讼文书中，司法文书还是法律文书这门课程的雏形，其主要是指由司法机关（即人民检察院和人民法院以及行使刑事案件侦查权的机关）制作的诉讼文书。因此，作为有法律效力的诉讼文书，其集中了法律文书写作的全部规范和要求，充分体现了法律思维的典型特征与风格，是我们研究法律文书写作学的重点对象。

而非诉讼法律文书，因其具有非诉性，所以相较于诉讼文书而言，其在结构和内容以及写作的要求上相对简单一些。但在构思决策的过程以及思维方式方面，其与诉讼文书在本质上基本是相一致的。

2. 表格式法律文书、记录式法律文书与叙议式法律文书

根据法律文书的制作形式作为标准进行划分，法律文书可分为表格式法律文书、记录式法律文书以及叙议式法律文书，这种分类方法具有很强的实用性以及操作性。

首先，表格式法律文书，主要是指根据法律文书的结构和内容的要求，统一制作成表格的形式，并且事先印刷好，在具体完成时，只需要根据相应

的实际情况进行填写即可完成的文书。例如法院的出庭通知书、公安部门的拘留证、法律援助中心的援助申请表等。表格式法律文书由于制作简单，只需要按照表格格式认真填写，非常容易掌握，因此在案件的案卷材料中占了很大的比例，是一种常见的文书种类。

其次，记录式法律文书，是指通过客观记录诉讼活动的方式制作成的一种法律文书，它是完成诉讼职能的一种凭证。常见的记录式法律文书主要有现场勘查笔录、询问笔录、讯问笔录、法庭庭审笔录等。这类法律文书的写作在实践中大多是由专业从事记录的人员进行制作，并且由于诉讼活动已经经过长期的发展过程，形成了一套比较规范的制作流程，有了相对固定的内容和格式要求。因此，记录式法律文书的写作技巧是比较容易掌握的。

最后，我们来看看叙议式法律文书，其主要是对一个案件的重要阶段进行的总结，是我们学习法律文书技巧的重点和难点。叙议式法律文书是指通过对案件事实的叙述，使之能够成为推理的小前提，再结合相关法律规定以及法律原理进行分析，从而推导出符合逻辑的结论的一种法律文书。例如刑事诉讼中的起诉书和判决书，其主要体现了侦查、起诉、审判三阶段的诉讼结果；民事诉讼、行政诉讼以及刑事自诉案件中的起诉状和法院的民事、行政和刑事自诉案件各级的判决书，都充分体现了"告诉才处理"的诉讼精神。由于这类法律文书在诉讼过程中对于诉讼的最终结果起到了决定性作用，具有一定的重要性，其必须达到结构严谨、思维缜密的要求，将诉讼制度和司法制度以及构成司法运作环境的各种经济、政治和文化因素浓缩于一体。因此，叙议式法律文书能够综合地体现文书制作者的法律素养及诉讼能力，这样也就使之成为衡量一个人在司法实务中的诉讼业务能力情况的重要标准。

3. 机关法律文书与个人法律文书

以法律文书制作主体的不同为划分标准，法律文书可分为机关法律文书和个人法律文书两种。

机关法律文书，从字面的含义来看，即可知其主要是指根据法律的规定应依法以机关的名义进行制作的法律文书。需要注意的是，这类法律文书的制作主体是法定的国家机关，其为了履行本机关的法定职能，由本机关内部具有法定资格的人，依据法律的规定并且按照规定的职责权限，以机关的名义进行制作，以机关的名义落款。例如公安机关的侦查文书由侦查员以公安机关的名义制作，人民检察院的起诉书由检察官以人民检察院的名义制作，人民法院的判决书由审判人员以人民法院的名义制作等。

个人法律文书，主要指公民、法人或者其他组织为了维护自身的合法权益，依法以自己的名义制作的法律文书。个人法律文书最常见的就是公民、法人或者其他组织依法行使诉讼权利而制作的起诉状、上诉状，以及为行使各种民事权利而制作的各种合同和协议等。此外，个人法律文书除了有权利的当事人自己制作以外，还可以请人代书，当事人本人最后签章即可。当然，若是通过委托的形式，当事人还可以通过委托书由被委托人代表当事人对个人法律文书进行签章。

四、律师实务中法律文书写作的主要方法

以上已经整体介绍了法律文书的概念、性质、发展历史、特点以及分类，相信大家已经对法律文书有了一个相对全面的了解，脑海中也有了一个大致的理论知识框架。接下来，我们就来分析律师实务中的法律文书写作方法和技巧。

首先，律师主要是指依法获得律师执业证，通过接受委托或者指定的方式，为当事人提供各类法律服务的执业人员。这是一种较特殊的职业，其既在国家的法律工作编制队伍之外，但是又在国家法律工作队伍之内，是参与建设社会主义法治国家、法治社会、法治政府的一份子，是维护社会公平正义的使者，是法律最直接、最深刻、最广泛的践行者。我国《律师法》规定了律师业务的主要内容，包括刑事案件的刑事辩护，民事和行政案件的代理，以及代书各类法律文书和承接各类非诉讼案件的业务。律师在这些业务活动中，涉及了大量的法律文书，制作法律文书的结构、内容以及完成的质量，可以直接反映出律师的法律执业技能水平。同时，律师实务中的各类实务文书也是法律文书中的重要组成部分。因而，其既是法律职业的重要业务内容，也是法学学生必须掌握的一门职业技能课程。

其次，我们来看一下律师实务中法律文书写作的一些基本要点。和其他法律文书相比较，律师实务中法律文书的固定结构也基本分为三个部分，分别是首部、正文和尾部。首部主要是文件的名称、当事人基本信息等；正文则是对事实情况的描述、处理（请求）的理由以及意见等；尾部主要是有关事项的交代、签章、日期以及附注的说明等。其中，在写正文的时候，特别

要注意写清楚事实的基本要素，对于关键的情节要重点叙述，并且将因果关系交代清晰以及找准焦点问题，做到平实有序；在阐述理由的时候，分析必须以法律为依据，引用的法律也要有针对性，注意法律法规条文的完整性，切记不可断章取义。此外，在法律文书写作时一定要掌握该类文书的基本要求，遵循其特有的格式，将所需的事项写全，突出文书主旨意思，阐述精细恰当，不要过于啰唆。并且，叙述的事实必须清楚真实，不可胡编乱造，运用逻辑性思维依法进行说理，做到折服有力，语言朴实而又庄重，达到全文贯通，语句规整，体现出文书的完整性专业性以及律师的执业水准。

最后，本章节将通过律师刑事诉讼实务文书、律师民事诉讼实务文书、律师行政诉讼实务文书以及律师非诉讼实务文书四个方面选择一些较常用的或者制作技巧难度较大的文书类型，用四节的内容进行详细的讲解，让学生学习律师实务中法律文书写作的具体方法和技巧。

【思考问题】

1. 名词解释：法律文书。

2. 谈一谈律师实务中法律文书写作技巧对律师执业的重要性体现在哪些方面。

3. 请同学讲述一下接触过哪些法律文书，对于所接触的法律文书的格式和要求简略介绍一下。

【法理分析】

律师在执业过程中均需要进行法律文书的写作，法律文书是律师执业的工具。律师的执业能力通过法律文书的写作技巧来体现，法律文书所表达的思想是否准确，运用的写作技巧是否娴熟，出具的法律文书被认可程度如何，这些都决定了律师的执业能力水平，并且会直接反映在律师的业务量上。律所的合伙人也好，同行也好，客户也好，都会通过律师的法律文书写作来考量其专业水平，从而考虑是否会给予相关业务。因此，法律文书写作技巧不仅是律师的必备执业技能，更是一把衡量执业律师专业水平的量尺，甚至会直接影响一名律师职业生涯的发展。

第二节　律师刑事诉讼实务文书

一、概念

律师刑事诉讼实务文书是指律师在接到刑事诉讼案件中委托人的委托后，依据《刑事诉讼法》以及其他的相关法律法规的规定，在承办案件的整个过程中所制作的法律文书的总称。律师需要从事的一项基本业务就是担任犯罪嫌疑人或被告人的辩护人。在刑事诉讼中，律师作为辩护人需要根据事实与法律，提出证明犯罪嫌疑人、被告人罪轻或者减轻、免除其刑事责任的意见，维护犯罪嫌疑人、被告人的合法权益。在律师的办案实践中，掌握刑事诉讼中需要的各类型文书是必不可少的。

二、文书类型

刑事案件分为公诉和自诉两种形式。《律师办理刑事案件规范》第 10 条规定，律师接受委托办理刑事案件，可以在侦查、审查起诉、一审、二审、死刑复核、申诉、再审等各诉讼阶段由律师事务所分别办理委托手续，也可以一次性办理。在实务中，针对公诉的刑事案件的委托，我们一般将其分为三个阶段：侦查阶段、审查起诉阶段以及审判阶段，其中审判阶段会再区分一审、二审等。会见作为刑事案件中的一个特殊的需求也会贯穿于刑事案件的各个阶段。本节关于文书类型的讲述，主要从侦查阶段、审查起诉阶段、审判阶段、会见四个板块来介绍律师常用的刑事诉讼事务文书。

侦查阶段的文书类型一般包括：为犯罪嫌疑人提供帮助的委托协议、侦查函、侦查委托书、取保候审申请书等；审查起诉阶段的文书类型一般包括：委托协议、律师事务所函、委托书、取保候审申请书、侦查阶段律师辩护意见书等；审判阶段的文书类型一般包括：委托协议、律师事务所函、委托书、辩护词等；会见需要的文书类型一般包括：律师会见在押犯罪嫌疑人、被告人专用介绍信等。如果是刑事自诉案件，那么包含的文书一般有：刑事自诉状、刑事自诉案件反诉状等。

三、基本写作技巧

本节中重点就刑事自诉状和辩护词的基本写作技巧进行展开说明。

（一）刑事自诉状

刑事自诉状是指在符合法律规定的刑事自诉案件中的受害人或者是其委托的代理人，直接向法院控告，要求人民法院追究刑事被告人的刑事责任而递交的法律文书。这是刑事自诉案件自诉人依据事实真相撰写的案情文书，是审理案件必不可少的文书，也是重要依据。

制作撰写刑事自诉状是维护受害人的合法权益、启动法律程序的唯一合法途径。作为律师是可以接受自诉案件受害人及其法定代理人的委托担任代理人为其代书刑事自诉状的。

关于刑事自诉状的写作技巧首先需要注意的是明确案件是符合《刑事诉讼法》中规定的自诉案件的范围，即《刑事诉讼法》第210条规定，自诉案件包括下列案件：① 告诉才处理的案件；② 被害人有证据证明的轻微刑事案件；③ 被害人有证据证明对被告人侵犯自己人身、财产权利的行为应当依法追究刑事责任，而公安机关或者人民检察院不予追究被告人刑事责任的案件。其次，应当明确被告人对被害人犯有侵犯人身、财产权利的犯罪事实，并将该事实描述清楚，例如写明犯罪时间、地点，犯罪的过程以及所造成的危害结果。另外也应当描述清楚关键性的情节。

（二）辩护词

辩护词是律师在办理刑事案件中最经常使用的文书。辩护词的作用在于在诉讼过程中由被告人及其代理人提出有利于被告人的意见，当然该意见应当是根据事实和法律提出的。辩护词可以是针对一部分控诉也可以是针对全部的控诉进行申辩，主要目的是证明被告人无罪或罪轻。律师可以通过辩护词提出对被告人应当减轻或者免除刑事处罚。

一篇辩护词的核心在于其正文部分，也是一篇辩护词的关键所在。其写作技巧一般可以从指控的事实证据、适用的法律、诉讼的程序以及情理四个方面进行论证。

从指控的事实证据论证主要原因是证据作为认定犯罪事实的唯一方法，

而事实又是需要证据作为依托。无罪之人不应当受到刑事追究，因此辩护人应当运用现有的材料为被告人作无罪、罪轻或减轻、免于刑事处罚的辩护。善于从控方给出的事实中发现是否有矛盾或错误之处。

从适用的法律着手论证是因为如何适用法律是一个案件在审理过程中必不可少的重要环节，适用法律主要表现在定罪和量刑两个方面。一般会区分为定性辩护、定罪辩护及情节辩护。定性辩护主要是针对罪与非罪的界限进行辩护，着重讨论被告人就其行为是否构成犯罪。这需要辩护人在充分了解案情的基础上，对犯罪构成进行逐一分析。定罪辩护主要是讨论此罪与彼罪的界限，从客观事实入手，确定被告人构成何种犯罪。情节辩护则是在承认被告人已经构成控方所指控的犯罪基础上，提出依法可以从轻、减轻、免除处罚的情节。情节一般区分法定情节和酌定情节两种。法定情节是有法律明文规定的从轻、减轻的情节，例如自首、立功、犯罪中止、共同犯罪中的从犯，等等。酌定情节则无法律明文规定但根据事实又确实可以辩护，一般涉及被告人的目的、危害后果，日常表现，等等。

从诉讼的程序展开论证，顾名思义是指如果司法机关在办案的过程中存在与法定程序不符的事实并且影响了案件的公正公平审理，损害了当事人的权利等情况。此时，辩护人可以在辩护词中依据事实及法律规定阐明自己的观点。

从情理方面展开论证与前三种依托于法律不同，此种论证方式是根据日常人们所接受的道理为被告人辩护。此处的情理应当符合多数公民的价值观和道德标准。

四、格式要求

1996年《刑事诉讼法》修订后，司法部于1996年12月下发了《关于印发〈刑事诉讼中律师使用文书格式（试行）〉的通知》，供律师在办理刑事案件时参考适用，后于2000年进行了调整和修改，新的格式从2001年起使用至今。其中正式下达的文书格式共十九种，分别是：律师事务所函（向侦查机关提交）；律师事务所函（向检察机关、审判机关提交）；律师事务所函（用于刑事诉讼中的代理活动）；为犯罪嫌疑人提供法律帮助委托协议书；授权委托书（用于审查起诉及审判阶段）；指定辩护函；委托协议；会见犯罪嫌疑人、被告人专用介绍信；要求会见在押犯罪嫌疑人函；代理委托协议；授权委托书（用于刑事诉讼中的代理活动）；会见在押犯嫌疑人申请书（涉及国家秘密案件）；提请收集、调取证据申请书；调查取证申请书；通知证人出庭申请书；解除强制措施申请书；延期审理申请书；重新鉴定、勘验申请书；授权委托书（用于侦查阶段）。以上十九种律师在办理刑事案件时会运用到的文书可直接根据司法部下发的格式运用，下文将具体讲述刑事自诉状及辩护词的格式要求。

（一）刑事自诉状的格式要求

刑事自诉状是由首部、正文和尾部三大部分组成。

1. 首部

首部应当写明标题"刑事自诉状"，接着列明自诉人的基本情况，包括姓名、性别、出生年月、民族、住址等。在首部还应当写明被告人的姓名、性别、出生年月、民族、住址。当遇到自诉人及被告人不止一人的情况时，则应一一列明自诉人后再一一列明被告人。

2. 正文

正文部分分为案由、诉讼请求及事实与理由。

（1）案由。应当写明被告人所犯何罪，即其触犯了刑法分则中何项罪名。

（2）诉讼请求。应当在请求事项中提出具体诉讼要求，请求追究被告人的刑事责任。

（3）事实与理由。此部分，首先主要陈述被告人所实施的行为，例如被告人实施犯罪行为的时间、地点，其所采用的方法及造成的危害结果等。在事实以陈述上应当注意对关键案情和细节的描述，有助于人民法院更好地查清事实正确审判。在理由的部分，应当着重注意对证据的列举。对于刑事自诉状所陈述的犯罪事实，自诉人负有提出证据证明的义务。另外，对相应法律的援引也能够更快地使人民法院作出公正的决断。

3. 尾部

在刑事自诉状的尾部一般需要写明致送的机关，例如"此致 上海市嘉定区人民法院"，后续是由自诉人签章并注明具体时间。

具备完整的三个部分就可以顺利地完成一份清晰的刑事自诉状了。

（二）辩护词的格式要求

完整的辩护词一般分为首部、序言、正文、结束语及尾部。

1. 首部

首部应当写明标题"辩护词"，可增加副标题"——XXX 的 XXX 罪"。另外再写明称谓，例如"尊敬的审判长、审判员"。

2. 序言

此部分开宗明义，申明辩护人的合法地位，表明辩护人的身份、单位并且简要概述一下关于此案的准备工作等。

3. 正文

在正文部分直接提出对全案的基本思路和想法。正文部分着重叙述辩护理由，辩护理由作为整个辩护词的核心内容，通常会围绕着是否构成犯罪、此罪名是否存在从轻或减轻的条件以及诉讼的程序是否合法等展开辩论。

4. 结束语

正文之后的结束语应当对辩护词进行总结归纳，再次阐明中心观点。

5. 尾部

尾部应当写明辩护人的姓名，日期，若有附件，可标注清晰。

五、范文格式

为了帮助大家更加清晰地了解刑事自诉状及辩护词的写作格式和内容要求，以下就是相关的范文格式。

以下是刑事自诉状的范本，以供参考：

刑事自诉状

自诉人：（身份基本情况）

被告人：（同上）

案由：（案件罪名）

诉讼请求：

请求法院依法惩处被告人 **XXX** 的 **XX** 犯罪行为。

事实与理由：

(写明被告人犯罪行为的时间、地点、手段、情节和危害后果等案件情况，并写明起诉的法律依据)

证据来源：

此致

XX 人民法院

自诉人：

年　月　日

以下是辩护词的范本，以供参考：

辩护词

——被告人徐某某 贩卖毒品、容留吸毒罪

尊敬的审判长、审判员和人民陪审员：

上海 **XX** 律师事务所 **XX** 律师接受 **XX** 的委托，担任被告人徐 **XX** 贩卖毒品、容留吸毒罪审判阶段的辩护人。本辩护律师本着"以事实为依据，以法律为准绳"的原则，依法出庭为本案被告人徐 **XX** 进行辩护。在此之前，本着对法律和当事人高度负责的态度，为彻底弄清案情，辩护人查阅了涉及该案的全部卷宗资料和证据材料，会见了被告人，听取了被告人的辩解，清楚了本案案情，辩护人对起诉书指控被告人徐 **XX** 的行为构成贩卖毒品、容留吸毒罪没有异议，现结合本案起诉书内容、证据、事实及适用法律发表如下辩护意见，供法庭合议时参考：

一、被告人徐XX到案后如实供述其罪行，依法应当从轻处罚。

被告人徐XX因涉嫌贩卖毒品、容留吸毒罪被上海市公安局XX分局执行刑事拘留。被告人徐XX被抓获后，截止至开庭前如实供述自己的全部罪行，庭审中其也对自身的犯罪行为进行了如实供述，认罪态度诚恳，积极配合有关部门侦查案件，故被告人徐XX的行为系如实供述，根据《中华人民共和国刑法》第67条之规定，可以从轻处罚。希望法庭对被告人的如实供述情节予以认定，依法对其从轻处罚。

二、被告人徐XX其文化程度较低，法律意识淡薄，对自己行为后果的严重性及危害性无法正确认识。

本案被告人本身文化程度较低，法律意识淡薄，所以才产生了今天犯罪的行为。本案中，被告人徐XX贩卖毒品行为虽然达到了3次，但每次只卖0.2克，合计0.6克，数量并不高。诚然贩卖毒品这一行为就构成犯罪，但不能单纯地以贩卖次数进行量刑，也请法院在量刑时，将被告人贩卖数额较低的这一情节考虑进去，予以从轻处罚。

三、被告人有立功表现。

被告人在被抓获时，第一时间向警方透露了同案犯的信息，并设计将同案犯固定，协助警方一同前往将同案犯抓获。根据法律相关规定，犯罪分子到案后协助司法机关抓捕其他犯罪嫌疑人的，应当认定为有立功表现。

综上所述，被告人徐XX到案后能如实供述，虽然贩卖次数较多，但数额并不高，自愿认罪认罚，到案后也第一时间协助警方抓获同案犯，具有立功表现。

纵观本案犯罪事实与证据，以贯彻惩罚与教育相结合的刑法政策，辩护人恳请法院依法对被告人徐XX以从轻处罚，给被告人一个重新做人的机会。

以上辩护意见，提供合议庭予以参考，谢谢！

辩护人：上海XX律师事务所

XX律师

XXXX年X月XX日

【案例分析实训】

【案例 10.1】

【案情简介】

张星星是"五星麻将"APP 的一名玩家，该游戏的模式是购买房卡方可入座进行游戏。张星星在游戏中结识了能够提供较为廉价的房卡的人员，遂萌生通过倒卖房卡从中获利的想法。其以低价购入，加价出售（但不低于APP 上的最低售价）的方式赚取其中差价。张星星通过低价购买房卡后提高价格卖出赚取差价，玩家之间会对游戏结果自行结算钱款。

一日，张星星因开设赌场罪被公安机关抓获。公安机关认定张星星手机里所显示的 29 万元均系售卖房卡的收入，张星星本人供述认定其获利为 14 万余元。另外，张星星过往无犯罪记录，且育有一名 6 岁的女儿。

【思考问题】

请根据以上案例，考虑在辩护词中应从哪几个方面进行辩护。

【法理分析】

辩护词可以从开设赌场罪的构成要件进行分析，例如：分析张星星主观上是否有犯罪故意，是否以盈利为目的；在客观构成要件上，其行为是否属于开设赌场等；注意区分经营行为与犯罪行为；也可从其主观恶意、社会危害性方面进行分析，提出量刑建议；另外还可以加入情理上的分析。

第三节　律师民事诉讼实务文书

一、概念

律师民事诉讼实务文书是指律师在接到委托人的民事诉讼案件委托后，依据《民事诉讼法》以及其他的相关民事法律法规的规定，在承办案件的整个过程中所制作的法律文书的总称。

民事诉讼的案件从案由列表中就可以发现，其涉及的法律范围是非常广泛的，案情也是千变万化的，因此对于承接案件的律师的民事相关法律知识的掌握程度也就有了更高的要求。一般执业律师会专注于某一个或两三个方面进行研究发展，例如婚姻家庭纠纷方面、经济纠纷方面、房地产纠纷方面、商事纠纷方面等，这些都属于民事诉讼案件的范畴，不过民事诉讼案件的诉讼流程、相关文书制作的格式以及要求却是相同的，只要把握住结构和要点，掌握技巧，就能运用于民事诉讼中各类文书的写作了。

二、文书类型

在律师民事诉讼业务中，主要涉及起诉、应诉、上诉、再审以及民事代理等诉讼活动。我们可先根据主体的不同进行分类，然后再根据诉讼的程序、适用的审级不同进行细分，这样就可以比较清晰地了解所要制作的文书了。

根据主体的不同，可分为原告代理人和被告代理人，若是原告代理人，在起诉立案的过程中，就需要制作委托书、起诉状、证据目录等，在开庭时还要准备原告代理词。若代理的是被告，则需要制作委托书、答辩状，有证据的情况下也要制作证据目录，开庭时制作被告代理词，若委托人要求提起反诉的，那么还应制作反诉状。此外，还可以根据律师代书还是自用，分为律师代书的文书和律师自用的文书两种。律师代书的文书主要有各种的诉状，例如民事起诉状、上诉状；而律师自用的文书则主要就是各种的代理词，例如原/被告代理词、上诉人/被上诉人代理词等。

三、基本写作技巧

在民事诉讼的案件中，常用的是起诉状，而相对较少用的，制作技巧难度较大的则是民事反诉状。因此，我们主要针对民事起诉状和民事反诉状的基本写作技巧来进行讲解。

（一）民事起诉状的基本写作技巧

民事起诉状，即民事诉讼案件的原告为维护自己的民事合法权益，对有关的权利义务所产生的民事纠纷向人民法院提起诉讼，要求依法进行处理和解决而提交的一种法律文书。

民事起诉状作为一种程式化的法律文书，其结构与格式固定，看似并不复杂，但是想要制作出一份好的起诉状，就需要掌握一定的写作技巧了。首先，要根据相关的法律规定，找准案由并确定正确的被告，这是确定民事诉讼案件性质的重要依据以及开启诉讼程序的基础，一旦案由或者被告选择错误就可能导致不予受理或驳回起诉的结果。其次，对于事实的描述应简单明了，不要表述了一大段都不是关键的事实，与纠纷的焦点问题完全无关，这会直接导致审判人员无法准确理解你所要表达的目的。最后，就是在阐述理由的时候，法律逻辑一定要清晰，做到有理有据，所引用的法律条文应准确恰当，以保证起诉状的严肃性。

需要注意的是，在制作民事起诉状之前，应充分领会当事人的诉求，清晰诉讼的目的，为起诉状找到制作的大方向。在民事起诉状的内容表述上要突出主题，抓住重点来分析论证，层层递进、层次分明，并且文字要流畅简练。对于成稿应干净整洁，若确实需要进行涂改的，应在涂改处进行签署，并且提交的份数也要根据被告的人数进行增加，不要缺份。

（二）民事反诉状的基本写作技巧

民事反诉状，是民事诉讼案件中的被告对原告所起诉的同一个事实而向人民法院提交请求，用同一诉讼程序与原告的起诉进行合并审理，并且追究原告相应的民事责任的一种法律文书。

在写作民事反诉状的时候，需要注意的是：其一，反诉的提出必须符合法律规定的条件，否则反诉不能成立。其二，提出的反诉请求必须与原告的本诉具有关联性，即应基于同一事实和同一争议内容。与此同时，应以证据证明反诉请求的合理性、合法性，以对抗本诉中的诉讼请求。其三，由于反诉是针对本诉原告提出，目的在于强调原告应当承担的民事责任，所以在反诉状中应当注重驳斥原告诉讼请求的证据的运用，以求得人民法院的支持和司法的公正。

四、格式要求

（一）民事起诉状的格式要求

根据《民事诉讼法》第 121 条之规定，民事起诉状应当包括以下事项：①原被告的姓名、性别、年龄、民族、住所、联系方式，若是法人或者其他组织的则需要法人或者其他组织的名称、住所地、法定代表人或者负责人的姓名和职务以及联系方式。②诉讼请求以及事实与理由。③证据和证据的来源，以及所证明的事实。具体民事起诉状的格式要求如下：

1. 首部

应当以"民事起诉状"作为标题，在首部写明原告与被告的身份信息。主要包括姓名、性别、民族、住址以及联系方式等。原告或被告是法人或其他组织的，则包括名称、住所地、联系方式以及法定代表人或者主要负责人的姓名和职务。为了保障法院对文书的送达，一定要真实准确地写明地址和联系方式。

2. 正文

在诉讼请求中，要写明要求被告所承担的民事责任以及具体请求，有多项请求的应当分别列明清楚，做到明确而具体，若涉及金额的还要计算好确切的数额并说明计算过程。

在事实与理由的部分，则要根据诉讼请求有针对性地进行表述。具体的就是，先写明案件的经过，包括发生民事法律关系的时间、地点、内容、原因以及结果，要保证事实的真实性以及内容的简明扼要。然后，围绕诉讼请求，证实与争议焦点有直接联系的事实是由被告的行为造成了危害的结果，导致原告遭受损失。最后，就是列举相关的证据进行佐证，结合相关的法律法规，说明原告的诉讼请求是具有正当性与合法性的，请求法院的支持。若不制作证据目录的，可增加证据及其来源的内容，包括证据的名称、所证明的内容以及为证据编写序号，以方便审判人员对证据材料进行核对查阅。

3. 尾部

主要是致送人民法院的名称、原告的签章、具状的时间等。

(二) 民事反诉状的格式要求

民事反诉状的格式要求与民事起诉状的基本相同，但是有一些特别的要求：其一，反诉不能对原告以外的其他人提起，只能向本诉的原告提起。其二，反诉与本诉必须是同一诉讼程序，并且只能向本诉的法院提起，而不能是其他法院专属管辖。其三，要在举证期限届满前提出反诉。

接下来，我们就具体讲解下民事起诉状的格式要求：

1. 首部

以"民事反诉状"为标题，诉讼双方当事人的表述变为"原告（本诉被告）"和"被告（本诉原告）"，其他当事人的基本信息要求与民事起诉状的一致。

2. 正文

反诉请求要达到反诉的诉讼目的，表述要具体明确。事实与理由的部分，则先写事实部分再写理由，要将对方提出的本诉情况说明一下，根据所叙述的事实的结合相关的法律规定，然后有针对性地在理由中驳斥对方的主张，论证我方的主张具有合理性和合法性。若不制作证据目录的，同样需要增加证据及其来源的内容，包括证据的名称、所证明的内容以及为证据编写序号，同民事起诉状的相同。

3. 尾部

依然是致送人民法院的名称、反诉人的签章、具状的时间等。

五、范文格式

通过以上对于写作细节的讲解，可能对于民事起诉状和民事反诉状的写作有了一定的了解，为了帮助大家更加直观地清楚知道其写作的格式和内容要求，以下就是相关的范文格式。

以下是民事起诉状的范本，以供参考：

<h1 style="text-align:center">民事起诉状</h1>

原告：

被告：

诉讼请求：

事实与理由：

此致

XXX 人民法院

具状人：

年　月　日

以下是民事反诉状的范本，以供参考：

民事反诉状

反诉人（原诉被告）：

被反诉人（原诉原告）：

反诉请求：

事实与理由：

此致

XXX 人民法院

反诉人：

年　月　日

【案例分析实训】

【案例 10.2】

【案情简介】

李子因赌博输了 20 万元后，一直想要东山再起，于是向闺蜜桃子提出借款10万元的请求。但是桃子知道李子是由于赌钱输了，想要借钱翻本，所以桃子不想借给他。于是李子找到了桃子的男朋友，也就是自己的好兄弟栗子去说服桃子。最终，桃子借给了李子10万元并约定了还款日期，李子向桃子写了借条以及交付了收款凭证，栗子则作为一般保证人对这次借贷进行了担保，在借条中也签了字。最后，李子输掉了这10万元的借款，无钱归还给桃子，桃子也因此跟栗子分了手。随后桃子写了民事起诉状，向法院提起了诉讼。

桃子的民事起诉状如下：

民事起诉状

原告：桃子
身份证号码：1234567890
籍贯：上海
联系电话：123456

被告一：李子
身份证号码：1231231231
籍贯：上海
联系电话：135790
被告二：栗子
身份证号码：3213213121
籍贯：上海
联系电话：686868

事实与理由：

原告于 XXXX 年 XX 月 XX 日借款给被告一人民币 10 万元整，并且约定了还款日期。还款期限已过了大半年，被告一依然未归还借款，而栗子作为担保人应当共同承担还款责任，并且被告一和被告二还应支付逾期还款的赔偿金。以上，有借条和收款凭证为证。所谓，借钱还款，有借有还，天经地义，望人民法院支持原告的请求，具体请求如下：

诉讼请求：

1. 请求被告一与被告二共同偿还借款人民币 10 万元整。

2. 请求被告一与被告二支付迟延还款的逾期利息。

此致

上海人民法院

原告：桃子

写于 XXXX 年 XX 月 XX 日 12：00

【思考问题】

根据案例，找出桃子的民事起诉状中格式及内容的错误之处。

【法理分析】

可分别通过首部、正文、尾部三个部分按照讲解的格式及内容要求仔细核查桃子的民事起诉状。首部，主要是核对原被告的身份信息以及被告资格等，确认填写的信息是否符合要求，被告一与被告二是否能成立。正文，诉讼请求和事实与理由的顺序是否正确，所提出的诉讼请求是否准确，描述的事实是否准确，阐述的理由是否合理合法。尾部，原告签章，日期是否准确。以此，即可较清晰地从中一一寻找出民事起诉状的错误之处。

第四节　律师行政诉讼实务文书

一、概念

律师行政诉讼实务文书是指律师在接到行政诉讼案件中当事人的委托后，依据《行政诉讼法》以及其他的相关法律法规的规定，在承办案件的整个过程中所制作的法律文书的总称。《行政诉讼法》第一章第 2 条第 1 款规定："公民、法人或者其他组织认为行政机关和行政机关工作人员的行政行为侵犯其合法权益，有权依照本法向人民法院提起诉讼。"由此可见，律师行政诉讼实务文书一般会具有以下特点：

第一，发起行政诉状的起因具有单一性。由于行政诉讼的发生是针对国家行政机关及其工作人员的具体行政行为产生的争议。故提起行政诉讼是有着较为严格的限定，其他事由并不能够提出行政诉讼。在行政诉讼中，涉及行政复议前置的案件，则必须先申请行政复议，对复议决定不服才能够向人民法院提起诉讼。

第二，行政诉状中的起诉权具有专属性。基于行政诉讼的特殊性，行政诉讼中的原告和被告都具有专属性。在行政诉讼中的原告是指受到具体行政行为侵害的公民、法人或其他组织。而被告就是作出该具体行政行为的国家行政机关。顾名思义，国家机关作为作出具体行政行为的主体，无法成为行政诉讼中的原告。

二、文书类型

律师行政诉讼实务文书根据不同的标准可进行不同的分类。

按照不同的阶段，可将上述文书分为：复议阶段所需文书、诉讼阶段所需文书。其中诉讼阶段的文书又可按照不同的诉讼阶段进而进行分类。复议阶段一般需要行政复议申请书，诉讼阶段一般需要的文书包括行政起诉状、行政上诉状、再审申请书等。

按照主体不同分为：律师代书的文书和律师自用的文书。属于律师代书的文书一般是指各种类型的诉状，如行政起诉状、行政上诉状、行政复议申请书等；属于律师自用的文书顾名思义是一些代理词，如原告代理词、被告代理词、上诉人代理词等。

三、基本写作技巧

律师在行政诉讼中运用的实务文书与在民事诉讼中所运用的文书很类似，特别是在格式方面，大致相同。但是在行政诉讼中的实务文书在书写时有着其特殊的写作技巧。本章节主要以撰写行政复议申请书和行政起诉状为例，讲述其基本写作技巧。

（一）行政复议申请书的基本写作技巧

行政复议申请书是行政相对人在被行政机关作出的具体行政行为侵犯合法权益时向有管辖权的行政机关提出复议申请时提交的文书，以此来保护自己的合法权益。如若行政相对人不申请行政复议，复议机关是不能够主动介入进行复议的，这是行政复议不告不理的原则，故行政复议申请书是复议程序启动的前提和基础。

申请人提出行政复议申请书必须在法定的时间内提出，并且其针对的必须是《行政复议法》中所规定的具体行政行为。如若不属于行政复议的申请范围，复议机关将不会受理。提出行政复议申请是一件严肃的事情，在行政复议申请书中应当写明申请复议的目的，例如，明确提出是需要撤销某具体行政行为、变更某具体行政行为或履行某具体行政行为等。

整个复议申请书建议用诚恳的态度、平和的语气充分地说理。既要能够清晰明了地表述整个事件的起因、经过和结果，也要能够表明复议申请人的态度和请求。

（二）行政起诉状的基本写作技巧

在撰写行政起诉状时，一般我们都会针对以下方面——进行叙述：立案条件、受案范围、法院管辖、诉讼主体、提出行政赔偿等。

首先，我们应当注意是基于相关的行政法规来论证行政机关所作出的具体行政行为的违法性或是其有所不当之处。其次，在诉状中应详细讲述原告一方因何种事实而引起了行政机关的具体行政行为。再次，应当详细记叙行政机关作出该具体行政行为的过程和内容，包括一些重要的关键细节等情况。最后，应当在诉状中阐明，原告针对该具体行政行为是否已经申请过复议，若提起行政复议，则复议结果如何，复议机关是否作出改变以及作出何种改变等。

另外，我们还需要注意，不属于人民法院受案范围的行政案件是不能够提起诉讼的。根据《行政诉讼法》第13条规定，人民法院不受理公民、法人或者其他组织对下列事项提起的诉讼：①国防、外交等国家行为；②行政法规、规章或者行政机关制定、发布的具有普遍约束力的决定、命令；③行政机关对行政机关工作人员的奖惩、任免等决定；④法律规定由行政机关最终裁决的行政行为。在《行政诉讼法》第12条中对人民法院受理的行政诉讼案件类型也作出了列举，一共12项，此处不再赘述。值得强调的是，行政诉讼必须是针对行政机关作出的具体行政行为，那么针对抽象行政行为，是不能够提起诉讼的。我们在撰写行政起诉状时应当尤为注意。

行政诉讼的管辖问题也是我们在撰写行政起诉状时必然会面对的问题。《行政诉讼法》第三章第 14 条至第 24 条对行政诉讼的管辖问题进行了明确的规定。其中需要强调的是第 15 条的规定：中级人民法院管辖下列第一审行政案件：①对国务院部门或者县级以上地方人民政府所作的行政行为提起诉讼的案件；②海关处理的案件；③本辖区内重大、复杂的案件；④其他法律规定由中级人民法院管辖的案件。

最后，需要提醒行政诉讼中存在的特殊之处，即复议前置的案件。依法需要行政机关先进行复议的，必须先申请复议，对复议决定不服的，再向法院提起诉讼。

四、格式要求

（一）行政复议申请书的格式要求

1. 首部

应当写明标题"行政复议申请书"，此处应当注意不能只写"申请书"，而是应当书写完整，即注明申请书的性质。另外需要在首部写明申请人和被申请人的相关情况。申请人如果是公民的则应当写明姓名、性别、出生年月、民族、住址；如果是法人的则应当写明全称、法定代表人、地址。被申请人则是写明复议机关的全称。

2. 正文

正文部分应当写明申请事项以及事实与理由。该部分需要简明扼要地概述案情并写清楚如何证明自己的复议请求。

3. 尾部

尾部写明致送的复议机关的全称，由申请人签章并写明日期即可。

（二）行政起诉状的格式要求

1. 首部

首部应注明标题"行政起诉状"。同时在首部写明原告与被告的身份信息。被告需明确，特别是经过行政复议的案件应当根据复议结果来确定诉讼的被告。原告与被告的信息清晰明确是诉讼能够顺利进行的基本保障。

2. 正文

正文部分与民事起诉状一样，也是分为诉讼请求和事实与理由两个部分。

诉讼请求作为正文的第一部分内容，需将原告为何提出诉讼以及其目的叙述清晰，明确原告欲达到的目的。

事实与理由的部分就是写明事实根据和法律依据。人民法院审理案件首先需要了解诉状中的事实。事实需写明被告人侵犯权利的具体发展经过以及造成的结果。将行政争议焦点直接指出。如果已经经过了复议，那么在事实部分还需要将复议的过程以及结果写明，以便于人民法院直接清晰的了解整个事情经过。在理由部分应加入法律法规的分析，论证自己诉求的合法性以及合理性。

3. 尾部

尾部写清楚致送的人民法院、具状人姓名以及日期。如若有相关附件，在尾部注明附件名称即可。

五、范文格式

在对行政复议申请书和行政起诉状写作的相关细节讲解之后，我们通过范文以可视化的方式来具体地巩固一下印象。

以下是行政复议申请书的范本，以供参考：

行政复议申请书

申请人：

被申请人：

申请事项：

申请人因不服被申请人 X 年 X 月 X 日作出的 XXX 具体行政行为，向 XXX 提出复议申请。

事实与理由：

此致
（复议机关）

申请人：
年　月　日

以下是行政起诉状的范本，以供参考：

行政起诉状

原告：

被告：（行政机关）

诉讼请求：

事实与理由：

此致
XXX 人民法院

具状人：
年　月　日

【案例分析实训】

【案例10.3】

【案情简介】

起诉状

起诉人：周润润，男，1965年10月2日

被告：黄飞强，男，41岁，汉族，工作单位：上海市公安局青浦分局特巡警大队

请求撤销上海市公安局青浦分局作出的［2019］第323号公安行政处罚决定书。

陈述事实：

原告系上海红润发展有限公司的董事长，其创立的"红润发展"团队亦系"上海润美小商品城"项目的开发商，并两次成功举办"我最美"杯广播电视主持人大赛，树立了原告企业的良好形象。原告至今在上海市青浦区已投资10余亿元，为上海市地方财政贡献8千余万元的税收。

2019年1月9日凌晨1点左右，原告与案外人陶文理、张友谊等三人在市区应酬，之后乘坐出租车返回公司，途经治安卡口，除了保安服外无任何证件出示的人过来要求查验身份证件，恰逢原告未带但可报出身份证号，经查验后仍不放行，原告继续解释其所在公司就在不远处，不信可以一起去看，其为温州商人。此时被告破口大骂并责令其下车。故而双方发生争执。后原告即被随之而来的警车带至任岗派出所，在无任何行政决定与相关手续的情况下处以限制人身自由8个小时。

2019年1月11日原告即依法向上海市公安局督察支队等处投诉，至今未

有回复。

2019 年 2 月 3 日，被告作出了［2019］第 323 号公安行政处罚决定书，决定对原告行政拘留七日并处罚款伍佰元的处罚。当日，申请人即被押至上海市青浦区拘留所执行拘留处罚。

原告解除拘留后，对该行政处罚不服，违反了一事不二罚的原则亦处罚明显过重，既不合理又不合法，且上海市公安局青浦分局在原告投诉后数日作出该行政罚书，显系打击报复投诉人，被告的行为明显地违反法定程序。为维护原告自身合法权益，特诉致贵院，请求法院判令如上诉请。

起诉人：周润润

【思考问题】

根据行政起诉状范文，找出本案例中格式及内容的错误之处。

【法理分析】

参考本节中已经给出的行政起诉状的参考范本，仔细核查格式的错误之处。例如，文书标题的完整性，专业名词是否书写正确等。另外，在行政诉讼中应当尤其注意原、被告是否正确。被告是指作出具体行政行为的行政机关，本案中被告应当为上海市公安局青浦分局，而将工作人员黄飞强列为第三人。同理在具体诉状内容中也应当作相应地调整。文末的致送机关、日期等都是基本格式要求，应当注意细节。

第五节　律师非诉讼实务文书

一、概念

律师非诉讼实务文书是指律师在接到非诉讼案件中当事人的委托后，依据相关法律法规的规定，在承办非诉案件的整个过程中所制作的法律文书的总称。非诉讼的法律服务是律师工作中非常重要的一部分业务。其有两大种类，第一种是指无争议的法律事务，需要律师提供法律服务，例如就某合作草拟合同或者就某一事项出具法律意见书等；第二种是虽已产生争议，但无需通过诉讼途径解决的法律事务，例如发律师函、撰写离婚协议书等。无论是何种非诉的法律服务绝大部分都需要利用到律师非诉讼实务文书，因此，本节将对律师非诉讼实务文书展开具体讲解。

二、文书类型

律师非诉讼实务文书主要不是为了解决已经发生的法律纠纷，而是一种为了实现某个目标而必须经过的法定程序；或者是一种为了避免出现某些可能出现的纠纷而采取的必要措施；或者一种为了保护某种合法权益而预先作出的保护性手段。其在社会中的使用范围是非常广泛的，由于其具有很强的证据性，因此能够起到规范市场经济行为的作用，是具有重要意义的一种法律手段。

律师非诉讼实务文书根据委托人的不同需求和目的，大致可分为以下四种类型：

（一）非诉讼目的代书文书

非诉讼目的代书文书一般是指律师根据委托人的委托，依据委托人的目的而代为草拟的文书。这类文书常见的有各类商事活动的合作协议、居间协议、代理协议、委托协议、股权转让协议、服务协议等，各类主体之间民事行为的借贷合同、租赁合同、离婚协议、分家析产协议、离婚协议等。可见，这类文书所涉及的范围是非常广泛的，包括了社会中方方面面的内容。

（二）非诉讼事务见证书

非诉讼事务见证书主要是指为了防止日后纠纷的产生，也为了提高公正性、合法性，律师依据委托人的委托，对一些特定的事务进行见证所出具的文书。主要常见的有公司股东大会的股东决议律师见证书、个人遗嘱的律师见证书，以及一些特定活动或行为的律师见证书等。律师见证文书最大的特点就是具有一定的特定性，对特定事务的合法性起到一定的证明作用。

（三）非诉讼审查意见书

非诉讼审查意见书则指律师依据委托人的委托，对其制作的文书，或所要进行的活动，从法律的角度，出具审查和意见的文书。最常见的就是合同审核意见书、资产重组法律意见书、企业并购法律意见书、招标投标法律意见书、股权转让法律意见书等。主要是从法律的角度进行风险分析，保障相关主体的合法权益。

（四）其他非诉讼类文书

其他非诉讼类文书就是除了以上类型的非诉讼类文书以外的一些文书了。比较特殊的就是，为了起到法律震慑作用，降低诉讼成本和风险，根据委托人的委托，以律师的身份出具的律师函。还有为保障公司股东权利而制作的公司章程，为方便管理员工以及保障员工权益而制作的员工手册，等等。

三、基本写作技巧

本节主要针对律师见证书和律师函的基本写作技巧来进行讲解。

（一）律师见证书的基本写作技巧

律师见证书作为律师见证工作的结果，在整个律师见证工作中具有尤为重要的作用。其基本写作技巧分为以下几个方面：

第一，当事人主体资格信息完整。在律师见证书中必不可少地需要体现当事人的基本信息，即委托人信息。在律师见证书中要求委托人信息完整、清晰、准确。

第二，内容表述客观真实。由于见证业务的特殊性，在书写律师见证书时需要将见证的客观事实还原记叙成文字。完全体现出以事实为根据，以法律为准绳的宗旨。不建议加入主观评价和判断，需要通过文书来真实还原见证的客观事实。

第三，严格把控细节描述。在书写律师见证书的时候，律师需要谨慎审查见证事项的合法性，故需注意对细节的描述，以做到更加完整的还原事实。

（二）律师函的基本写作技巧

律师函作为非诉法律服务中常见的法律文书，无论是在自然人之间还是企业之间发生纠纷时，都可以通过发送律师函的方式来表述自己的观点，向对方发出严正的声明。另外，除了传递信息的功能之外，律师函还具有中断诉讼时效、提出警示预防等功能。故掌握律师函的基本写作技巧，是作为一名律师的基本要求。

首先，在书写律师函之前，律师需要先了解清楚发生纠纷的类型，比如因发生欠款而需要发送律师函以催款或是由于被侵权而发送律师函要求对方停止侵害，等等。

其次，叙述发生的客观事实，结合已经收集的材料如实还原整个事件的起因、经过和结果。务必谨记，对事件的还原应当做到客观、真实，不建议加入主观的感情色彩。然后加入法律分析及法律依据，阐明我方立场，明确我方的观点或者提出抗辩事由。在书写律师函的过程中注意运用事实与理由相结合的方式，结合之前阐述的事实来提出自己的主张或者表述自己的抗辩，会达到增强的效果。文字表述要具有逻辑性、合理性和准确性。这一部分的书写要做到有理有据，确保每一句话都能够有事实或者法律依据。

最后，律师函的尾声部分需要明确提出我方的需求和主张，最好可以给出行动确定时间表或者义务履行期限等，使得收函一方认识到自己后续需要作为的事情以及若不作为可能会被采取的措施等。通过文字的表述让接收律师函一方感受到严肃和庄严感，达到震慑的效果，使得收函方愿意主动履行自己的法律义务。

四、格式要求

（一）律师见证书的格式要求

律师见证书一般分为首部、正文和尾部三个部分。

1. 首部

在首部写清标题"律师见证书"。随后写明委托人的信息，如果委托人是自然人的，应当写明姓名、身份证号码、联系地址、联系方式等；如果委托人是企业的，应当写明企业全称、统一社会信用代码、法定代表人及联系地址等。对于内容表述较长的律师见证书来说，首部还可以加入目录，以便于后续的查找翻阅。

2. 正文

在正文部分一般需要写明见证的时间、地点、到场人员等基本情况。然后写明见证内容，即委托律师见证的事项。例如签名、订立合同等情况。接下去是见证材料，见证材料是指律师在从事见证活动的过程中所审查的材料，例如委托人的身份证明、企业的营业执照、法定代表人证明等。

3. 尾部

写明律所的信息、承办律师的名字。

（二）律师函的格式要求

律师函一共分为首部、正文和尾部三个部分。

1. 首部

首部首先写明标题"律师函"。紧接着写清楚律师函的接收方全称，需明确清晰此份律师函的真正接收方。建议在姓名之后加上先生或者女士等尊称，以显示对对方的尊重。

2. 正文

正文部分主要是阐述事实和理由。一般包括事实陈述、我方主张、违反后果三个部分。正文部分注意分段落表述清晰自己的观点。

3. 尾部

尾部需要律师签章及日期。在尾部也可以留下联系方式，以便收函人进行联系。

五、范文格式

以下是律师见证书的范本，以供参考：

律师见证书

委托人信息：

见证内容：

见证律师审查了委托人提供的_____文件。

兹证明：

特此证明

XX 律师事务所

XX 律师

年 月 日

以下是律师函的范本,以供参考:

律师函

XX:

XX 律师事务所 XX 律师受 XX 委托,就贵方 XX 事宜致函给贵方:

望贵方在收到本律师函的七日内与我方当事人取得联系。

若我方当事人未能收到贵方 XXX,我方将被迫通过法律程序进行维权,我方静盼贵方的答复!

此致

XX 律师事务所

XX 律师

年 月 日

【案例分析实训】

【案例 10.4】

【案情简介】

2016 年 12 月 14 日,上海稳固家具有限公司(以下简称"稳固家具公司")与启东至强置业有限公司(以下简称"至强置业公司")签订了《启东美丽村项目会所活动家具供应、安装合同》,合同中作出如下约定:

1. 稳固家具公司为至强置业公司提供美丽村项目会所活动家具供货和安装工程,合同总价为人民币 180 万元。

2. 合同签订后五个工作日内,至强置业公司先支付 20 万元首付款;家具供应安装完毕后五个工作日，支付 130 万元款项；验收合格后五个工作日，将尾款付清。

合同签订后，至强置业公司如期支付了 20 万元的首付款。2017 年 6 月 15 日，稳固家具公司按照合同要求完成了供货，2017 年 7 月 1 日，双方签字确认验收合格。至强置业公司于 2017 年 9 月支付了一笔 40 万元的费用后便不再支付货款。

稳固家具公司通过发送邮件、电话联系等方式多次催款，但至强置业公司始终没有反应。

【思考问题】

请根据以上叙述，写一篇律师函。

【法理分析】

书写律师函应当先对纠纷的类型进行分析，本案属于定作合同纠纷。两家公司之间有明确的合同约定，应当遵循合同来履行义务。此后，确定律师函的接收函件一方，本案中是由已经履行合同义务的稳固家具公司向未付款的至强置业公司发送律师函，催促其付款。律师函的表述应当注意要客观陈述已经发生的事实，并且清晰提出发函一方的要求。

第六节 思考与实训

【案例实训分析】

通过案例，让学生去分析和写作，用实践的方式加深学生对法律文书写作相关知识的印象。

【案例10.5】

【案情简介】

美丽公司是一家知名的护肤品品牌公司，该公司股东及股权比例为：金锦绣 35%、林霖 25%、汪凌凌 20%、严炎 10%、涂田 10%，注册资本为 500

万，各股东均已实缴。在公司创立初期，由于资金匮乏，为了发展业务以及研发新产品，股东之一的林霖借款 80 万给美丽公司。随后，金锦绣又用自己的一套价值 560 万的房产在银行做了抵押，获得贷款 100 万也借给了美丽公司。获得资金后的美丽公司，进入了快速发展的道路，并且研发的新产品美白乳液在市场中成了网红产品。

此时，豆蔻公司老板窦一豆通过贿赂美丽公司的技术人员，获得了网红美白乳液的生产配方，并且进行了美白乳液的生产，但是一直销量不佳。于是窦一豆又将豆蔻公司的美白乳液除了产品名称外的所有包装外观均设计成了跟美丽公司美白乳液的一模一样，销量开始有所上涨，并且获利 200 万元。

美丽公司由于网红产品的畅销，获得了大量资金，但是为了更好地发展，并未将股东林霖和金锦绣的借款归还，将所有资金进行了投资。结果，投资失败，美丽公司的资金链断了。原料供货商由于收不到货款，也停止了供货，并且几次登门追讨欠款。美丽公司共拖欠来福公司 60 万货款，喜禄公司 30 万货款，长寿公司 70 万货款。此外，美丽公司还拖欠员工工资 25 万元。

【思考问题】

1. 根据案情，分析该案例中的各主体可以提起哪些诉讼？请列举。
2. 针对这些诉讼，相应的承办律师需要制作哪些法律文书？请列举。
3. 根据问题 2 的回答，选择其中一种法律文书进行写作。

【法理分析】

1. 梳理出案例中的主体及其相互之间的法律关系，寻找法律关系中的争议焦点，根据法律关系中的争议焦点确定案由，以此即可确定诉讼的类型。

2. 根据不同的诉讼类型，按照律师实务中的相关承办手续流程以及相关诉讼法规定的诉讼程序来确定所需要制作的法律文书类型，一般律师民事诉讼实务中的文书包括委托书、民事起诉状、证据目录、原/被告代理词等。若涉及刑事的，律师刑事诉讼实务中的文书则主要有委托书、律所指定辩护函、律所介绍信、会见笔录、阅卷笔录、辩护词等。还有律师非诉讼实务中的文书，包括破产申请书、法律意见书等。

【案例 10.6】

【案情简介】

吴元力从小由外公唐庆华和外婆陈秀雯带大，祖孙感情非常好。吴元力长大后，也一直非常孝顺外公外婆，经常去看望外公外婆，给他们买各种生活用品，做一些力所能及的事情。

2019 年 8 月 30 日，吴元力通过多年的努力，终于成为一名正式律师，拿到了律师执业证，在上海腾展律师事务所做授薪律师。2019 年 10 月 25 日，外公唐庆华因心脏疾病住院治疗，2019 年 12 月 6 日康复出院。但是经过这次的治疗，唐庆华明显感觉自己已经年老，开始考虑遗产的问题。唐庆华与陈秀雯商量后，最终决定，在二老都过世之后，将二老名下的位于上海市静安区 XX 路 XX 弄 1 号 101 室的房产作为遗产留给外孙吴元力，并打算订立遗嘱。由于吴元力已经成为律师，二老便想由上海滕展律师事务所律师来进行遗嘱见证。

根据《中华人民共和国律师法》第 28 条关于律师业务的规定，以及根据《中华人民共和国继承法》《中华人民共和国公证暂行条例》《遗嘱公证细则》的相关规定，律师遗嘱见证与普通人的遗嘱见证并无太大差别。因此吴元力建议做遗嘱公证，但唐庆华和陈秀雯非常想让外孙来做，也算是外孙成为律师的一个纪念，最终决定先做律师遗嘱见证，然后再拿去公证处进行公证。

于是，吴元力与同一律师团队的张子晨律师以及陈妍律师一起准备律师遗嘱见证的事项。

【思考问题】

1. 吴元力是否能够为外公唐庆华与外婆陈秀雯做律师遗嘱见证？

2. 分别讨论一下律师见证遗嘱与公证遗嘱的效力。

3. 根据案例中唐庆华及陈秀雯的委托，由上海滕展律师事务所律师为唐庆华及陈秀雯的共同遗嘱做见证，出具一份律师见证书。

【法理分析】

1. 不能。最高人民法院《关于贯彻执行〈中华人民共和国继承法〉若干问题的意见》第 36 条规定，继承人、受遗赠人的债权人、债务人，共同经营的合伙人，也应当视为与继承人、受遗赠人有利害关系，不能作为遗嘱的见证人。

2. 律师见证遗嘱是指律师以律师事务所以及见证律师的名义，依据当事人的申请，依法对当事人的遗嘱的真实性、合法性进行审查并且予以证明的遗嘱。而公证遗嘱则是指公民在生前对自己的财产作出安排，为了在死亡时可立即发生法律效力，而通过国家公证机关进行过公证的遗嘱。很明显，律师见证遗嘱的见证主体是律师事务所以及见证律师，公证遗嘱的见证主体是国家机关，因此公证遗嘱的效力一般要高于律师见证遗嘱。若出现了两者内容互相矛盾的遗嘱，则以最后的公证遗嘱为准。

3. 根据《中华人民共和国继承法》第 17、18 条之规定，由符合要求的律师进行遗嘱的见证，并根据律师见证书的格式及内容要求进行制作。

律师现代办公技能

  律师制度最早起源于古罗马时代，大约公元前 5 世纪左右，当时古罗马帝国的发展十分迅速，由于地理、交通、环境等因素，古罗马帝国曾一度十分繁荣，贸易往来频繁。而伴随着繁荣贸易的背后，贸易双方也不断发生交易矛盾。古罗马帝国法律条文十分琐碎繁杂，一般人根本看不懂，当出现矛盾的时候他们没有办法去很好地运用这些条文维护自己的权利。渐渐地，贸易纠纷"代理人"开始出现，他们的主要作用就是帮助那些发生矛盾的交易双方向审判者阐述纠纷事实，维护自身利益。该"代理人"角色很快就受到了古罗马广大民众的接受，"代理人"的队伍迅速壮大起来。

  而中国的律师制度历史同样悠久。中国古代的律师被称为"讼师"，最早可以追溯到西周时期。在清末年间，讼师这一职业得到迅速发展，其在当代的地位以及作用都呈上升趋势。现代律师制度是于 1979 年恢复重建，几经变革，发展至今已走过 40 多个春秋。

  从上面短短几行字可以看出，无论是国内还是国外，律师这个职业已经发展了一两千年，不同时期的"律师"无论是在观念、形式、作用上都有着较大的差异。本章节中我们将向大家介绍历史上不同时期律师的办公技巧和技能以及现代化律师办公技能，向大家展示律师这一职业在办公技能上的发展与进步，更向大家阐述作为一个现代化律师，除需要拥有过硬的专业知识外，拥有"先进、顺手、高效的"办公技能对一名现代化律师的重要性。

  现如今的社会已彻底进入了信息化网络时代，各行各业无论是在办公方式还是在办公技巧上都趋于信息化、网络化、共享化。便利、快捷、透明已经成了现代化办公的代名词，律师行业尤其如此。律师工作繁忙，材料众多，如何快速获取、整理需要的信息就显得格外的重要，第一时间获取信息是效率的体现。比如一名律师需查找一个相似的案例，利用 10 分钟获取与利用一下午获取可谓天差地别，因为律师的时间都十分宝贵，时间意味着金钱，意味着可以做更多的工作，做更多事。除此之外，规范的办公模式、良好的办公习惯都是现如今律师行业必不可少的品质。

以上这些，可以说是成为一名优秀、严谨、专业的律师需要了解与学习的必备技能。社会在改变、时代在前进，让我们与时俱进，跟上时代的步伐，逐步改善我们的办公方法与技巧，成为一名"开在高速公路"上的新时代律师。

第一节　律师现代办公技能基本概述

律师现代办公技能是指律师在日常工作中所具备的内涵、素养及才华，它包括基本办公技能、电子技术运用技能、电子软件运用技能等等。这些技能相较于以往律师办公时所运用的技能，是进步，还是退步呢？哪些技能是律师办公时用得最多的呢？哪些技能又是最值得律师们去学习和掌握的呢？在本章节中，我将向大家介绍现代律师办公时所运用技能的"那些事儿"，比较一下律师办公技能这些年的变化以及它们是如何提高办公效率的。那让我们正式进入主题吧！

一、律师办公技能的变迁

我在刚开始执业之初，曾咨询过一位近 60 岁、执业有 20 年的律师，询问他们那时的办公方式，想从中感受一下律师近年来办公技能、办公模式的发展史。了解后才知道，以前律师办公有多辛苦。所有现在能在电脑上完成的事务，他们都是通过纸质完成的。比如，所有文书都是一笔一画写在纸上的，尤其是那些字数比较多的文书。这位老律师拿出了一本 50 多页的法律意见书给我看，那是他花了两周时间才写完的文件，他一直放在身边。这位老律师还说，当时他为了查找一个不常用的地方性规定，整整花费了 2 天时间，跑了好几个部门、图书馆等地方才找到。最后这位老律师感慨，我们这批人赶上了好时代，有那么多优秀好用的办公工具辅助我们的工作，大大提高了办公效率。

是啊，老律师当年碰到的问题，现在看来都不是事，我们有电脑，我们有网络，可以足不出户查找到我们所想要知道的。这可以为我们提高效率，节约时间，在时间就是金钱的当下，这一点太重要了！

　　后来做了几年律师后我真真切切地感受到了现代社会发展对于律师办公的帮助。比如刚开始这几年，工作中需要调取房地产信息、企业工商内档、人口信息等都需要我们亲自前往各所在区县当地相关部门调取，有的偏远地方调取一次可能就要花费半天甚至一天的时间，而现在，几乎所有内容都可以舒服地坐在办公室里，喝着咖啡，通过电脑进行网络调取，而你所需要花费的时间仅仅就几分钟而已。与之前所需要花费的时间相比，我们可以看出节约了很多时间，这就是技术的力量。

　　因此我们在面对一些基础工作时，要尽量改变工作习惯，运用最先进的、最快捷的办公技能，尽可能减少不必要的时间浪费，把时间尽可能全部用在真正的工作上，这样才能提高工作效率。

二、现代律师办公技能的定位

　　有的人会问，我已经工作了那么多年，对办公方式有了一套自己的做法，是否有必要打破常规来学习新的办公技能呢？为什么要变呢？

　　诚然，每个人都有自己的办公习惯，我们可以把它比作舒适圈，想要一个人打破舒适圈是很难的，但如果打破舒适圈，能让你的办公效率成倍提升，你又是否有勇气和决心去打破呢？

　　前面我们已经讲述过现代律师与20年前律师办公时的技能区别，已经感受到了双方办公效率之间的区别。虽然现在大多数律师并没有如此"宏大"的效率鸿沟，但其实我们仔细想一下，还是有许多细节上的内容可以改进，如果将这些细节全部掌握、熟悉的话，你的办公效率其实也会有质的飞跃。

　　你知道有哪些好用、实用的APP可以帮助你办公吗？你知道现代律师效率办公必不可少的那些工具吗？你知道养成哪些小习惯后可以在无形中帮你节省时间吗？

　　如果你不知道，那我们就在本章接下来的内容中与你分享一下我个人对于现代律师办公技能的理解，一起学习一下现代律师常用的办公技能，看看哪些对你有帮助。如果有，那就改进它，提升我们的办公效率吧。

三、律师应当拥有的现代化办公技能

在这一段里我将大致的向大家介绍目前为止我个人认为的几项现代化律师办公时需要了解并掌握的实用技能方向，供各位参考。

（一）习惯

无论做什么事，一个好的习惯对于一个人来说至关重要。一个好的习惯甚至会影响一个人的一生。而对于律师来说，一个好的习惯能对他的办公有多大的帮助呢。举个例子你就明白了，曾经有个男律师，各方面均十分出色，但可能是男生的关系，他有些不拘小节，在存放客户材料时喜欢随手丢放，有一次，他把客户的一份重要原件随手放置在某处，但之后却找不到了。但这份原件与案件有着直接的关系，最终因为这份原件的丢失导致案件败诉。客户对此十分不满，他最终因为在委托关系中，作为被委托人（即律师）因其过失导致委托人利益受损而承担了赔偿责任。我们复盘这个纠纷，如果这位男律师养成了一个好习惯，在每次取出案卷材料后能按时妥当地放回原来的位置，这样的情况就不会发生了。把材料重新放回原位需要花很多时间吗？不需要，可能只会"耽误"你10秒钟而已。但可别小看这10秒钟，通过刚刚的例子，它能带给你什么，相信你也应该很清楚了。

所以尽量养成好习惯吧，让习惯去改变你的工作，给你带来不同的工作体验。

（二）移动硬件及应用软件

如前所述，现阶段律师办公比以前的律师拥有的最大优势，就是有工具，有工具来辅助你工作，帮你省去很多时间及精力。而这里所说的工具，不单指计算机、复印机、扫描仪等硬件工具，亦同样指应用软件。现阶段很多应用软件甚至可以代替硬件，比如扫描仪软件等。毫不夸张地说，运用好软件，你可以做到真正的移动办公，你只需要一台笔记本，甚至只需要一部手机，你就可以完成所有的办公，可以想象，那样办公效率会有多高。你下班回家路上，被要求处理某项工作时，你无需再返回办公室加班到深夜，你可以回到家中，用笔记本或者用手机继续处理完该工作，那有多惬意？又或者，在一些碎片时间（乘公交、地铁、等人等）内，你可以充分利用移动办公的优

势，将这些本会白白浪费掉的时间全部利用起来，处理一些琐碎的事务，使办公效率最大化。

（三）云应用

什么叫云应用？某些网站给出的定义是：终端与服务（云）端互动的应用，终端操作同步云端，而占用本地空间的内容也通过云端备份保留终端数据。简单来说，就是让你的资料可以通过网络的方式进行储存，减少本地占用空间，这一模式运用到工作中，除了可以减少对硬件空间的占用外，还有另一种用法，那就是通过云储存的方式将你所有的办公资料上传到网络，然后可以实现随时随地通过各种硬件实现资料运用的目的。

举个最简单的例子，律师工作带的最多的资料是什么？案卷，一个案卷代表着一个案子，案卷里有这个案子的所有资料，你处理任何关于该案件的问题都离不开它，但案卷少则几十页，多则几百页，你不可能无时无刻都带着它。而当案卷不在身边时，你又需要查看案卷里的内容时，你该怎么办？以前这个问题常常困扰着我，但现在通过"云"就能很好地解决这个问题。你只需要身边有一个硬件，甚至不用电脑，只有一台手机就可以了。你可以通过手机云对已经储存在云上的案卷材料进行查看，然后第一时间给予客户回复，或者第一时间抓住案件灵感。这就是"云力量"。

是否感受到"云力量"了呢？如果想要知道更多关于云的运用，那就继续读下去吧。我会在本章后面的篇幅中教你如何运用它。

【实训练习】

【思考问题】

我们是否有必要去学习改进我们的办公技能？改变后对我们是否有益处？

【实训12.1】列举几个你认为的能提高律师办公效率的措施。

第二节 律师办公的基本习性与技能

在上一节中，我们已经了解了律师办公技能的发展与变迁，以及一个良好的律师办公技能的拥有对于一名律师办公的重要性，在此节中，我将带你了解现代化律师办公技能中律师自身的习性培养以及基础技能。

一名优秀的律师所应当具备的现代化办公技能，我将其区分为两类：一类是律师自身应当拥有的办公习性及基础技能，其属于自身技能；另一类是现代化软件的辅助选择与运用，属于外界环境的合理运用。两者相辅相成，缺一不可。本节中所讲述的律师自身应当拥有的办公习性及技能属于基础性技能，更倾向于一种平日工作中各方面良好习惯的培养以及优秀基础技能的练习。虽然每一个小习惯、小技能单独看来，都不那么"显眼"，看似对工作效率并无多大帮助，但聚沙成塔，在一个个小习惯、小技能成为你的优秀助手以后，"它们"的威力就显现出来了！接下来，我们就来看一下，具体有哪些习惯和技能是我们需要掌握的。

一、掌握现代办公基础技能

（一）办公自动化

如第一节所述，现代律师的办公技能与几十年前的律师前辈办公时最大、最显著的区别，就是工具的运用，这些工具大大提高了办公效率，是现代化律师办公最基本的特征。所以我们应当为自己的固定办公环境尽可能配备相关工具并了解熟悉工具。对于如何发挥这些现代化工具的作用，我认为，其一，我们要乐于接受现代化新事物，主动学习掌握，对于我们手中的现代化工具要尽可能学习和了解。其二，我们要加强工具使用的熟练度，让工具的使用成为"人类本能反应"，发挥出工具的最大作用，不要为了使用工具而使用工具，最终被工具所累。

这里所述的办公自动化，系指要学习计算机、打印机、复印机、扫描仪、路由器、智能手机等现代化办公工具的一些基础运用方式。这里简单讲几个需要重点掌握的内容：

1. 学习电脑操作系统

目前电脑操作系统基本上分为两种，一个是大家所熟知的 windows 系统，另一个则是近年来使用人数逐渐增多的苹果公司 mac ios 系统。两者各有各的特点，也各有各的受众群体，在系统选择上，不讲究唯一性，大家只需要根据自身的爱好进行选择即可。选择后不建议轻易改变，熟悉的系统和操作方式会令你的工作更有成效。

对于操作系统，我们需要了解的并非是如何安装操作系统、如何修改操作系统，毕竟我们是非专业人士，我们所讲的熟悉操作系统是指要熟悉该系统的操作方式、快捷按键。比如如何才能用更少的操作步骤去完成同样的操作指令、如何用最快捷的方式找到你想要的文档内容等。举个例子，在 mac ios 系统下（本人系用 mac ios 系统，因此以此系统为例），command+空格键，可以快速帮你定位查询到你想要查询的文件内容，而不再需要你再在一层层的文件夹里寻找，十分方便，除了寻找文件，它也可以直接当作计算器来使用，而不再需要你进入繁多的应用程序中寻找计算器进行数字计算。

2. 安装使用办公设备

这里的办公设备指的是打印机、复印机、扫描仪这三大办公机器，缺一不可，并且我建议，在条件允许的情况下，办公室、家里都需要备齐这三大办公神器。我在前几年办公的时候，常常会遇到休息日临时有急事，需要我出具文件打印稿进行邮寄的情况，那时家里没有打印机，就造成了文件虽然已起草好，却没办法纸质化盖章的情况，最后不得不外出走几公里路寻找打印店，十分影响工作效率。当然，除了拥有这些设备外，还需要有基础的设备设置安装技能知识，以后若设备出现故障或错误可自行维修。

3. 智能手机随身办公

大概在 7 年前，在参加一次无聊的会议中，我看到当时的一名同事用手机 word 在书写文字。可以说，这一幕颠覆了我的一个概念，原来手机也能办公！至此，我开始致力于使用手机进行"轻办公"。到了现在，手机办公已经成了我办公的一个常用方式。

为什么要用手机办公？让你的灵感想法随时随地记录，不会遗漏；让你抓住一切碎片时间处理轻文件，提高办公效率；让你随时可以和同事客户交流查看文件，不必随身携带繁重的工作文档。当然，我们除了自身要学会、习惯手机办公外，还需要配套的手机办公软件予以辅佐，现在很多软件 APP

可以通过云的方式予以互通，让你在手机、平板电脑、笔记本电脑上共享数据，达到"一处修改，全局修改"的要求，实时实现数据互通，让你不会再为手机修改文件后还需去电脑上导入文件从而增加工作量且容易导致文档混乱而烦恼。

（二）提高打字速度

电脑文字输入，俗称打字，是现如今小学生甚至幼儿园的小朋友都能掌握的一项技能，但掌握不代表熟练，对于有些人来说，打字速度仍然较慢，别小看打每个字的速度慢上零点几秒这微小偏差，在你工作时，几百几千甚至几万字的字码下来，时间上要相差不少。

码字速度，不但影响着你的工作效率，同时对你的写作思路也有着很大的帮助，较快的打字速度能让你思路更流畅。不知道大家平时有没有这种感觉，在写作时，你会一边思考一边写作，在你语句思考出来的同时，电脑上的字也同时打了出来，码完以后，你的思路会紧接着上一句话直接延伸下去，而当你在码错字时，你的思路就会被打断，从而思考文字的正确输入方式，而恰恰是这个时候，你的写作思路中断，需要输入完正确的字时才能继续回想起刚刚的思路。同样的，输入慢也会影响你的思路，你不得不停下思路来等待你的输入。因此，提高打字速度是提高工作效率的一个很小但很有效的改进方式。

（三）车辆的拥有及驾驶

车，对于律师来是一个很重要的"工作伙伴"，也许有的人会说，车不是必需品，且价格不菲，平时坐地铁一样可以办公，没必要拥有一辆车。是的，我在拥有一辆属于自己的车之前也是这样想的，但当你拥有车来办公的时候，就会发现，有车与没车是两种上班的体验。

律师不同于其他职业，其办公特性使其需要在全市范围内移动，上下班、见客户、开庭、调查材料等，而对于律师来说，时间是十分宝贵的，用更少的时间，做更多的事，是每一个律师的办公目标之一。那怎么才能节省时间？用车作为交通工具就是一个很重要的途径。虽然现在公共交通发达了，但很多地方是没有车辆直达的，往往需要你更换几种交通工具，而有的地方来往之间，公共交通工具花费的时间更是会比自驾车多出 4 倍以上，这是十分夸张的，如果有一天你的工作安排需要外出调查，同样 8 小时工作制，你会发现，你 8 小时的时间都会花费在路上，而真正进行工作调查只需要短短 20 分钟，而当你有车时，你路上花费的时间可能只有 2 小时。这样一对比你就会发现，有车辆你会节省 6 小时的巨大时间，用来进行其他工作，是不是很厉害？另外律师因工作性质，往往需要带上很多材料到处跑，乘坐公共交通工具对于你的臂力也是一大挑战。

使用公共交通工具上班，除了肉眼可见的时间消耗外，长此以往，你的内心疲劳度、身体疲劳度也会无形的增加，进而影响工作状态。因此当你成为职业律师后，尽快拥有一辆属于你自己的车吧。

二、学会律师专用的工作笔记

笔记，是一个伴随一生的东西。遗忘是人的特性之一，每个人都逃脱不了，而笔记，则可以帮助你来对抗遗忘，这是笔记的重大作用之一。一个案子的办理可能需要 1~2 年的时间，而期间可能只会开庭 3~4 次，中间可以说是空窗期，等到下次为开庭做准备的时候，很可能已经遗忘了案子的细枝末节，需要通过查看记录来回忆，不用为此而感到沮丧，这是人之特性，谁都无法避免。因此笔记就成为帮助恢复记忆的一个重要法宝。笔记不但要记，而且要记得细、记得清楚、记得有逻辑。有的时候回看你之前记录的笔记时，会不会有这种想法：我当时写的内容是什么意思？所以一定要有条理、有逻辑、有规则的去记笔记，这样才能体现笔记的价值。那该怎么记呢？

（一）笔记本的选择

现在办公多以电脑、手机等电子产品为主，相比于传统书写，电子产品确实在办公效率上会提高很大一截。但传统书写却依旧有它独特的魅力在那里，而记笔记恰恰就是它魅力所在。虽然现代很多笔记 APP 十分人性化，也十分方便快捷，但我个人会更倾向于传统的手写笔记记录法，虽然它效率较低，但手写记录会有一种说不出的真实感，会让文字深深地印在记忆里。所以平时工作时，请随身携带一本小型笔记本，在不那么赶时间的时候，用它来记记画画，你会爱上这感觉。

（二）笔记本的分工

现代律师讲究专业化，其实笔记本也是，每一本笔记本都应该有它专用的内容。我个人一般会有"随手笔记""开会笔记""工作笔记"这三本笔记本。开会笔记是用来供各类会议使用，里面详细记录了会议时间、地点、主题和内容；工作笔记是用来记录工作上的内容，比如接待当事人时记录的案件信息、领导布置的任务等；随手笔记则记录一些杂事，基本属于什么都能记。

那为什么以要对笔记本进行分工呢？

笔记本的主要作用是记录想要记录的内容，方便你以后随时查看。你们有时是否会经历这样一个场景：打电话的同时随手记录了一个电话号码，等几个星期后再想找电话的时候翻遍所有笔记本，却怎么都找不到这个电话记录在哪里？或者和客户沟通时记录的材料，却忘记记录在哪本本子上？产生这种情况的原因就是因为你没有规划笔记本，拿到哪记到哪。所以，从现在开始规划你的笔记本用途吧，它不但可以让你工作更有条理，同时在客户面前，也会让你的形象显得更专业。

（三）笔记本的几个小用法

第一，除了专本专用外，你在实际记录中还要学会专页专用，即每一页保证只写一次内容。平时工作中我常看到我的助理们，为了节约本子，会在同一页上记录很多事，尤其是开会记录本和工作记录本，这会让你在回看时十分的凌乱，我们专注分工的用途本来就是页面清爽，专注工作，而混乱的页面只会让你为寻找内容而分心，影响效率。所以不要为了节约这点纸而影响你工作状态，毕竟一本本子没有多少钱。

第二，简单笔记请予以备注。很多时候我们能找到笔记内容，但由于时间过长，我们往往在看到笔记内容时却不知道我们当时写的是什么意思，或者忘记了这个电话号码是谁的。因此，我们需要养成一个习惯，记录不要过于简单，或者在简单的记录后予以标注，标注可以用最直白的话进行，只要确保以后再回看时能知晓其意思即可。

第三，笔记本最迟请一年一换。这也是为了管理方便，一切向效率看齐。当你使用笔记本几年后你将会有数十本甚至几十本笔记本，按年度来排序，会让你寻找起来更加方便快捷。

三、养成良好的办公习惯

这一小段,我将向大家推荐几个比较良好的办公习惯,这些小习惯在普通人看来可有可无,如果没有亦不会影响你的正常工作,但你一旦拥有这些小习惯,它就会改变你工作中一些细节,你的工作就会更"平顺"。这种感觉就好像你走在一条平顺的大路上,不会有任何感觉,但路上有一点细小坑洼的时候,虽然不影响你走路,但你一定会有一种不适感。而一旦有了不适感,你的思路就会被打断,不自觉地去关注这种不适感。因此,让我们养成一些好习惯吧。

(一)定期作好资源备份

律师职业相对来说是一个成长型职业,它看重资质、看重经验。相比于年轻律师,老律师除了自身经验丰富外,丰富的知识资源库也是他工作的一大法宝。这一法宝是来自多年来工作中的积累。所以我们平时在工作中,要养成一个积累的习惯,将职业之初就开始搜集积累的各种资源存放在电脑中。多年后你也会形成自己的知识资源库。积累资源库时,我们最怕的是什么?那就是资源丢失,一旦资源丢失可能意味着你多年的累积将毁于一旦。因此,定时备份是一个好习惯。我个人一般会在每个星期的固定日期进行一次资源库备份,将资源备份在专为备份而准备的移动硬盘中。如果是苹果系统的话,除了使用移动硬盘(时光机器)物理备份外,还可以使用 icould 进行云备份,进行多线保障。但切记不要使用 U 盘进行资源备份,因为 U 盘内存相对较小,备份资源较少,满额时还需要更换 U 盘,比较麻烦,另外一个原因则是 U 盘容易造成文件损坏,本人曾在一段时间内使用过 U 盘进行文件备份,但不知为何里面部分资源文件无故损坏,无法修复。

(二)包中常备物件

1. 移动电源

手机已经是现代人生活、办公必不可少的工具,且每天的使用时间占比非常的高。律师经常需要在外奔波,而手机需要处理各种事物,例如接听客户、法院电话,用得快时半天就没有电了,而在外又无法充电,因此包里常备一个满电的移动电源就显得格外必要,随时随地给手机充电,应对紧急状况。而在移动电源的选择上，我一般建议一万毫安最好，太少则可能无法满足充电需求，太多则会增加重量，携带不便，因此选择一万毫安的就够了，正常情况下足够手机充满近两次电，保障一天的手机用电需求。

2. 三支笔和一两张纸

包中需常备笔，律师在办案过程中会接触各个机关，这些机关会有各种文件需要你填写，这个时候你就无法使用电子产品进行书写，而如果你恰恰没有笔则会显得十分的尴尬与不便。且一定要准备三支笔在包里，以防意外情况发生。有一次在看守所准备会见时，拿出笔的时候发现笔写不出了，又没有其他笔，只能向隔壁律师借了一支应急。

3. U 盘

前面说过，U 盘不适合备份知识库，但它有着它独特的用处，那就是传递电子材料。可能有的人会说，现在微信、邮件那么发达，为什么还要用 U 盘这种听上去有点老式的传统的工具呢。那是因为我们办公时会遇到特殊情形必须用到 U 盘传输，比如传送文件较大，不支持微信传输或没有网络；又或者一些办案机关只能通过 U 盘将材料传输给我们，无法运用电子技术等。所以常备一个 U 盘十分必要。

四、其他办公心得

（一）管理时间

律师很忙，非常忙，无论你是青年律师还是资深律师，工作对于你来说都可以用繁多来形容，那么你如何在有限的时间内，完成更多的工作就成为你与其他律师之间的区别。管理好时间，把工作安排的有序、不遗漏，同时又能抽出时间陪伴家人，自我学习。

我们可以把你一天的时间进行系统分类：第一种是"工作时间"，这些时间将用于你的工作，包括开庭、起草文书、接待当事人等；第二种是"进步时间"，这些时间将用于你的学习成长，常常是用来看书、研究学习法律法规、参加各类讲座等；第三种是"娱乐时间"，这些时间将用于游玩、陪伴家人等。

你的一天中，这三类时间各自所占比例将决定你的发展。也许有的人会说，为了成功我不需要娱乐时间。但劳逸结合的好处我们从小就懂得，适当的娱乐除了可以放松身心外，还会让你提高工作效率。我个人来说，我将这些时间分配为 7∶1∶2。

（二）正确运用电子邮件

工作中离不开电子邮件，它会让你交流沟通起来显得更正式，亦可以让你和远距离对象进行文件传输。那我们该怎么合理使用电子邮件呢？我认为，我们应当保证我们电子邮件的"三性"：易记性、唯一性、安全性。

"易记性"：顾名思义，邮箱的账号、密码在安全的基础上，不应过于复杂。一来在自己使用时，不易被忘记，输入时亦更加方便，二来在你告知对方你的邮箱时，不会让对方"措手不及"。

"唯一性"：选择一个邮箱，不要变动，至少对于你所有需要发送邮箱信息的对象来说，保证只发送一个。不要这人发送 qq 邮箱，那人发送网易邮箱，这会让你显得很混乱。而如果一个客户拥有你多个邮箱的时候，也不知道应该按哪个邮箱发送邮件。你平时检查邮箱时，也不必打开多个邮箱一一查看是否有客户发送了邮件。

"安全性"：可以说是"三性"中最重要的一性了。很多情况下，邮件里会涉及一些机密信息或不想被他人所知的一些信息。如果一旦外泄，轻则会失去客户，重则可能会被追究责任。所以我们在设置密码时，在易记性的基础上，还要进行多样性设置，大小写、符号等都可以加入其中，而电脑环境也应当确保无毒，尽量在自己熟悉的电脑上进行邮箱登录，在不熟悉的电脑又必须登录时，可以选择手机登录处理，相对来说更安全。

本节所述的一些技巧技能属于现代化律师办公中的日常心得，不难，亦不需要你掌握多少知识，你要做的只有用心而已，把上述技巧时刻放在心上，平日里多使用，渐渐地它就会变成你的习惯，成为你日常工作的一部分。效率工作，安逸工作，从小事做起，让它成为你成功的基石。

【实训练习】

【思考问题】

作为律师的办公技能的初级基础，我们应该掌握到什么程度？是否还有其他实用的技能需要练习。

【实训 12.2】请制作一份律师开庭计划表。

【实训要求】

现有一案件（我方系被告）将于 3 周后（2020 年 6 月 4 日，）开庭，上午律师刚接待完当事人，签订了委托代理协议。请帮助律师拟订一份开庭计划表（计划表中应包括证据材料递交时间，取证时间，答辩状书写递交时间，开庭时间，与当事人确认联系案件时间等）。

第三节 高效办公

在上一节中，我们讲述了作为一个现代化律师需要养成的一些小技能和小习惯，这些技能与习惯的形成归根到底是为了让我们办公更流畅、更速度，更简洁而准备的，也就是说，这一切都是在为我们更高效的办公而打下基础。

那何为高效办公？我们又为什么要高效办公呢？俗话说：时间就是金钱。这是一个我们从小就被告知的理念，可谓金句名言，而当你成为一名律师的时候，你更能感受出这一句话的内在含义，可以说，时间，真的就等同于金钱。律师的繁忙是众所周知的，在一天正常工作的 8 小时里，我们需要接待当事人、起草各类法律文书、开庭、会见、讲课、制作 PPT 等，这还不算路上的时间。怎么样？是不是感觉事情根本做不完？如果告诉你，上面的每一项工作，正常时间完成都有可能需要 2～3 个小时呢？你觉得一天能做完多少事情呢？所以，高效办公可以让你在最短的时间内完成最多的事，这样可以减少加班时间，陪陪家人，放松放松，又或者去做更多的工作。这一节我们就来聊聊高效办公的事，和你讲述几个高效办公的"绝技"和"小窍门"。

一、高效办公概述

（一）何为高效办公

何为高效办公？这个问题在前面已经给出了答案，就是在最短的时间内完成最多的事。这是一个简单又富含深刻含义的定义，你可以认为，一件事他人需要 30 分钟，而我只需要 20 分钟，它就是高效。但同样的，我们都用

30 分钟干完同样的事，就能说明我们的效率是一样的吗？其实，高效办公的"效"除了时间上的含义外，也同样指质量上的"效"。我们平日里在工作和学习中，会不会有这样一个场景，在工作时，偶尔吃吃零食、玩玩手机、和别人聊聊天，然后继续接着工作，又或者是，我们在办公中需要查找资料文件，但怎么也找不到需要的，于是在网上或现实中花费大量的时间去寻找，实际真正有效的工作时间却少之又少。眼看着需要交稿，时间不够了，随便弄一下就交代了。你说他这份工作算完成了吗？答案是完成了，他在指定的时间范围内将工作写完，就算完成了任务。那你说他这份工作完成的算好吗？不一定。而如果我们进入高效办公的状态，不被外界事物所打扰，随时获取想要的资料、工具，免去所有查找资料的时间，把更多的时间用于真正意义上的工作。这就是我们所谓的高效办公！

（二）普通办公与高效办公的区别

如上面所说，正常情况下只要我对工作心存一丝尊重，我们都能按时完成领导交代的工作，即使我们用业余时间加班去完成。但为什么我和他同样按时完成了工作，他却一直被老板表扬，得到晋升机会，而我却一直得不到这样的机会呢，明明我也很努力工作了。要回答这个问题，我们就要先回顾一下上一段我们所述的高效办公的定义，其中在第二个定义中我们说到，同样的时间完成同样的内容，但工作质量却相差很大，这就是我们不如别人的原因，那为什么别人的工作质量会如此高呢，那是因为别人的办公是高效办公，他在工作中全身心投入，不被其他事情所干扰，工作状态优良，因此才能高质量完成工作。

普通办公的恶性循环：没有养成高效办公技能与习惯—工作中频繁地被杂事所打扰—低质量工作结果/花更多的时间去完成必须完成的工作—减少放松娱乐时间—精神状态疲劳—立马投入新工作中。

高效办公的良性循环：掌握高效办公技能与习惯—不被外事所打扰—高质量工作结果/花更少的时间去完成工作—更多的娱乐放松及学习时间—精神状态良好/知识面更广阔—以更好的状态投入到新的工作中。

你们看，普通办公与高效办公完全呈现出两条完全不同的工作轨迹，长时间如此，必然会对你的职业生涯及人生轨迹产生完全两极化的影响。该如何选择，一目了然。

（三）如何让你的办公成为高效办公

高效办公并不是说做得快就叫作高效办公，高效办公的最终目标追求的是"快、优、顺"。

"快"：自然指的是完成工作的速度快，这是高效办公的首要标准。律师的工作具有快节奏的特点，经常会遇到需要你短时间内出具一份法律文书之类的情况，如果律师不善于"快"，即使这份文书的内容再完善也没用，等你出具给客户的时候客户已经不再需要。这反而是一种浪费时间的表现。

"优"：指的是工作内容的优良。工作光速度快是不行的，虽然短时间内完成了工作，但工作结果却不能令客户满意，错漏百出，这会显得你不够专业。律师讲究的就是专业、严谨、细致。另外要说一下，对于律师来说，工作内容优良，不仅仅指的是内容框架出色，内容的小细节也是评判标准之一，比如出具一份法律文书，你光法律逻辑清晰、条款完整是不够的，你还需要检查是否有错别字，标点符号是否准确运用，这都是一个优良文本的基本标准。

"顺"：指的是你整个工作过程中的平顺。如果说，"快"和"优"是对外表现的话，那"顺"则完全是对内感受。比如说，你可以随时找到你想要的工作文档，无论你是身边有电脑，还是只有手机；又或者是你只要点开软件就能查看今日的工作，而不是花上一分钟去回想、整理今日需要完成的工作。这个就是顺，虽然不平顺总体来说，不会影响你的快和优，也花费不了你几分钟，但是"顺"是一种内在感受，一种说不清道不明的感受，感觉好了，就会有一种莫名的舒适，你的一切工作也会完成得更出色。

二、打造属于你的完美知识库

在了解何为高效办公后，我们已经知道了高效办公的好处，那么是不是就可以迫不及待地准备规划自己的办公，打造属于自己的高效办公了呢？其实高效办公的工作方式有很多，每个人也有属于他自己的高效办公行为，只要你认为这些行为能帮助自己进行高效办公，那它就是一个高效办公的行为，可能这个行为只专属于你个人。比如以前我在准备司法考试时，曾有一位同学他在背书的时候喜欢听着轻音乐，问其原因被告知其在听音乐的同时能让自己更专注于背诵，效率更高。而有的人则认为在背书的时候四周环境一定要安静无声，不能有一丝杂音，否则无法冷静背诵。而这个音乐，就是你专属的高效行为。在本节中，我将介绍两个认为对于律师而言比较高效的行为，供大家参考。首先是打造专属你的知识数据库。

（一）知识数据库的意义

现代律师相比起以往的律师，最大的核心优势在哪里？信息透明化。法律法规上万条，再加上各地方政策，可以说你光读所有法条都要用上不少的时间。在以前，律师需要常备各种法律法规数据，用于法条查询，老律师还好，如果是新手律师，可能需要花费大量时间进行查找工作。如果碰到地方性政策或者部门红头文件之类的，甚至要想办法跑到各部门去查询，还四处碰壁，十分艰难。而现在，我们查找各类信息，只需要你动动手，网络上铺天盖地的信息就会向你涌来，分分钟就能查到你想要的资料，十分方便。但这只能称之为快捷，而不能定义为高效。高效是什么？高效是你搜索一个知识点，呈现出来的不仅仅是你搜索的内容，而是将以该内容为核心所有关联该内容的知识点都呈现在你面前，不用你再扩展搜索。要实现该目的，就目前阶段的互联网技术还无法实现，那怎么办？靠自己的数据库。这就是我们打造自己知识数据库的意义之一。

除了上面所说的作用，打造属于自己的知识数据库还具有其他好处，比如说，这个知识库是伴随你一生的，是独属于你一个人，独一无二的知识宝藏。在知识数据库中，除了法律法规，还有着其他内容，比如各类法律文书、优秀文章等等。这些内容哪里来？其实都是我们经过多年的工作后慢慢积累起来的。如果用金钱来比喻，也许有的人会说，我有能力，我不需要存钱，我可以从各个行业将钱赚回来，但即使你再有能力赚钱，那也得付出劳动、付出时间来换取同等的金钱价值。而如果你自己有一个小金库呢，你只需动动手，就可以把里面的钱取出来，试想谁更方便？更何况知识积累与金钱积累有着很大的不同，那就是知识积累是永久性的，是取之不尽的。

（二）如何打造知识数据库呢？

1. 选择一款合适的软件

现代化办公已经从纸质化全面推行到电子化，我们几乎可以在一台电脑上完成所有办公，理论上甚至可以在手机上全部完成。所以我们的数据库当然也是用电子化来建立。我个人则选用一款国外的软件，在国内被翻译成

"印某笔记"，将所有的知识文件上传至该软件。也许有的人喜欢用 word 的形式对文章进行保存存放于电脑里，那是否可以呢？那当然也是可以的。只是我们除了打造知识库外，亦同样讲究以后使用时的效率。保存在电脑里，会有两大不方便，一个是你每次需要打开多重文件进行查找，需要打开多个 word 进行查看内容，比较繁琐，另一个就是你无法做到电脑不在身边时进行随时随地地调用查看数据库，而软件则刚好相反，你只需要打开一个软件，通过点击预先设置好的名称就可以查看全部文档，还可以通过查找关键字等方式来调用，效率大幅度提升。同时大部分软件支持手机、平板电脑查看，实时同步，且跨平台同步，可以让你的知识库随时"跟"在你身边。

2. 科学管理知识库文档

虽然我们运用软件来管理，但文档管理方式从古至今都是不变的，那就是分级分类管理。而且这个分级分类管理我们需要从刚开始建立知识库时就进行建立。否则等你文件多了再进行分类，你会发现之前的文件想进行分类几乎无从下手。我举几个常用的分类方法：

案件管理：专门用于对诉讼、非诉案件进行文档管理，包括案件材料、相关法律法规、案件进度等。在该类下还可以细化分类，比如民事、刑事、非诉等等。

案例管理：专门用于搜集平日里查找的相关案例，对其进行标注后存放其中。同样的，你愿意的话也可以进一步细化案例类别。

法律法规管理：专门用于相关法律法规、红头文件、政策等内容的存放，你可以放一些常用的法律规定，比如物权法、合同法等等，我个人更主要的是用来放一下比较少见、运用比较少的规定。

法律总结：专门用于存放你个人对法律的一些总结性、归纳性文档。

模板管理：专门用于存放你平日里用得到的一些优秀的模板性文件。

以上只是我个人的一些分类，你也可以根据自己的喜好、见解、习惯进行文档分类管理，这没有一定的标准，只要适合你自己即可。另外提供一个小妙招，我存放在软件里的每一个文档，我都会为其设置一个甚至好几个关键字，毕竟知识库里内容一多，即使你分类再科学，也需要一定的查找时间，对于我们效率优先的工作追求还是造成了一定的阻碍。在设置了关键字后，我们只要在搜索栏里进行搜索，包含关键字的文件就会全部调取出来，省去我们不少时间。

怎么样，心动了没？让我们一起来打造属于自己的知识库吧。

三、数据法律

无论什么事，数据有多重要，相信我不用多说了吧。数据可以说是对某件事情最直观的反映，有了数据，等于有了直接的信息，它会让你胸有成竹。同样的，法律其实也可以用数据来进行反映，辅助你平日里的工作。让我们来看看数据法律究竟可以运用在哪些方面呢？

（一）法官

做律师的，法官是最常打交道的对象之一。从某种意义上来说，法官最终决定了你案件的成败，你想打赢这场官司，就应当尽可能让法官"愉悦"，让法官更倾向于作出对你有利的判决。

人的习性不同，每个法官自然也有着属于他独一无二的庭审方式。有的法官会关注法律依据，而有的法官更关注案件事实；有的法官喜欢帮你归纳总结，而有的法官则更喜欢简约风格的开庭方式；有的法官更强势，有的法官则更温和。你看，法官那么多不同的喜好你知道吗？万一"惹怒"了法官，开庭可就不那么顺利了，所以还是记下来吧，这些数据会对你有帮助的。

（二）判例

虽然说我国不是判例法国家，但判例对后续类似案件的影响其实还是很大的，而且有了案例的支持，会让你更胸有成竹，你会更清楚同样情况下，法官更偏向于哪种判决结果，我们更应该如何应对。我们曾碰到过有的案例，不同城市的判决结果完全相反，有的同一城市不同地区的法院判决也不同，甚至同一个法院不同法官的判决结果都有细微差别。所以我们平日里会搜集类似案件同一法院，甚至同一法官的判决结果进行对症下药。看看哪种判决结果可能性更大，充分做好开庭准备。

（三）报价方案

对于律师来说，报价其实是一门讲究，很有学问，你不但要评估案件的风险、难度，还要考虑当事人的承受能力、承受底线，对于大客户或者企业客户，还得考虑此次报价成功后今后案件的报价范围，毕竟第一次报价就是基础，今后的报价肯定是以第一次的报价为基准进行的。那么报价该怎么报呢？本章不是讨论报价技巧，所以不多阐述，但我们可以做个有心人，把不同阶层、不同对象的不同报价予以登记，包括自己客户，也包括同事客户的报价等，经过大量数据对比，数据结果对于你的报价其实是有一定帮助的。你可以从中得出，什么阶段的客户他的大致承受范围在哪里，你对于案件标的所作出的报价，它被接受的基本上限在哪里，这些都是有助于你今后报价的。有的时候，我们和客户相谈甚欢，就差就律师费达成一致即可签约，但往往我们客户就流失于最后的报价中，报价太高客户无法接受，而报价太低我们又不愿意接手。因此，合适的报价对于律师来说很重要，多多利用数据来帮助你获得客户吧。

四、其他高效办公的实用方法

（一）外接显示器

律师经常用的电脑应该是笔记本电脑，因为其小巧便于携带，适合律师移动办公的需求。但笔记本电脑也有其弊端，那就是屏幕太小。律师常常需要同时看多份文件，在小屏幕上则需要两个文件来回切换，十分影响办公效率。而有的时候虽然坐在办公室中，但所有文件资料都在笔记本电脑中，也就不可能换到台式电脑上办公了。外接显示屏就是为了解决这一问题，它可以让你用笔记本系统在大屏幕上工作，十分方便，甚至可以同时操控两个屏幕，效率起码可以提升30%。

（二）提醒手环/手表

律师本身因工作原因信息很多，再加上现在各种垃圾短信极多，就使得手机几乎无时无刻的在响，影响自己和他人办公。所以现在很多律师习惯把手机调成静音或震动模式，这使得你往往会错过很多信息或电话，没有第一时间回复客户消息。所以我个人选择了一款手环，有信息、电话来时可以及时提醒，甚至可以查看短消息内容，直接拿下手环部分可以当蓝牙耳机用，十分方便高效。

（三）多功能电脑连接线

我个人使用的是苹果 mac 电脑（12 寸），其整机接口只有一个 type-c，十分的不方便。且我日常有多种需求，比如充电、U 盘、移动硬盘、外接显示器、投影仪，等等，需求数量多且接头复杂多样。有的时候你带着电脑出去参加讲座，但你却无法连接上对方的投影仪，十分尴尬。因此我包里会一直带着一个几乎涵盖市面上所有接口的多功能转接器，以便应对所有接口需求，让我不再被这些小事所牵制。

本人认为，所谓高效办公，其最大的一个环节就是，不让我们在工作中被其他任何非工作必须的事牵制时间和工作节奏。这就是高效办公的最高诀窍。

【实训练习】

【思考问题】

对于高效办公来说，什么才是关键？

【实训 12.3】 要求对知识库进行简单分类。

【实训要求】

请设计一个小型知识库，为自己的"诉讼案件"进行一个分类。

第四节 现代化办公技能应用软件的合理运用

现如今社会，随着科技的发展以及生活质量的提高，职场工作人员每人配备一台笔记本电脑、一部工作手机已经是必备常态。记得在 2010 年前后，在外出办公中，有时会急需修改一个 word 文件或需立即出具一份报告文件，也许在现在看来十分简便，打开笔记本电脑，yoga office 或 wps 等写作软件，就能立刻码入想要的文字，然后连上几乎到处都有的 wifi 或移动流量，通过各种聊天、办公平台进行传递。而如此简单便捷的工作方式在当时可不是一件容易的事，我们常常需要就近寻找一个网吧，然后通过网吧中的 office 软件进行文字编辑，然后将文件存进 U 盘，找到打印店打印成纸质版，送到需要的人手上。前后一对比我们就只能感叹，时代发展之快，为我们律师办公提供了很大的便利和帮助。我们可以做到随时随地的办公，无论身处世界何处，我们都能获得第一手资讯、信息，并作出及时的回应，不耽误工作。

基于以上原因，我们律师更应当充分把握时代带给我们的便利，时代带给我们的工具，改善我们平时的工作习性，跟上时代的步伐，对我们的办公技能进行一个有效的提升，最大限度发挥工具的作用，使得我们的办公更便利、更快捷、更有效。

本节我将向大家阐述一些常用的办公高效技巧，并介绍一些实用的应用软件，告诉大家如何让我们律师办公更有效率。

一、办公软件技能对于现代化律师的重要性

现代律师与十年前律师办公的最大差异，即在于信息化、透明化、共享化。我们可以第一时间搜索并获取到自己想要的有效信息，工作效率大幅度提高。这是时代给予我们的馈赠，我们必须充分学习并利用起来，举个最简单的例子，数年前，我们几个律师想要共同完成一个材料，在不同时间内进行分批操作工作，所能使用的办法就是一个人制作完成后，存入移动储存软件（如U盘），然后交由另一位进行继续操作，这看似简单、但要付出大量的时间在U盘交接上，因为不是每一个时间点，每一个人都能进行无缝衔接，有的时候因工作安排冲突导致仅就交接U盘这一项简单的工作都需要好几日，可以想想效率有多低下，而现如今，我们完全可以使用办公云软件进行办公，在完成修改材料工作的同时，该材料可以在其储存的办公网络软件中显示修改好的内容，另一方可以直接进行再次修改，做到真正的无缝链接，提高效率，大幅度降低时间、人工成本。

这一例子体现的就是现代化办公所给我们带来财富，如果能好好利用起来，无论是个人还是律所，都会在享有这笔财富的同时，创造出更多的财富。

二、打造移动数据库

（一）移动数据库对于高效办公的意义

数据库，是编程中的一个概念，简单讲，它就是用来储存数据的一个大仓库。通常来说它的存储空间很大，可以存放百万条、千万条、上亿条数据，这些数据可以为你所用，在你想要查找数据的时候，你就可以从已经分类完毕的数据库中查到你想要的那份数据。

而在本节中所述的移动数据库，也是基于上述理念所打造的一个专门为

律师所用的可移动的数据库，它不需要如编程中只有在特定配置环境下才可以使用，它可以让你在需要的情况下做到"伸手"便可获取信息、随时查看你想要的资料。而这一切的实现，只需要你随身携带着一部手机即可。

我在做律师初期，常常会遇到一些特定的场景：比如在一个需要查找特定条件下某一类案例时，我常常需要花上大量的时间去网站上搜寻、查看案例，并进行大量的比对分析；又或者在公交地铁里的某一时刻，突然对某一正在处理的案件来了灵感，想要对案件材料进行确认，但苦于材料在所里，无法第一时间查看，不久后忘记了该灵感等，还有许多相类似的情况，基于此，我从很多年前就决心打造自己的移动数据库，彻底解决上述问题，让我可以随时处理文档、随时调取资料、随时进行数据更新。

（二）个人数据库的形成

打造一个完全属于你个人的移动数据库，并非一朝一夕能完成的，它需要你长时间的去积累知识、去更新知识。

1. 我们第一步要做的，就是打造专属于你自己的数据库框架

什么是数据库框架？简单讲，就是给数据库的内容进行分门别类，这样做的目的是为了在若干年后当你的数据库数据内容繁多的时候，你也能在第一时间准确、精准地找到你想要的数据。我个人一般喜欢阶梯式分类：

第一阶梯属于最上层类别，即为大类，我一般会有"法律法规、实用案例、个人总结、知识管理"等（此处仅列出部分分类，以供参考），该部分分类的作用系让我能在想调取信息的时候在第一时间找到信息的方向归属所在，缩小信息范围。这就好比想找某种语言的人群时，会第一时间想到该语言会出现在七大洲的哪一大洲里。

第二阶梯属于中间类别，即为次大类，该大类系针对第一阶梯中的某一大类进行更进一步的细分。目的是可以让我更进一步缩小我需要找寻的信息范围，准确查找信息。比如：我会在"法律法规"这一大类中添加几个小类，如"劳动纠纷、民间借贷、公司法、人身损害"等。

然后是第三阶梯、第四阶梯……以此类推直至无法再细化为止，我们的宗旨就是做到精确分类，便于查找。试想如果没有这种系统性分类，只是无节制的将需要的材料统一存放，那么当你在积累到一定数量文件时，你又如何在第一时间能找到自己想要的文件呢？

2. 接着，我们需要往框架中填充内容

框架的搭建只是律师数据库完成的小小一步，律师数据库的真正建立，是一个长时间的积累过程，可能需要几年，甚至十几年的时间。我们要做的，就是在平时的工作中，不断地往里填充属于自己的"数据"。而在这信息爆炸的当下，有哪些有用或者将来或许有用的信息值得我们去收藏呢？

法律法规。法律法规是我们作为一名律师必备的知识，但法律千万条，再加上各种地方性政策，更让我们难以准确查询。因此我们要养成一个良好的习惯，在平时处理案件时，对于查到的所有法律法规政策，尤其是那些平时不常用的偏僻政策，一定要做好保存。

案例。做律师查案例也是最常做的一件事，虽然我国不是判例法国家，但最高院或者当地法院已经判决的案例，往往体现出审判思路，对案子的推进有很大的指导性意义。但案子没有一个是相同的，同一个案由也可能出现十几种不同的情况，我们只能找类似案例，找到一个类似案例其实是非常不容易的一件事，所以我们一定要将找过的案例根据其中特定的条件进行分门别类，方便以后直接调取查询。

文章。信息社会的当下，我们每天都要主动、被动地接受上百条信息文章，我们很难一一去阅读，也很难保证阅读的每一篇文章都是值得阅读体会的文章。因此当我们读到好文章时，那可以当作是一种幸运，好文章值得反复阅读，反复领悟。收藏起来，让其成为自己成长中的一颗鹅卵石，为自己铺出前进的道路。

归纳总结。作为律师，在职业的过程中，有许多内容需要自己去总结、归纳。法律法规，是大家的；典型案例，是大家的；优秀的文章，是大家的；只有归纳后的内容，才是真正属于你自己的，我们在工作中要勤于归纳总结，将他人的知识转化为自己的。而这些归纳总结，就是一个很好的数据库内容，甚至是你数据库中的核心内容，因为它是你经历时间、经历思考所形成的真正属于你的知识。把知识给总结起来，让你真正拥有它。

以上四个只是我列举的部分数据库内容，你还可以根据自身的实际需要及喜好习惯去分类，去填充。我们只需要记住一个填充原则即可：只填充对自己现在或今后有帮助且可能需要的内容。我相信当你经过几年的填充积累后，你的数据库会越发的庞大，你的知识亦会越发的充实。它会让你无论是在专业知识，还是在工作效率上都上一层台阶。我们要勤于搜集、耐于搜集，量变最终会实现质变。

3. 高级查找、快速定位

在过往的实践中我们发现，有些同伴即使依据上述方法建立了一定程度的系统化、精细化的数据库框架，但当他们将数据库内容（知识）积累到一定程度的时候，他们会发现，即使该数据库划分的再精细，定位再准确，也需要一层一层的将文件夹打开，才能找到需要的文件。划分的越精细，你操作按键就越多，加之最下层子分类下的文件越来越多，即使你定位到了该子分类，也需要花费一定的时间将文件调取出来。这一系列操作其实也十分耗费时间。

因此作为讲求效率办公的现代化律师，我们需要更快、更准确的定位办法。那就是"给知识定位标签、进行搜索式查找"。前面我们已经说过，我们会将有用的知识填充至自己的数据库，以便将来调取查阅，那什么叫给知识定位标签呢？其实我们只需要在你填充知识之前，加上一个步骤。这步骤就是归纳出你这一条数据的关键词，并用该关键词对该数据打上标签。之后你只需用特定方法直接搜索该关键词，就能直接显示出该数据，简单快捷。就如前面所说的，同一知识也有着许多不同的分类，就好比劳动争议案件案例，你的数据库中有着几十个劳动争议案例，但关于加班费争议的仅有几个，这时你只需要输入"加班费"几个字便能直接搜出这几个案例，而不再需要你通过层层文件夹进入劳动争议案例案件，再从几十个劳动争议案例中去寻找关于加班费的案例了，可以有效节省大量的时间成本。那我们又该如何运用标签思维模式呢？其实也很简单，苹果电脑系统就运用了这一思维，只需稍加学习即可。没有苹果电脑也没关系，我们可以运用一些应用软件去实现这一目的，我之后对此会进行另述。

（三）移动数据库

上述数据库建立成型后，我们还需解决一个问题，那就是如何随时调取。每当我们想要查看一个文件或者想要查询某些资料的时候，却会发现身边没有资料，数据库在办公电脑里，十分尴尬。为了解决这一问题，我们除了打造一个数据库外，还需要打造一个移动数据库，让数据库里面的数据可以随时为你所用，随时获取。

那么我们又该如何打造移动的数据库呢？其实很简单，利用律所内部交流工具或者相应应用软件即可。我们可以直接在应用程序上建立数据库，将所有数据均存放于应用程序上，这样打造出来的数据库将直接变为移动数据库。除了上述的那些数据内容外，我们还可以将案卷加以保密后进行录入，这样你在非开庭之余可以随身带着你的工作案卷，只需一个手机或一个平板电脑即可阅读或编辑，方便想到某个点的时候立即查阅案卷，记录灵感。

当然，我们在打造移动数据库的时候一定要注意两点：其一是注意保密。如果是案卷信息，一定要记得隐去关键内容，以防网络信息外泄，导致当事人信息暴露，为当事人保密亦是我们律师应当尽的义务。其二就是备份，网络虽好，但无论是律所内部交流工具还是应用软件，其归属权均属于第三方，随时可能因关闭软件导致你的数据库丢失，所以我们平时在进行数据库打造的时候一定要养成良好的习惯，随时备份数据库，以防丢失。

移动数据库其实是一个专属于个人，为个人量身定制的知识库、数据库。经过长时间的积累，它完全就是你个人的知识宝藏，在储存知识之余，它还可以让你随时获取知识、获取信息，大大提高你办公效率，并将浩瀚海洋中冗长繁琐的知识精简后化为己用。静下心来，花点时间，养成习惯，让我们一起打造属于自己的移动数据库吧！

三、高效软件推荐

在本章开篇所说，以前的律师办公效率较低，其主要原因在于办公工具的落后。他们最主要的工具还是局限于笔与纸，所有办公都离不开它们，无论是诉状的书写，还是文书的查阅，都需要笔与纸的相互配合。虽然这很传统，但也是大部分老一辈律师所推崇的办公方法，因为相比于现代化电子工具，用笔亲自记录会对你的理解与记忆有着得天独厚的优势。但不可否认的是，这种方式的办公无论是效率、便利程度还是在信息吸收上都与现代化办公不具可比性，甚至说是十分落后。因此，现代化办公已经成为现代化律师的标志与首选，那么作为现代化办公，应用软件是其一切的基础和关键，选对软件，它会让你更便利、更顺手、更效率。对于你来说，无论是办公还是心理层面都会有很大的帮助。那么在本节中，我们就来看看，为实现高效率办公，哪些软件值得你去学习使用。

（一）语音输入软件

我们这里指的语音输入软件，并非通讯交流软件中的语音留言，而是指通过语音输入后把语音自动转化为文字的软件。关于具体语音输入软件，在这就不具体叙述软件名称了，市面上输入法几乎都有语音输入，只是识别度存在区别而已。语音输入作为近几年才慢慢发展起来的一种输入方式，深受大家的喜爱，一些老年人、小孩尤为喜欢。而作为律师，在适当的时候运用语音输入可以大大提高办公效率，无论你打字多熟练多快，其实也比不上转化来得快。

那我们到底在什么场景下适用语音输入呢？其实手动输入有着语音输入无法比拟的优势，那就是你在输入的同时，也在思考，在进行头脑风暴，比较适合你平时写作、起草诉状等工作性内容。在一些不需要进行大规模脑力思考，只是大量文字单纯输入的情况下，就可以运用语音输入软件进行文字的输入工作，大大加快了文字输入速度及便利性，在提高效率的同时亦减轻了你的工作压力。

（二）日程/任务管理

律师平时工作十分繁忙，有的人和律师碰面甚至都要提前一个星期预约，可见律师平时的工作量之大。律师除了开庭、会见之外，还有很多其他工作要处理，还有家庭生活事宜，作为一个律师，一定要把日程安排的妥妥当当的，充分利用时间。但事情一多，就容易忘记，如果把开庭时间忘记了，那可以说是律师的一个重大职业失误。因此，作为一名律师，必须要有一个多平台实时共享的日程管理软件。

平时工作中我常常能听见身边的一些青年律师突然喊道，某某事忘记去完成了，这其实不是一个严谨、专业的律师应该出现的问题。我们可以看到一些老律师，身边都会备着一本日程本，用来记录工作，这是他们习惯，而作为年轻一代的律师，我们有着更好的办公环境去完成这个工作，那就是日程管理软件，只需要一个手机，你就可以随时随地查看工作安排，而且不用多带一本日程本，增加负重量。

市面上的日程管理软件有很多，有系统自带的，有第三方的，在这也不做推荐，我相信总有一款适合你。

（三）书写笔记

现如今是电子化时代，已经很少有律师在制作案件材料的时候进行手写输入了，包括上述所说的日程管理都已经实现了电子化，但又正如之前所述，手写拥有着它得天独厚的优势，那就是整理思维，有些思想通过一笔一笔手写时才会清晰明了。在享受现代化电子办公便利的同时，也不应落下手写的习惯。就好像电子书与纸质书之争，虽然电子书已发展很多年，也被广大书友所接受，但仍然无法取代纸质书那墨香书纸的特点。因此随身带一本笔记本，需要的时候画画写写，是律师的必备工具。

同时在这个时代，笔记本已完全可以用书写软件所代替，你只需一个带着书写笔的平板电脑，安装上笔记本软件，你就可以像带着纸质笔记本一样，随时进行书写。并且这种方式还有着纸质笔记本无法代替的优势，那就是储存性。你永远不会为了笔记本写完需要换一本而烦恼，因为对于记录笔记而言，平板电脑的容量几乎是无限的。你也不必为了想查找上一本笔记内容却没带笔记本而烦恼，因为平板电脑内容的无限性，导致你无论记多久都只要带着这一台平板就行了，并且它是全平台共享的。而纸质笔记本的话，你在记录多本或分几本记录不同内容的情况下，需要同时带着所有的笔记本在身边，不仅繁多且不够便捷、高效。

所以，装一个笔记软件吧，享受书写所带来的快乐和灵感。

（四）思维导图

思维导图软件，我相信大家都知晓，就算没用过也听过其名，主要是用来表达发散性思维的有效图形思维工具。很多人在用思维导图的时候，将其作为整理思维或者逻辑的工具，那是一种错误的用法，恰恰相反，思维导图是让你去发展性的思考，不受拘束。律师在工作中用到思维导图最多的地方一般是写作，讲课，制作 PPT 等，你可以把你想要描述的内容进行记录，几乎是想到什么就记录什么，把所有的灵感都记录下来，之后再对这些灵感进行整理，融合成有规律性的所想要表述的观点。

作为律师，我们不需要太复杂的思维导图软件，那些软件功能性很多很全面，但是那是给专业人士所用，作为律师其实用到思维导图的地方并不太多，用到的地方也并不需要太复杂的功能，只需要"有一个地方让我去随时随地记录我的灵感"就可以了。所以，不用在众多思维导图软件中进行选择，找一款简单清爽的软件即可。让它作为你的灵感助理，为你搜集灵感吧！

（五）　大纲笔记

大纲笔记软件与上面的思维导图软件恰恰相反，前面已经说过思维导图软件是发散性思维，而大纲笔记软件则是聚合性思维，主要是用来整理你的逻辑，让你所书写的内容更有层次感，它的作用类似于一个提纲。我们律师一般会在整理辩护词、代理词提纲时用到该类型软件，这款软件也是手机或者电脑必备的，因为律师很多工作都用的上，只有你提前整理好逻辑结构、表达层次、语言顺序，你的代理词才会显得更专业，才更能容易让法官采信你的观点，试想如果你自己都逻辑混乱，想到哪里说到哪里，那怎么可能说服法官呢？

（六）　marginnote

这款 marginnote 软件是苹果系统独享的一款软件，我在此特地分享给看书的各位。网上对这款软件的定义是"集合多功能的阅读和学习工具应用，包含阅读、批注与笔记"。简单明了地说，这就是一款读书+多功能笔记软件。你可以把它单纯的理解成读书软件（需用其他工具转化成 PDF），在读书之余，你可以在其中将你感兴趣的段落、字句进行摘抄、点评、记录，是不是想到了我们小时候的剪报？同时，它还可以将你摘抄的内容依你喜欢或需要的方式进行逻辑性排列。你摘抄、点评之后，它还能将你摘抄的内容形成一张张电子小卡片，供你背诵学习之用。

除此之外，更重要的是，这款软件可以让律师进行刑事阅卷。律师阅卷时，数量众多，几本到上百本均有可能，律师需要边阅卷边摘抄，但很可能经过一个月的阅卷之后忘记自己需要的内容在哪，或者记录重点内容太麻烦，或者无法准确定位对比。而这款软件可以让你简单摘录重点，实现点击定位，并可根据你需要的方式进行排列对比。实用性非常高，大大提高了律师阅卷的速度与效率，十分实用。

上述几个功能仅仅是 marginnote 的一小部分，如果你需要，可以去尝试一下，对你工作学习都会有很大的帮助。

（七）　云笔记软件

记得之前所讲述的，打造个人移动数据库吗？其实我们完全可以在云笔记软件中进行打造，市面上的有道笔记本、印象笔记等软件，这些软件的本质其实是知识管理软件，就是用来管理你的个人知识库的。你只需要在其中将你所需要的内容进行分门别类，建立好系统的知识库之后，就可以打造你的知识库，畅游你的知识海洋了。

无论是工作还是生活，你都可以用它来管理，你可以将你想去而未去的地方的风景照收纳在一个分类里，以后一一去实现。而律师更主要的是知识管理，用来打造自己的数据库和知识库，至于如何打造，前面已经所述。这是一款律师的核心软件，用好该软件，对你进行知识管理将会有很大的帮助，所以抽点时间，好好梳理自己的知识库吧，不要再让它杂乱无章了！

以上软件，是本人最常用的几类软件，现代化律师工作中对于软件的使用其实非常的多，好的软件可以帮你事半功倍，增加效率。所以要用软件，更要用合适的软件。作为一名律师，软件不用太复杂，我们毕竟不是专业软件工作者，我们是律师，我们所追求的软件一大特性那就是简洁，一学就会，一用就会，简单实用即可。

【实训练习】

【思考问题】

现代化办公中，应用软件对于律师的意义究竟有多大？

【实训 12.4】打造一份自己的民事案卷材料移动数据库。

【实训要求】

请查阅相关资料，并根据诉讼材料内容分类，打造一份依据原告、被告、法院等内容进行分类的民事移动数据库（表），实现民事案卷材料随时调取。

第五节 律师现代办公技能实训

【实训练习】

【实训 12.5】请根据模拟场景设计一个关于模拟案件的知识库。

【实训要求】

模拟场景：我方系一名职业律师，昨日下午接待一名当事人，被告因房产纠纷，被其哥哥告上了法庭，需要找一名律师代理。经沟通，双方达成了委托协议，签订委托合同，当事人决定聘用你为本案代理律师，处理此案。此案将于 2020 年 11 月 15 日下午 14 点 30 分在 A 区人民法院第八法庭开庭审理，被告向你交付了原告起诉的材料（诉状、证据、法院传票和权利义务告知书、被告材料），你与当事人签订了合同、委托书，并与今日完成了证据材料整理（证据材料和目录）、答辩状。

【实训条件】

请根据以上信息，选用可用的相应应用程序，进行案件管理，如时间登记、移动数据打造、增加知识库内容等。

【实训思考】

在整个案件全部数据打造完毕后，相对于传统的律师办公，有什么不同？优势、劣势各在哪里？

疫情期间律师实务

【本章概要】2020 年农历新年伊始，伴随新年钟声到来的不是欢聚一堂的笑声，而是一场突如其来的噩梦。新型冠状病毒感染引发的肺炎疫情如同汹涌的潮水一般席卷全球。在疫情防控的特殊时期，各行各业全力抵抗疫情的同时，或多或少都面临着疫情带来的冲击，律师作为需要与人经常打交道的职业难免受到影响。因此，律师在这关键时期处理各类纠纷时需要具体注意哪些问题？本章将以疫情防控期间律师代理与疫情相关的各类案件之重点以及疫情对诉讼流程的影响两个角度，就律师在实践中遇到的焦点问题进行探讨。

【学习目标】通过本章学习，让同学们能够了解律师在处理因疫情原因引发的民商事、刑事、劳动争议等案件中需要重点关注的实务问题，以及在实践中，疫情对律师代理案件的具体影响，了解在此期间代理案件的诉讼流程变化。

第一节　概　述

一、疫情防控中的公民权利与义务

（一）疫情防控中的公民义务

新型冠状病毒引发的肺炎疫情（以下简称"新冠疫情"）作为突发公共卫生事件，具有严重的危害性和复杂性。为了及时有效地控制疫情，2020 年 1 月 24 日，上海市启动突发公共卫生事件一级响应，后采取了入沪通道查控、诊疗救治保障、集中隔离观察、应急联动响应、社区防控等一系列的紧急措施。在疫情防控中，对公民义务的要求相应提升，更多地需要民众积极、充分配合政府的相关措施，在疫情防控攻坚战中通过政府与民众的通力协作，有效、快速地遏制疫情蔓延。在疫情防控过程中，公民的基本义务主要包括四个方面。

首先，根据《中华人民共和国传染病防治法》（以下简称《传染病防治法》）第45条[1]以及《中华人民共和国突发事件应对法》（以下简称《突发事件应对法》）第12条[2]之规定，单位与个人应当协助、配合政府部门和疾病预防控制机构依法组织开展新型冠状病毒引起的肺炎疫情预防和控制工作。主要有财产征用、财产损失、人员调集、疏散隔离、人身活动限制等容忍义务。而对于新型冠状病毒感染的肺炎患者、疑似患者和密切接触者，应当对疾病预防控制机构和医疗机构采取的医学措施予以配合，主动接受卫生健康行政部门管理，接受传染病防控措施。

其次，企业复工后人员的流动性以及聚集性对疫情的防控产生了巨大的挑战。根据《传染病防治法》第31条的规定，任何单位和个人发现传染病病人或者疑似传染病病人时，应当及时向附近的疾病预防控制机构或者医疗机构报告。因此，发生疫情后，单位和个人在发现疑似病患或确诊病患未按照医学规定隔离治疗时，应承担主动报告的义务，同时应当督促患者或者疑似人员及时就诊，接受并配合疾病预防控制机构、社区卫生服务中心等开展有关传染病的调查和处置，落实相关预防和控制措施。

再次，此次新型冠状病毒的主要传播途径是飞沫传播和接触传播，这就意味着人与人近距离接触时感染的概率成倍增加。自2020年2月企业陆续复工复产后也通报了多起接触性、聚集性案例。因此避免人与人接触，尤其是群体性接触就十分必要。根据《传染病防治法》第42条的规定："传染病暴发、流行时，县级以上地方人民政府应当立即组织力量，按照预防、控制预案进行防治，切断传染病的传播途径，必要时，报经上一级人民政府决定，

---

[1]《中华人民共和国传染病防治法》第45条：传染病暴发、流行时，根据传染病疫情控制的需要，国务院有权在全国范围或者跨省、自治区、直辖市范围内，县级以上地方人民政府有权在本行政区域内紧急调集人员或者调用储备物资，临时征用房屋、交通工具以及相关设施、设备。紧急调集人员的，应当按照规定给予合理报酬。临时征用房屋、交通工具以及相关设施、设备的，应当依法给予补偿；能返还的，应当及时返还。

[2]《中华人民共和国突发事件应对法》第12条：有关人民政府及其部门为应对突发事件，可以征用单位和个人的财产。被征用的财产在使用完毕或者突发事件应急处置工作结束后，应当及时返还。财产被征用或者征用后毁损、灭失的，应当给予补偿。

可以采取下列紧急措施并予以公告：①限制或者停止集市、影剧院演出或者其他人群聚集的活动；②停工、停业、停课；……"民众应当严格遵守国家和政府有关规定，不聚集、不提前复工、不提前复课，减少感染机会。

最后，根据《中华人民共和国国境卫生检疫法实施细则》第4条规定，入境、出境的人员、交通工具和集装箱，以及可能传播检疫传染病的行李、货物、邮包等，均应当按照本细则的规定接受检疫，经卫生检疫机关许可，方准入境或者出境。针对入境、出境的人员、交通工具，以及可能传播新型冠状病毒的行李、货物、邮包等，均应当经卫生检疫机关许可，方准入境或者出境。公民有积极配合检疫检验的义务。

（二）疫情防控中公民的权利保障

在新冠疫情防控的关键时期，公民既是疫情危机管理中的客体，也是疫情危机应对中的主体之一。公民承担义务的背后对应的是正当的国家公权力、有效的权利保障以及具有约束力的社会道德。在强调履行义务的同时更要保护公民的权利，为抗疫过程中的每个人提供基本保障。在此特殊时期中，公民的权利保障主要有以下几点：

第一，作为中国公民，我们有义务配合国家、政府共同抗击疫情，但相对的，在抗击疫情的同时，也有权利了解疫情的发展势态，相关部门不应隐瞒疫情发展势态，同时保障公民最基本的知情权[1]。

第二，根据《传染病防治法》第41条的规定，在隔离期间，实施隔离措施的人民政府应当对被隔离人员提供生活保障；被隔离人员有工作单位的，所在单位不得停止支付其隔离期间的工作报酬。对于因疫情原因被实施隔离措施的员工，享有隔离期内继续接受工资薪酬的权利。

第三，确诊新型冠状病毒肺炎患者可以享受免费医疗的权利。以上海市为例，《上海市传染病防治管理办法》第36条规定，对按照国家和本市规定实施隔离治疗的甲类、按照甲类管理的传染病，在指定医疗机构隔离治疗的

---

〔1〕《中华人民共和国传染病防治法》第38条：国家建立传染病疫情信息公布制度。国务院卫生行政部门定期公布全国传染病疫情信息。省、自治区、直辖市人民政府卫生行政部门定期公布本行政区域的传染病疫情信息。传染病暴发、流行时，国务院卫生行政部门负责向社会公布传染病疫情信息，并可以授权省、自治区、直辖市人民政府卫生行政部门向社会公布本行政区域的传染病疫情信息。公布传染病疫情信息应当及时、准确。

传染病病人实行免费治疗。由此可见，为消除新型冠状病毒感染的肺炎患者经济上的后顾之忧，政府鼓励民众在发现疑似症状后要及时前往发热门诊定点医院的进行治疗，从而起到有效控制疫情传播的作用。

第四，根据《传染病防治法》第 12 条的规定，疾病预防控制机构、医疗机构不得泄露涉及个人隐私的有关信息、资料。卫生行政部门以及其他有关部门、疾病预防控制机构和医疗机构因违法实施行政管理或者预防、控制措施，侵犯单位和个人合法权益的，有关单位和个人可以依法申请行政复议或者提起诉讼。确诊新型冠状病毒肺炎患者、疑似患者或密切接触者在治疗过程中应积极配合，同时，其合法的隐私权也应受法律保护。

二、新冠肺炎疫情的发展及对律师行业的影响

自 2019 年 12 月底在武汉确诊第一例新型冠状病毒感染的肺炎患者起，截至 2020 年 4 月 6 日，全国范围内共有 83 015 例确诊病例。与国内疫情发展逐步放缓形成鲜明对比的是，在中国以外的其他国家和地区，包括美国、意大利、西班牙、英国、日本却在面临感染人数爆发式增长的局面。世界卫生组织在 4 月 5 日发布的第 76 期新冠肺炎每日疫情报告中称，中国经过两个多月的奋战，疫情已由"遏制阶段"进入"缓疫阶段"，中国经验正在帮助其他国家一起共渡难关。

渡过这最困难的时期后，人们对于疫情的关注逐渐转向另一个维度：疫情将会对企业的生产生存造成多大的经济损失？毫无疑问，中小企业面临最大的风险。当下国内的中小企业，就是在与疫情进行一场马拉松比赛，企业如果能撑的比疫情久就能渡过这一难关，反之则万劫不复。以国内的小微企业为例，若账面上的现金流仅能维持 3 个月，那这家企业将会处于危机之中，需要立即通过贷款、降薪、对应收账款进行催款等方式来缓解目前的资金压力。在这危急存亡时刻，中央和地方政府纷纷出台了相应政策，帮助中小微企业渡过难关。就上海而言，截至本书撰写之日，已分别出台了失业保险稳岗返还、推迟调整社保缴费基数、延长社保缴费期限、实施培训费补贴等政策，帮助缓解企业在疫情期间的生存压力。

（一）新冠疫情对律师行业的具体影响

作为现代服务业"晴雨表"的律师行业，亦受大局牵连，无可幸免，只

是表现形式有所区别。就律师行业大环境而言，从短期来看，首先，客户的支付能力会骤降甚至出现客户流失。律所的商业模式更多地依赖线下面对面，这将受到十分严峻的挑战。其次，调解、公证、仲裁、公检法等相关法律服务供应链条受到冲击。作为律师业务的主战场，诉讼业务将会受到很大影响。从中长期来看，疫情结束后，产业结构调整加快，商业兴衰起伏。律师行业从市场到业务，从组织到战略，从管理与风险防控，都会因外界因素变化受到影响。

从律师业务领域的角度，疫情对律师行业的影响又有所不同。若以是否需要律师出庭作为区分标准，可将律师业务分为诉讼业务和非诉业务，在疫情影响下，实践中前者似乎处于上升趋势，后者更多地呈现下降趋势。以民事诉讼业务为例，超过半数的案件是合同类纠纷。受疫情影响，大量的合同会存在违约、解除的情况，因此在后疫情时期，此类合同类纠纷案件的数量会呈明显的上升趋势。而在非诉业务中，由于疫情导致上半年国内整体经济形势走低，会使部分抗压能力低的中小型企业出现经营困难或倒闭，同时一些大型企业为了控制成本从而削减开支。因此，法律顾问作为非诉业务中的重要内容，则可能最容易成为"被削减"的成本之一。与法律顾问相对应的专项类业务，如投资并购、IPO（公司首次公开募股）等，虽然经济形势会导致律师服务收入降低，但是不能排除受疫情影响导致部分企业出现并购融资、破产清算，从而使此类案件的数量出现增长。

从客户需求及消费习惯分析，律师业务又会受到两方面的影响：其一，客户"需求增多，但支付能力有限"的状况将更加突出。疫情的冲击会造成更多的纠纷，无论是在企业用工、合同履行、金融机构贷款回收等方面都会引发更多连锁效应的争议。在企业普遍经营困难的大背景下，其对法律服务的付费意愿、付费能力大幅降低，希望以更低的成本获得更多优质的法律服务成为客户的核心诉求。其二，客户寻找律师的习惯将迅速向线上转移。通常情况下，客户往往通过熟人介绍、见面交谈的方式寻找合适的律师为自己服务。这是因为律师是受委托执行事务，通过此类方式与委托人建立信任是提供法律服务的前提。然而，随着通信技术的不断进步，法律服务需求主体的代际更迭，从根本上推动着律师服务向线上转移。疫情期间为了尽可能阻断病毒传播，避免聚集，减少活动，灵活用工、远程办公模式在此期间被鼓励和普遍适用。与此同时，各级法院也纷纷对审判、执行、诉讼服务等工作作出特殊安排，鼓励当事人、诉讼代理人通过网站、微信公众号等新媒体平台在线上开展立案、缴费、调解等诉讼活动，这也变相要求律师的工作尽快向线上迁移。

（二）青年律师如何应对这些影响

在各种因素的影响下，青年律师在此特殊时期应如何尽快适应，如何把握机会，笔者认为，可以从两个角度进行思考：

第一，在业务能力层面，必须要"专、精、化"发展，让自己有能力、有实力解决客户及其他律师解决不了或解决不好的难题，让客户感觉你是不可或缺的。特别是青年律师应当选择一至两个专业化发展方向，深入钻研、加强研究，提高自己持续为客户提供优质服务的能力。在选择业务领域上可以综合分析市场、自身特点、兴趣爱好、从事某一领域的特殊优势等角度，有针对性地进行选择。"专、精、化"发展需要同时具备深厚的专业知识以及坚实的业绩基础，避免出现"伪专业化"和"盲目专业化"倾向。律师不需要也很难对所有行业都有所涉猎并"专、精"，在某一方面或领域做到专业、精通，才是提升律师业务水平和应对疫情冲击的法宝。

第二，从拓展业务层面，律师也应尽力破解线上获取客户的障碍，增强自身在线上的可接触性。如前文所述，律师与客户接触主要通过线下交流的方式进行，然而受疫情影响，越来越多的律所和律师通过新媒体平台提升自身影响力。建立线上影响力不仅是与时俱进，并且对于拓展案源和开发潜在客户也有十分显著的效果。随着线上推广的影响力逐渐扩大，后期将有更多机会将线上客户转化为现实案源。当律师越来越多的学习、服务过程在线上进行，方能在线留存更多数据，用数据展现律师的客观"形象"，为赢得客户信任奠定基础。因此，对青年律师而言，新冠肺炎疫情不仅是挑战，更是提升自身能力、拓展业务的良好契机。

第二节　疫情期间各类案件办理要点

一、疫情期间民商事案件的焦点问题

（一）民事法律视野下新冠疫情的定性

当前发生的新型冠状病毒引发的肺炎疫情这一突发公共卫生事件，是否

属于《合同法》第117条〔1〕规定的不可抗力，如何正确理解并适用相关法律规范以及除不可抗力免责外，是否还可以选择其他原则或规则进行适用，这些都是摆在当事人及广大律师、司法工作者面前的一个现实问题。2020年2月10日，全国人大常委会法工委就疫情防控有关法律问题记者问答中提到，在疫情期间，对于因此不能履行合同的当事人而言，属于不能预见、不能避免并不能克服的不可抗力，根据《合同法》的相关规定，因不可抗力无法履行合同的，根据不可抗力的影响，部分或者全部免除责任，但法律另有规定的除外。因此，对于将新冠疫情认定为不可抗力在总体上并无不妥，但是对于不同类型的合同是否能适用不可抗力条款仍需具体分析。

需要明确我国民法意义上不可抗力的定义以及本次疫情是否符合不可抗力的构成要件。根据《合同法》第117条及《民法总则》第180条的规定，不可抗力，是指不能预见、不能避免并不能克服的客观情况，一般表现为影响合同履行的灾难性事件，既包括自然力量，如地震、水灾、旱灾、暴风雪等；又包括社会异常行动，如战争、暴乱、军事封锁等；有时候也包括政府行为，如征收拆迁等。由此可见，对于不可抗力的特征可以总结为两个方面：

第一，不能预见、不能避免且不能克服是构成不可抗力的基本要件。2020年1月国家卫健委发布公告将新冠病毒感染的肺炎纳入《传染病防治法》规定的乙类传染病，并采取甲类传染病的预防、控制措施。由于本次疫情具有突发性，其确切的传染源、致病原理和治疗方案均未明确，同时，疫情暴发后政府采取了多项交通管控、停工停业、延迟春节假期等行政措施，对于一般当事人而言亦是不可预见、不能避免且不能克服的，具备不可抗力的特征。基本符合不可抗力的构成要件。

第二，不可抗力与违约行为应当具有法律上的因果关系。实践中，在买卖合同、租赁合同、旅游合同、劳务合同等合同项下，需要提供金钱给付义务或者劳务、服务等给付义务一方的当事人，因遭遇不可抗力而不能履行合同、迟延履行合同或者发生其他履行障碍的情况下，其违约行为一般认定为与不可抗力具有因果关系。而在通常情况下，对于因第三人造成债务人违约，

---

〔1〕《中华人民共和国合同法》第117条：因不可抗力不能履行合同的，根据不可抗力的影响，部分或者全部免除责任，但法律另有规定的除外。当事人迟延履行后发生不可抗力的，不能免除责任。本法所称不可抗力，是指不能预见、不能避免并不能克服的客观情况。

债务人不可主张减免责任。但考虑到新冠肺炎疫情的严峻形势，在法律因果关系认定上也采取相对务实的态度，对于确因疫情导致的政府行政行为、政策调整或市场环境发生重大变化而陷于违约的，实践中均承认法律上的因果关系。此外，对于负有金钱给付义务的一方当事人并不会因不可抗力而陷入履行不能或者履行障碍。但受疫情影响，当事人可能在此特殊时期遭受严重经济损失或经济困难，使其难以履行金钱给付义务。比如，向银行借款的企业因疫情致使经营业绩大幅下滑，但也需要继续向银行承担还本付息义务。在这种情况下，不可抗力给债务人造成严重履行困难也是不容否认的。[1]

值得注意的是，不可抗力条款仅解决因合同违约造成的赔偿责任减免问题，对于合同的履行需要通过借助其他法律条款，才能周延详尽的解决因不可抗力引发的全部问题。

2020年2月上海市新冠肺炎疫情防控新闻发布会上，上海市高级人民法院副院长茆荣华表示，对于虽不构成不可抗力，但受疫情影响履行合同对一方当事人明显不公平的，可以参照情势变更原则处理。关于情势变更，根据《最高人民法院关于适用〈中华人民共和国合同法〉若干问题的解释（二）》第26条规定，合同成立以后客观情况发生了当事人在订立合同时无法预见的、非不可抗力造成的不属于商业风险的重大变化，继续履行合同对于一方当事人明显不公平或者不能实现合同目的，当事人请求人民法院变更或者解除合同的，人民法院应当根据公平原则，并结合案件的实际情况确定是否变更或者解除。虽然实践中运用情势变更条款解决合同纠纷的情况并不多见，但是不容否认的是，情势变更是解决合同履行障碍的重要原则。事实上，不可抗力与情势变更是极易混淆的法律概念，笔者认为，二者之间主要存在如下区别：①不可抗力是构成合同履行不能的直接原因，而情势变更并非直接导致合同不能履行，只是合同的基础发生变更或者使合同履行极为困难并导致显失公平；②不可抗力属于法定免责事由，法院对于是否免责无裁量余地，情势变更不是法定免责事由，当事人享有变更或解除合同的请求权，法院对此有公平裁量权；③不可抗力的效力当然发生，只要当事人及时履行通知义务及证明义务，无需对方同意便能免除或减轻责任，而情势变更的效力非当然发生，需由人民法院根据公平原则，并结合案件的实际情况确定是否变更

〔1〕 韩强：《新冠肺炎疫情作为不可抗力的法律分析》，载《人民法院报》2020年2月27日。

或者解除合同，以此调整或消除当事人之间显失公平的利益关系；④情势变更是从合同效力出发，主要解决合同是否继续履行，而不可抗力是从违约出发，主要解决责任承担问题。

由此可见，因疫情防控导致合同履行出现困难，当事人究竟应如何处理，需要根据个案而定，充分结合个案的实际情况，确定合同应继续履行还是变更或解除。

（二）疫情影响履行的主要合同类型

疫情本身所造成的员工生命健康受损，以及政府为防治疫情所采取的交通封锁、人员隔离、延长假期、延迟复工、进出口管制、进出境限制、征收征用、停业停产等行政措施，都可能对合同双方的履约能力、履约成本、履行可能、履行预期等造成影响。本节将主要介绍受疫情影响的四类合同，以及这些合同受影响的具体表现形式。

1. 转移财产所有权类的合同

此类合同主要包括买卖合同与承揽合同。买卖合同中，受疫情影响的主要表现为债务履行期限在疫情暴发期间，因债务人患病住院、被隔离，或因政府的疫情管控措施导致生产经营发生严重困难而不能如期支付；或因交付的特殊性而无法支付，比如双方约定交付至指定地点，但因政府实行交通管控而无法将货物运输至该地，或在房屋买卖合同中，受疫情影响无法及时办理登记，导致合同目的不能实现等。而在承揽合同纠纷中，主要表现为因企业延期复工、转产等原因导致不能如期交付标的物。例如甲服装厂与乙公司约定应当于 3 月 1 日前交付男士服装 2000 件，因疫情影响，服装厂按政府要求转产防护服，致其履行不能。服装厂无法按时交付货物属于不可抗力，依法可部分或全部免除责任。

2. 转移财产使用权类的合同

该类合同主要包括租赁合同和承包合同。其中租赁合同中受影响较大的是房屋租赁合同与融资租赁合同；在承包合同中，主要受影响的是土地承包经营合同、承包酒店、商场从事餐饮服务业的合同等。对于该类转移财产使用权类的合同，以房屋租赁合同为例，承租人主张疫情期间经营收入减少要求减免租金，此时承租人的要求能否得到法院的支持？笔者认为，对于房屋租赁合同，应当区分个人房屋租赁和商业物业租赁进行讨论。在个人房屋租赁关系中，虽受到疫情冲击，但一般并不会必然导致合同目的无法实现，根据公平原则，不应以不可抗力为由要求减免租金。对于因疫情防控无法正常入住租赁房屋的承租人，可根据公平原则适当减少租金。而在商业物业租赁关系中，出租人的主要合同义务是向承租人提供物业用于经营目的的使用，承租人的主要义务为及时支付租金和物业管理费[1]。以 2003 年"非典"时期为例，彼时大部分法院在要求租金减免的案件中，对于因疫情原因导致承租人停业、停产时，可以不可抗力为由根据公平原则部分或者全部免除租金。而若承租人以疫情为由要求解除合同，则也应当审查疫情与合同目的不能实现之间的因果关系。一般认为，若疫情对租赁合同履行的影响尚未达到令合同目的无法实现的程度，则此时承租人只可援引情势变更或者公平原则要求减免租金或承担违约责任，除非承租人的证据足以证明疫情期间其收益大幅下降，在部分减免租金的情况下仍无法支撑其正常生产经营，则此时可考虑通过解除合同的方式满足承租人的正常生产生活需要。

3. 提供劳务、服务类合同

提供劳务类合同最主要就是劳务合同。因其具有较强的人身依附性和不可替代性，因此必须由债务人亲自履行。若仅因惧怕感染病毒或害怕被传染而拒绝提供劳务，一般不认为构成不可抗力情形，劳务接受方可对拒绝提供劳务一方主张违约责任。

提供服务类合同主要包括旅游合同、中介合同、运输合同和仓储合同。此类合同中更多地会涉及具体行政行为对合同履行的影响。通常认为，立法或政策的变化可以认定为情势变更，但是对于具体行政行为属于不可抗力或情势变更则不能一概而论。疫情防控的关键时期，行政机关采取相应防控措施防止疫情蔓延具有一定合法性与合理性。因此，在因具体行政行为而无法继续履行合同的情况下，不能免除提供服务一方的违约责任。例如，某公司约定每月定期派 2 名技术人员至 A 公司为其提供技术支撑，但 2020 年 2 月，其中 2 名技术人员因疑似感染新冠肺炎，被疫情防控相关部门采取隔离措施而无法前往 A 公司提供技术服务。此时，A 公司可向某公司主张违约，要求其承担违约责任。

---

〔1〕 吕宗澄、李旺：《新型冠状病毒疫情对民事合同法律关系的影响》，载《南华大学学报（社会科学版）》2020 年第 1 期。

4. 建设工程施工类合同

此类合同因需要大量工人进行施工，但受疫情影响，各地政府均发布停工停产指令而导致建设工程的工期延误。如因政府部门的行政命令要求停工而致使工期延误的，则应属于不可抗力情形，建设单位应将合同约定的工期顺延，并免除施工方的违约责任。但倘若疫情好转，政府宣布解除限制措施，允许各类企业复工复产，即使疫情尚未完全结束，也不再属于构成合同履行不能克服之障碍。此时乙方要求复工，另一方仍坚持以疫情为由停工并超过合理期限的，则不再以不可抗力为由免除其违约责任。

综上，不可抗力事件并非必然导致所有合同都可以免责、解除。不能将疫情"一刀切"的作为不可抗力适用于所有合同。能否适用不可抗力免除责任，关键是看疫情对履约产生的影响。只有新型冠状病毒肺炎疫情与不能履行合同具有因果关系时，才能发生不可抗力的法律效果。同时，免责范围与程度应当与不可抗力的影响相适应。首先，如果不可抗力只对部分合同义务的履行产生影响，则免责范围一般应限于该合同未履行部分而产生的违约责任，而不能笼统地认为可以免除整个合同的违约责任。其次，如果不可抗力仅导致合同一时不能履行，则免责范围一般应限于迟延履行产生的违约责任，而不能认为当事人可以不再履行合同。最后，如果不可抗力和债务人原因共同导致合同不能履行，应按照原因大小确定部分免责的程度。

（三）如何应对因疫情引发的违约风险

本次新型冠状病毒肺炎疫情与 2003 年的"非典"疫情有相似之处。为了更准确地分析本次疫情引发的合同违约风险问题，笔者检索了"非典"期间相关的合同违约判例及最高院的指导意见。2003 年发布了《最高人民法院关于在防治传染性非典型肺炎期间依法做好人民法院相关审判、执行工作的通知》，根据该《通知》第 3 条第 3 款之规定，根据"非典"疫情对合同履行程度的不同影响，应区分处理：第一种，按照公平原则处理。由于"非典"疫情原因，按原合同履行对一方当事人的权益有重大影响的合同纠纷案件，可以根据具体情况，适用公平原则处理。第二种，以不可抗力之规定处理。该《通知》中规定，"因政府及有关部门为防治'非典'疫情而采取行政措施直接导致合同不能履行，或者由于'非典'疫情的影响致使合同当事人根本不能履行而引起的纠纷"，按照《合同法》第 117 条和第 118 条关于不可抗力的规定处理。

虽然上述通知已经失效，但是对当前疫情期间有关纠纷、案件的处理具有参考价值。如前文所述，疫情虽然作为不可抗力事件，但并不当然导致合同一方当事人免责，只有当疫情造成合同无法继续履行或履行发生严重困难时，才可以不可抗力为由主张免责。

鉴于疫情给合同履行带来的不可预见性与不确定性，在遇到疫情对合同履行造成的影响时，应当如何应对，对一名律师而言，无论是在疫情期间还是平时的实际办案中，是需要重点掌握的内容。笔者在这里提出如下几点注意事项：

第一，及时通知对方当事人并进行沟通协商。在不可抗力事件发生后，应及时将该事件及不能履行或不适当履行合同的情形通知对方，以减轻可能给对方造成的损失。不可抗力免责的旨意在于使双方当事人利益失去的平衡得以恢复，实现当事人之间的利益平衡。但如果未及时履行通知义务，即存在过错，也违反了不可抗力的公平原则，应当承担过错责任。通知应尽量采用书面形式，例如向对方邮寄通知函、邮件、短信等多种方式发送通知，并保留通知发出以及合同相对方收到通知的证据，如相关快递单据、签收截图、微信截图及电子邮件信息等。

第二，保留证据。需要固定、保留的证据不仅包括上述证明对方已收到通知的信息，同时还需要收集证明继续履行原合同将导致明显不公平的证据，以及能够证明变更后的合同具有公平性的证据等；双方沟通协商所产生的证据（如往来函件、邮件、聊天记录等），特别是受到疫情影响的一方当事人依照法律规定向对方发送通知或重新协商请求的，应注意固定和收集通知或重新协商请求的内容和发送、接收过程等。

第三，根据疫情影响合同程度及合同类型，选择不同的方式处理。如前文所述，疫情并不必然导致合同的免责或解除，不能一概而论地将疫情作为不可抗力适用于所有合同。若因疫情导致合同不能履行或者合同目的不能实现，可以根据《合同法》第 94 条之规定，及时发出通知，解除合同；若因本次疫情造成合同部分或者一时无法履行，尚不构成《合同法》法定解除条件，应及时通知对方，采取适当减损措施，防止损失扩大。

第四，诉讼时效中止。根据《民法总则》第 194 条第 1 款规定，在诉讼时效期间的最后 6 个月内，因不可抗力不能行使请求权的，诉讼时效中止。需要注意的是，当不可抗力消除时，自消除之日起满 6 个月，诉讼时效期间届满。

第五，设置更详细、更明确的不可抗力条款。在合同中，可以通过适当添加不可抗力的事由，明确在合同履行过程中哪些情形可以认定为不可抗力。如列举传染病作为不可抗力事项之一等。同时可根据实际情况设置不可抗力发生后的处理流程，如是否继续履行、延长履行期限、待事件结束后再履行等。在不可抗力条款中，还可约定通知义务的期限及方式、法定解除权的行使期限及方式、不可抗力的证明形式等。对不可抗力条款的设置越详细，对双方当事人的权利越有保障。

（四）疫情期间捐赠行为之合理规范

随着疫情在国内及世界各地的蔓延，各地的企业和个人纷纷通过自己的努力为一线的医院、医护工作者献上自己的爱心。然而，爱心涌现的另一面却出现受捐主体拖延送达物资、擅自挪用物资的负面消息。在集结海内外各方力量的情况下，在大批物资源源不断流入慈善机构的情况下，疫情抗战一线的各级医院所面临的医疗防护物资严重短缺的局面并未明显缓解。因此，规范慈善机构接收到捐赠物资后的处理流程、合理分配支援物资成为广大人民群众密切关注的话题。

1. 明确受捐主体

在探讨如何规制疫情期间捐赠行为之前，首先需要明确谁有权利接受捐赠的问题。根据《中华人民共和国慈善法》（以下简称《慈善法》）第35条的规定："捐赠人可以通过慈善组织捐赠，也可以直接向受益人捐赠。"因此，法律规定的受捐主体为两个：一是经过民政部门登记注册的具有公募资格的慈善组织，包括基金会、社会团体及社会服务机构，而无公募资格的慈善组织仅能在发起人、理事会成员和会员等特定对象的范围内进行定向募捐。二是受益人本人，即在各大疫情抗战一线的医院及医务工作者等。除此之外，其他社会组织、企业、个人均无公开接受捐赠的主体资格。然而，对于直接捐赠给医疗机构的捐赠流程相对复杂。当捐赠人提出捐赠申请后，卫生计生单位捐赠管理部门应当会同单位财务、资产、审计、业务等部门，建立评估工作机制，及时对捐赠申请提出评估意见；若评估机构对捐赠物资予以接受的，则捐赠人与医疗机构应当签订书面的捐赠协议，并履行捐赠协议。捐赠协议限定用途的捐赠财产，受赠单位不得擅自改变捐赠财产用途。如果确需改变用途的，应当征得捐赠人的书面同意。除此之外，捐赠人士捐赠的物资必须是自己有权处分的合法财产，并且是符合安全、卫生、环保等标准的具有使用价值的财产。

2. 分配流程

根据《慈善法》规定，慈善组织收到捐赠物资后应当根据捐赠协议的约定全部用于慈善目的，任何组织和个人不得私分、挪用、截留或者侵占慈善财产；对于公开募集的财产，应当登记造册，严格管理，专款专用。慈善项目终止后捐赠财产有剩余的，按照募捐方案或者捐赠协议处理；募捐方案未规定或者捐赠协议未约定的，慈善组织应当将剩余财产用于目的相同或者相近的其他慈善项目，并向社会公开。因此，无论是各级红十字会、基金会或是其他慈善机构，首先应将定向捐赠的物资依照捐赠人的意愿进行捐赠，其次对于非定向捐赠的物资在当前疫情严峻的情况下，在国家卫健委或各级防控指挥部的协调安排下，根据实际情况将非定向捐赠物资优先分配给最需要的各级医院、医务工作者及疫情较为严重区域的社会群体。

根据《慈善法》规定，慈善组织应当依法履行信息公开义务。具有公开募捐资格的慈善组织应当定期向社会公开其募捐情况和慈善项目实施情况。如公开募捐周期超过六个月的，至少每三个月公开一次募捐情况，公开募捐活动结束后三个月内应当全面公开募捐情况。捐赠人捐赠物资后最关心的就是自己的这份爱心是否能够顺利送达需要帮助的群体，因此慈善组织应当在疫情期间定期、完整、客观地真实披露受捐赠物资的分配情况。披露的信息包括：捐赠人的姓名（匿名除外）、捐赠物资的名称、数量、类型、价值等、受赠人的名称、捐赠时间及受赠时间等。

与信息公开相对应的是监督流程。根据《卫生计生单位接受公益事业捐赠管理办法（试行）》第 50 条的规定，各级卫生计生行政部门、中医药管理部门、主管部门应当加强对所属单位和业务主管社会组织捐赠管理工作的指导和监督，定期组织检查和专项审计。必要时，可以委托社会中介机构开展对受赠单位和受赠项目的专项检查和审计，并适时向社会公开检查和审计情况。《慈善法》第 42 条规定，捐赠主体有权查询、复制其所捐赠财产的管理使用的有关资料，慈善组织应当及时主动向捐赠人反馈情况。慈善组织违反双方约定的用途，擅自使用捐赠财产或挪作他用的，捐赠人有权要求其改正；慈善组织拒不改正的，捐赠人可以向民政部门投诉、举报或者向人民法院提起诉讼。因此，若捐赠人想要了解自己所捐物资的使用情况，可以直接要求受赠主体公开，若发现受赠主体有任何违法行为，可以及时向民政等相关行政部门投诉、举报。

二、疫情期间劳动争议案件的焦点问题

（一）疫情下的工伤认定规则

为众人抱薪者，不可使其冻毙于风雪。我们不能仅仅在精神上歌颂医护人员伟大的无私奉献，更要在制度上为他们解除后顾之忧。2020 年 1 月 23 日，人力资源社会保障部、财政部、国家卫生健康委联合下发《关于因履行工作职责感染新型冠状病毒肺炎的医护及相关工作人员有关保障问题的通知》，明确规定因工感染新型冠状病毒肺炎甚至因此死亡的，应当认定工伤，依法享受工伤保险待遇。从该《通知》中，我们可以得知如下信息。

第一，在人员范围上，不仅是一线医护人员，其他与疫情预防和救治工作相关的工作人员也可以依据该《通知》享受相关工伤保险待遇。例如各城市道口测量入沪人员体温的志愿者、入户排查湖北旅行史的警务人员和社区工作者、负责公共场所消毒工作的保洁人员等。

第二，必须是因疫情预防和救治工作原因感染新型冠状病毒肺炎。即便是参与过疫情预防和救治工作，但明显是因非工作原因感染的，笔者认为也不宜认定为工伤。

第三，笔者认为，需确诊为新型冠状病毒肺炎才能认定为工伤。目前，依据国家卫生健康委办公厅、国家中医药管理局办公室联合发布的《新型冠状病毒感染的肺炎诊疗方案（试行第四版）》，在符合流行病学史和临床表现的情况下，可以诊断为疑似病例，但只有经核酸检测为阳性或病毒基因检测与已知的新型冠状病毒高度同源时才能确诊。由于在疫情初期每天都有一定数量的疑似病例被排除，因此，应当严格限定该《通知》的适用，必须以确诊为标准。

第四，对于已参加工伤保险的，由工伤保险基金和单位依法支付工伤保险待遇；未参加保险的，由单位依法支付工伤保险待遇后，由同级财政予以补助。实践中，如果单位未依法为职工缴纳工伤保险，那么一旦职工被认定为工伤，将会大大加重单位所需承担的责任，所以此种情况下单位往往拒绝配合办理工伤认定。该《通知》规定同级财政补助的目的是为了提高单位为职工申请工伤认定的积极性，但是笔者认为同级财政补助的费用仅限于医疗费、一次性伤残补助金、一次性工伤医疗补助金等原本由工伤保险基金承担

的费用。

当然，疫情发生以来，也出现了许多除感染新冠肺炎以外的原因而倒在抗疫一线的战士、英雄。例如在江苏泰州市人民医院的感染科姜医生就因连续数日在防控一线工作，导致在一次查房时因呼吸、心脏骤停而不幸离世。在此，笔者对抗击疫情中可能出现的其他工伤、工亡情形总结如下：

第一，在工作时间、工作场所，因工作原因受到伤害。例如 1 月 30 日下午，武汉两名感染科医生在工作时被患者家属打伤，根据公开的新闻报道，可以确信两名医生是在工作时间、工作场所受到第三人的侵害而受伤，因此可以依据《工伤保险条例》第 14 条第 3 项"在工作时间和工作场所内，因履行工作职责受到暴力等意外伤害的"的规定，认定为工伤。

第二，上下班途中因非本人主要责任的交通事故受到伤害。例如郑州司法局的小郑、小崔在驾车前往防疫站换班途中，遭遇交通事故死亡、受伤。如果经公安机关认定，肇事司机承担本次事故的全责或主责的，且小郑驾驶车辆的时间、路线合理的，则二人符合《工伤保险条例》第 14 条第 6 项"在上下班途中，受到非本人主要责任的交通事故或者城市轨道交通、客运轮渡、火车事故伤害的"的规定，可以认定为工伤。

第三，在工作时间和工作岗位突发疾病死亡，或在 48 小时内经抢救无效死亡的。例如 1 月 23 日泰州市人民医院的姜医生在工作中因呼吸、心脏骤停，当天下午抢救无效后死亡。其符合《工伤保险条例》第 15 条第 1 项"在工作时间和工作岗位，突发疾病死亡或者在 48 小时之内经抢救无效死亡的"的规定，应当视同工伤。需强调的是，由于该条款是"视同工伤"的情形，即本身不是因为工作原因受伤，但法律将此种情形视同为工伤，本身就是一种扩大解释，因此应严格限定条件，不得任意扩张。例如在抗击疫情中积劳成疾，在非工作时间心脏骤停死亡的，又或者经抢救超过 48 小时后死亡的，都应当慎用该条款。

（二）疫情期间解除、签订劳动合同的相关问题

1. 疫情期间解除劳动合同注意事项

随着病毒在春节期间的迅速扩散和被隔离人数的增多，为保障此类人员的基本生活，人社厅发明电［2020］年 5 号文件明确规定，对新型冠状病毒感染的肺炎患者、疑似病人、密切接触者在其隔离治疗期间或医学观察期间

以及因政府实施隔离措施或采取其他紧急措施导致不能提供正常劳动的企业职工，企业应当支付职工在此期间的工作报酬，并不得依据《劳动合同法》第40条、第41条〔1〕与职工解除劳动合同。在此期间，劳动合同到期的，分别顺延至职工医疗期期满、医学观察期期满、隔离期期满或者政府采取的紧急措施结束。此后，在人社厅明电〔2020〕8号文中又补充规定，企业不得在此期间解除受相关措施影响不能提供正常劳动职工的劳动合同或退回被派遣劳动者。

对于上述三类人员在治疗期间、隔离期间的政策规定相对明确，但由于各地政府采取的措施不尽相同，存在下列情况的员工也应适用上述规定：其一，是各地政府明确规定的返程后须隔离的人员。虽然各地对于从外地返回后需要隔离的人员规定不一致，但是基本均包括从湖北等重点地区返回人员以及确诊病例的密切接触者，对于此类人员，理应也适用上述规定。其二，是严格的"封城"措施所在地的员工。不仅包括湖北，上海、江苏等地均不同程度的实行交通管制，严格限制人员进出。其三，是被封闭管理的社区、集体公寓居住员工。而对于在延长春节假期内拒绝加班的员工，企业对员工的加班也应当采取"自愿原则"，不建议企业强制员工加班或因员工拒绝在延迟复工期间加班而与其解除劳动合同关系。对于部分企业要求员工前往疫区开展工作的，可以视为劳动条件发生重大变更、对员工生命健康安全造成严重危害的情况，员工有权予以拒绝。因此，不建议在此期间强制要求员工前往疫区工作，也不得以劳动者拒绝为由而解除劳动关系。

---

〔1〕《劳动合同法》第40条：有下列情形之一的，用人单位提前30日以书面形式通知劳动者本人或者额外支付劳动者一个月工资后，可以解除劳动合同：①劳动者患病或者非因工负伤，在规定的医疗期满后不能从事原工作，也不能从事用人单位另行安排的工作的；②劳动者不能胜任工作，经过培训或者调整工作岗位，仍不能胜任工作的；③劳动合同订立时所依据的客观情况发生重大变化，致使劳动合同无法履行，经用人单位与劳动者协商，未能就变更劳动合同内容达成协议的。《劳动合同法》第41条：有下列情形之一，需要裁减人员20人以上或者裁减不足20人但占企业职工总数10%以上的，用人单位提前30日向工会或者全体职工说明情况，听取工会或者职工的意见后，裁减人员方案经向劳动行政部门报告，可以裁减人员：①依照企业破产法规定进行重整的；②生产经营发生严重困难的；③企业转产、重大技术革新或者经营方式调整，经变更劳动合同后，仍需裁减人员的；④其他因劳动合同订立时所依据的客观经济情况发生重大变化，致使劳动合同无法履行的。裁减人员时，应当优先留用下列人员：①与本单位订立较长期限的固定期限劳动合同的；②与本单位订立无固定期限劳动合同的；③家庭无其他就业人员，有需要扶养的老人或者未成年人的。用人单位依照本条第1款规定裁减人员，在6个月内重新招用人员的，应当通知被裁减的人员，并在同等条件下优先招用被裁减的人员。

在疫情期间，若劳动者因拒绝医学隔离、拒绝配合治疗、故意传播病毒等行为被追究刑事责任、行政责任或虽不构成违法、犯罪，但已严重违反用人单位规章制度时，用人单位可解除劳动合同。但是需要注意的是，此处的刑事犯罪必须是经过人民法院生效判决需追究刑事责任的情形。同时，用人单位的规章制度必须是通过民主程序制定，是合法有效并且提前告知劳动者的。若劳动者无正当理由拒绝单位复工安排，经劝导无效后，用人单位可根据本单位规章制度给予相应处罚。严重违反本单位规章制度的，用人单位可依据《劳动合同法》第 39 条[1]解除劳动合同。

2. 疫情期间签订劳动合同的注意事项

若求职应聘者与用人单位仅在疫情防控期前达成了录用意向，但未实际用工，根据《劳动合同法》第 7 条规定，双方还没有正式建立劳动关系。在疫情防控期内，企业可以暂缓录用，无需承担支付工资的义务。若企业决定不再录用，应当及时告知对方。若劳动者在疫情防控期前已经入职开始工作，则不论双方是否签订了书面劳动合同，用人单位都应当依法承担在疫情防控期内的雇主责任。劳动者尚处于试用期的，可以参照有关规定按照试用期中止处理，并且可以将试用期工资作为疫情防控期内的正常出勤工资标准。

在疫情防控期间，若用人单位确因延迟复工等客观原因无法与劳动者签订或者续签劳动合同，在没有不签订劳动合同的主观恶意的情况下，不应适用《劳动合同法》第 82 条规定的"未签订书面劳动合同支付两倍工资"的相关规定。对于有条件的用人单位，律师在处理此类案件时可建议用人单位通过签订电子劳动合同，或者以电子化方式先行协商合同条款，待复工后补签书面劳动合同。在签订电子合同时，应保证合同的生成、传递、储存等满足相关法律法规的要求，确保其完整、准确、不被篡改。符合《劳动合同法》规定和上述要求的电子劳动合同一经订立即具有法律效力，用人单位与劳动者应当按照电子劳动合同的约定，全面履行各自的义务。

---

〔1〕《劳动合同法》第 39 条：劳动者有下列情形之一的，用人单位可以解除劳动合同：①在试用期间被证明不符合录用条件的；②严重违反用人单位的规章制度的；③严重失职，营私舞弊，给用人单位造成重大损害的；④劳动者同时与其他用人单位建立劳动关系，对完成本单位的工作任务造成严重影响，或者经用人单位提出，拒不改正的；⑤因本法第 26 条第 1 款第 1 项规定的情形致使劳动合同无效的；⑥被依法追究刑事责任的。

（三）企业合规用工及实操建议

1. 工资发放

疫情期间导致企业停产停工期间，工资如何发放一直困扰着众多企业，律师在处理此类劳动纠纷时，应当明确在这特殊时期工资发放的基本原则。根据人社部规定，针对新冠肺炎患者、疑似病人、密切接触者在其隔离治疗期间或医学观察期间以及因政府实施隔离措施或采取其他紧急措施导致不能提供正常劳动的企业职工，企业应当支付职工在此期间的工作报酬。因此，原则上，疫情期间工资应当正常发放。而对于因疫情导致企业无法复工时间较长的，企业可参照停工停产方式处理：用人单位经与劳动者协商一致后，安排待岗。待岗期间，用人单位应当发放生活费，具体生活费的标准参照各地相关规定予以操作执行。

针对疫情期间不同状态下员工的工资支付问题，笔者以上海地区相关规定为基础总结如下：

员工状态	处理方式	相关依据
被确诊、被隔离观察、被采取隔离措施或者被采取其他紧急措施	正常支付全额工资	上海市人力资源和社会保障局《关于应对新型冠状病毒感染肺炎疫情实施人力资源社会保障支持措施的通知》第3条规定，对新型冠状病毒感染的肺炎患者、疑似病人、密切接触者在其隔离治疗期间或医学观察期间以及因政府实施隔离措施或采取其他紧急措施导致不能提供正常劳动的企业职工，企业应当按正常出勤支付工资报酬。
返沪后居家隔离 14 天或集中隔离	满足条件〔1〕应当进行居家隔离或集中隔离，则企业正常支付工资	

---

〔1〕 根据《上海市防控新型冠状病毒感染的肺炎疫情重点人员隔离观察工作流程和要求》，满足下列条件的人员应进行居家或集中隔离：一是需有涉鄂情况（符合任一情况）①来自、途径湖北省，或到过湖北省等；②近距离接触过来自湖北省的发热伴有呼吸道症状患者；③近距离接触过新型冠状病毒感染的肺炎疑似或确诊患者；④有过韩国、意大利、伊朗、日本、法国、西班牙、德国、美国等国家旅行史或居住史的（随着疫情发展，可能会调整需要隔离的人员范围，以最新政府文件为准）。二是需无发热等症状。三是以上情况出现在抵达上海前的 14 天内。

员工状态	处理方式	相关依据
被确诊为新型肺炎出院后，还需继续治疗的（非隔离状态）	医疗期内享受医疗期待遇，即企业应当支付病假工资	《关于做好新型冠状病毒感染肺炎疫情防控期间稳定劳动关系支持企业复工复产的意见》规定，隔离期结束后，对仍需停止工作进行治疗的职工，按医疗期有关规定支付工资。

然而，部分企业受疫情影响，陆续复工后也难以恢复正常秩序，面临停工停产风险。对于停工停产的企业，根据《上海市企业工资支付办法》第12条的规定，企业停工、停产在一个工资支付周期内的，应按照约定支付劳动者工资。超过一个工资支付周期的，企业可根据劳动者提供的劳动，按双方新的约定支付工资，但不得低于本市规定的最低工资标准。由此可见，在一个工资支付周期内，用人单位仍应按合同约定支付劳动者工资，而超过一个工资支付周期企业仍不能有序复工复产的，则应当按双方约定的标准支付工资，但是不应低于最低工资标准。

2. 加班工资

2020年1月，上海市人社局对延长春节假期期间的性质给出明确答复，延迟复工是出于疫情防控需要，这几天属于休息日。对于休息的职工，企业应当按劳动合同约定标准支付工资；对于承担社会保障等任务需要加班的企业职工，应作为休息日加班给予补休或按规定支付加班工资。由于所属性质不同，所涉加班工资固然有所区别。笔者按照假期性质总结如下：

时　间	性　质	加班工资
2020年1月25—27日	法定节假日	300%日工资
2020年1月24日、28—30日	普通休息日	200%日工资
2020年1月31日—2月1日	特殊假期（国务院办公厅通知）	
2020年2月2日	普通休息日	
2020年2月3—7日	防控疫情休息日（上海市政府通知）	
2020年2月8—9日	普通休息日	

另外，对于实行综合工时制的企业而言，除法定节假日加班单独核算外，并无休息日加班的说法。疫情期间，企业应当根据相关规定调整其计算出勤小时的方式。以2020年1月为例：对于2020年1月的出勤小时数计算方式，若企业按照原当月出勤天数计算，2020年1月原为18天，现改为17天。则2020年1月出勤小时数为136小时。例如，在执行月度综合工时制度情况下，若一名员工2020年1月（去除法定节假日）出勤时间为145小时，则其加班费计算公式为：月薪/21.75/8×(145-136)×150%。

3. 集体协商

疫情期间，部分企业受困于经营困难与疫情防控需要，安排员工轮岗轮休、缩短工时，或采用调整员工薪资报酬的方式缓解企业的经营压力。然而，值得注意的是，企业灵活用工与薪资调整应当经过单位与员工的集体协商。根据相关规定，对于企业调整上下班时间；错时弹性上下班；轮岗轮休；缩短工时或采取弹性工时；安排使用职工带薪年休假和福利假；综合调剂使用年度内休息日；调整薪酬福利；延期或分期支付工资；适当延长工作时间应对紧急生产任务，依法不受延长工作时间的限制等，应当经过用人单位与劳动者集体协商后决定。

集体协商的双方代表由双方协商确定，每方人数不少于3人，企业一方人数不得多于职工一方。建立工会的企业，职工代表一方的协商代表由本企业工会选派；未建立工会的企业，职工一方的协商代表由上级工会指导，职工民主推荐，并经本企业半数以上职工同意；企业一方的协商代表由企业法定代表人指派；双方根据实际需要可以聘请本企业以外的专业人员担任本方协商代表，但其人数不得超过本方协商代表人数的三分之一。以上海地区为例，《上海市集体合同条例》第15条至第22条规定了集体协商的流程，以及企业与职工双方在集体协商期间不得采取任何影响生产、工作秩序或者社会稳定的行为。疫情当前，企业与职工应当同舟共济，充分考虑对方的实际困难，共同渡过眼前的难关，确保正常的生产秩序。

三、疫情期间刑事案件的焦点问题

（一）哄抬物价及销售假冒、伪劣应急物资行为的法律风险

1. 哄抬物价的刑法认定

随着国内疫情的迅速蔓延，2020 年 1 月 29 日，中国内地 31 个省区市均启动突发公共卫生事件一级响应。根据《突发事件应对法》第 49 条规定："自然灾害、事故灾难或者公共卫生事件发生后，履行统一领导职责的人民政府可以采取下列一项或者多项应急处置措施：……⑧依法从严惩处囤积居奇、哄抬物价、制假售假等扰乱市场秩序的行为，稳定市场价格，维护市场秩序。"随着疫情的发展，一线医护工作者与普通民众对于防疫物品、应急物资的需要已达到供不应求的地步，但也有少数经营者借防疫用品需求激增之机，哄抬口罩等相关商品价格，违背商业道德，严重违反《中华人民共和国价格法》等相关法律法规规定。因此，在这抗击疫情的关键时刻严厉打击哄抬物价行为刻不容缓。

根据《中华人民共和国刑法》及《最高人民法院、最高人民检察院关于办理妨害预防、控制突发传染病疫情等灾害的刑事案件具体应用法律若干问题的解释》规定，关于哄抬防疫用品及基本民生用品价格可能涉及的刑事处罚如下：

情　形	刑事处罚
违反国家在预防、控制突发传染病疫情等灾害期间有关市场经营、价格管理等规定，哄抬物价，牟取暴利，严重扰乱市场秩序，违法所得数额较大或者有其他严重情节的	依照《刑法》第 225 条第 4 项的规定，以非法经营罪定罪，依法从重处罚。情节严重的，处 5 年以下有期徒刑或者拘役，并处或者单处违法所得 1 倍以上 5 倍以下罚金；情节特别严重的，处 5 年以上有期徒刑，并处违法所得 1 倍以上 5 倍以下罚金或者没收财产。
在预防、控制突发传染病疫情等灾害期间，假借研制、生产或者销售用于预防、控制突发传染病疫情等灾害用品的名义，诈骗公私财物数额较大的	依照刑法有关诈骗罪的规定定罪，依法从重处罚。数额较大的，处 3 年以下有期徒刑、拘役或者管制，并处或者单处罚金；数额巨大或者有其他严重情节的，处 3 年以上 10 年以下有期徒刑，并处罚金；数额特别巨大或者有其他特别严重情节的，处 10 年以上有期徒刑或者无期徒刑，并处罚金或者没收财产。

在依法处置哄抬物价行为时，首先应当明确如何对"哄抬物价"之行为进行定性。根据各省市市场监督管理局和发改委等相关部门出台的文件中的相关规定，紧急期间必需品主要包括两类：其一，是防疫物品，指与疫情防控有关的口罩、抗病毒药品、消毒杀菌用品、相关医疗器械等防疫物资；其二，是基本民生商品，主要指与群众日常生活密切相关的粮面油肉蛋菜奶等基本民生商品。在疫情防控期间相关执法部门重点查处的哄抬物价行为也只是针对以上两类产品。

而对于哄抬物价行为的认定，应当以行政违法为基础，结合《中华人民共和国价格法》及相关规定，认定该行为是否属于具体违法行为。在《市场监管总局关于新型冠状病毒感染肺炎疫情防控期间查处哄抬价格违法行为的指导意见》中仅规定，"超过 1 月 19 日最后一次实际交易的进销差价率"构成哄抬物价行为，并未明确具体的标准，而是将权限下放至各省区市政府予以确定，由省级价格主管部门根据当地具体情况提出，并报请省级人民政府批准确定。上述《意见》出台后，部分省市级市场监督管理部门结合当地经济情况制定了具体的价差率，包括湖北、浙江、上海在内的多个省级政府发布了如何认定哄抬价格违法行为的相关文件。从各地的规定来看，针对防疫物品的价格涨价幅度超过购销差价 35% 的，则可以认定为"涨价幅度较大"，将会受到相应的处罚。在司法实践中，不仅要根据当地的经济环境、消费能力判断是否属于哄抬物价行为，还应当综合考虑经营者的实际经营状况、主观恶性、违法行为的危害程度等因素，结合具体案情进行认定[1]。

其次，违法所得数额的认定也是判断哄抬物价行为是否构成非法经营罪的条件之一。根据《最高人民法院研究室关于非法经营罪中"违法所得"认定问题的研究意见》规定，非法经营罪中的"违法所得"应当是指获利数额，也即以行为人违法生产、销售货物、提供服务的全部所得（收入），扣除其直接用于经营活动的合理支出（成本及费用）后剩余的数额。而作为哄抬物价型的非法经营，与一般的非法经营违法所得又有所区别。行为人哄抬应急物资价格进行销售生产，一般情况下包括进价、销售货物本身的合法利润，以及超过合法利润之外的非法利润三部分组成，若按一般规定仅将收入减去成本及费用，则可能将行为人违法所得的数额肆意扩大，违反罪刑均衡原则。

---

〔1〕 高娜、冯瑞：《涉疫哄抬物价型非法经营罪如何认定》，载《检察日报》2020 年 3 月 21 日。

因此，在没有法律明文规定该类犯罪所得如何计算的情况下，笔者认为，从刑法谦抑性角度考虑，将合理的利润部分扣除，按超过正常市场价格的获利部分作为违法所得更具合理性。

2. 销售假冒、伪劣应急物资的刑法认定

由于疫情的突发扩散，一些商家铤而走险，生产、销售假冒伪劣的应急物资，以假充真、以次充好，严重扰乱市场秩序。假冒伪劣产品不仅起不到良好的防护作用，严重的甚至会危及消费者的人身健康安全。因此，此类行为是各地市场监管部门和执法机关重点打击的对象之一。

针对生产、销售假冒伪劣应急物资的行为可能触犯的刑罚，笔者总结如下：

法律法规	情 形	处 罚
《中华人民共和国刑法》及《关于办理妨害预防、控制突发传染病疫情等灾害的刑事案件具体应用法律若干问题的解释》	在预防、控制突发传染病疫情等灾害期间，生产、销售伪劣的防治、防护产品、物资，或者生产、销售用于防治传染病的假药、劣药的	构成犯罪的，分别依照《刑法》第140条、第141条、第142条的规定，以生产、销售伪劣产品罪，生产、销售假药罪或者生产、销售劣药罪定罪，依法从重处。 【生产、销售伪劣产品罪】销售金额5万元以上不满20万元的，处2年以下有期徒刑或者拘役，并处或者单处销售金额50%以上2倍以下罚金；销售金额20万元以上不满50万元的，处2年以上7年以下有期徒刑，并处销售金额50%以上2倍以下罚金；销售金额50万元以上不满200万元的，处7年以上有期徒刑，并处销售金额50%以上2倍以下罚金；销售金额200万元以上的，处15年有期徒刑或者无期徒刑，并处销售金额50%以上2倍以下罚金或者没收财产。 【生产、销售假药罪】处3年以下有期徒刑或者拘役，并处罚金；对人体健康造成严重危害或者有其他严重情节的，处3年以上10年以下有期徒刑，并处罚金；致人死亡或者有其他特别严重情节的，处10年以上有期徒刑、无期徒刑或者死刑，并处罚金或者没收财产。 【生产、销售劣药罪】对人体健康造成严重危害的，处3年以上10年以下有期徒刑，并处销售金额50%以上2倍以下罚金；后果特别严重的，处10年以上有期徒刑或者无期徒刑，并处销售金额50%以上2倍以下罚金或者没收财产。

续表

法律法规	情　形	处　罚
《中华人民共和国刑法》及《关于办理妨害预防、控制突发传染病疫情等灾害的刑事案件具体应用法律若干问题的解释》	在预防、控制突发传染病疫情等灾害期间，生产用于防治传染病的不符合保障人体健康的国家标准、行业标准的医疗器械、医用卫生材料，或者销售明知是用于防治传染病的不符合保障人体健康的国家标准、行业标准的医疗器械、医用卫生材料，不具有防护、救治功能，足以严重危害人体健康的	依照《刑法》第145条的规定，以生产、销售不符合标准的医用器材罪定罪，依法从重处罚。足以严重危害人体健康的，处3年以下有期徒刑或者拘役，并处销售金额50%以上2倍以下罚金；对人体健康造成严重危害的，处3年以上10年以下有期徒刑，并处销售金额50%以上2倍以下罚金；后果特别严重的，处10年以上有期徒刑或者无期徒刑，并处销售金额50%以上2倍以下罚金或者没收财产。

　　从表格中可知，生产、销售伪劣应急物资主要涉及的罪名众多，且量刑标准不尽相同。同时该类犯罪的入罪条件也有所区别，关于生产、销售伪劣商品类犯罪的入罪条件，笔者认为，应当从两个方面进行判断：

　　第一，要注重对危害及危害程度的审查。《最高人民法院、最高人民检察院关于办理危害药品安全刑事案件适用法律若干问题解释》中将四种情形[1]认定为《刑法》为第141条（生产、销售假药罪）规定的"对人体健康造成严重危害"。将"致人死亡"和上述《解释》第4条第1项至第5项[2]认定为《刑法》第142条（生产、销售劣药罪）规定的"后果特别严重"。

　　第二，要注重销售金额与违法产生的原因。《刑法》第140条规定了生

　　[1]《最高人民法院、最高人民检察院关于办理危害药品安全刑事案件适用法律若干问题的解释》第2条：生产、销售假药，具有下列情形之一的，应当认定为《刑法》第141条规定的"对人体健康造成严重危害"：①造成轻伤或者重伤的；②造成轻度残疾或者中度残疾的；③造成器官组织损伤导致一般功能障碍或者严重功能障碍的；④其他对人体健康造成严重危害的情形。

　　[2]《最高人民法院、最高人民检察院关于办理危害药品安全刑事案件适用法律若干问题的解释》第4条：生产、销售劣药，具有下列情形之一的，应当认定为《刑法》第141条规定的"其他特别严重情节"：①致人重度残疾的；②造成三人以上重伤、中度残疾或者器官组织损伤导致严重功能障碍的；③造成五人以上轻度残疾或者器官组织损伤导致一般功能障碍的；④造成十人以上轻伤的；⑤造成重大、特别重大突发公共卫生事件的……

产、销售伪劣产品罪的定罪和量刑标准，对于销售金额达到 5 万元即可追究刑事责任。这也意味着，若行为人生产、销售的劣药、假药虽未对人体健康造成严重危害，但销售金额在 5 万元以上，应按照《刑法》第 149 条的规定，若生产、销售八个具体罪名的产品不构成该罪的，销售金额在 5 万以上，按照生产、销售伪劣产品罪论处。当然，如果行为人同时具备八个具体罪名，则属于想象竞合，应当按处罚较重的罪论处。在处理此类案件时，还要同时兼顾行为人是否存在主观故意，是否当事人有意为之。产生劣药的因素有很多，除了人为因素外，还存在技术、药品自身、生产设备等众多非人为的难以控制的客观因素。

疫情期间，生产、销售假冒、伪劣应急物资罪往往会与非法经营罪出现竞合。例如，医用口罩一般按照"第二类医疗器械"进行管理，因此医用口罩产品本身需要取得医疗器械注册证，同时销售医用口罩一般也需要当地市场监管部门备案后方可销售。如果行为人未取得相应资质销售假冒伪劣的医用口罩，同时又存在哄抬物价牟取暴利的行为，则应当以销售不符合标准的医用器材罪与非法经营罪追究刑事责任，择一重罪论处。

（二）逃避疫情防控行为的刑法规制

疫情防控措施的加强必然导致民众的基本权利受到限制。在特殊时期，部分市民拒绝配合政府和有关部门的防控举措，逃避检测，对社会治安与疫情的控制造成恶劣影响。本节将重点介绍逃避疫情防控行为的相关刑法规制问题。

根据《刑法》第 330 条，单位或者个人违反传染病防治法的规定，有下列情形之一，引起甲类传染病传播或者有传播严重危险的行为：①供水单位供应的饮用水不符合国家规定的卫生标准的；②拒绝按照卫生防疫机构提出的卫生要求，对传染病病原体污染的污水、污物、粪便进行消毒处理的；③准许或者纵容传染病病人、病原携带者和疑似传染病病人从事国务院卫生行政部门规定禁止从事的易使该传染病扩散的工作的；④拒绝执行卫生防疫机构依照传染病防治法提出的预防、控制措施的。个人犯妨害传染病防治罪的，处 3 年以下有期徒刑或者拘役；后果特别严重的，处 3 年以上 7 年以下有期徒刑；单位犯该罪的，对单位判处罚金，并对其直接负责的主管人员和其他直接责任人员，依照前述规定处罚。同时，根据《最高人民检察院、公安部关于公安机关管辖的刑事案件立案追诉标准的规定（一）》第 49 条的规定，违反传染病防治法的规定，引起甲类或者按照甲类管理的传染病传播或者有传播严重危险，涉嫌下列情形之一的，应立案追诉。可见，该立案追诉标准将《刑法》第 330 条中的"甲类传染病"扩大为"甲类或者按照甲类管理的传染病"。这一扩大规定符合全国人大常委会在 2004 年修订《传染病防治法》时，专门增加规定对个别乙类传染病采取甲类传染病防控措施的立法本意。

然而在实践中，行为人违反相关疫情防控措施时常伴随妨害公务行为，因此如何准确认定妨害传染病防治罪与以危险方法危害公共安全罪、妨害公务罪的界限尤为关键。《关于依法惩治妨害新型冠状病毒感染肺炎疫情防控违法犯罪的意见》中指出，在疫情期间，对于已经确诊的新型冠状病毒感染肺炎病人、病原携带者，拒绝隔离治疗或者隔离期未满擅自脱离隔离治疗，并进入公共场所或者公共交通工具的；新型冠状病毒感染肺炎疑似病人拒绝隔离治疗或者隔离期未满擅自脱离隔离治疗，并进入公共场所或者公共交通工具，造成新型冠状病毒传播的，这两类特殊主体实施的上述行为应以危险方法危害公共安全罪定罪处罚。而妨害公务罪是指行为人以暴力、威胁方法阻碍国家机关工作人员（含在依照法律、法规规定行使国家有关疫情防控行政管理职权的组织中从事公务的人员，在受国家机关委托代表国家机关行使疫情防控职权的组织中从事公务的人员，虽未列入国家机关人员编制但在国家机关中从事疫情防控公务的人员）依法履行为防控疫情而采取的防疫、检疫、强制隔离、隔离治疗等措施。由此可见，妨害传染病防治罪、以危险方法危害公共安全罪以及妨害公务罪的区别有如下四点：

第一，三罪的犯罪主体不同。以危险方法危害公共安全罪的主体为特殊主体，包括两类人：已经确诊的新冠肺炎病人、病原携带者和新冠肺炎疑似病人。传染病病人、疑似传染病病人，是指根据国务院卫生行政部门发布的《〈中华人民共和国传染病防治法〉规定管理的传染病诊断标准（试行）》，符合传染病病人和疑似传染病病人诊断标准的人；病原携带者，是指感染病原体无临床症状但能排出病原体的人。而妨害传染病防治罪的主体为一般主体，包括单位和个人。妨害公务罪的主体限于自然人。

第二，犯罪主观方面表现不同。以危险方法危害公共安全罪的主观方面是故意，不仅传播病毒行为是故意的，而且对危害后果也是故意的，包括希望的直接故意和放任的间接故意。妨害传染病防治罪的主观方面是混合过错，行为人抗拒疫情防控措施的行为是故意的，对危害后果则既可以是故意，也可以是过失，这也是该罪的特殊之处。妨害公务罪的主观方面是故意，要求行为人对妨害公务的行为是故意为之。

第三，犯罪行为方式与危害结果不同。以危险方法危害公共安全罪的客观方面表现为两种行为方式：一是已经确诊的新冠肺炎病人、病原携带者，拒绝隔离治疗或者隔离期未满擅自脱离隔离治疗，并进入公共场所或者公共交通工具的。这种行为方式既处罚危险犯，也处罚结果犯。二是新冠肺炎疑似病人拒绝隔离治疗或者隔离期未满擅自脱离隔离治疗，并进入公共场所或者公共交通工具，造成新冠病毒传播的。这种行为方式仅处罚结果犯。妨害传染病防治罪的客观方面表现为除上述两类特殊主体实施的两种行为方式之外的，其他拒绝执行卫生防疫机构依照传染病防治法提出的防控措施，引起新冠病毒传播或者有传播严重危险的行为。妨害公务罪的客观方面表现为以暴力、威胁方法阻碍国家机关工作人员（含在依照法律、法规规定行使国家有关疫情防控行政管理职权的组织中从事公务的人员，在受国家机关委托代表国家机关行使疫情防控职权的组织中从事公务的人员，虽未列入国家机关人员编制但在国家机关中从事疫情防控公务的人员）依法履行为防控疫情而采取的防疫、检疫、强制隔离、隔离治疗等措施的行为。暴力袭击正在依法执行职务的人民警察的，按照妨害公务罪定罪并从重处罚。

第四，三罪侵犯客体不尽相同。三罪均侵犯了新冠肺炎疫情防控秩序，但同时还侵犯了其他客体。以危险方法危害公共安全罪侵犯的客体主要是公共安全；妨害传染病防治罪侵犯的客体主要是公共卫生；妨害公务罪侵犯的客体主要是公共秩序。

尽管从疫情防控需要及社会安全角度考虑，疫情期间从重处罚此类逃避防疫、检疫、隔离措施的行为符合大众认知，但在刑法适用上，笔者认为仍需要注意罪刑法定原则与罪刑均衡原则在此类案件中的具体适用。

1. 处理好定罪量刑问题

根据《意见》规定，实践中除了按照以危险方法危害公共安全罪定罪处罚的两类特殊主体实施的两种行为方式外，对于行为人实施的其他拒绝执行卫生防疫机构依照传染病防治法提出的防控措施，引起新冠病毒传播或者有传播严重危险的行为，应当按照妨害传染病防治罪定罪处罚。由于司法实践中该罪极少适用，在处理时要注意把握好定罪量刑的问题。一是严格把握罪与非罪的界限。构成该罪要求引起新冠病毒传播或者有传播严重危险。二是区分实害后果和危险后果。该罪犯罪后果既可以是引起新冠病毒传播的实害后果（实害犯），也可以是引起传播严重危险的后果（具体危险犯），虽然引起这两种后果之一均构成犯罪，但在量刑时要予以区分。

2. 处理好法条竞合问题

对于已经确诊的新冠肺炎病人、病原携带者和新冠肺炎疑似病人，如果拒绝隔离治疗或者隔离期未满擅自脱离隔离治疗，但其并没有进入公共场所或者公共交通工具，如果引起了新冠病毒传播或者有传播严重危险的，这种行为实际上也危害了公共安全，但根据《意见》规定不构成以危险方法危害公共安全罪，而是构成妨害传染病防治罪。这种情况构成法条竞合时"特别法优于一般法"的适用原则。

在具体案件中，如果行为人不符合《意见》中以危险方法危害公共安全罪限定的两类特殊主体实施的两种行为方式，但符合妨害传染病防治罪的犯罪构成，同时能够证明行为人故意传播新冠病毒并且造成他人重伤、死亡等严重后果，危害公共安全的，这种行为实际上同时构成以危险方法危害公共安全罪。由于妨害传染病防治罪最高法定刑为7年有期徒刑，根据罪责刑相适应的基本原则，如果需要对行为人判处7年有期徒刑以上刑罚的，则应当择一重罪即按照以危险方法危害公共安全罪定罪处罚。这种情况属于在法条竞合时"重罪优于轻罪"的适用原则。

3. 处理好牵连数罪问题

对于行为人以暴力、威胁方法阻碍国家机关工作人员依法履行为防控疫情而采取的防疫、检疫、强制隔离、隔离治疗等措施的行为，但是并没有引起新冠肺炎疫情传播或者有传播严重危险的，则按照妨害公务罪定罪处罚；如果引起新冠肺炎疫情传播或者有传播严重危险的，则同时构成妨害传染病防治罪和以危险方法危害公共安全罪。对此应当数罪并罚还是择一重罪处罚，《意见》没有明确规定，《刑法》中类似情况两种处理方式均有。本着有利于被告人的原则，在没有明确规定数罪并罚的情况下，应当对其择一重罪处罚；考虑到当前正处于疫情防控的关键时期，妨害公务罪的法定刑较轻，笔者认为应当按照妨害传染病防治罪或者以危险方法危害公共安全罪从重处罚。

【案例分析实训】

【案例 12.1】

【案情简介】

甲是一名微商，此前曾一直在网络平台销售非药用的保健品。2020 年 1 月，随着疫情的蔓延，甲的保健品生意大不如前，甲见如今口罩等防护物资紧缺，因此决定从开设服装小作坊的朋友乙处购进一批医用外科口罩进行销售，希望能大赚一笔。乙明知自己生产的口罩并不符合国家关于医用外科口罩的生产标准，仍将其卖给甲，乙对甲说："我这里生产的口罩绝对安全，你拿去放心卖吧。"甲遂相信乙，从乙处以 0.5 元/个的价格购进 10 箱医用外科口罩，随后将乙提供的口罩在网络平台上进行销售。由于甲与乙约定销售利润双方平分，甲觉得按照市面价格销售口罩自己获利不多，因此将原本市面价格 3 元/个的医用外科口罩提升至 10 元/个。随着疫情的不断扩散，甲的生意越来越好，短短 2 周，甲便将口罩销售一空，总销售金额达 6 万元，从中获利 2.5 万元。

甲见自己赚到一笔，便决定乘疫情期间人流量少，前往上海旅游。然而 2020 年 3 月 10 日，甲开始出现发热、干咳等症状。3 月 15 日，甲在乘坐高铁前服用药物退烧降温，以此躲避疫情检测。抵达上海后，甲仍旧高烧不退，咳嗽不止，于是与 3 月 20 日前往医院就诊。经检测，甲被确诊为新型冠状病毒引起的肺炎。甲觉得医院的诊断不准确，自己仅仅是小感冒，拒绝接受隔离治疗，并从医院逃离。甲在乘坐地铁回住处途中被公安民警抓获。

【思考问题】

1. 乙的行为如何定性？

2. 甲销售医用外科口罩的行为是否构成销售不符合标准的医用器材罪？如果是，请阐述理由；如果不是，甲的行为应当如何定性？

3. 甲在前往上海后的行为如何定性？

第三节 疫情对诉讼程序的影响

一、网上立案

疫情发生后，往日人来人往、异常繁忙的法院立案大厅被迫关闭，各级法院纷纷改为网上立案。从诉讼便民、诉讼效率的角度出发，随着信息技术的不断发展，方便快捷的全流程网上立案、网上排期开庭、网上缴费将逐渐成为法院立案工作的主流。网上立案相比原本的线下立案具有操作简单、高效便利的优点，因此，熟练掌握网上立案流程是一名律师的必修课之一。

目前的网上立案流程分为网页版与手机移动版。以上海地区网页版网上立案为例，首先通过上海高级人民法院官网（www.hshfy.sh.cn）进入上海移动微法院并登录律师账号。

进入网上立案服务后需认真阅读"律师网上立案须知"并选择同意条款。

律师网上立案须知

欢迎使用上海法院律师网上立案平台，操作前请认真阅读以下提示：

1. 本服务平台提供一站式立案服务，本市律师可通过本平台提交立案申请、进行网上缴费、接收法官意见和立案通知、与立案法官沟通，足不出户便可完成立案事项，省却往返法院立案窗口办理立案手续的不便。
2. 申请网上立案应当遵循诚实信用原则，申请人应对上传材料的合法性、真实性负责。
3. 申请人申请网上立案的案件限于本人代理的案件。
4. 网上立案的范围为就一审普通民事、商事及知识产权案件申请立案,刑事自诉申请立案，以及就法院生效裁判文书提出的申请执行。
5. 需要提交的诉讼材料包括主体身份信息证明、委托代理权限证明、诉状（申请书）、证据等。
   诉讼材料均应以电子文本、扫描件等通过网络在线提交，提交的诉讼材料须完整、清晰。
6. 根据网络提交的相关材料无法确认是否符合立案受理条件的，申请人应根据立案法官的提示，携带相关材料到法院立案窗口，由立案法官直接当面核实材料，决定是否立案。
7. 立案法官回复同意立案的，申请人应按指定期限缴纳诉讼费（可网上缴费）。未按时缴纳的，视为撤回申请。

● 我已认真阅读并同意上述条款。
○ 我不同意上述条款。

下一步

进入页面后选择诉讼类型与纠纷类型。

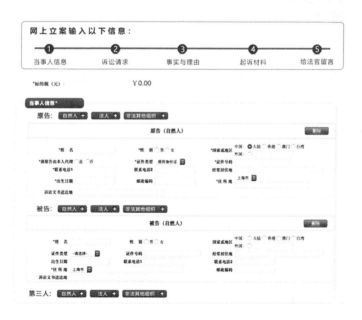

按照要求填写标的额、当事人信息、诉讼请求、事实与理由。

填写完毕后上传起诉材料，在对应的文件夹中上传相应的文件，上传完毕后，点击"关闭返回"。（为减少法院工作量，建议使用 pdf 格式上传，并对所有上传文件进行准确命名，如《民事起诉状》《证据目录》等；需要申请保全的，也可以在保全的文件夹中上传相应材料。）

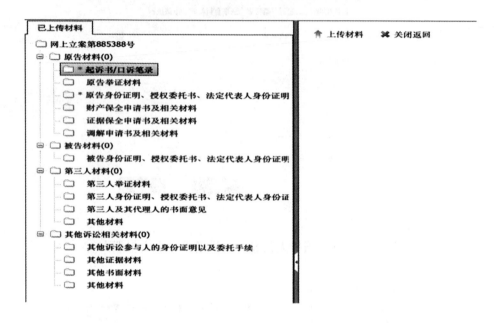

上传完毕后，选择"是否接受诉前调解"和"申请受理的法院"。

信息与材料填写、上传完毕后，点击"递交立案申请"即完成网上立案，等待法院受理回复即可。当然，在提交前律师应仔细检查填写内容，一旦提交，则上传的信息不可修改。如暂时未完成填写上传，可以点击"保存立案申请"，在系统内可以对本案材料进行修改完善。

而手机移动版的网上立案流程与网页版基本一致。仍旧以上海地区为例，通过微信搜索公众号"上海法院12368"或小程序"上海移动微法院"，使用其中的"诉讼服务"，填写相关信息并上传诉讼材料即可。需要注意的是，目前移动版网上立案仅支持图片上传，若立案材料较多，建议通过上述网页版进行网上立案。

大部分法院在申请人提交立案申请后的 3 日到 5 日内会将立案材料审核完毕，并通过短信告知律师，律师可登录系统查看法官回复，按照法官要求对立案材料进行修改或补充，并通过留言与法官进行沟通。

二、互联网庭审

为阻断疫情传播，减少不必要的人员接触，各地政府果断采取了一系列管控措施。在抗击疫情的关键时期，为有效避免当事人、诉讼代理人聚集引发传染风险，同时依法保障当事人合法权益，各地法院积极顺势而为，推出互联网庭审。参与互联网庭审中需要注意哪些细节是一名律师需要重点关注的内容。

（一）开庭前准备

在开庭前，首先需要选择一个封闭、安静、采光较好的场所，建议在相对封闭的会议室，避免使用居家场所或办公室进行庭审。选择好合适的场所后律师应当对开庭使用的电子设备进行安装与调试。特别是电脑的摄像头与麦克风，确保其在庭审过程中能正常使用。

与线下庭审相同，律师在参与庭审时也要注意适当的着装。在庭审过程中，应当有一位助理或者技术人员提供辅助，以应对可能出现的设备问题，但是不得随意进入开庭场所，避免影响庭审的顺利进行。若开庭场所有旁听人员，律师也应在开庭前向法庭报告。经过法庭许可后可以旁听。

（二）开庭软件检测

律师与当事人应当根据法院要求安装"云间"软件，输入法院提供的会议号，正式进入软件。进入软件后，需要检测图像显示功能与软件收音功能。在测试时可查看"音字转化"是否完成，"音字转化"将有助于法庭记录，确保庭审笔录的准确性与完整性。在测试扬声器时，软件会自动宣读法庭纪律，一方面严肃法庭秩序，另一方面确认软件外放效果能够正常使用。"云间"系统将分为"视频庭审""举证质证""庭审笔录"三个步骤，指导诉讼参与人如何使用该软件。

（三）开始庭审

律师通过账号密码登录系统后，将显示当前自己已预定的开庭信息，当天开庭在未结束的情况下，可随时进入。开庭分为两种状态：正在进行、未开始；点击"正在进行""未开始"的开庭，可直接进入庭审页面。

正式开始庭审后，在视频画面的左下角会显示各方庭审的角色与姓名。双方当事人可以在庭审前、庭审中提交相关证据材料。在庭审过程中双方可以通过软件内置的功能对证据材料进行举证、质证。

（四）签署笔录

在庭审过程中，当事人及诉讼代理人可实时查看庭审笔录。在庭审结束后，法官会发起签名二维码，当事人通过扫码进行签名。

其实早在 2018 年 9 月，北京、广州、杭州相继成立了互联网法院，中国的互联网法院率先在国际上积极探索互联网新模式，取得长足进展的同时也吸引了全球目光。疫情的到来，使国内互联网庭审技术正在加快发展脚步，然而由于受到功能限制，目前的线上审判还只能适用于事实清楚，争议不大的案件，在办理复杂案件时的举证质证、电子卷宗实时利用等方面仍需要审判人员进行大量的线下工作才能完成。

随着科技的不断进步，互联网技术将让法官更准确地把握当事人对公平正义的感受。笔者相信，兴起于危难时刻的互联网庭审，必将会给诉讼制度带来前所未有的变化。

【思考问题】

1. 网上立案与互联网庭审将为律师工作带来哪些变化？
2. 互联网庭审与线下庭审有哪些不同之处？

图书在版编目（ＣＩＰ）数据

律师实务提升/王祥修主编. —北京：中国政法大学出版社，2021.5
ISBN 978-7-5620-9721-1

Ⅰ.①律…　Ⅱ.①王…　Ⅲ.①律师－工作－中国　Ⅳ.①D926.5

中国版本图书馆CIP数据核字(2020)第217758号

出 版 者　　中国政法大学出版社
地　　址　　北京市海淀区西土城路 25 号
邮寄地址　　北京 100088 信箱 8034 分箱　邮编 100088
网　　址　　http://www.cuplpress.com (网络实名：中国政法大学出版社)
电　　话　　010-58908289(编辑部) 58908334(邮购部)
承　　印　　固安华明印业有限公司
开　　本　　720mm×960mm　1/16
印　　张　　26
字　　数　　410 千字
版　　次　　2021 年 5 月第 1 版
印　　次　　2021 年 5 月第 1 次印刷
定　　价　　92.00 元